Enseña como un campeón

49 técnicas de enseñanza para colocar a tus alumnos en la ruta del éxito

Enseña como un campeón

49 técnicas de enseñanza para colocar a tus alumnos en la ruta del éxito

Doug Lemov

Prólogo: Norman Atkins

LIMUSA WILEY

Lemov, Doug
Enseña como un campeón : 49 técnicas de enseñanza para colocar a tus alumnos en la ruta del éxito = Teach like a champion : 49 techniques that put students on the path to college / Doug Lemov prólogo por Norman Atkins. -- México : Limusa Wiley, 2014
296 pp. / 24 x 19 cm + 1 DVD
ISBN: 978-607-05-0600-0
Rústica

1. Enseñanza efectiva 2. Rendimiento académico
I. Atkins, Norman, prol. II. Ticó Apreza, Laura, tr. III. Ortúzar Hardtmann, Maximiliano, rev.

Dewey: 371.3 I 22 / L558e LC: LB1025.3

VERSIÓN AUTORIZADA EN ESPAÑOL DE LA OBRA PUBLICADA ORIGINALMENTE EN INGLÉS POR JOHN WILEY & SONS CON EL TÍTULO:
Teach like a champion/
49 Techniques that put students on the path to college
©JOHN WILEY & SONS

CON LA COLABORACIÓN EN LA TRADUCCIÓN DE:
LAURA TICÓ APREZA
MAESTRA DE INGLÉS ACREDITADA POR LA UNAM.
VEINTICUATRO AÑOS DE EXPERIENCIA FRENTE A GRUPO. CAPACITADORA DE PROFESORES EN FORMACIÓN, UNIVERSIDAD INTERCONTINENTAL.

REVISIÓN TÉCNICA:
MAXIMILIANO ORTÚZAR HARDTMANN
COORDINADOR DE REDES, ELIGE EDUCAR.
ALUMNI ENSEÑA CHILE 2010

GRUPO NORIEGA EDITORES
BALDERAS 95, MÉXICO, D.F.
C.P. 06040
(55) 51 30 07 00
01 (800) 706 91 00
(55) 55 12 29 03
limusa@noriegaeditores.com
www.noriega.com.mx

CANIEM Núm. 121

HECHO EN MÉXICO

ISBN: 978-607-05-0600-0

Uncommon Schools
EXCELLENCE NORTH STAR COLLEGIATE TRUE NORTH PREPARATORY

CONTENIDO

CONTENIDO DEL DVD

PRÓLOGO

Si John Madden es el conocedor por excelencia del futbol americano profesional, Doug Lemov es el John Madden de la enseñanza profesional. Durante los últimos doce años ha estado de pie al fondo de cientos de aulas, observando por miles de horas el juego de los maestros, y analizando con más entusiasmo y atención que nadie hasta el último detalle su actitud en la docencia.

Ha llevado a cabo esta tarea en forma sistemática y con un tremendo sentido del objetivo, creando y estudiando detenidamente innumerables diagramas de dispersión. Cuando Lemov analiza las escuelas en una gráfica con dos variables, colocando el rendimiento académico de los alumnos en el eje "*y*" y el índice de pobreza en el eje "*x*", invariablemente encuentra una línea de regresión que indica que la puntuación en los exámenes de diagnóstico de los alumnos está altamente relacionada con la cantidad de dinero que ganan sus padres y con las zonas de la ciudad en donde viven. Si Lemov fuera sociólogo, llegaría a la misma conclusión que ya saben por experiencia los niños que crecen en la pobreza, incluso en una tierra de oportunidades como Estados Unidos: la demografía es destino.

Luego de trabajar como maestro y director en una escuela donde los estudiantes de bajos recursos han podido vencer su supuesto destino demográfico, Lemov siempre está en busca de datos más prometedores al servicio de una misión más apremiante: la lucha por la equidad educativa. No está interesado en la línea de regresión sino en los pocos puntos en el cuadrante superior derecho de las gráficas con varias desviaciones estándar que se disparan por encima de su lugar esperado en la línea. Estos puntos representan escuelas incluyentes que atienden principalmente a estudiantes que reciben comidas gratuitas pero al mismo tiempo, obtienen mejores calificaciones en el examen estatal que sus compañeros de posición más acomodada. En la última década, Lemov ha puesto su atención en estas escuelas, ha identificado a los profesores que generan esos notables resultados, se ha apostado afuera de sus aulas y ha observado hasta los más mínimos detalles, desde cómo saludan a sus alumnos cuando se paran en la puerta hasta la forma como pasan los papeles, desde la forma como hacen preguntas imprevistas a los estudiantes hasta cómo esperan las respuestas. Ha documentado y construido una base de datos con videos de treinta segundos donde han quedado consignadas esas actitudes.

Lo que descubrió es sorprendente por su sencillez y porque augura excelentes noticias para la profesión docente. No encontró magos mezclando pociones alquímicas secretas, ni encontró el escaso ADN del carisma. Pero más importante aún, no descubrió nada con qué sostener la perjudicial mentira de que a los profesores más eficaces les va bien simplemente porque tienen a los estudiantes más tranquilos o más brillantes. No, lo que él observó repetidamente y capturó en video, más allá de una preparación sin fórmulas mágicas y de un modo de pensar esencial de altas expectativas, fueron individuos altamente calificados, que trabajan con un conjunto específico de herramientas comunes y características, que construyen palmo a palmo, ladrillo por ladrillo, sistemas de culturas de aprendizaje y sistemas de instrucción en el aula.

Pudo darse cuenta de que la enseñanza no era tan fácil o sencilla como sus proyectos de fin de semana para mejorar su hogar, pero también comprendió que existía una habilidad especial para ello que se podía enseñar y aprender. Su gran "ajá" fue identificar las herramientas que emplean los maestros con un gran dominio de su oficio para hacer de su salón de clases una catedral del conocimiento.

Lemov comenzó por ponerles nombre y clasificar estas técnicas (*Voz fuerte, Encuadre positivo, Extiéndalo*) para llegar a una nueva taxonomía de prácticas de enseñanza efectivas. En los últimos cinco años en el programa Uncommon Schools (Escuelas fuera de lo común), una organización sin fines de lucro para la dirección de escuelas subvencionadas* que yo fundé y en la cual Lemov se ha desempeñado como director ejecutivo, iniciando escuelas en Rochester y Troy, Nueva York, la taxonomía ha pasado por más de veinticinco revisiones conforme él observa y filma en acción a nuestros maestros "estrella" y afina sus conceptos basados en el trabajo de éstos.

Una de las primeras y más importantes reflexiones de Lemov fue que podía utilizar las grabaciones en video como una ventana al salón de clases de los maestros de excelencia. Gracias al video, encontró la manera de aislar esas microtécnicas que hacen la diferencia en el aprendizaje del alumno. De la misma manera como Madden puede mostrar una repetición en cámara lenta de cómo el tacle izquierdo bloquea al mariscal de campo, Lemov puede mostrar cómo un maestro amplía las respuestas de los alumnos en un debate.

Uncommon Schools ha brindado capacitación a cientos de sus propios maestros empleando esta taxonomía y los videos. Es más, Uncommon Schools y Lemov han capacitado a miles de maestros, así como a cientos de asesores pedagógicos, quienes a su vez han dado capacitación a decenas de miles de sus maestros. La taxonomía se ha convertido en el equivalente de *El manual* de la docencia para los maestros y escuelas de más alto rendimiento en Estados Unidos. El lenguaje de Lemov, como *Voz fuerte, Encuadre positivo, Lo correcto es lo correcto, 100 Por ciento* y todo lo demás, se ha incorporado cada vez más en el léxico común de los nuevos maestros de las escuelas subvencionadas. En el programa Relay GSE, un nuevo programa de capacitación para maestros creado por Uncommon Schools, KIPP (Knowledge is Power Program) y Achievement First, estamos capacitando a la próxima generación de maestros en el uso de las herramientas descritas en la taxonomía.

Desde hace unos años varias secciones de la taxonomía han pasado de un maestro a otro como copias maltratadas o PDF's no autorizados, como si se tratara de literatura revolucionaria "clandestina". Muchos de nosotros hemos exhortado a Lemov a publicar el trabajo y compartirlo con los millones de maestros de todo el país que se beneficiarán con sus ideas. Por fin, me

---

* Las escuelas subvencionadas (*charter schools*) son escuelas públicas alternativas con más autonomía y libertad para innovar que las escuelas públicas regulares a cambio de cumplir con los resultados académicos a que se comprometen. Se sostienen con fondos federales.

complace saber que tienen ese libro en sus manos. *Enseña como un campeón* es una lectura esencial para quienes pretenden hacer que cada momento cuente en su salón de clases, para quienes quieren construir un repertorio de habilidades que les ayude a guiar a todos sus alumnos hacia un logro significativo, para quienes quieren poner manos a la obra y asegurarse de que la demografía no es un destino para los niños ni para su país.

A diferencia de Madden, Lemov es más un maestro que un entrenador de futbol; no tiene una personalidad fuerte o desafiante. Al mismo tiempo, su amor hacia los maestros y su entusiasmo por la docencia están presentes en cada página de este libro. Les ha dado a los maestros un regalo enorme: un hermoso juego de herramientas que pueden utilizar para tener éxito (suponiendo, por supuesto, que trabajen sin cesar) en la profesión más noble del mundo.

Norman Atkins

***Norman Atkins** es el fundador y director general de Relay GSE; fundador, ex director general y presidente de la Junta de Uncommon Schools; co-fundador y ex co-director de la North Star Academy; y ex director co-ejecutivo de la Fundación Robin Hood.*

DEDICATORIA

A

Mike y Penny Lemov,
mis primeros maestros

AGRADECIMIENTOS

A mi amigo y colega Norman Atkins le gusta iniciar proyectos audaces. Fundó la North Star Academy en Newark, la escuela subvencionada con más éxito de Nueva Jersey, y se dice que es una de las mejores escuelas públicas de Estados Unidos. Es el fundador de Uncommon Schools, una red de dieciséis escuelas subvencionadas de nivel secundaria (¡hasta ahora!) en distritos con una gran necesidad en Nueva York y Nueva Jersey. Fundó Relay GSE, el programa de capacitación y escuela de posgrado magisterial en la ciudad de Nueva York que ha reinventado el proceso de la formación magisterial para enfocarla en lo que realmente logra resultados en las aulas. Nada mal para ser la labor de una década.

Norman pone proyectos en marcha cuando cree que pueden ayudar a eliminar la brecha del logro académico en los distintos centros escolares y contextos sociales. Se le metió en la cabeza que uno de esos proyectos era la "taxonomía", la lista improvisada que yo elaboraba de lo que hacían los maestros de excelencia en sus aulas. Debe ser un libro, me aconsejó Norman. Yo le respondí que no, fui muy claro y se lo repetí de muchas formas. Pero Norman no dejaba de insistir. Tenía la solución para cada excusa, que generalmente me expresaba con gran elocuencia y gesticulación. Al fin comprendí que sería más fácil escribir el libro que oponerme a la voluntad de Norman. Ahora que tienen el resultado en sus manos, es lógico que comience agradeciendo a Norman por su tenacidad y su fe en mí.

Dicho esto, y por haber escrito este libro sobre las técnicas que utilizan los maestros campeones, sin duda debería comenzar por agradecer a todos esos brillantes maestros fuentes de inspiración. Como me pareció que lo correcto era mencionar sus nombres, comencé a elaborar una lista exhaustiva. Sin embargo, la tarea resultó ser un trabajo de enormes proporciones y cuando llegué a cincuenta nombres me di cuenta de que tratar de mencionar a todos los maestros de los que aprendí algo cuando escribía este libro, produciría una lista difícil de manejar e imperdonable para aquellos seres valiosos que omitiera, ya sea porque de alguna manera los olvidé o porque en algunos casos me sentí extraño de agradecer a personas que apenas conocí. Irónicamente, algunos de los maestros que me influyeron para escribir este libro los observé de manera anónima desde la parte trasera del salón de clases, o en una videograbación. De modo que, disculpándome cien veces, tomé la dolorosa decisión de ofrecer un gracias en general a todos los maestros con los que trabajé, aun cuando me aflige la ingratitud que eso demuestra. Son demasiados los que me han enseñado cada fragmento del conocimiento contenido en este libro, especialmente en Uncommon

Schools, aunque también, y más importante, la enseñanza clase tras clase a estudiantes merecedores a aspirar, alcanzar y lograr. Mi más profundo agradecimiento a todos esos maestros campeones, junto con sus alumnos y los padres de éstos.

Una segunda fuente del éxito inspirador que esos maestros han logrado es el liderazgo que reciben de sus directores, quienes los han colocado en una situación que les permite ser exitosos. Agradezco a Stacey Shells, directora fundadora de la Rochester Prep, la primera Escuela del programa Uncommon Schools al norte de Nueva York, así como a Paul Powell y David McBride, los directores pedagógicos con quienes tuve la suerte de trabajar y de quienes aprendí mucho.

También estoy profundamente agradecido con el "equipo de taxonomía" en Uncommon Schools, las personas cuyo trabajo es tomar horas de video de los docentes y convertirlas en módulos de capacitación para maestros que contribuyen a asegurar el éxito de los nuevos maestros y el crecimiento continuo de los maestros veteranos. En ese equipo se encuentran Tracey Koren, Max Tuefferd, Erica Woolway, John Costello, Melinda Phelps, Katie Yezzi y, principalmente, mi amigo y colega Rob Richard. Rob, quien dirige el proyecto de video de taxonomía, es mi socio imprescindible en el desarrollo del material en este libro (especialmente el DVD) y una fuente confiable de recomendaciones musicales para la redacción y edición de libros a altas horas de la noche.

Asimismo, mis estimados compañeros directores ejecutivos en Uncommon Schools, Paul Bambrick, John King y Brett Peiser, así como el director general de operaciones Josh Phillips y el director ejecutivo Evan Rudall, me compartieron consejos y conocimientos invaluables en todos los aspectos del trabajo que realizamos, incluyendo los contenidos de este libro. Los capítulos en la segunda parte que tratan acerca de la lectura, se deben especialmente a las constantes consultas y orientación de John King.

Este libro, así como el proyecto más grande de capacitación docente del cual es parte, no habría sido posible sin el generoso apoyo y guía de la Carnegie Corporation de Nueva York y de la Kern Family Foundation. Ambas organizaciones depositaron gran fe en mí, en Uncommon Schools y en nuestros programas. Estoy profundamente agradecido con ellos y con Ryan Olson, Jim Rahn y Talia Milgrom-Elcott en particular.

Durante los cinco años más o menos que me llevó la preparación de este título, recibí un apoyo invaluable para su edición de parte de Sophie Brickman, Karen Lytle, Jessica Petrencsik y Jennifer Del Greco. Kate Cagnon de Jossey-Bass encontró la manera de dar forma y perfeccionar este proyecto tan embrollado y convertirlo en un todo integrado. De los muchos compañeros y colegas que regularmente me han aportado ideas acerca de cómo mejorar este trabajo al paso de los años, ninguno ha sido más diligente y honesto que Doug McCurry, co-director ejecutivo de Achievement First.

Para concluir, mi mayor deuda es con mi esposa, Lisa, con quien comparto la responsabilidad y alegría en la labor más importante que pudiera realizar: la educación de nuestros tres hijos. Ella asumió una gran parte de la carga para que yo pudiera escribir. Dicho esto, agradecerle a Lisa por su ayuda en este libro es un poco como agradecerle al sol. Desde luego, no habría libro sin luz para escribirlo, pero es difícil no sentir que un simple gracias trivializa un regalo de tal magnitud. Aun así, hay que intentarlo. De manera que, Lisa, gracias por las horas robadas a los domingos por la mañana y los martes por la noche y todo el trabajo extra que eso ha significado para ti. Gracias por analizar conmigo las ideas mientras pasabas bocadillos y bebidas al asiento trasero. Pero más que nada, gracias por la luz del sol.

EL AUTOR

Doug Lemov es un director pedagógico de Uncommon Schools y supervisa la red True North, que tiene escuelas en Rochester y Troy. También capacita internamente a directores escolares y maestros en los dieciséis centros educativos de Uncommon Schools y a nivel nacional. Anteriormente fungió como presidente de School Performance, una organización que ayuda a las escuelas a utilizar datos duros para impulsar la toma de decisiones, y vicepresidente de transparencia en el Charter Schools Institute de la Universidad Estatal de Nueva York, y fue fundador y director de la Academy of the Pacific Rim Charter School de Boston. Ha impartido inglés e historia en los niveles de universidad, preparatoria y secundaria. Tiene los grados de B.A. por el Hamilton College, un M.A. por la Indiana University y un M.B.A. por la Harvard Business School. Visite la página de Doug Lemov en www.douglemov.com.

INTRODUCCIÓN

EL ARTE DE ENSEÑAR Y SUS HERRAMIENTAS

La educación de excelencia es un arte. En otras artes (pintura, escultura, literatura) los grandes maestros explotan la habilidad con herramientas básicas para transformar el material más simple (piedra, papel, tinta) en los objetos más valiosos para la sociedad. Esta alquimia es aún más sorprendente ya que con mucha frecuencia esas herramientas son cosas comunes y corrientes para los demás. ¿Quién viendo un cincel, un mazo o una lima podría imaginárselos en la creación del *David* de Miguel Ángel?

El gran arte depende del dominio y del empleo de competencias básicas, aprendidas de manera individual a través del estudio minucioso. Uno aprende a golpear un cincel con un mazo y con el tiempo a refinar la habilidad, aprendiendo en qué ángulo golpear y qué tan fuerte clavar el cincel. Años más tarde, cuando (y si) nuestra obra logra llegar a un museo, los observadores probablemente hablarán acerca de qué corriente o teoría representa, pero difícilmente reflexionarán acerca del grado de habilidad con el cincel que hizo posible la imagen. Pero aunque mucha gente puede elaborar distintas visiones únicas de arte, sólo aquellos con la habilidad de un artesano pueden hacerlas realidad. Detrás de cada artista existe un artesano. Y aunque no todos los que aprenden a usar un cincel crearán un *David*, los que no lo hagan tampoco podrán hacer más que unas simples marcas en la piedra.

Cuando viajaba durante mis primeros años de universidad, vi los cuadernos de escuela de Picasso que se exhibían en el Museo Picasso en Barcelona. Lo que más recuerdo son los bocetos en los márgenes de sus páginas. No eran cuadernos de bocetos, eso sí. Eran cuadernos como los que tiene cualquier estudiante: apuntes de clase hoja tras hoja. Pero los bocetos en los márgenes inmortalizaron el rostro de un maestro o la propia mano de Picasso sosteniendo un lápiz con una perspectiva, trazo y sombreado perfectos. Siempre pensé que Picasso era el rey de la abstracción, de un simbolismo que hacía que la habilidad para dibujar con tal exactitud y realismo fuera irrelevante. Sus bocetos en los márgenes de las páginas son prueba de su dominio de los fundamentos y de una necesidad habitual para afinar sus habilidades. Aun en los momentos en que se distraía de sus estudios, constantemente estaba perfeccionando las bases de su técnica. Primero fue un artesano y después un artista, como lo demuestra el hecho de que llenó 178 cuadernos de bocetos en su vida, según estimaciones. El dominio acucioso de las herramientas del arte precedió y tal vez permitió que surgiera lo que vino después.

Este libro es acerca de las herramientas del arte de enseñar. Más específicamente, es acerca de las herramientas necesarias para lograr el éxito en la parte más importante del campo: la enseñanza en las escuelas públicas, principalmente en aquellas en los sectores vulnerables, que atienden a estudiantes nacidos en la pobreza y que, con mucha frecuencia, se les cierra la ventana de las oportunidades a una edad temprana. En estas escuelas, el precio del fracaso es alto y los desafíos son inmensos. Los maestros allí trabajan en un crisol en donde, la mayoría de las veces, las fallas de nuestra sociedad saltan a la vista, son evidentes y abrumadoras, pero también en donde puede ocurrir y ocurre el tipo de alquimia que cambia vidas. Desafortunadamente, esta alquimia sucede muy rara vez y, con frecuencia, sin muchas fanfarrias. Pero en las manos de un pequeño número de maestros campeones y directores de escuela visionarios que han logrado construir aulas y escuelas que mantienen abierta la ventana de las oportunidades, ésta ocurre sin problemas de alquimia de manera consistente. Si está leyendo este libro y es un maestro que quiere mejorar su arte, mi propósito es darle las herramientas para lograrlo, convertirlo en uno de esos maestros capaces de descubrir el talento y la habilidad latentes en sus alumnos, sin importar cuántas escuelas, aulas o maestros hayan fracasado anteriormente en esta tarea.

A lo largo de mi carrera como maestro, capacitador, consultor y administrador de escuelas públicas urbanas, he tenido el privilegio de observar a muchos maestros campeones, con frecuencia en situaciones que nos abrumarían a la mayoría. Esos maestros fuera de serie realizan rutinariamente lo que mil lamentables programas sociales han encontrado imposible de realizar: cerrar la brecha del logro académico entre ricos y pobres, transformar a los alumnos que se encuentran en riesgo de fracasar en personas exitosas y con fe, y reescribir la ecuación de las oportunidades. Y aunque cada uno de estos maestros es único, su estilo de enseñanza mantiene ciertos elementos en común. Después de años de observación y habiendo leído el trabajo de Jim Collins, el autor de los libros muy aclamados *Built to Last* y *Good to Great*, comencé a hacer una lista de lo que hacían esos maestros, enfocándome en especial en las técnicas que distinguían a los maestros excelentes, no de los maestros débiles, sino de los maestros que simplemente eran buenos. Como lo señala Collins, esto es mucho más relevante y revelador que lo que distingue a los maestros excelentes de los maestros malos o mediocres, ya que los hallazgos constituyen una ruta hacia la excelencia. Con el tiempo, mi lista creció tanto en el número de temas como en el nivel de especificidad en cada técnica. No todos los maestros que he observado utilizan cada una de estas técnicas, pero teniendo todo en cuenta, las técnicas que incluyo en este libro surgen como las herramientas que emplean los maestros excelentes y los diferencian de los maestros que simplemente son buenos. Sí existe una caja de herramientas para cerrar la brecha del logro académico y en este libro describo su contenido.

Déjenme decirles, con una humildad que se refrenda cada vez que entro en el salón de clases de los colegas a quienes describo en este libro, que no soy un maestro campeón, ni mucho menos. Mi tarea no ha sido inventar las herramientas sino describir cómo las utilizan otros y qué es lo que las hace funcionar. Esto me ha obligado a poner nombres a las técnicas con el objetivo de colaborar a crear un vocabulario común con el cual analizar y discutir lo que ocurre en el salón de clases. Pero quiero ser claro. Lo que describo aquí no es mío, lo subrayo, ni es una teoría. Es un conjunto de notas producto de mis observaciones de los Maestros, algunos de los cuales los conocerán en este libro, y a muchos otros nunca los conocerán, pero cuya diligencia y habilidad nutrieron e inspiraron este trabajo.

TÉCNICAS ESPECÍFICAS, CONCRETAS Y REALIZABLES

Cuando era un joven maestro, la gente me daba muchos consejos. Asistía a los cursos de capacitación y cuando salía, resonaban en mis oídos palabras motivadoras. Tocaban todos los aspectos que me habían hecho desear ser maestro. "Mantengan altas expectativas para sus alumnos". "Cada día esperen lo mejor de sus alumnos". "Enseñen a los chicos, no enseñen sólo el contenido". Me sentía inspirado, listo para mejorar, hasta el día siguiente que llegaba a la escuela y me preguntaba: "Bien, ¿y cómo hago eso? ¿Qué debo hacer a las 8.25 A.M. para demostrar esas altas expectativas?"

Lo que a la larga me ayudó a aprender a enseñar fue cuando un colega más capaz me dijo algo muy concreto como: "Cuando quieras que sigan tus instrucciones, quédate quieto. Si estás caminando o pasando papeles, parecerá que las instrucciones no son más importantes que todo lo demás que estés haciendo. Demuestra que tus instrucciones son importantes. Quédate quieto. Ellos responderán". Con el tiempo, fue este tipo de consejo concreto, específico, realizable, más que los recordatorios de que debía tener altas expectativas, lo que me permitió elevar las expectativas en mi salón de clase.

Mi enfoque en este libro refleja esa experiencia. Me he esforzado por describir estas técnicas de una manera concreta, específica y realizable que les permita comenzar a utilizarlas mañana mismo. A estas herramientas yo les llamo "técnicas", no "estrategias", aun cuando la profesión docente tiende a utilizar el segundo término. Para mí, una estrategia es un enfoque generalizado de los problemas, una manera de informar las decisiones. Una técnica es algo que uno dice o hace de una manera en particular. Si es usted un velocista, su estrategia podría ser separarse rápido de los bloques de salida y correr de frente; su técnica podría ser inclinar el cuerpo hacia el frente a unos cinco grados mientras eleva las piernas y las lleva hacia adelante. Si quiere ser un gran velocista, practicar y afinar esa técnica le ayudará a conseguir más que una estrategia refinada. Después de todo, es la técnica la que en realidad le hace ser más veloz. Y debido a que una técnica es una acción, mientras más la practica, más la domina. Meditar su decisión de correr de frente cien veces no hace que sea mejor, pero practicar cien veces el esprint con la posición correcta del cuerpo sí lo hace. Éste es el porqué, al final, enfocarse en mejorar y afinar las técnicas específicas es la ruta más rápida al éxito, aun si algunas veces la práctica es a expensas de la filosofía o la estrategia. Mi esperanza es que, con la práctica, se colocará al frente de cualquier salón de clases y utilizará *Participación imprevista* (técnica 22 en el capítulo 4) y *Sin opción de salida* (técnica 1 en el capítulo 1) para hacer que sus alumnos sean responsables en una lección con *Encuadre positivo* (técnica 43 en el capítulo 7) y una alta *Proporción* (técnica 17 en el capítulo 3). El dominio de estas técnicas será bastante más productivo que tener convicciones firmes, estar comprometido con una estrategia y, al final, verse sacudido por la realidad de lo que yace tras la puerta del salón de clases en los barrios más difíciles de nuestras ciudades y pueblos.

CÓMO USAR ESTE LIBRO

He organizado esta colección de apuntes sobre mis observaciones de los maestros altamente efectivos como un manual de instrucciones y he dividido las técnicas en dos partes.

La Parte Uno contiene nueve capítulos en los que se describen las técnicas básicas que observé en el salón de clases de maestros excepcionales, aquellos cuyos resultados son claramente efectivos para asegurar un logro académico extraordinario incluso entre los alumnos con más necesidades. Entre estos maestros se incluyen muchos campeones de Uncommon Schools, la organización en la que trabajo como director pedagógico, y muchos otros de escuelas de calidad de todo el país que he tenido el privilegio de observar. Las técnicas se agrupan en capítulos organizados por temas más extensos que son relevantes para su estilo de enseñanza: elevar las expectativas académicas y de comportamiento, estructurar las lecciones, crear una cultura estudiantil fuerte y dinámica, y desarrollar carácter y confianza.

Las cuarenta y nueve técnicas a las que hace referencia el subtítulo del libro, están contenidas en los primeros siete capítulos. En los capítulos ocho y nueve se tratan otros dos temas fundamentales en la enseñanza: el ritmo y la forma de preguntar. Mis conclusiones de la observación de los maestros campeones en estas áreas no se dividieron tan claramente en técnicas, de manera que las observaciones en estos capítulos no están numeradas. Dicho esto, creo que también las encontrarán de mucha utilidad. Como todo el material en este libro, esos capítulos se derivaron de observar cómo lo hacen los campeones. La Parte Dos del libro se enfoca en las habilidades críticas y en las técnicas para enseñar lectura.

La estructura del libro les permite seleccionar y elegir las técnicas con el propósito de mejorar y dominar aspectos específicos de su técnica, una a la vez y en el orden que mejor convenga a su estilo de enseñanza. Al mismo tiempo, todo el conjunto de técnicas funcionan en sinergia; emplear una hace que la otra sea mejor, y el todo es mayor que la suma de las partes. Así que espero que también encuentren el tiempo para leer todo el libro y se esmeren para afinar algunas de las técnicas en las que inicialmente no enfocaron su atención. O bien, leer el libro de principio a fin les puede ayudar a comprender con más claridad en dónde quieren mejorar, ya sea porque tienen talento y les llama mucho la atención un grupo de técnicas, o bien porque desearían tenerlo.

Mientras reflexionan en la manera de usar este libro, les propongo una reflexión preliminar sobre el desarrollo de las personas, incluyéndolo a usted mismo. Es fácil caer en la mentalidad de "arreglo lo que está mal", en usted mismo o en otros cuya formación o dirección esté a su cargo. Y aunque mitigar las debilidades de alguien, incluyendo las propias, puede ser una estrategia efectiva de desarrollo, una alternativa es enfocarse no en arreglar lo que está mal, sino en maximizar y potenciar las fortalezas. Esto también se aplica a los maestros excelentes que he observado en el curso de mi trabajo: ellos también tienen debilidades en su estilo de enseñanza, a pesar de sus resultados frecuentemente impresionantes. Lo que con frecuencia los hace extraordinariamente exitosos es un grupo esencial de cosas en las que ellos son excepcionalmente buenos. Es factible que desarrollar aquello en lo que ya es bueno podría mejorar en mucho su estilo de enseñanza (si no es que más), que trabajar en sus debilidades, aunque es más probable que una combinación de los dos podría rendir mejores resultados. De cualquier manera, puede sentirse tentado a saltarse un capítulo porque ya es bueno en el tema que trata, pero lo invito a que estudie ese capítulo con especial atención específicamente *porque* ya es bueno en ello. Afinar un poco su técnica podría ser algo que puede llevar a la práctica de forma rápida e intuitiva y podría hacerlo excepcional, o más excepcional. En otras palabras, invierta también en sus fortalezas. Ampliarlas puede ser tan poderoso, o más, que eliminar todas sus debilidades.

LO BUENO ES LO QUE FUNCIONA

Muchas de las técnicas que encontrará en este libro, al principio pueden parecer triviales, poco interesantes y aun decepcionantes. No siempre son particularmente innovadoras. No siempre son extraordinarias desde un punto de vista intelectual. Algunas veces no van a la par con la teoría educativa. Pero recuerde que la trayectoria del humilde cincel, en manos experimentadas, crea rostros que brotan de la piedra y son mucho más sorprendentes de lo que la mejor herramienta o la más elaborada pudiera lograr.

Uno de los problemas con la enseñanza es que existe la tentación de evaluar lo que hacemos en el salón de clases basándonos en cuán inteligente es, cómo encaja con una filosofía superior, o aun cuán gratificante es utilizarlo, no necesariamente en cuán efectivo es para conducir al alumno hacia el logro académico. Las técnicas que se describen aquí pueden no ser muy glamorosas, pero funcionan. Como consecuencia, producen un resultado que compensa en gran medida su apariencia a veces humilde.

Existe evidencia de la efectividad de estas herramientas no sólo por el éxito abrumador en los salones de clases en donde enseñan los maestros de quienes las aprendí, sino en casi todas las escuelas urbanas. En esas escuelas, generalmente hay algunos salones de clases en donde los mismos alumnos que momentos antes eran rebeldes y maleducados, de pronto se sientan, sacan sus cuadernos y, como por arte de magia, piensan y trabajan como intelectuales. En cada una de esas aulas se encuentra un maestro, un artesano cuyo esmero en la técnica y su ejecución lo diferencian de la mayoría de sus colegas. Los resultados de esto, teniendo todo en cuenta, son muy claros. El salón de clases es la unidad en la que probablemente ocurren los niveles más altos de éxito en la mayoría de las escuelas y sistemas escolares urbanos. El caso atípico del salón de clases exitoso es una ocurrencia más frecuente que el caso atípico de la escuela o el sistema escolar exitosos, aun cuando las escuelas y los sistemas escolares controlan y manejan muchas más variables que pudieran conducir al éxito (la elección del plan de estudios, por ejemplo). Esto se debe a que la unidad en la cual varía la técnica es el salón de clases, y aunque idealmente su salón de clases podría maximizar ambas, la mejor estrategia *y* la técnica efectiva, usted controla únicamente su técnica. De manera que, sin importar las circunstancias a las que se enfrente en el trabajo ni las decisiones estratégicas que se le impongan, puede lograrlo, y esto, a su vez, significa que debe lograrlo.

En este libro les he puesto nombre a las técnicas. Al principio podría parecer un ardid, pero es una de las partes más importantes. Por ejemplo, si no existiera la palabra *democracia*, sería mil veces más difícil tener y preservar una cosa llamada “democracia”. (“Ya saben, esa cosa de la que hablamos en donde todos pueden opinar…”) Podríamos hundirnos por siempre en la incompetencia en el momento exacto en el que necesitaríamos entrar en acción. Los directores educativos y los maestros deben ser capaces de hablar con prontitud y eficacia acerca de un conjunto de ideas claramente definidas y que comparten con sus colegas con el propósito de respaldar su trabajo. Necesitan un vocabulario compartido lo suficientemente riguroso que les permita un análisis a fondo de los eventos que ocurren en un salón de clases. Lo que tenemos tiende a carecer tanto de especificidad como de consistencia. Creo que los nombres importan y vale la pena usarlos. Idealmente le permitirían no hablar tanto acerca de este libro, sino acerca de su propio estilo de enseñanza y del de sus colegas en un lenguaje eficaz y específico.

LA IRONÍA DE LO QUE FUNCIONA

Una de las ironías más grandes que espero entenderán al leer este libro, es que muchas de las herramientas que probablemente rinden los resultados más sólidos en el aula, permanecen esencialmente ignoradas por nuestras teorías y teóricos de la educación. Considere un inconfundible motor del logro escolar: rutinas cuidadosamente establecidas y practicadas para la distribución y recolección de los materiales en el aula. Con frecuencia inicio los cursos de capacitación para maestros mostrando un videoclip de mi colega Doug McCurry, fundador de la Amistad Academy en New Haven, Connecticut, y de la red de escuelas del Achievement First, ambas reconocidas a nivel nacional por su excelencia. En el video, McCurry enseña a sus alumnos cómo pasar papeles en el primer o segundo día de clases. Se toma un minuto más o menos para explicar la forma correcta de hacerlo (pasarlos por filas; comienzan cuando él lo indica; solamente la persona que los pasa se para de su lugar si así se requiere; y así sucesivamente). Después sus alumnos comienzan a practicar. McCurry toma el tiempo con un cronómetro: "Diez segundos. Bastante bien. Veamos si podemos pasarlos en ocho". Por cierto, los alumnos lo disfrutan. Les encanta tener desafíos y ver que mejoran. Sonríen.

Cuando muestro este video, inevitablemente hay escépticos. Creen que no son cosas que deben hacer los maestros durante el tiempo de clase, creen que es degradante pedirle a los alumnos que practiquen tareas banales. Alegan que la actividad trata a los alumnos como robots; les lava el cerebro cuando deberían liberar su mente. Sin embargo, le pido que considere estas objeciones a la luz de las siguientes cifras. Suponga que los alumnos de un grupo promedio pasan papeles y materiales veinte veces al día y que a un grupo típico le toma un minuto y veinte segundos hacerlo. Si los alumnos de McCurry pueden realizar esta tarea en tan sólo veinte segundos, ahorrarán veinte minutos al día (un minuto cada vez). Entonces, pueden asignar ese tiempo para estudiar las causas de la Independencia o cómo sumar fracciones con diferentes denominadores. Ahora, multiplique esos veinte minutos al día por 190 días escolares y encontrará que McCurry ha enseñado a sus alumnos una rutina que le redituará tres mil ochocientos minutos adicionales de enseñanza en el transcurso de un año escolar. Es más de sesenta y tres horas o casi ocho días adicionales de enseñanza, ¡tiempo para unidades completas sobre el periodo posterior a la Independencia o sobre los sistemas de coordenadas! Suponiendo que McCurry pasa una hora enseñando y practicando esta rutina, su pequeña inversión rendirá una ganancia en tiempo de aprendizaje de aproximadamente 6000 por ciento, dándole tiempo a sus alumnos para concentrarse otros varios cientos de veces.

MAESTROS EN ACCIÓN

Observe a Doug McCurry enseñar a sus alumnos cómo pasar los papeles en el video 13 del DVD "Maestros en acción".

Ya que el tiempo es el recurso más preciado en el salón de clases, podría verlo de otra manera: McCurry acaba de aumentar su recurso escolar más escaso, el tiempo —que ya ha comprado la escuela en la forma de salarios para los maestros—, cerca de 4 por ciento. Ha realizado un pequeño milagro. Después, combina esta reproducción de recursos con los efectos secundarios de tener buenos hábitos y rutinas sólidas: la percepción real de orden que da al aula; la capacidad de la rutina para recordar a los alumnos una y otra vez que en este salón de clases siempre se trata de hacer bien las cosas, por pequeñas que sean, y después hacerlas mejor. Ahora tiene una técnica poderosa, una técnica común en casi todos los salones de clases y escuelas de alto rendimiento que he visto. Desafortunadamente, esta técnica verdaderamente eficaz, tan eficaz que es prácticamente imperativo que la utilicen los maestros, es ignorada por los iconos de la teoría educativa. En todo el país no existe una escuela para maestros que se rebaje a enseñar a sus aspirantes a maestros cómo entrenar a sus alumnos para pasar papeles, a pesar de que es una de las cosas más valiosa que pudieran hacer.

O considere otra técnica, también común entre los maestros de alto nivel, llamada *Sin opción de salida* (técnica 1 en el capítulo 1). La técnica implica volver con un alumno que al principio no fue capaz o no estaba dispuesto a responder a una pregunta, y pedirle que repita la respuesta correcta después de que otro compañero la haya proporcionado. El maestro pregunta a Jaime cuánto es 6 × 8. Éste se encoge de hombros y dice: "No lo sé". El maestro le pregunta a Juan cuánto es 6 × 8. Juan contesta que es 48 y el maestro regresa con Jaime: "Ahora, Jaime, dime, ¿cuánto es 6 × 8?" Al hacerlo así, elimina el incentivo de Jaime de no intentarlo. El optar por no responder (encogerse de hombros y decir "no sé") no le ahorra trabajo ya que al final, de todas maneras tendrá que responder. Esta técnica también enfrenta a Jaime a una simple iteración de cómo es el aprendizaje exitoso: te equivocas, lo entiendes, sigues avanzando. Con el tiempo, el maestro normaliza este proceso y le pide más y más a Jaime. El resultado es poderoso no solamente para el alumno en lo individual, sino que es decisivo para construir la cultura del salón de clases en donde el esfuerzo reemplaza la actitud de encogerse de hombros desinteresadamente como una norma de comportamiento. Para algunos, esta técnica puede ser tachada de humillante, perjudicial para la autoestima, a pesar de que claramente transmite exactamente lo contrario, un respeto permanente: "Yo sé que puedes". Para otros puede ser simplemente demasiado trivial para que valga la pena discutirla. De cualquier manera, es poco probable que *Sin opción de salida* encuentre mucha aceptación en muchos de los programas actuales de capacitación de maestros.

Sin embargo, el objetivo de este libro no es entablar un debate filosófico. Mi objetivo es contarle cómo todos los días llegan maestros de excelencia a los salones de clases en zonas marginales como Newark, Nueva Jersey; Bedford-Stuyvesant en Brooklyn; barrios como Roxbury (en Boston) y Anacostia (en Washington, DC) y preparan a sus alumnos para ser exitosos. Escribo este libro para decirle cómo puede lograrlo también. Y escribo este libro porque el trabajo en lugares como Newark, Bedford-Stuyvesant, Roxbury y Anacostia es demasiado importante como para no hacerlo. Simplemente hago la observación de que hacer ese trabajo significa estar dispuesto a aceptar ideas que discrepan de lo que es ortodoxo, de lo que nos han enseñado, o aun de lo que se espera.

LAS TÉCNICAS EN CONTEXTO

Espero que este libro le ayude a aprovechar el poder de la técnica para mejorar su estilo de enseñanza. Al mismo tiempo, es importante poner estas técnicas en su contexto. Pueden ayudarle a lograr los niveles más altos de desempeño en sus alumnos, pero no sólo son más poderosas cuando se utilizan en conjunto con otros cuatro enfoques estratégicos (sí, ¡la estrategia después de todo!) que nos llevan a obtener resultados, sino que sin ellos, se ven limitadas gravemente. Puede argumentar que estas cuatro prácticas describen al enfoque estratégico más efectivo. Probablemente, muchos lectores están familiarizados con estas ideas. Si es un maestro eficaz dentro del aula, tal vez ya las utilice. Pero dado que este libro describe lo que se requiere para pasar de bueno a excelente, haré un paréntesis y explicaré lo que hace que los salones de clases sean buenos, aun si para algunos éste sea un tema ya visto.

Aprendizajes Esperados en la Enseñanza (AE)

Si trabaja en una escuela pública de Estados Unidos, todos los días se ocupa de los aprendizajes esperados. Y mientras que la mayoría de los maestros hacen referencia intencional en cada lección a los aprendizajes esperados que están dominando, vale la pena señalar la diferencia entre un maestro que planea una lección diaria y después decide qué aprendizajes esperados abordar en esa lección, o el maestro que decide todos los AE que cubrirá durante el siguiente mes, los desglosa en objetivos y después decide qué actividad cumple mejor el objetivo de ese día. El primer maestro comienza con la pregunta: "¿Qué haré hoy?" El segundo comienza con: "¿Cómo lograré lo que necesito cubrir hoy?" La primera pregunta pone al maestro en riesgo de dejarse distraer por las cualidades de la actividad: ¿será divertida? ¿Emocionante? ¿Le permitirá utilizar una técnica que disfruta? La segunda pregunta hace que el maestro se enfoque en el objetivo: ¿qué es exactamente lo que desea que sus alumnos sean capaces de hacer cuando termine la lección? Ambos son aprendizajes esperados, pero es más probable que la disciplina del segundo enfoque brinde resultados. Los maestros de excelencia planean objetivos, después evaluaciones, y a continuación actividades.

Aquí está una buena prueba. Cuando los AE escritos en el pizarrón al frente del salón tienden a conservar el lenguaje distintivo de los departamentos de educación del estado (por ejemplo: "3.M.c Los alumnos leerán varios géneros en busca de su comprensión y asimilación…"), es una indicación de que usted puede estar trazando un mapa de los AE de manera retroactiva hasta las actividades de la lección. Cuando los AE escritos en el pizarrón se expresan como objetivos más específicos ("Los alumnos podrán describir dos características de la personalidad del Quijote y encontrar evidencia que lo confirme en los capítulos que hemos leído"), es una probable indicación de que se comenzó con la identificación y la adaptación del AE. Otra vez, éste es un indicador del probable éxito. Puede ser una acción instintiva para muchos lectores, pero dista mucho de ser una práctica universal.

Otra clave para usar los AE de manera efectiva es establecer cómo evaluarlos: qué habilidades, en qué nivel de complejidad y en qué formatos. A esto se le llama *evaluación del aprendizaje esperado*. Mi colega Paul Bambrick-Santoyo, de Uncommon Schools, ha escrito de manera muy convincente acerca de la importancia de comprender la evaluación de los aprendizajes esperados. El siguiente texto es un extracto de su libro *Driven by Data* (*Guiado por los datos*):

> *La mayoría de los AE establecidos para el séptimo grado de matemáticas son algo parecido a éste en Nueva Jersey: "Comprender y utilizar… porcentajes en una variedad de situaciones" (Estado de Nueva Jersey, Departamento de Educación, 2004). Con este lineamiento tan limitado, se les pide a los maestros de matemáticas que enseñen hasta lograr el dominio del aprendizaje, pero no siempre está*

claro en qué consiste este dominio. Considere estas preguntas de evaluación en el salón de clases que plantearon seis maestros diferentes de séptimo grado de matemáticas para medir el dominio de este aprendizaje esperado:

1. *¿Cuál es el 50% de 20?*
2. *¿Cuál es el 67% de 81?*
3. *Saúl obtuvo 7 respuestas correctas de diez en su examen de ciencias. ¿Qué porcentaje de preguntas respondió correctamente?*
4. *J.J. Redick estaba en camino de establecer un récord en el basquetbol universitario por el porcentaje de tiros libres en su carrera. Al asistir al torneo de la NCAA en 2004, había acertado 97 de 104 intentos de tiros libres. ¿Qué porcentaje de tiros libres había acertado?*
5. *J.J. Redick estaba en camino de establecer un récord en el basquetbol universitario por el porcentaje de tiros libres en su carrera. Al asistir al torneo de la NCAA en 2004, había acertado 97 de 104 intentos de tiros libres. En el primer juego del torneo, Redick falló sus primeros cinco tiros libres. ¿Qué tanto bajó su porcentaje en comparación con justo antes del primer juego después de que perdió esos tiros libres?*
6. *Chris Paul y J.J. Redick competían por el mejor porcentaje de tiros libres. Redick acertó 94 por ciento en sus primeros 103 tiros, mientras que Paul acertó 47 de 51 tiros. a) ¿Cuál de ellos tuvo un mejor porcentaje de tiro? b) En el siguiente juego, Redick acertó solamente 2 tiros de 10, y Paul acertó 7 tiros de 10. ¿Cuáles son sus nuevos porcentajes globales de tiro? ¿Quién es el mejor tirador? c) Jason sostenía que si J.J y Chris acertaban sus próximos 10 tiros, sus porcentajes de tiro se elevarían en la misma cantidad. ¿Es verdad? ¿Por qué sí o por qué no? Describe en detalle cómo obtuviste tus respuestas.*

Observe cómo aumenta el nivel de dificultad con cada pregunta. En la primera pregunta, el alumno tal vez comprenda que el 50 por ciento es la mitad y conteste la respuesta sin siquiera utilizar los porcentajes. Las preguntas 3 a 6 podrían considerarse como intentos de la aplicación de los porcentajes en la vida real o del pensamiento crítico, pero la pregunta 6 requiere más pensamiento crítico y comprensión conceptual que cualquier otra pregunta. A pesar de estas diferencias drásticas, cada una de las preguntas se basa en los AE. Esto nos lleva a un punto central… Los AE no tienen sentido hasta que el maestro defina cómo los va a evaluar.

No todos los maestros emplean su tiempo para aprender a detalle lo que es su responsabilidad (y después, idealmente, cómo superarlo en rigor y expectativas). Como resultado, no todos son tan eficientes (como podrían serlo) para inculcar el dominio de las habilidades y el conocimiento que más necesitan sus alumnos. Otra vez, tal vez usted esté haciendo esto. Pero si sigue las técnicas descritas en este libro y no se apega cuidadosamente a los AE evaluados, como lo describe Paul, se arriesga a avanzar claramente en la dirección equivocada.

Cómo emplear los datos

Si enseña en una escuela pública, probablemente también trabaje con regularidad con un sistema de evaluación que le permite medir el progreso de sus alumnos de una manera parecida a las evaluaciones estatales pero con una mayor frecuencia (varias veces durante el año) y después analizar los resultados. A pesar de la proliferación de esos sistemas, muchos maestros incluso se desvaloran cuando deben utilizar los datos para informar acerca de su estilo de enseñanza.

Los maestros que son más competentes para utilizar los datos, los examinan no sólo para informar quién tuvo qué bien y qué mal, sino también por qué. Analizan las respuestas incorrectas para obtener pistas acerca del pensamiento de los alumnos y, como resultado, planificar de manera sistemática un curso de acción. Tienen un método para convertir los resultados en un nuevo aprendizaje. Utilizan los datos para comprender no solamente cómo emplear su tiempo en el salón de clases, sino también para saber cómo enseñar mejor en el tiempo que asignan a cada tema. Otra vez, esto bien puede ser algo que ya hace. Mi objetivo al señalarlo es que es muy importante que si no lo está haciendo, debería pasar igual tiempo pensando en cómo reunir y utilizar los datos para comprender a sus alumnos y su estilo de enseñanza como en seguir los lineamientos que le ofrece este libro.

Hacer la planeación de las lecciones con la idea de superarse

Casi todos los maestros hacen planes de clase. Lamentablemente, para muchos de nosotros el objetivo es más que nada cumplir con el requisito de hacer un reporte (cada día tiene que entregar un plan de clase a cierta persona, con un formato determinado), por lo que procuramos describir, no diseñar, lo que se hace en clase. Esto señala el riesgo de los sistemas de gestión basados en el cumplimiento de normas: se puede forzar a las personas a cumplir pero no a superarse. Al comenzar a leer este libro, vale la pena observar lo poderosa que es la herramienta del plan de clase en manos de muchos de los maestros aquí retratados. Los maestros más efectivos no solamente planean sus actividades, con frecuencia minuto a minuto, sino que hacen un guión por adelantado de sus preguntas. Julie Jackson, actualmente directora de la North Star Academy Elementary School en Newark, Nueva Jersey, y también una de las maestras más inspiradoras que he visto en un salón de clases, me dijo que usaba su tiempo frente al volante y al subir las escaleras hacia su salón para ensayar y memorizar sus preguntas para la lección de ese día. Las repercusiones de esto son de gran alcance. Una es que, cuando enseña, Julie puede enfocarse en lo que están haciendo los alumnos a cada momento, no en lo que ella va a hacer después. Julie es famosa por su radar; cuenta la leyenda que nunca ha habido un alumno que haya hecho algo en su salón sin que Julie lo viera. Y aunque su talento innato tiene mucho que ver con esto, el hecho es que básicamente memoriza su plan de clase, y esto le permite enfocar más su atención en quién hace qué. Pero no termina aquí. Después de que ha planeado sus preguntas exactas, anticipa las respuestas incorrectas que probablemente obtendrá y las preguntas de seguimiento que hará si los alumnos responden como ella espera.

Mi punto no es que todos pueden o deberían ser como Julie (a muchos nos gustaría intentarlo), pero esa planeación de la clase por encima de la norma es una fuerza clave para el logro del alumno. Como lo señaló alguna vez el entrenador Bobby Knight, la leyenda del basquetbol: “La mayoría de las personas tienen la voluntad de ganar; pocos tienen la voluntad de *prepararse* para ganar”.

Contenido y rigor

Finalmente, la elección del material preciso importa, pero ese tema tampoco se analiza aquí. He llegado a identificar este problema en parte a través de mi propia torpeza. Cuando comencé a enseñar inglés en sexto y séptimo grados en el centro de la ciudad, creí que debía elegir material que por sí mismo "atrajera" a mis alumnos. Con frecuencia, mis elecciones eran estereotipadas: novelas con temas de adolescentes o protagonistas que enfrentaban discriminación. Hay un lugar para este tipo de libros y chicos inspiradores con historias escritas sobre ellos —libros escritos específicamente para niños y adolescentes y escritos acerca de personas que se parecen a ellos— están bien por un tiempo. Pero a la larga, usar el contenido que uno enseña para llevar a los chicos, no solamente a los chicos de las zonas pobres de la ciudad, fuera de su estrecho rango de experiencia, es fundamental. Esto significa motivarlos con ideas ajenas a su experiencia. Complacer a los chicos sustituyendo las letras de canciones por poesía lírica o referirse a un acervo de películas como ejemplos de recursos literarios en lugar de una colección de novelas, es sencillo a corto plazo pero insuficiente a largo plazo.

EL ARTE DE USAR LAS TÉCNICAS

Al escribir este libro, admito, y de hecho subrayo, que el arte se encuentra en la aplicación discrecional de las técnicas. He tratado de escribir este libro para ayudar a que los artesanos se conviertan en artistas, no porque crea que el oficio de la enseñanza pueda mecanizarse o reducirse a un conjunto de fórmulas. Hay un momento correcto e incorrecto y un lugar para cada herramienta, y siempre corresponderá al estilo único y visión de los maestros de excelencia el saber aplicarlos. En una palabra, eso es maestría. La enseñanza de excelencia no es menos excelente porque el maestro aprendió a dominar habilidades específicas sistemáticamente, así como tampoco el *David* es un reflejo menor del genio de Miguel Ángel porque Miguel Ángel dominó la gramática del cincel antes de crear la estatua. Considerando las herramientas que se presentan en este libro, creo que los maestros tomarán decisiones independientes bien meditadas acerca de cuándo y cómo utilizar las técnicas del oficio mientras se esfuerzan para convertirse en Maestros de la enseñanza.

Encontrará que muchas de estas técnicas tienen recuadros de "Maestros en Acción". Puede ver técnicas "en vivo" al observar los videoclips en su DVD. Estos videoclips tienen el potencial de ayudarle a propiciar resultados prácticos y efectivos en el salón de clases. Los elegí para el libro porque nos muestran maestros fuera de serie utilizando técnicas de enseñanza específicas que diferencian a los excelentes de los meramente buenos. Para sacar el máximo provecho de estos videos, sugiero que lea la descripción de la técnica, observe el DVD y después reflexione sobre su propia forma de enseñar y cómo podría utilizarlo. Además de leer las biografías de los maestros que se presentan a continuación, también puede conocer a estos maestros campeones y cómo piensan leyendo las "Entrevistas detrás de cámaras" en el Apéndice del libro. Espero que encuentre en estos maestros una fuente de inspiración como lo han sido para mí.

CONOZCA A ALGUNOS DE LOS MAESTROS CAMPEONES

Fueron muchos los maestros que aportaron información para las notas que se convirtieron en este libro. Algunos de ellos son colegas a quienes he admirado durante años, algunos son profesionales a quienes vi sólo una o dos veces pero que me dieron la bienvenida en su salón de clases o quienes compartieron conmigo videograbaciones de su estilo de enseñanza. Algunas veces surgieron de observar a maestros talentosos llenos de ímpetu en momentos inesperados e improvisados. Al observar a todos estos maestros, poco a poco reuní la orientación práctica que espero haga de éste un libro concreto y útil.

No obstante lo anterior, como el trabajo es tanto suyo como mío, es importante mencionar por su nombre a algunos de los que más me influyeron. Si no es por nada más, al menos espero les sorprenda saber lo normales que son, cómo al final del día regresan a casa con sus familias, sus amigos y pasatiempos muy parecidos a los de usted. Cambian el mundo desde su humilde salón de clases no porque hayan nacido con poderes especiales, sino porque han logrado dominar los detalles de su oficio. Estaban decididos a convertirse en artesanos, y con el tiempo y la práctica, ahora son artistas.

Julie Jackson

El primer salón de clases de Julie Jackson tenía treinta y cinco alumnos y solamente veintinueve escritorios. A pesar de un ser un nuevo miembro del cuerpo docente de Teach for America (Enseña por EUA) en Paterson, Nueva Jersey y a pesar de ser recién egresada de la universidad, obtuvo el premio a la mejor maestra del año. Mi colega Jamey Verilli, que en aquel entonces era de los iniciadores de la North Star Academy, una escuela nueva en Newark, Nueva Jersey, visitó su salón de clases. La recuerda en su papel como maestra por primera vez: "Todos los chicos estaban trabajando, todos estaban concentrados en su tarea. Cuando ella hizo una pregunta, todos levantaron la mano. Además, estaban en silencio. No podía creerlo". Como maestra, sus resultados también eran bastante sorprendentes: resultados en el examen estatal que empequeñecían a las escuelas cercanas y a nivel nacional obtuvo aumentos de veinticinco a treinta percentiles (en el nivel de logro).

Ahora, como directora fundadora de la North Star Academy Elementary School de Newark, Nueva Jersey, se ha convertido en leyenda. Pasó incontables horas preparando, ensayando posibles diálogos y escribiendo notas individuales para cada alumno, además despierta el mismo tipo de dedicación en su equipo de trabajo. La dedicación ejemplar es algo natural en Jackson. Deja a sus propios hijos, Amari y Nyla, a las 5:25 A.M. para viajar en el autobús escolar con sus alumnos y no regresa a casa hasta las 8:00 P.M. Después de pasar un tiempo con su familia, con frecuencia abre su computadora y envía correos electrónicos hasta entrada la noche.

Bob Zimmerli

Bob Zimmerli fue la primera persona a quien mi colega Stacey Shells y yo entrevistamos cuando fundamos la Rochester Prep en Rochester, Nueva York. Organizamos que diera una clase muestra en una escuela de otra ciudad en la que nunca había estado. Se presentó solamente con un lápiz en la mano. ¿Necesitaba hacer copias? No. ¿Necesitaba tiempo para prepararse? No. ¿Le gustaría recibir un informe acerca de los alumnos a los que enseñaría? No; estaba listo. Stacey y yo nos miramos y levantamos las cejas. Nos preparamos para el desastre, pero a los treinta segundos de lección, sabíamos que lo contrataríamos. Sin haber conocido antes a ninguno de los niños en el salón, sabiendo que tal vez no los vería otra vez, sin tener más autoridad que su propio magnetismo, los atrapó por completo. Sin perder el ritmo, mezcló el tema de los valores como la humildad, el respeto y la diligencia en una lección sobre sistema de numeración decimal; logró que cada alumno no solamente dominara el objetivo con éxito, sino que pudiese reconocer ese éxito. Esa mañana, Bob redefinió lo que era la profesión de la enseñanza para mí. En verdad fue una presentación asombrosa, y desde entonces no he dejado de aprender de él. Además ésta no es solamente mi opinión, a pesar de que más de 80 por ciento de sus alumnos provienen de hogares con muy escasos recursos, han obtenido los resultados más altos en matemáticas en el Condado de Monroe (Rochester, Nueva York, además de sus suburbios de élite) en los últimos dos años.

Colleen Driggs

Colleen Driggs, quien viene del diminuto pueblo de Holland Patent en el norte de Nueva York, trae a su salón de clases un poco de esa sensación de calidez y responsabilidad de esa pequeña comunidad. Con frecuencia, el salón de Colleen es el primero que ven los visitantes de la Rochester Prep, y muchos suponen la existencia de un elixir mágico que mantiene a los chicos atentos y enfocados durante sus lecciones de lectura. Eso o simplemente que ella debe tener un talento "natural". No fue hasta cuando grabamos a Colleen en acción que comenzamos a comprender. En un material audiovisual para capacitación de maestros ahora famoso, la observamos haciendo quince intervenciones no verbales para mantener a sus alumnos concentrados en su trabajo durante más o menos los cinco minutos que les enseñó una lección de vocabulario. Pero lo hizo sin interrumpir una sola vez el contenido y la explicación. Todo era invisible excepto para el alumno al que corregía. La lección en sí era enriquecedora y fascinante, pero sin el video, nunca podría uno darse cuenta que de hecho es el tesón lo que lleva a Colleen a lograr el éxito. Es imposible subestimar la importancia de esta lección (que para los maestros fuera de serie, el origen del éxito no es un don sino un trabajo con ética, diligencia y elevados estándares personales).

Darryl Williams

Darryl Williams ahora es director de la Brighter Choice Charter School for Boys en Albany, Nueva York, pero hace varios años visité sus salones de tercer grado y no pude tomar notas lo suficientemente rápido. Allí vi por primera vez *Sin opción de salida.* Viéndolo llevar "*Voz fuerte*" (técnica 38 en el capítulo 6) a un nivel de especificación, finalmente pude escribir acerca del tema. Su estilo de enseñanza en un salón únicamente de varones con un índice de pobreza de 100 por ciento (su escuela concede preferencia automática para matriculación a los alumnos en desventaja) tenía un tono que era tanto exigente como inspirador. Pasó lista a sus alumnos, pero su firmeza se compensaba con un amor inconfundible. Caminarían sobre el fuego por él. Al observar cómo los elogiaba en la cancha de basquetbol a la hora del descanso, comprendí que el cariño y la severidad no eran, como lo escribo en *Constancia emocional* (técnica 47 en el capítulo 7), las caras opuestas de la misma moneda, en la que eliges ser uno u otro, sino dos monedas independientes. Todos hemos conocido a los niños de esas familias que no son ni permisivas ni estrictas, pero Darryl le daba un giro a esto: él podía ser ambas cosas. Mientras más era una cosa, más era también la otra. No es de sorprender que ahora la escuela de Darryl obtenga, como sucedió antes con su salón de clases, el puntaje más alto en Albany.

Sultana Noormuhammad

Cuando yo era maestro, era un fanático del orden; para que me entiendan, poco me faltó para poner cinta adhesiva en el piso y exigir a mis alumnos que las patas del escritorio debían estar en el lado derecho de la cinta. De manera que no estaba muy preparado para mi primera visita al salón de clases de Sultana Noormuhammad en la Leadership Prep Charter School en Bedford Stuyvesant Brooklyn. Sostenía un micrófono y todos cantaban algo acerca de las matemáticas. También estaban bailando, posiblemente algo que tenía que ver con el mismo tema. Su voz sonaba sobre las voces alegres con un entusiasmo irreprimible. La sensación de alegría (y las matemáticas) era sobrecogedora. Entonces observé que sus alumnos estaban más atentos y se portaban mejor que los míos. Para ser claro, Sultana puede ser y es tan firme como cualquier otro, pero es una maestra en eso de hacer participar a los alumnos, de emplear la sonrisa como la mejor herramienta de enseñanza, de derrochar alegría porque simplemente no puede imaginar otra forma de ser. Tal vez ningún otro salón de clases me ha causado tanta autocrítica (exacto). Pero aún falta la mejor parte: unos años después, Sultana fue promovida a consejera estudiantil en la Leadership Prep (desde entonces se ha convertido en una persona con liderazgo educativo y está planeando comenzar su propia escuela), lo cual otra vez subraya la conexión entre alegría y estructura.

Jaimie Brillante

Jaimie Brillante es la mejor planificadora de clase con la que he trabajado. Al igual que Julie Jackson, planea sus preguntas exactas: a cuáles alumnos les preguntará y qué hará si le dan respuestas correctas o incorrectas. Enseña escritura y pasa mucho tiempo en gramática. Su ingeniosa presentación del contenido, cómo funciona todo, cómo se relacionan las ideas, en qué forma se puede hacer el conocimiento sistemático, produce resultados asombrosos en los alumnos, pero casi todos los asistentes a su clase comentan el hecho de que aprendieron una regla de gramática que no conocían hasta que escucharon a un alumno explicarla. Uno de los mensajes ocultos de este libro es el poder de la planeación, y si hay un maestro entre todos los demás que me ha ayudado a entender cómo un nivel de planeación que excede cualquiera que yo haya imaginado puede lograr resultados, ésa es Jaimie.

Roberto de León

Conversé por primera vez con Roberto de León cuando observé un jersey de los Orioles de Baltimore tendido en el respaldo de su silla en su salón de clases de tercer grado en la Excellence Boys Charter School de Bedford Stuyvesant. Aunque compartimos nuestra lealtad a los Orioles de Baltimore, debí haberme dado cuenta de que la camiseta significaba algo más grande acerca del estilo de enseñanza de Rob. Si uno entra en su salón de clases cualquier día, es probable que vea a sus chicos leyendo en voz alta con disfraces y máscaras, o totalmente concentrados en su papel con la imaginación al máximo. Resulta ser que el uniforme era uno de los muchos accesorios y disfraces que utiliza Rob para hacer que la lectura cobre vida. Y vaya que lo logra, de acuerdo con los resultados estelares de Rob (más de noventa de sus alumnos fueron considerados como muy buenos en la evaluación estatal de 2008 en Nueva York), Excellence fue la escuela mejor calificada en toda la ciudad de Nueva York en 2008.

CÓMO DEFINIR LO QUE FUNCIONA

¿Cómo elegí a los maestros que analicé y las escuelas que frecuenté? ¿Y qué significa decir que tuvieron éxito y cerraron la brecha del logro académico? Debido a que mi criterio primordial fueron los resultados de los exámenes estatales, vale la pena hablar de algunas ideas erradas acerca de su uso, aunque sólo sea para subrayar cuán ejemplar es la labor de los maestros que aportaron la información para este libro. (En algunos casos también utilicé otros instrumentos diagnósticos como las evaluaciones normalizadas a nivel nacional, evaluaciones de lectura y escritura como el DIBELS: Indicadores Dinámicos de Capacidades Básicas de Lectura, Escritura y Lenguaje, así como las herramientas de diagnóstico internas que usamos en Uncommon Schools para superar o complementar el rango de medición de las evaluaciones estatales).

Los resultados de las evaluaciones estatales son necesarios pero no suficientes. Sin duda, hay un gran número de habilidades y una base muy amplia de conocimiento que los alumnos necesitan dominar para tener éxito en la universidad, y muchas de estas cosas no se miden en las evaluaciones estatales. Pero también, sin duda, existe un conjunto de habilidades esenciales que también son necesarias y que muchos (podríamos decir que la mayoría) de los alumnos sin la suerte suficiente para nacer con privilegios aún no dominan.

Uno de mis alumnos, el inteligente y apasionado hijo de una madre soltera con conocimientos limitados de inglés, logró abrirse paso al Williams College. Fue un triunfo para él y para su dedicada madre, quien contaba cómo ella pedía prestados los libros a un compañero de clase en su país natal (Haití) para poder hacer su tarea afuera de una tienda que dejaba una luz encendida por las noches. Él era el primero de la familia que asistía a la universidad y ahora estaba en lo que para algunos es la mejor universidad para las humanidades en Estados Unidos.

Durante una visita a principios de su estadía en Williams College, me mostró un ensayo que había escrito acerca de Zora Neale Hurston (antropóloga y escritora estadounidense). Se había involucrado en el tema con pasión y exponía interesantes ideas, pero estaba redactado en una prosa en la que a veces se perdía el significado o se enredaba en nudos sintácticos. Los comentarios de su profesor fueron directos: la concordancia sujeto-verbo era imperfecta. Era difícil seguir el argumento y recomendó a mi ex alumno M. que llevara el documento al laboratorio de escritura para resolver esos problemas. En sus comentarios, el profesor apenas aludió a los comentarios de M. acerca de Hurston. M. se había esforzado mucho y había hecho enormes sacrificios sociales, económicos y psicológicos para entrar a Williams College. Aunque su análisis de Hurston era revelador, ocasionalmente carecía del tipo de habilidades que se evalúan en los exámenes estatales (por ejemplo la concordancia sujeto-verbo) y le impedían producir el tipo de trabajo que, por otra parte, M. era capaz de hacer. Tristemente, también le dieron la pauta al profesor para no discutir el contenido de su argumento en la misma forma que lo hizo con sus compañeros de un nivel más acomodado.

Supongamos que los alumnos necesitan tener ambos tipos de habilidades. Necesitan ser capaces de leer y analizar a Shakespeare, pero también deben ser capaces de leer un pasaje que nunca antes hayan visto y entender su significado, estructura y forma de manera efectiva. Deben ser capaces de escribir un breve párrafo que pruebe que pueden respaldar una conclusión. Deben ser capaces de calcular el valor de *x*. La mayoría de los exámenes estatales son muy efectivos para medir estas habilidades, y mientras que los alumnos que pueden demostrar que las dominan no están todavía plenamente preparados para la universidad, no hay estudiantes que estén preparados para la universidad que no puedan demostrar que las dominan.

También vale la pena observar que los maestros que son mejores para enseñar las habilidades evaluadas en los exámenes estatales, con frecuencia son los mismos que son eficaces para enseñar habilidades de nivel superior más generales. Sé esto porque en el programa Uncommon Schools, cuando correlacionamos el éxito de nuestros alumnos en evaluaciones internas más difíciles (evaluar la redacción de ensayos, que es bastante más demandante que los exámenes estatales, por ejemplo), existe una fuerte correlación entre ambos, es decir, entre los maestros y los alumnos cuyos resultados muestran el mayor avance y logro en los dos tipos de evaluaciones. Además, nuestros maestros que logran los resultados más sólidos en las evaluaciones estatales, también obtienen los resultados más altos para asegurar la entrada y el éxito de nuestros alumnos en la universidad. En resumen, el éxito del alumno medido por las evaluaciones estatales tiene un carácter diagnóstico de su éxito no solamente para entrar a la universidad, sino para permanecer en ella.

Finalmente, la correlación entre el éxito en las evaluaciones más sencillas (resultados de los exámenes normalizados a nivel nacional) y el éxito académico final, debería ser aleccionadora para nosotros. A menudo me encuentro con profesores que consideran como un mandato divino que las habilidades básicas son incompatibles con el pensamiento de orden superior. Es decir, cuando enseña a sus alumnos, por ejemplo, a memorizar las tablas de multiplicar, no solamente no está fomentando el pensamiento más abstracto y profundo, sino que lo está obstruyendo. Es ilógico y, curiosamente, es uno de los principios de la educación estadounidense que no es compartido por la mayoría de los sistemas educativos asiáticos, en particular por los sistemas de educación pública con más alto rendimiento en el mundo. En esas naciones es más probable que se piense que las habilidades fundamentales, como la memorización de las tablas de multiplicar, favorecen el pensamiento de orden superior y una percepción más precisa porque liberan a los alumnos de tener que utilizar su capacidad de procesamiento cognitivo en los cálculos más básicos. Para tener la capacidad de discernir que en un problema opera un principio más abstracto o que hay otra manera de resolverlo, uno no puede estar concentrado en el cálculo. Esa parte tiene que intervenir de manera automática para que nuestra capacidad de procesamiento esté lo más libre posible para que pueda reflexionar sobre lo que está haciendo. Mientras más competente sea en las habilidades de "orden inferior", más competente podrá ser en las habilidades de orden superior.

Así que, ¿cómo son los resultados de los maestros que inspiraron este libro? Ya que muchos de los maestros a los que analicé son parte de la organización en donde trabajo, Uncommon Schools, permítanme comenzar hablando acerca de cómo son en conjunto los resultados de esas escuelas fuera de lo común. El programa Uncommon Schools opera dieciséis escuelas en Brooklyn,

Newark, y en las ciudades del norte del estado de Nueva York, Rochester y Troy. Nuestra población está compuesta casi en su totalidad por estudiantes provenientes de minorías y extremadamente pobres (los datos cambian de manera constante, pero en nuestras escuelas el índice de pobreza es de 80 por ciento o más. En muchos casos es significativamente más alto: puede llegar a 98 por ciento). Nuestros alumnos son seleccionados al azar en los distritos en los que trabajamos, tienen un índice de pobreza más alto en esos mismos distritos y, contrario al mito, con frecuencia son los alumnos peor preparados, no los mejores, en esos distritos (una de las principales razones por la que los padres ejercen su opción a elegir la escuela para sus hijos es que los alumnos batallan y están cada vez en mayor riesgo en sus escuelas originales.

En 2009, 98 por ciento de nuestros alumnos aprobaron la Evaluación de Matemáticas del Estado de Nueva York, y 88 por ciento la Evaluación de Destrezas del Idioma Inglés del Estado de Nueva York. Ya que nuestra misión es cerrar la brecha del logro académico, nuestro consejo directivo nos pide compararnos con la evaluación más alta al otro lado de la brecha del logro académico: el promedio estatal para los estudiantes blancos (SWA, por sus siglas en inglés), es decir, el resultado promedio de todos los estudiantes blancos en el estado, un criterio que excede el promedio global del estado. Reconocemos las limitaciones de utilizar este criterio como una medida comparativa, pero es el criterio auténticamente aceptado entre quienes establecen las políticas públicas y el financiamiento, por lo que lo utilizamos, aunque para señalar lo obvio: la raza no es causa de pobreza. Y muchas familias blancas en pobreza están en el extremo más lejano de la brecha del logro académico, mientras que muchas familias negras e hispanas están pensando más bien en cómo asegurarse de que sus hijos asistan a la universidad de Yale, por ejemplo, y nada menos. Como lo muestran las cifras enseguida, nuestras escuelas no sólo superan los distritos en los que laboramos y no sólo superan el promedio de todos los alumnos en el estado, sino que efectivamente superan el SWA. Después de unos años con nuestros maestros, los alumnos pobres y de las minorías, que provienen de distritos de bajo rendimiento, superan el rendimiento de los alumnos de un nivel más acomodado. Todos los que realizamos este trabajo sabemos lo frágil que es un éxito como éste y cuán difícil es preservarlo, por lo que detesto alardear sobre el éxito de nuestra organización. Dicho esto, mi respeto permanente por el trabajo que realizan nuestros maestros anula mi reticencia, y observo que hasta ahora los maestros de Uncommon Schools han cerrado la brecha del logro académico.

Pero por supuesto que los maestros que más información aportaron para este libro, los maestros de Uncommon Schools y de escuelas similares como la Roxbury Prep Charter School y grupos similares de escuelas como el programa Knowledge is Power (KIPP, por sus siglas en inglés) y Achievement First, no son maestros promedio aun ni siquiera en esas escuelas que cierran la brecha del logro académico. Son los mejores entre los mejores. Por lo que sus resultados son aún mejores. En la Rochester Prep, el equipo de matemáticas, dirigido por Bob Zimmerli y Kelli Ragin, se aseguró que 100 por ciento de los alumnos de sexto y séptimo grados aprobaran el examen de competencia, superando de este modo a cada distrito en el condado, incluyendo a los mejores distritos de los suburbios. El equipo de destrezas del idioma inglés (ELA, por sus siglas en inglés), dirigido por Colleen Driggs, Jaimie Brillante, Patrick Pastore y la directora en ese momento, Stacey Shells, no solamente igualaron la hazaña de lograr una competencia del 100% en séptimo grado, sino que se las arreglaron para preparar a 20 por ciento de los alumnos para que obtuvieran una calificación de avanzados en el examen. Esto es estar en un nivel por encima de la competencia. Para comparar, menos de 1 por ciento de los estudiantes en el Distrito Escolar de la Ciudad de Rochester, en el cual Rochester Prep seleccionó a sus alumnos dos años antes, obtuvo una calificación de avanzado. Si es la excelencia, y no solamente el nivel de competencia la medida: los resultados del equipo ELA de la Rochester Prep representan un incremento de veinte veces. (Véanse las figuras I.1 e I.2.)

Aunque probablemente es verdad en todas las materias, es especialmente verdadero en ELA que los equipos de maestros extraordinarios y consecuentes tienden a lograr los resultados más espectaculares. Por consecuentes quiero decir maestros instruccionalmente congruentes y consistentes, que se pasan los alumnos uno al otro al final del año escolar. En el caso de la Rochester Prep, el equipo ELA con Driggs, Pastore, Brillante, Shells y sus colegas, son altamente congruentes en términos de técnicas, no sólo emplean técnicas similares a las de este libro, sino que hacen adaptaciones y aceptan puntos de vista y trucos recíprocos en un ciclo virtuoso de perfeccionamiento (para maestros) y consistencia (para los alumnos). Al ver los resultados que publicaron de los alumnos de séptimo grado, después de que todo el equipo les enseñó, se puede apreciar mucho mejor la capacidad de un grupo de profesores para cerrar la brecha del logro académico.

El diagrama de dispersión en la figura I.3 muestra los resultados de todas las escuelas públicas del estado de Nueva York en la evaluación estatal ELA de 2009, en la que también se controlaron las tasas de pobreza. Cada punto en la gráfica es una escuela. La posición de cada punto en el eje x (horizontal) muestra el porcentaje de alumnos que vive en pobreza en esa escuela.

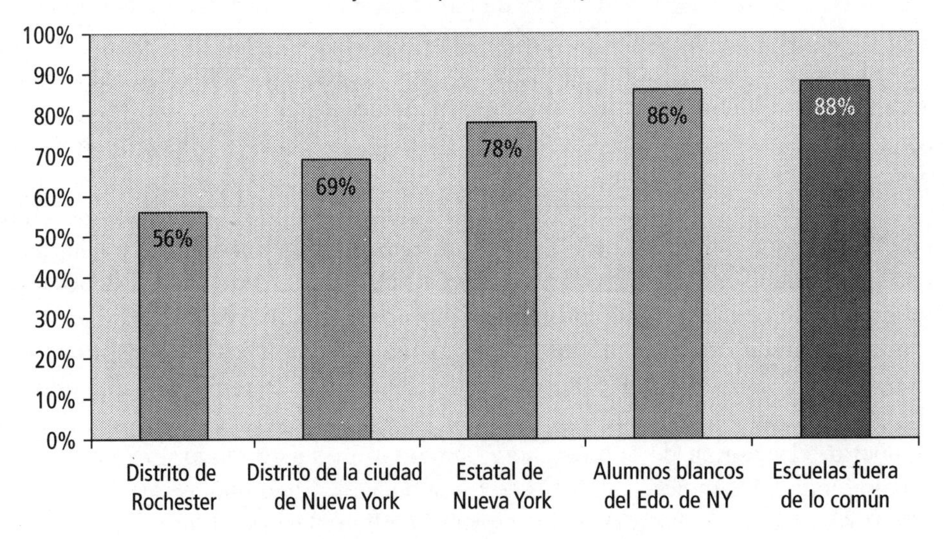

FIGURA I.1. Resultados acumulativos, Grados 3-8, ELA
Fuente: Departamento de Educación del Estado de Nueva York

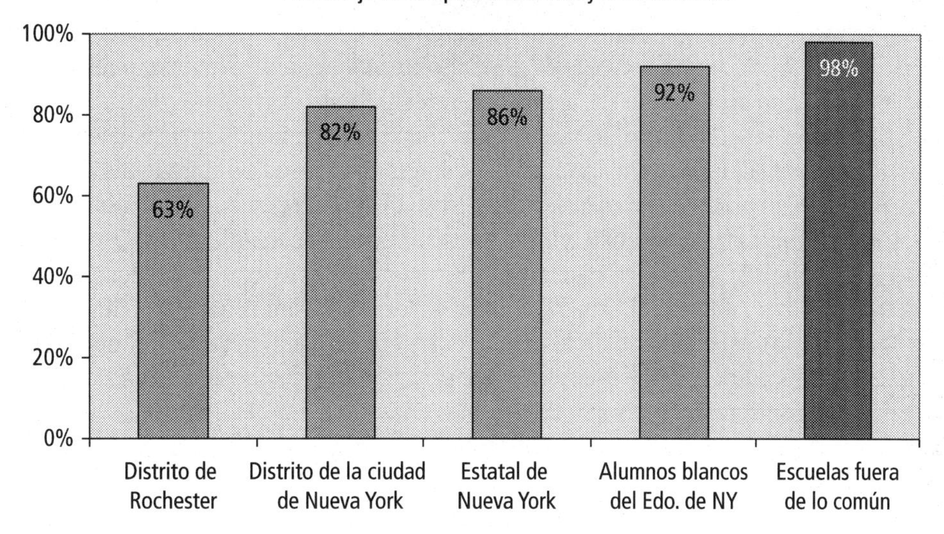

FIGURA I.2. Resultados acumulativos, Grados 3-8, Matemáticas
Fuente: Departamento de Educación del Estado de Nueva York

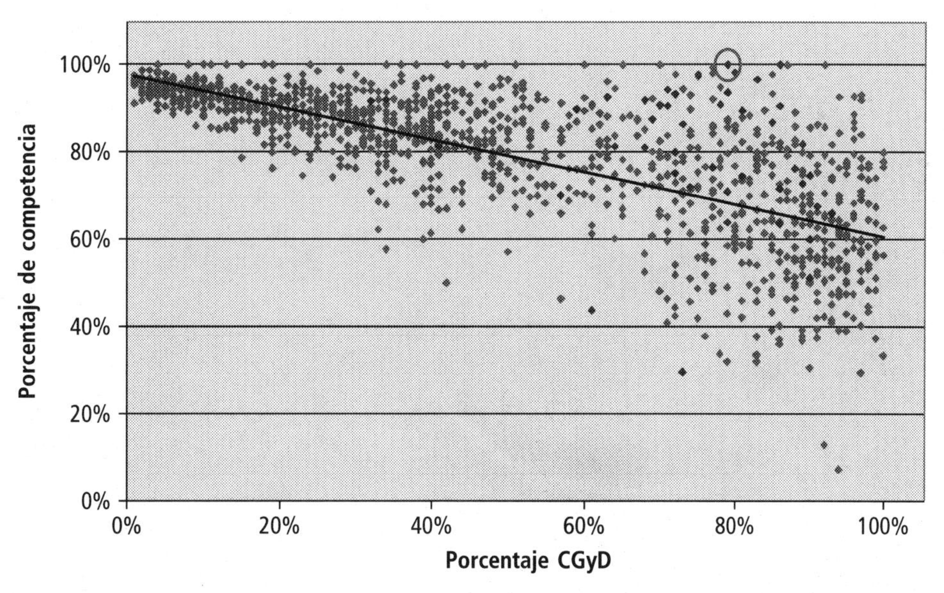

FIGURA I.3. Estado de Nueva York Grado 7, ELA: CGyD *versus* Competencia
Nota: CGyD significa comidas gratuitas y con descuento, la medida estándar de pobreza en el sector de educación.
Fuente: análisis realizado por escuelas fuera de lo común (Uncommon Schools) de los datos del Departamento de Educación del Estado de Nueva York.

La misma posición del punto en el eje *y* (vertical) muestra el porcentaje de alumnos en esa escuela que obtuvieron una puntuación de competencia. De este modo, un punto colocado sobre el 50 en el eje *x* y el 50 en el eje *y* es una escuela con la mitad de sus alumnos en pobreza y la mitad (no necesariamente los mismos) con dominio de la materia. Al observar el diagrama de dispersión, reconocerá rápidamente la fuerte correlación entre pobreza y el bajo aprovechamiento. Conforme aumenta la pobreza, baja el índice de aprovechamiento. Esta correlación puede cuantificarse utilizando una línea del mejor ajuste (la línea diagonal a través de la gráfica), es decir, la línea que es la menor distancia total de todos los puntos en el diagrama. Los estadísticos podrían argumentar que muestra el nivel de competencia pronosticado para una escuela en cualquier punto en la escala de pobreza. Este análisis es poderoso ya que nos permite ver un modelo claro y exacto del rendimiento académico en las escuelas casi sin alumnos en pobreza, con base en los resultados reales en cada escuela pública en el estado de Nueva York. Es decir, presenta una imagen mucho más precisa que el SWA del otro lado de la brecha del logro académico (aunque funciona para una sola prueba). Así, en la gráfica, a una escuela que se posiciona tan firmemente en el lado afortunado de la brecha del logro académico como sea posible, una escuela en la cual todos sus estudiantes viven por encima de la línea de pobreza, podríamos predecirle un índice de aprovechamiento de 96 por ciento. El resultado de la Rochester Prep con 100 por ciento de competencia excede esto (véase el punto dentro del círculo). Una enseñanza de excelencia, como lo han demostrado sus maestros, es lo suficientemente fuerte como para cerrar la brecha del logro académico. Si se pregunta por las otras escuelas del programa Uncommon Schools, nuestro otro séptimo grado en 2009, en Williamsburg Collegiate, tuvo un resultado de 98.2 por ciento de competencia, pero tenía una tasa parecida de pobreza.

PARTE

Enseñe como un campeón: técnicas básicas

CAPÍTULO 1

ESTABLEZCA ALTAS EXPECTATIVAS ACADÉMICAS

Un hallazgo constante en la investigación académica es que las altas expectativas son el mejor motor para un logro académico destacado, aun entre los alumnos que no tienen antecedentes de un exitoso logro académico. Gran parte de esta investigación se ha realizado para probar, confirmar o desacreditar el famoso estudio de "Pigmalión" en el que se le dijo a unos maestros que grupos de alumnos elegidos al azar habían demostrado, a través de exámenes, estar muy cerca de obtener grandes logros académicos. Esos grupos de alumnos seleccionados al azar de hecho superaron a otros grupos elegidos al azar y cuyos maestros no fueron inducidos a tener grandes expectativas de ellos; presumiblemente debido a esas mismas expectativas.

Uno de los problemas con los hallazgos acerca de las altas expectativas es que con frecuencia incluyen en la definición una gran variedad de acciones, ideales y estrategias operativas. En un estudio se definía *altas expectativas* como tener la decisión de asignar y dedicar más tiempo al trabajo en las materias académicas. Ciertamente es una buena política, pero desde la perspectiva de la investigación, es difícil separar el efecto de dedicar más tiempo al trabajo de las expectativas mismas. También es difícil convertir eso en medidas concretas en el aula.

Así que, ¿cuáles son las formas concretas y realizables en las que los profesores que obtienen resultados excepcionales demuestran altas expectativas? En este capítulo se consideran cinco, inspiradas en estos maestros, que elevan las expectativas y hacen la diferencia entre los grandes salones de clases y los salones simplemente buenos.

TÉCNICA 1
SIN OPCIÓN DE SALIDA

Una característica común entre los maestros campeones es su celo para mantener la expectativa de que no está bien no intentarlo. Todos aprenden en un salón de clases de alto rendimiento, y las expectativas son altas aun para los alumnos que todavía no tienen altas expectativas para sí mismos. Por lo que un método para eliminar la posibilidad de no participar, murmurando "No lo sé", en respuesta a una pregunta o tal vez, simplemente, encogiéndose de hombros con indolencia esperando que el profesor lo deje de molestar pronto, rápidamente se convierte en un componente esencial de la cultura del salón de clases. Así es como **Sin opción de salida** comenzó, aunque al igual que con muchas de las otras técnicas en este libro, pronto encontró aplicaciones adicionales como una herramienta de trabajo útil para ayudar a los alumnos dedicados, que luchan y realmente se esfuerzan pero que en verdad no saben la respuesta. *Sin opción de salida* ayuda a abordar las dos situaciones. En resumen, parte de la creencia de que una secuencia que comienza con un alumno que no puede (o no está dispuesto a) responder a una pregunta, debe terminar con ese alumno dando la respuesta correcta siempre que sea posible, aunque sólo sea para repetir la respuesta correcta. Sólo entonces está completa la secuencia.

IDEA ESENCIAL

SIN OPCIÓN DE SALIDA

Una secuencia que comienza con un alumno que no puede responder a una pregunta, debe terminar con ese alumno respondiendo a la pregunta siempre que sea posible.

En su forma más simple, *Sin opción de salida* podría ser una situación como la siguiente: es el primer día de clases y el maestro está revisando las tablas de multiplicar con sus alumnos de quinto o tal vez sexto grado. Le pregunta a Carlos cuánto es 3 × 8. Carlos le echa un vistazo breve al maestro y sin inmutarse, murmura entre dientes: "No lo sé", truena la boca y lentamente voltea para ver por la ventana. Es un momento crítico. Con demasiada frecuencia los alumnos utilizan esta técnica para "parar en seco" a los maestros cuando su desinterés para intentar, su falta de conocimiento, o una combinación de los dos, los hace inseguros o renuentes, y también, con mucha frecuencia, les funciona. Los alumnos renuentes pronto comprenden que responder: "No lo sé", es la clave para evitar el esfuerzo de trabajar. Muchos maestros simplemente no saben cómo responder. El resultado es un fuerte incentivo para que el alumno responda "no lo sé", cuando se le hace una pregunta. Si el alumno no tiene ganas de esforzarse, esas tres palabras le pueden ahorrar mucho trabajo. De manera que si Carlos se sale con la suya y demuestra que el maestro no puede hacerlo participar, va a ser un año muy largo en el que el maestro se andará con cautela (y sin autoridad moral) cuando tenga cerca a Carlos, los otros alumnos se darán cuenta de que Carlos hace lo que quiere y Carlos no aprenderá. Será una situación en la que todos pierden.

> *Los alumnos renuentes pronto comprenden que responder: "No lo sé", es la clave para evitar el esfuerzo de trabajar.*

Si el maestro emplea *Sin opción de salida* en esta situación, se dirigirá a otro alumno, David, y le hará la misma pregunta. Suponiendo que éste responde correctamente (24), ahora se volvería con Carlos: "Ahora, dime, Carlos, ¿cuánto es 3 × 8?" Carlos se ha dado cuenta (sin que el maestro pierda el tiempo y posiblemente sin un sermón infructuoso) que de todas maneras tiene que realizar el trabajo en clase. Más adelante veremos situaciones más complicadas en las que el maestro se pregunta: ¿Qué sucede si Carlos no responde cuando le vuelva a preguntar? ¿Qué sucede si David no responde? Por ahora, lo más importante es comprender simplemente el poder y la necesidad de regresar con el alumno que no quiere esforzarse. *Sin opción de salida* es el momento en que el maestro regresa y le pide al alumno que vuelva a responder a la pregunta original.

Sin opción de salida demuestra ser una herramienta igualmente poderosa en las situaciones en las que los alumnos se están esforzando. Aquí tenemos un ejemplo del salón de clases de Darryl Williams, en el que un alumno, Jaime, no era capaz de identificar el sujeto en la oración: "Mi mamá no estaba feliz". Primero intentó adivinar: "*¿Feliz*?", preguntó. Williams insistió repitiendo la pregunta como lo harían muchos otros maestros: "¿Cuál es el sujeto?" Sin embargo, como el alumno no podía responder aún, Williams le preguntó ahora a la clase: "Cuando les pregunto por el sujeto, ¿qué estoy preguntando?" El alumno al que se dirigió, ahora respondió: "está preguntando acerca de qué persona o cosa habla la oración". Regresando con Jaime, Williams repitió: "Cuando pregunto por el sujeto, pregunto de qué persona o cosa habla la oración. ¿Cuál es el sujeto?" Ahora Jaime respondió correctamente: "*Mamá*". Como en todos los otros *Sin opción de salida*, la secuencia comienza con un alumno que no podía responder y termina con ese mismo alumno dando la respuesta. La respuesta del segundo alumno no sustituyó la del alumno original; la reforzó, y Jaime contestó bien aunque justo unos momentos antes no podía hacerlo. Ha experimentado el éxito y ha puesto en práctica uno de los procesos fundamentales de la escuela: lo hace mal; después lo hace bien.

Pero regresemos ahora a algunos de los pensamientos en la mente del maestro si las cosas no salen tan bien. ¿Y si de todos modos Jaime no puede responder?, o peor, ¿si simplemente se encoge de hombros y murmura "no lo sé", con un poco de arrogancia? Si Jaime no puede responder todavía, Williams tiene que insistir y preguntarle a otro alumno: "Bien, ¿qué pregunto cuando digo cuál es el sujeto?" Cuando el alumno responde: "El sujeto es *mamá*", Williams entonces regresará al alumno original preguntándole: "Bien Jaime, ahora dime: ¿cuál es el sujeto de la oración?" Con tan sólo una respuesta para repetirla es imposible que Jaime opte por no responder y mantenga la conveniente ilusión de que no puede responder. Pero con toda probabilidad, si se ha eliminado cualquier área de ambigüedad posible (véase el cuadro), responderá. Si no lo hace, es un caso de desafío que el maestro debe tratar con una consecuencia y una explicación: "Jaime, no tienes que dar todas las respuestas en mi clase, pero se espera que lo intentes. Te veo aquí a la hora del descanso".

> Gran parte del comportamiento del alumno es oportunista y se presenta como reacción a una situación ambigua: "*Si me puedo librar de esto, lo haré*". Es mucho menor el número de alumnos que persistirá en este comportamiento una vez que el maestro haya declarado sus expectativas sin ambigüedades. Y mucho menos aún cuando el maestro haya demostrado su persistencia. Retomamos el tema más adelante en *Qué hacer*.

Incluso puede ser aún más eficaz una iteración más firme de *Sin opción de salida* antes de regresar con Jaime: "David, dile otra vez. ¿Cuál es el sujeto? Entonces, Jaime, inténtalo otra vez. ¿Cuál es el sujeto de la oración?" O el maestro mismo puede repetir la respuesta: "Jaime, el sujeto de esta oración es *mamá*. Ahora dime, ¿cuál es el sujeto?" Sin importar el enfoque que elija el maestro, la secuencia termina con el primer alumno repitiendo la respuesta correcta: "El sujeto es *mamá*".

En el caso de Carlos, si David no respondiera e intentara imitar la indolencia de Carlos, el maestro mismo podría dar la respuesta: "Chicos, 3 × 8 es 24. David, ¿cuánto es? Bien. Ahora tú

Carlos". En un minuto veremos algunas de las variantes académicamente más rigurosas acerca de *Sin opción de salida*. Pero primero quiero subrayar cómo es que la técnica permite al maestro asegurarse de que todos los alumnos asuman su responsabilidad del aprendizaje. Se establece un nivel de responsabilidad por parte de los alumnos, y se honra y valida a los alumnos que sí saben la respuesta permitiéndoles ayudar a sus compañeros de una manera positiva y pública.

También quiero subrayar que los ejemplos del peor escenario que he proporcionado anteriormente son bastante anómalos. El clima que se establece con la técnica de *Sin opción de salida* en la mayoría de los salones de clases es asombrosamente positivo y académico. Su empleo le da poder al maestro para hacer que todos los alumnos den el primer paso, sin importar cuán pequeño sea. Les recuerda que el maestro cree en su capacidad para responder. El resultado es que los alumnos se escuchan a sí mismos respondiendo acertadamente proporcionando las respuestas correctas. Esto hace que cada vez se familiaricen más con resultados exitosos. *Sin opción de salida* convierte este proceso en un suceso normal en los alumnos que más lo necesitan.

SIN OPCIÓN DE SALIDA: VIDEO 1

En el video 1 del DVD, Darryl Williams de Brighter Choice Charter School for Boys en Albany, Nueva York, demuestra dos veces la técnica de *Sin opción de salida*. En el primer caso, el maestro le pide a un alumno que lea la palabra *actuó (acted)*. Como no tiene éxito, Williams no deja al chico, le proporciona una pista hasta que el alumno incluya el sufijo. Como Williams lo hace notar, el objetivo de la lección de ese día es leer y comprender los sufijos, por lo que probablemente vale la pena tomarse el tiempo para darle una pista a los alumnos tal como él lo hace.

En el segundo caso, cuando el alumno no puede leer la palabra *representación* (*performance*), Williams nombra a otro alumno y después regresa con el alumno original: "Léelo, Joel." En este caso, probablemente no vale la pena desglosar el error ya que la habilidad para decodificar con la que batalla el alumno está menos relacionada con el objetivo del día. No obstante esto, Williams ha establecido un fuerte círculo de responsabilidad.

Existen cuatro formatos básicos de *Sin opción de salida*. A continuación proporcionamos unos ejemplos, cada uno se presenta como una variación de la secuencia de Jaime en el aula de Williams. La constante que está presente en los cuatro casos es que una secuencia que comienza con el alumno que no puede responder, termina con el mismo alumno dando la respuesta correcta. Con esto nos aseguramos de que todos sigan en su camino a la universidad.

- **Formato 1:** El maestro proporciona la respuesta; el alumno repite la respuesta.

Maestro: ¿Cuál es el sujeto, Jaime?
Jaime: *Feliz*.
Maestro: Jaime, el sujeto es *mamá*. Ahora dime, ¿cuál es el sujeto?
Jaime: El sujeto es *mamá*.
Maestro: Bien, Jaime. El sujeto es *mamá*.

- **Formato 2:** Otro alumno proporciona la respuesta; el alumno inicial repite la respuesta.

Maestro: ¿Cuál es el sujeto, Jaime?
Jaime: *Feliz.*
Maestro: ¿Quién puede decirle a Jaime cuál es el sujeto de la oración?
Alumno 2: *Mamá.*
Maestro: Bien. Ahora tú, Jaime. ¿Cuál es el sujeto?
Jaime: El sujeto es *mamá.*
Maestro: Sí, el sujeto es *mamá.*

Una variación de este método es preguntarle a toda la clase, en lugar de a un solo alumno, para obtener la respuesta correcta (utilizando *Llamar y responder*, técnica 23 en el capítulo 4) y después hacer que el primer alumno repita.

Maestro: ¿Cuál es el sujeto, Jaime?
Jaime: *Feliz.*
Maestro: A la cuenta de dos, todos, díganme cuál es el sujeto de la oración. Uno, dos…
Todos: *¡Mamá!*
Maestro: ¿Cuál es?
Todos: *¡Mamá!*
Maestro: Jaime, ¿cuál es el sujeto?
Jaime: *Mamá.*
Maestro: Bien, Jaime.

- **Formato 3:** El maestro proporciona un indicio; sus alumnos lo utilizan para encontrar la respuesta.

Maestro: ¿Cuál es el sujeto, Jaime?
Jaime: *Feliz.*
Maestro: Jaime, cuando te pregunto por el sujeto, te pregunto de quién o de qué habla la oración. Ahora, Jaime, fíjate si eso te puede ayudar a encontrar el sujeto.
Jaime: *Mamá*
Maestro: Bien, Jaime. El sujeto es *mamá.*

- **Formato 4:** Otro alumno proporciona un indicio; el primer alumno lo utiliza para encontrar la respuesta.

Maestro: ¿Cuál es el sujeto, Jaime?
Jaime: *Feliz.*
Maestro: ¿Quién puede explicarle a Jaime a lo que me refiero cuando pregunto por el sujeto?

Alumno 2:	Está preguntando de quién o de qué habla la oración.
Maestro:	Sí, estoy preguntando de quién o de qué habla la oración. Jaime, ¿cuál es el sujeto?
Jaime:	*Mamá.*
Maestro:	Bien, Jaime. El sujeto es *mamá*.

Utilizo aquí la palabra *indicio* en el sentido de una sugerencia que *ofrece información adicional útil al alumno de una manera que lo empuja a seguir el proceso de pensamiento correcto*. En comparación, una sugerencia podría ofrecer cualquier información. Si yo pregunto: "¿Alguien puede darle a Jaime una sugerencia para ayudarle a encontrar el sujeto?", un alumno podría decir: "Comienza con la letra *m*". Eso seguramente puede ayudar a Jaime a adivinar la respuesta pero no le enseñará nada que le pueda ayudar la próxima vez.

Cuando el maestro les pide a sus alumnos que le proporcionen un indicio, debe asegurarse de orientarlos con respecto a qué tipo de indicio podría ser útil. Existen tres indicios que son particularmente útiles:

- El lugar en donde se puede encontrar la respuesta:

  "¿Quién le puede decir a Jaime en dónde puede encontrar la respuesta?

- El paso que se requiere en el proceso en ese momento:

  "¿Quién le puede decir a Jaime cuál es la primera cosa que debe hacer?"

- Otro nombre para el término que es el problema:

  "¿Quién le puede decir a Jaime lo que significa *denominador*?"

Entonces, ¿cómo decidir qué tipo de *Sin opción de salida* utilizar? Como regla práctica, las secuencias en las que los alumnos utilizan indicios para responder son más rigurosas que aquellas en las que los alumnos simplemente repiten las respuestas proporcionadas por otros, y generalmente son preferibles las secuencias en las que los alumnos hacen un mayor esfuerzo intelectual y para hablar. Al mismo tiempo, no hay forma de disminuir la velocidad lo suficiente para darle un indicio a cada alumno en la forma más precisa para que respondan a cada pregunta que le toque. El maestro no podría hacer nada más. Y si lo hiciera, no solamente se arriesga a perder el ritmo sino que permitirá que los alumnos tengan el control de la lección fingiendo ignorancia constantemente y haciéndolo perder la concentración astutamente. Para encontrar un equilibrio entre proporcionar indicios (lentos pero rigurosos) y proporcionar respuestas (rápidas pero más superficiales), probablemente encontrará útil regresar a su objetivo. Mientras más cercana sea la pregunta que hace el maestro al objetivo de su lección, probablemente más merecerá el uso de la técnica de *Sin opción de salida* pero de una forma detenida y más rigurosa cognitivamente. Si es un tema periférico, páselo pronto tomando la respuesta correcta de otro alumno, pida que el primer alumno la repita y entonces continúe.

No importa cuál sea el equilibrio que adopte el maestro, los alumnos en su clase deben acostumbrarse a que cuando dicen que no pueden responder o cuando responden incorrectamente, existe una gran probabilidad de que concluirán su interacción asumiendo su responsabilidad y demostrando su capacidad para identificar la respuesta acertada.

TÉCNICA 2
LO CORRECTO ES LO CORRECTO

Lo correcto es lo correcto tiene que ver con la diferencia entre lo parcialmente correcto y lo completamente correcto, entre bastante bien y 100 por ciento correcto. El trabajo del maestro es establecer un elevado estándar de exactitud: 100 por ciento. Es muy probable que los alumnos dejen de esforzarse cuando escuchen la palabra *correcto* (o está bien, o alguna otra afirmación), por lo que existe un riesgo real de llamar correcto a algo que no es verdadera y completamente correcto. Cuando el maestro asiente y le dice a una alumna que acertó, la está engañando, haciéndola pensar que puede hacer algo que en realidad no puede.

IDEA ESENCIAL

LO CORRECTO ES LO CORRECTO

El maestro debe establecer y defender un elevado nivel de exactitud en su salón de clases.

Muchos maestros responden a las respuestas casi correctas de sus alumnos en clase redondeando ellos mismos la respuesta. Es decir, reafirman la respuesta del alumno y la repiten, añadiendo algún detalle para hacerla completamente correcta a pesar de que el alumno no proporcionó el factor que hace la diferencia (y tal vez no está consciente de ello). Imaginemos a un alumno al que se le pregunta cómo se llevaban los Capuleto y los Montesco al inicio de *Romeo y Julieta*. El alumno podría contestar: "No se caían bien"; sería una respuesta que la mayoría de los maestros desearía, eso espero, que el alumno ampliara antes de decir que es completamente correcta. Tal vez la maestra responda: "Correcto. No se caían bien y habían estado enemistados por generaciones". Pero, por supuesto, el alumno no ha incluido el detalle adicional. Ése es el "redondeo". En algunas ocasiones la maestra hasta le dará el crédito al alumno por el redondeo como si el alumno hubiera dicho lo que no dijo y lo que el maestro desearía que hubiera dicho, como por ejemplo: "Correcto, lo que Karla dijo fue que ellos no se caían bien y habían estado enemistados. Buen trabajo, Karla". De cualquier manera, la maestra ha establecido un nivel bajo para la exactitud y le ha dicho explícitamente a la clase que pueden estar en lo correcto aun cuando no lo estén. Pero igualmente importante, ha suprimido el propio pensamiento de los alumnos al hacer ella el trabajo cognitivo que ellos pueden hacer por sí mismos (por ejemplo: "¿Es éste un hecho reciente? ¿Algo temporal? ¿Quién puede ampliar la respuesta de Karla?").

Cuando las respuestas son casi correctas, es importante hacerles saber a los alumnos que casi aciertan, que le gusta lo que han logrado hasta ahora, que se están acercando a la respuesta correcta, que llevan una parte bien o que comenzaron muy bien. El maestro puede repetirle su respuesta al alumno para que éste se dé cuenta de lo que le falta y se corrija, por ejemplo: "Dijiste que los Capuleto y los Montesco no se llevaban bien". O bien, puede esperar o instigar a los alumnos o animarlos, o emplear otras formas de persuasión para darles a entender que todavía se necesita completar algo, preguntar quién puede ayudar a la clase hasta llevar a todos los alumnos a lograr una versión correcta, lo suficientemente precisa como para prepararlos para la universidad: "Karla, dijiste que los Capuleto y los Montesco no se llevaban bien. ¿Esa respuesta realmente define su relación? ¿De verdad es lo que refleja cuando hablan unos de otros?"

Al insistir en lo correcto, el maestro establece la expectativa de que la pregunta que hizo, y sus respuestas, verdaderamente importan. Muestra que cree que sus alumnos son tan capaces de contestar las respuestas correctas como los alumnos en cualquier otra parte. Muestra la diferencia entre una respuesta simple y una respuesta académica rigurosa. Esta confianza en la calidad de una respuesta correcta envía un mensaje poderoso a sus alumnos que los guiará mucho tiempo después de que hayan dejado su salón de clases.

MAESTROS EN ACCIÓN: VIDEO 2

LO CORRECTO ES LO CORRECTO

En el video 2 del DVD, Annette Riffle de la North Star Academy demuestra *Lo correcto es lo correcto.* La maestra le pide a una alumna que explique cómo son las reglas sobre los pares ordenados en una gráfica de coordenadas (que la coordenada *x* siempre va primero). La alumna señala que el "eje *x*" tiene que ir primero y después el "eje *y*". La mayoría de los maestros diría que la respuesta es correcta, pero Riffle le insiste a la alumna para que responda totalmente correcto llamándolas las "coordenadas *x* y *y*". Hace que la alumna integre los términos correctos en su respuesta al volver a responder.

Este video también muestra el poder de la técnica 32, SEPAS (presentada en el capítulo cinco), conforme el alumno sigue con la mirada a la compañera que habla durante su respuesta.

Con el paso de los años, he constatado que hay maestros que luchan por defender las respuestas correctas. En una visita a un salón de quinto grado, la maestra pidió a sus alumnos que definieran *península*. Un alumno levantó la mano y ofreció esta definición: "Es como, donde el agua se mete en la tierra". "Correcto", contestó la maestra, tratando de reforzar la participación ya que se habían levantado pocas manos. Después añadió: "Bien, excepto que una península es donde la tierra se mete en el agua, lo cual es un poco diferente". Su recompensa para el alumno por esforzarse fue proporcionarle información errónea. Una península, como lo entendió él, es más o menos "donde el agua se mete en la tierra", pero diferente en algún punto misterioso que en realidad él no necesita recordar. Por lo pronto, podemos apostar que los estudiantes con los que él competirá por un lugar en la universidad no están aprendiendo a confundir las bahías y las penínsulas.

Una mejor respuesta podría haber sido: "bahía es lo que llamamos cuando el agua se mete en la tierra. Pero una península es una formación de tierra. ¿Quién me puede decir qué es una península?", y terminar la secuencia con el tipo de definición que merecen los alumnos cuando sus maestros creen que van a ir a la universidad: "una península es una formación de tierra rodeada por agua en tres de sus lados. Escriban eso en sus cuadernos, por favor. Una península es una formación de tierra rodeada por agua en tres de sus lados".

Aunque como maestros somos los defensores de las respuestas correctas, de los estándares de exactitud, de hecho existen cuatro formas en las que corremos el riesgo de resbalar en nuestra insistencia por obtener respuestas correctas y, por lo tanto, existen cuatro categorías dentro de la técnica *Lo correcto es lo correcto*:

1. Insistir hasta el final. Los grandes maestros alaban a los alumnos por su esfuerzo pero nunca confunden el esfuerzo con el dominio del tema. Una respuesta correcta incluye el signo negativo si está justificado un signo negativo. No existe tal cosa como: "¡Correcto! Excepto que se necesita un signo negativo". Cuando el maestro pide la definición de sustantivo y le responden: "una persona, lugar o cosa", no perjudique a sus alumnos pasando por alto el hecho de que la respuesta está incompleta: un sustantivo es una persona, lugar, cosa o idea.

Un lenguaje simple y positivo para expresar su reconocimiento por lo que el alumno ha hecho *y* su expectativa de que él o ella hará el último esfuerzo, con frecuencia es la mejor manera de manejar la situación y mantener el clima positivo en su salón de clases. He aquí algunas frases para hacerlo:

- "Me gusta lo que has hecho. ¿Puedes proporcionarnos lo que falta?"
- "Ya casi lo tenemos. ¿Puedes encontrar la última pieza?"
- "Me gusta la mayor parte de esto..."
- "¿Puedes desarrollarlo un poco más?"
- "Bien, pero te falta un poco más".
- "Juan acaba de conectar un hit. ¿Quién puede hacer que anote una carrera?"

Otra reacción efectiva es repetirle al alumno sus palabras haciendo énfasis en las partes incompletas, si es necesario:

- "¿Una península es *agua* que se mete en la *tierra*?"
- "Por lo que dices, un sustantivo es una persona, lugar o cosa..."
- "Por lo que dices un sustantivo es una persona, lugar o cosa, pero *libertad* es un sustantivo y no es exactamente ninguno de los tres".
- "Por lo que dices, primero se resuelve el exponente y después se resuelve lo que está entre paréntesis".

2. Responder la pregunta. Los alumnos pronto aprenden en la escuela que cuando no saben la respuesta correcta a una pregunta, generalmente pueden arreglárselas si contestan algo diferente, en especial si dicen algo verdadero y sincero acerca de la sociedad en su conjunto. ¿No puedes identificar la ambientación de la novela? En su lugar, puedes hacer una observación sobre el tema de la injusticia en la novela: "Eso me recuerda algo en mi barrio". La mayoría de los profesores no pueden pasar por alto a un alumno que habla sobre cuestiones de justicia y equidad, ni siquiera si lo que se le preguntó era acerca de la ambientación. Con el tiempo, los estudiantes aprenden a reconocer esto.

Sin embargo, si el maestro es de los que pone en práctica *Lo correcto es lo correcto*, sabe que la respuesta *correcta* a cualquier pregunta que no sea la que él hizo, está mal e insistirá en que el alumno responda a la pregunta que se le hizo, y no la que ella desearía que se le preguntara o la que confundió. Podría responder con algo así como: "Hablaremos de eso en unos minutos, Daniela. Ahora quiero que me hables de la ambientación".

Sin embargo, si el maestro es de los que pone en práctica "Lo correcto es lo correcto", sabe que la respuesta "correcta" a cualquier pregunta que no sea la que él hizo, está mal.

Otra situación en la que los alumnos responden a una pregunta que el maestro no hizo es cuando mezclan diferentes tipos de información acerca del tema. Por ejemplo, el maestro pregunta una definición ("¿Quién me puede decir lo que es una palabra compuesta?") y un alumno responde con un ejemplo ("¡*Telaraña* es una palabra compuesta!"). O bien, les pide que describan un concepto ("Cuando nos referimos al área de una figura, ¿de qué estamos hablando? ¿Quién me puede decir qué es el área?") y un alumno responde el concepto con una fórmula para resolverlo ("Largo por ancho"). En medio de la acción, es fácil perderse y no darse cuenta de que son respuestas correctas pero para la pregunta equivocada. Pero conforme el maestro comience a estar atento, encontrará que ese tipo de intercambios es más común de lo que pudiera esperar.

Si el maestro pide a los alumnos una definición y le dan un ejemplo, intente decir un comentario como: "Juan, ése es un ejemplo. Quiero la definición". Después de todo, es importante conocer la diferencia entre un ejemplo y una definición.

3. La respuesta correcta en el momento correcto. A veces los alumnos quieren demostrarnos lo listos que son adelantándose a nuestras preguntas, pero es arriesgado aceptar respuestas fuera de la secuencia. Por ejemplo, cuando el maestro enseña a los alumnos la serie de pasos que se necesitan para resolver un problema y la alumna a la que le pregunta el paso 3 le da toda la respuesta, tiene un problema. Aceptar la respuesta antes de que el maestro haya expuesto todos los pasos requeridos, priva al resto de sus alumnos de una plena comprensión del procedimiento. Es muy halagador pensar que el grupo está avanzando rápidamente, pero no es así. Es sólo un alumno. Además, enseñar un procedimiento reproducible y repetible es más importante que enseñar la respuesta al problema. Por lo que el maestro le está fallando al grupo si responde de forma favorable al deseo de un alumno de pasar al final. En lugar de ello, considere responder con algo como: "No pregunté el resultado del problema. Pregunté cuál es el siguiente paso. ¿Qué *hacemos* ahora?"

O bien, si el maestro pregunta qué motiva las acciones de un personaje al principio de un capítulo, tal vez se está preparando para no tener que aceptar o engancharse en una respuesta que hace referencia, aunque sea con mucha perspicacia, a los sucesos más dramáticos al final del capítulo, en especial si el objetivo de la discusión de la primera parte es para comprender mejor el final cuando se llegue a él. Si realmente fuera posible adelantarse al final y aún así comprender el tema de la lección, el maestro podría preguntarse de igual manera, ¡por qué querría enseñar la primera parte! La respuesta, por supuesto, es probablemente que la primera parte es importante. Ésta es una razón para que el maestro proteja la integridad de su lección y no se adelante por engancharse en una interesante respuesta "correcta" en el momento equivocado.

4. Usar vocabulario técnico. Los buenos maestros hacen que los alumnos desarrollen respuestas correctas y efectivas utilizando los términos con los que ya se sienten cómodos: "volumen es la cantidad de espacio que ocupa algo". Los maestros de excelencia hacen que sus alumnos utilicen el vocabulario técnico preciso: "volumen son las unidades cúbicas de espacio que ocupa un objeto". Esta respuesta expande el vocabulario de los alumnos y hace que se sientan cómodos con los términos que tendrán que emplear cuando compitan en la universidad.

MAESTROS EN ACCIÓN: VIDEO 3

LO CORRECTO ES LO CORRECTO

En el video 3 del DVD, Jason Armstrong, maestro de matemáticas en la Roxbury Prep Charter School de Boston, modela *Lo correcto es lo correcto.* En esta lección, demuestra tres de las subtécnicas en los dos primeros minutos de su lección con un grupo de sexto grado. Es difícil no notar cómo el uso que hace de las técnicas eleva el nivel de la expectativa académica de una forma rápida y decisiva.

Armstrong: Hoy vamos a hacer un par de cosas con el volumen. Después, vamos a practicar el volumen y luego el área de la superficie. Para comenzar, ¿alguien me puede dar una definición de volumen? ¿Marcos?

Marcos: Volumen es largo por ancho por altura.

Armstrong: Me estás diciendo cómo vamos a obtener el volumen. Si respondes, "largo por ancho por altura", me estás indicando un cálculo. Lo que quiero saber, y probablemente lo sabes también, Marcos, es qué es volumen [un perfecto ejemplo de "responde a mi pregunta"]. ¿Cuál es esa cantidad? ¿Yésica?

Yésica: Volumen es la cantidad de cubos cuadrados que ocupa algo.

Armstrong: Bien, pero quiero afinar tu respuesta, "la cantidad de cubos". ¿Qué responder? ¿Cuál es la definición técnica en lugar de solamente decir cubos? ¿Qué ibas a decir, Gerardo?

Gerardo: La cantidad de centímetros cúbicos que ocupa un prisma rectangular o una figura tridimensional.

Armstrong: Correcto, cualquier figura tridimensional. No quiero decir solamente centímetros cúbicos porque no necesariamente son centímetros. Podrían ser metros; podrían ser yardas; podrían ser pies... [Todo es normal hasta este punto. De manera que muchos maestros habrían aceptado estas respuestas.]

Gerardo: Unidades cúbicas.

Armstrong: [escribiendo en la parte superior del pizarrón] Así que la cantidad de unidades cúbicas que ocupa un objeto... mmm, Dante, yo sé que tú conoces la otra palabra. ¿Cuál es la otra palabra que falta?

Dante: Tridimensional.

Armstrong: Sí. *Tridimensional.* Volumen es la cantidad de unidades cúbicas que ocupa un objeto tridimensional. [Lo remata enfatizando el vocabulario técnico, *tridimensional.* ¿Aún nos extraña que los alumnos de Armstrong se encuentren entre los alumnos con el puntaje más alto en matemáticas en el estado de Massachusetts?]

TÉCNICA 3

EXTIÉNDALO

Cuando los alumnos al fin obtienen una respuesta totalmente correcta, existe la tentación, con frecuencia justificada, de responder diciendo "bien" o "sí", o repitiendo la respuesta correcta, y hasta allí. Con la misma frecuencia, sin embargo, el aprendizaje puede y debe continuar después de que se ha obtenido una respuesta correcta. Por lo que es excelente no olvidar responder, como muchos maestros campeones lo hacen, a las respuestas correctas pidiéndoles a los alumnos que respondan una pregunta diferente o más difícil o haciendo preguntas a muchos para asegurarse de que pueden repetir la respuesta correcta, es decir, el alumno sabe cómo encontrar respuestas correctas similares una y otra vez. La técnica de reforzar las respuestas correctas con más preguntas se llama **Extiéndalo**.

IDEA ESENCIAL

EXTIÉNDALO

La secuencia de aprendizaje no termina con una respuesta correcta; las respuestas correctas se refuerzan con preguntas de seguimiento que amplían el conocimiento y permiten poner a prueba la confiabilidad del aprendizaje. Esta técnica es especialmente importante para diferenciar la instrucción.

Esta técnica proporciona dos beneficios primordiales. Primero, al utilizar la técnica *Extiéndalo* para verificar que el aprendizaje se repite, el maestro evita la falsa conclusión de que se ha logrado el dominio confiable del material sin eliminar la posibilidad de que la suerte, la coincidencia o el dominio parcial llevaron a la respuesta correcta de la pregunta que se formuló. Segundo, cuando los alumnos ya dominan efectivamente partes de una idea, la técnica *Extiéndalo* le permite al maestro proponerles maneras interesantes de seguir adelante, aplicando su conocimiento en nuevos contextos, sin premeditar sus respuestas contestando preguntas más difíciles. Esto los mantiene participativos y envía el mensaje de que la recompensa que se obtiene por el logro es más conocimiento.

Formular preguntas frecuentes, específicas y rigurosas a los alumnos conforme demuestran su dominio, es una herramienta poderosa y mucho más simple para diferenciarlos.

Por cierto, esto también le ayuda al maestro a resolver uno los retos más difíciles del salón de clases: la enseñanza diferenciada para los alumnos con diversos niveles de habilidad. A veces estamos acostumbrados a pensar que tenemos que separar a los alumnos para distinguir diferentes niveles de aprendizaje, dándoles diferentes actividades y al mismo tiempo forzándonos a nosotros mismos a controlar una cantidad abrumadora de complejidad. Los alumnos son recompensados con un grado de libertad que igualmente puede conducir a debates por el episodio de anoche de *American Idol* como al debate de contenidos de nivel más avanzado. Formular preguntas frecuentes, específicas y rigurosas a los alumnos, conforme demuestran su dominio, es una herramienta poderosa y mucho más simple para diferenciarlos. Al elaborar preguntas individuales para los alumnos, el maestro puede saber en dónde se encuentran y empujarlos en una forma que responda directamente a lo que ya han demostrado que pueden hacer.

Existen varios tipos específicos de preguntas del tipo *Extiéndalo* que son especialmente efectivas:

- **Preguntar *cómo* o *por qué*.** La mejor prueba de que los alumnos pueden dar las respuestas correctas de manera consistente, es si pueden explicar cómo llegaron a la respuesta. Cada vez más, las evaluaciones estatales hacen estas preguntas de manera explícita, otra razón más para que el maestro les pida a sus alumnos que practiquen explicar su proceso de pensamiento.

Maestro: ¿Qué distancia hay de Durango a Puebla?
Alumno: 965.6 km.
Maestro: ¿Cómo obtuviste la respuesta?
Alumno: Medí 7.6 centímetros en el mapa y sumé 321.8 más 321.8 más 321.8.
Maestro: ¿Cómo supiste que eran 321.8 por cada 7.6 centímetros?
Alumno: Vi la escala en la leyenda del mapa.

- **Pedir otra manera de responder**. Con frecuencia existen múltiples maneras de responder una pregunta. Cuando los alumnos la resuelven de una manera, es una gran oportunidad para asegurarse de que pueden utilizar todos los métodos existentes.

Maestro: ¿Qué distancia hay de Durango a Puebla?
Alumno: 965.6 km.
Maestro: ¿Cómo obtuviste la respuesta?
Alumno: Medí 7.6 centímetros en el mapa y sumé 321.8 más 321.8 más 321.8.
Maestro: ¿Hay una forma más simple que sumar tres veces?
Alumno: Podía haber multiplicado 321.8 por 3.
Maestro: Y cuando haces eso, ¿qué obtienes?
Alumno: 965.6
Maestro: Muy bien. Ése es un mejor método.

- **Pedir una palabra mejor**. Es frecuente que los alumnos comiencen a elaborar los conceptos en el lenguaje más simple posible. Al ofrecerles oportunidades de emplear palabras más específicas, así como palabras nuevas con las que se están familiarizando, se refuerza la meta crucial de la competencia lectora y de escritura, desarrollar vocabulario.

Maestra: Yola, ¿por qué Sofía dio un grito ahogado?
Alumna: Dio un grito ahogado porque el agua estaba fría cuando se metió.

Maestra: ¿Puedes responder con una palabra diferente de *fría*? Una palabra que muestre qué tan fría estaba.
Alumna: Sofía dio un grito ahogado porque el agua estaba helada.
Maestra: Bien, ¿qué tal si usas una palabra de nuestro vocabulario?
Alumna: Sofía dio un grito ahogado porque el agua estaba glacial.
Maestra: Muy bien.

- **Pedir evidencia.** Conforme los alumnos maduran, cada vez más se les pide que construyan y defiendan sus conclusiones y apoyen sus opiniones entre varias respuestas posibles. Éste es el caso específicamente en el campo de las humanidades. ¿Quién puede decir cuál es el tema de una novela, qué pretende mostrar el autor en una escena concreta? Al pedir a los alumnos que describan la evidencia que apoya su conclusión, el maestro está haciendo hincapié en el proceso de elaborar y apoyar argumentos sólidos en un contexto más general, en donde las respuestas correctas no son tan claras. También esto le permite tener bases para no reforzar interpretaciones deficientes y subjetivas, una tarea que suele ser un reto para los maestros. El maestro no tiene que decir que no está de acuerdo, solamente pedir evidencias.

Maestro: ¿Cómo describirías la personalidad del Dr. Jones? ¿Qué rasgos está mostrando?
Alumno: Es rencoroso.
Maestro: ¿Y *rencoroso* significa?
Alumno: *Rencoroso* significa que está resentido y quiere hacer infelices a otras personas.
Maestro: Bien, léeme dos oraciones en la historia que nos muestren que el Dr. Jones es rencoroso.

- **Pedir a los alumnos que integren una habilidad relacionada**. En el mundo real, las preguntas rara vez aíslan una habilidad de manera precisa. Para preparar a sus alumnos para eso, intente responder al dominio de una habilidad pidiendo a los alumnos que integren la habilidad con otras que recién dominaron:

Maestro: ¿Quién puede usar la palabra *zancada* en una oración?
Alumno: "Doy zancadas por la calle".
Maestro: ¿Puedes añadir algún detalle para mostrar más lo que significa *zancada*?
Alumno: "Doy zancadas por la calle para comprar dulces en la tienda".
Maestro: ¿Puedes agregar un adjetivo para modificar *calle*?
Alumno: Doy zancadas por la ancha calle para comprar dulces en la tienda".
Maestro: Bien, ahora, ¿puedes agregar un sujeto compuesto a tu oración?
Alumno: "Mi hermano y yo damos zancadas por la ancha calle para comprar dulces en la tienda".
Maestro: Ahora, ¿puedes ponerlo en pasado?
Alumno: "Mi hermano y yo dimos zancadas por la ancha calle para comprar dulces en la tienda".
Maestro: Esas preguntas eran muy difíciles Carlos, ¡y mira qué bien lo hiciste!

- **Pedir a los alumnos que apliquen la misma habilidad en un nuevo contexto.** Una vez que los alumnos hayan dominado una habilidad, considere pedirles que la apliquen en un contexto nuevo o más desafiante:

Maestro: Así que, ¿cuál es la ambientación de nuestra historia?
Alumno: La ambientación es en un pueblo llamado Sangerville en el pasado reciente.
Maestro: Bien. Veo que recordaste ambas partes de la ambientación. ¿Recuerdas la ambientación del *Fantástico Sr. Fox*?
Alumno: Era una granja en el pasado reciente.
Maestro: ¿Cómo sabes que era el pasado reciente?
Alumno: Tenían tractores.
Maestro: Bien. Pero, ¿qué hay con las películas? ¿Las películas tienen ambientación?
Alumno: Sí.
Maestro: Muy bien. Te diré la ambientación y veamos si me puedes decir la película.

MAESTROS EN ACCIÓN: VIDEO 4

LO CORRECTO ES LO CORRECTO Y EXTIÉNDALO

En el video 4 del DVD, Leah Bromley de la North Star Academy demuestra *Lo correcto es lo correcto* y *Extiéndalo*. Luego de pedirle que sacara una conclusión de un conjunto de datos que comparan la pendiente con la profundidad de una corriente, un alumno en la clase de Bromley responde: "La pendiente diferente afecta la profundidad de la corriente". Bromley observa que la respuesta está muy cerca de ser correcta pero todavía pide más: "Necesito a alguien que pueda hacerlo más específico". Para tener la respuesta correcta en su clase, los alumnos tienen que explicar cuál es el efecto: "Mientras más pronunciada es la pendiente, más profunda es la corriente".

Ahora que ha llevado al grupo a darle una respuesta totalmente "correcta", Leah comienza a formular una serie de preguntas para extender un poco más la idea a sus alumnos. Primera pregunta: "¿Qué es lo opuesto a eso?"; esta pregunta la hace para asegurarse de que sus alumnos pueden aplicar el mismo razonamiento a la inversa; luego: "Ahora quiero a alguien que lleve este paso más allá y utilice la palabra *erosión*". En este caso, les pide a los alumnos que eleven el nivel con un vocabulario más riguroso. Luego, podría decirse que después de otro *Lo correcto es lo correcto* (en el que la respuesta tiene que ser más concisa para estar correcta), les pide a los alumnos que se *Extiendan* otra vez y expliquen por qué.

Todo este trabajo cognitivo —explicar lo contrario del fenómeno, utilizar un mejor vocabulario para describirlo y explicar por qué— tiene lugar después de que la maestra ha obtenido la respuesta correcta por parte de sus alumnos. La respuesta correcta solamente es el comienzo.

La técnica *Extiéndalo* les pide a los alumnos que se mantengan alerta: que expliquen su pensamiento o apliquen el conocimiento en nuevas formas. El hacer solamente una cantidad de preguntas difíciles no es suficiente. En un grupo de quinto grado, la maestra le pidió a una alumna que empleara la palabra *pasión*, de su vocabulario, en una oración. "Mi pasión es cocinar", contestó ella. "¿Quién más puede usar *pasión* en una oración?", preguntó la maestra. "Mi pasión es el baloncesto", respondió un niño. La maestra asintió simplemente en lugar de extenderse. Aquí tenía una oportunidad para probar si el alumno realmente comprendía cómo utilizar la palabra o solamente estaba copiando el ejemplo anterior. La maestra pudo haber pedido al alumno que utilizara *pasión* como adjetivo. En lugar de eso, simplemente preguntó: "¿Alguien más?" Cuatro o cinco alumnos utilizaron metódicamente la misma estructura de la oración pero reemplazando el objeto directo por algún otro: "Mi pasión es bailar, Mi pasión es andar en mi bicicleta", convirtiendo el ejercicio en una copia banal de un concepto fundamental, y, a la larga, de bajas expectativas.

Piense en todas las maneras en las que la maestra podría haber utilizado *Extiéndalo* con sus alumnos a un costo de tiempo igual o menor que la actividad que ella eligió:

- "¿Puedes reescribir tu oración para que tenga el mismo significado pero comenzando con la palabra *cocinar?*"
- "¿Cuál es la forma adjetivada de *pasión*? ¿Puedes reescribir tu oración utilizando *pasión* como adjetivo?"
- "Si la pasión de Mari es cocinar, ¿qué tipo de cosas esperarían encontrar en su casa?"
- "¿Cuál sería la diferencia entre decir soy una apasionada de la cocina y decir soy una fanática de la cocina?"
- "¿Qué es lo contrario de tener pasión por algo?"

TÉCNICA 4

EL FORMATO SÍ IMPORTA

La oración completa es el ariete que abre las puertas de la universidad.

En la escuela, el medio es el mensaje: para tener éxito, los alumnos deben tomar su conocimiento y expresarlo en una diversidad de formatos claros y efectivos para ajustarse a las demandas de la situación y de la sociedad. No solamente importa lo que dicen, sino cómo lo comunican. La oración completa es el ariete que abre las puertas de la universidad. Los ensayos que se requieren para entrar a la universidad (y todos los trabajos que se escriben una vez allí) exigen una sintaxis fluida. Las conversaciones con los empleadores potenciales requieren que el sujeto concuerde con el verbo. Utilice **El formato sí importa** para preparar a sus alumnos para el éxito exigiéndoles oraciones completas y una gramática muy competente en cada oportunidad que tenga.

Los maestros que comprenden la importancia de esta técnica confían en algunas expectativas básicas del formato.

- **Formato gramatical.** Sí, debe corregir el argot, la sintaxis, el uso y la gramática en el salón de clases aun si cree que la desviación con respeto al lenguaje estándar es aceptable, y hasta normal, en algunos escenarios, o si cae dentro del dialecto del alumno, o para ser más exactos, aun si percibe que es normal dentro de lo que el maestro percibe que es el dialecto del alumno. De hecho, tal vez no sepa cómo habla la familia o la comunidad del alumno o lo que se percibe en éstas como normal o aceptable. Además, la gente joven suele adoptar dialectos o elige hablar en una forma diferente a la manera en que sus padres desearían que lo hiciera.

Al pasar por alto el enorme discurso sociológico acerca qué es la norma, si se trata de la única forma correcta del lenguaje e incluso si es de hecho correcta, los maestros campeones aceptan una premisa mucho más limitada pero práctica: hay un lenguaje de las oportunidades, el código que demuestra preparación y competencia para la más amplia audiencia posible. Es el código que muestra facilidad con las formas del lenguaje en las cuales se conducen el trabajo, el estudio y los negocios. En él, los sujetos y los verbos concuerdan, el uso es tradicional, y las reglas se estudian y se siguen. Si los alumnos eligen alternar y utilizar el lenguaje de las oportunidades de forma selectiva y sólo en el contexto escolar, está bien. Pero sin importar lo que le diga a sus alumnos acerca de cómo hablan en otra parte, tomar la determinación de prepararlos para competir por trabajos y lugares en la universidad pidiéndoles que se autocorrijan en clase, es una de las maneras más rápidas de ayudarlos. Tal vez haya un tiempo y lugar para involucrarlos en una discusión sociológica más amplia sobre el dialecto (bajo qué circunstancias puede ser aceptable el uso del dialecto, quién determina lo que es correcto, cuánta subjetividad existe en esa determinación, cuáles son las implicaciones más amplias de alternar el código, y así sucesivamente). Dada la frecuencia de los errores tan graves por parte de los alumnos y el costo potencial para ellos de permitir que esos errores persistan, encuentre técnicas simples y con un mínimo de perjuicio para identificar y corregir los errores con la menor distracción. De esa manera puede corregir sistemáticamente y sin problemas. Existen dos métodos que son de especial ayuda:

- *Identificar el error*. Cuando un alumno cometa un error gramatical, simplemente repita el error en un tono interrogativo: "*¿Caminastes solo* por la calle?" "*¿Yo y Pepe* hicimos la maqueta?" Después permita que el alumno se autocorrija. Si el alumno falla en la autocorrección, utilice el siguiente método o proporcione rápidamente la sintaxis correcta y pídale que la repita.
- *Comenzar la corrección*. Cuando un alumno cometa un error gramatical, comience a reformular la respuesta como sonaría si estuviera gramaticalmente correcta y después permita al alumno que la complete. En los ejemplos anteriores sería decir: "Caminaste solo" o "Pepe y yo" y dejar que el alumno proporcione toda la respuesta correcta.

- **Completar el formato de la oración.** Haga un esfuerzo por hacer que los alumnos practiquen la mayor cantidad de tiempo construyendo oraciones completas sin pensarlo. Para hacerlo, puede utilizar uno o varios métodos cuando los alumnos le respondan con un fragmento de oración o con una sola palabra.

Puede proporcionar las primeras palabras de una oración completa para mostrar a los alumnos cómo comienzan las oraciones:

Maestro: Jaime, ¿cuántos boletos hay?
Jaime: Seis.

Maestro: Hay…
Jaime: Hay seis boletos en la canasta.

Otro método es recordarles a los alumnos antes de que comiencen a responder, como en:

Maestro: ¿Quién me puede decir en una oración completa cuál es la ambientación de la historia?
Alumno: La ambientación de la historia es Los Ángeles en el año 2013.

Y un tercer método es recordarles después a los alumnos con una motivación rápida y simple interrumpiendo lo menos posible, como en:

Maestro: ¿En qué año nació César?
Alumno: 100 a.C.
Maestro: Oración completa.
Alumno: Julio César nació en el año 100 a.C.

Algunos maestros sustituyen el código usando "como un experto" para recordarles a los alumnos que utilicen oraciones completas. Como en: "¿Quién me puede decir como un experto?"

MAESTROS EN ACCIÓN: VIDEO 5

EL FORMATO SÍ IMPORTA

En el video 5 del DVD, Darryl Williams de la Brighter Choice Charter School for Boys demuestra *El formato sí importa*. En ambos casos, refuerza activamente el lenguaje de las oportunidades corrigiendo las frases "Tien q' ser" y "Otuvo un". Williams usa dos estrategias para hacerlo. En el primer caso, "subraya el error", repitiendo "¿Tien q' ser?" como pregunta y ocasionando que el alumno se autocorrija. En el segundo caso, proporciona el principio de la oración: "Tiene…", la cual completa el alumno. En ambos casos, Williams es eficaz para mantener un costo bajo de la transacción y mantener un tono neutral y sin juicio.

- **Formato audible**. No tiene mucho sentido discutir respuestas con treinta personas si sólo unos pocos pueden oír al maestro. Si es muy importante para decirlo en clase, entonces es importante que lo escuchen todos. De otro modo, la discusión en clase y la participación de los alumnos aparecen como simples ocurrencias, bromas incidentales. Refuerce la idea de que los alumnos deben estar escuchando a sus compañeros, insistiendo en que sus compañeros se hagan escuchar. Aceptar una respuesta inaudible sugiere que lo que dijo el alumno no importa mucho.

Tal vez la manera más efectiva de reforzar esta expectativa es con un recordatorio rápido y contundente que distraiga lo menos posible al grupo. Por ejemplo, decir "voz" al alumno cuya voz es inaudible, es preferible, por tres motivos, a una interrupción de cinco segundos como: "María, no podemos escucharte atrás del salón. ¿Podrías hablar más fuerte, por favor?" Primero, es más eficiente. En el lenguaje de negocios, tiene un "bajo costo de transacción". Cuesta casi nada en términos del bien más preciado en el salón de clases: el tiempo. De hecho, un maestro campeón puede ofrecer tres o cuatro recordatorios acerca de "voz" en el tiempo que un maestro menos eficiente puede recordar a un alumno en el estilo empleado previamente con María.

Costo de la transacción se refiere a la cantidad de recursos que se requieren para ejecutar un intercambio (ya sea económico, verbal o de otro tipo). La meta del maestro es hacer cualquier intervención necesaria con la menor distracción de la actividad que se está realizando y alejándose el menor tiempo de lo que estaba haciendo, y por consiguiente con el mínimo absoluto de palabras.

Segundo, al simplemente plantear "voz", a diferencia de ofrecer una expectativa extensa indica que el maestro no necesita una explicación de por qué el alumno debería hablar más alto en clase. La razón es obvia, y el recordatorio deja claro que hablar alto es una expectativa, no un favor. Tercero, al decirle al alumno qué hacer, a diferencia de lo que hizo mal, la maestra evita ser molesta, conservando así su relación con los alumnos, y le permite, de ser necesario, recordar con la frecuencia suficiente para hacer la expectativa predecible y por lo tanto, más efectiva para cambiar el comportamiento.

Este último punto merece ampliarse. Una vez varios colegas y yo observamos la clase de una maestra. Cuatro o cinco veces durante esa lección, la maestra les recordó a los alumnos hablar de forma audible pero utilizó el término *más fuerte* como recordatorio más que la palabra *voz*. El uso de *más fuerte* parecía enfatizar la falta de algo; constantemente enfatizaba que las expectativas no se cumplían y de este modo "hizo evidente lo negativo", una idea acerca de la que leerá en *Encuadre positivo* (técnica 43 en el capítulo 7). En contraste, "voz" refuerza una expectativa a través de un recordatorio rápido que les dice a los alumnos lo que deben intentar lograr. Mis colegas también observaron que algunos maestros utilizaban el término *voz* con una delicadeza que no se lograba con el término *más fuerte*, por ejemplo: "José, ¿puedes usar tu voz para decirme cómo puedo encontrar el mínimo común múltiplo?" o "¡Necesito a alguien con voz que me diga qué hacer después!"

Mis colegas y yo concluimos que *voz* es el la regla de oro cuando se trabaja con un formato audible.

- **Formato de las unidades**. En las clases de matemáticas y ciencias, reemplace los "números desnudos" (aquellos que no tienen unidades) por números "vestidos". Si pregunta por el área de un rectángulo y un alumno le dice que es doce, pídale las unidades, o simplemente hágale notar que sus números "necesitan unas ropas elegantes" o "que están vestidos de forma inapropiada".

IDEA ESENCIAL

EL FORMATO SÍ IMPORTA

No solamente importa lo que los alumnos dicen, sino cómo se comunican. Para tener éxito, los alumnos deben tomar su conocimiento y expresarlo en el lenguaje de las oportunidades.

TÉCNICA 5
SIN DISCULPAS

Algunas veces, la manera como hablamos acerca de las expectativas, involuntariamente los desmoraliza. Si no estamos alerta, sin saberlo, podemos pedir disculpas por enseñar contenidos valiosos incluso a los propios alumnos. No hará esto cuando utilice **Sin disculpas.**

DISCULPAS POR EL CONTENIDO

Cuando regresé a mi tercer año en la universidad, después de estudiar en el extranjero, escogí al último el curso optativo de inglés y me encontré en la clase de la profesora Patricia O'Neill, acerca de los poetas románticos ingleses. No podía imaginar nada menos interesante y consideré varias formas de acción drástica: ¿cambiar asignaturas? ¿Encontrar en algún lugar a un decano muy poderoso y suplicar patéticamente en diferentes formas? Desgraciadamente, estaba muy ocupado con mis otras actividades como estudiante universitario distraído para concretarlo. Fue así como ingresé a lo que sería la clase más interesante y atractiva que tomé en la universidad. De alguna manera, la profesora O'Neill me convenció de que el bienestar del mundo requería urgentemente que me quedara hasta altas horas de la noche leyendo a William Wordsworth. Ella cambió permanentemente mi manera de pensar y de leer. Imagine: si yo hubiera sido remotamente organizado, nunca habría tomado su clase. Sospecho que la mayoría de los lectores han tenido una experiencia similar, al encontrar que aquella cosa que parecía lo menos interesante se convertía en algo que cambia nuestra vida en las manos de una maestra talentosa.

¿La moraleja? No existe el contenido aburrido. En las manos de un maestro de excelencia que puede encontrar el camino, el contenido que los alumnos necesitan dominar para tener éxito y crecer es emocionante, interesante e inspirador, aun si como maestros algunas veces dudamos de que podemos hacerlo. Y aun si esta duda nos pone en riesgo de socavar ese objetivo: atenuándolo o disculpándonos por enseñarlo. Hay cuatro formas principales en las que el maestro está en riesgo de disculparse por lo que enseña:

> *Creer que el contenido es aburrido es una profecía que tiende a cumplirse por sí misma.*

- **Asumir que algo será aburrido.** Al decir algo como: "Chicos, ya sé que esto es aburrido. Solamente intentemos terminar"; o también: "Puede ser que no encuentren esto tan interesante," es disculparse. Piense por un minuto en la suposición de que sus alumnos encontrarán que algo es aburrido, aunque realmente no sea interesante para usted. Miles de contadores aman su trabajo y lo encuentran fascinante, ya sea o no que alguien más piense que le gusta su trabajo. Alguien les ha despertado ese gusto tan escaso. Cada año, miles de alumnos se enorgullecen y disfrutan la diagramación de oraciones. Creer que el contenido es aburrido es una profecía que tiende a cumplirse por sí misma. Hay maestros que hacen lecciones excelentes y emocionantes de cada tema que algún otro maestro puede considerar un fastidio. Nuestro trabajo es encontrar una manera de hacer atractivo lo que enseñamos y nunca asumir que los alumnos no pueden apreciar lo que no les resulte familiar al instante o lo que no los complace enormemente. Hacerlo de esta forma, solamente sugiere poca fe en el poder de la educación.

- **Echar la culpa.** Un maestro que adjudica a alguna entidad externa la responsabilidad por la aparición de cierto contenido en su clase (la administración, funcionarios del estado o un abstracto "ellos"), está echando la culpa. Suena como esto: "Este contenido viene en el examen, así que tendremos que aprenderlo". "Dijeron que tenemos que leer esto, así que...", si "viene en el examen", probablemente también "es parte del plan de estudios" (aunque esta última es la forma con menos carga emocional para pensar en ello). Una mejor manera de hacerle frente es asumir que es parte del plan de estudios por una razón y comenzar a reflexionar sobre este fundamento.

- **Hacerlo "accesible".** Hacer que el contenido sea accesible es bueno, y aun preferible, cuando pretende encontrar el camino, es decir, encontrar una manera de conectar a los alumnos con el riguroso contenido necesario para la universidad; no es tan bueno cuando se diluye el contenido o los estándares. Está bien utilizar una canción contemporánea para presentar la idea de un soneto, pero no está bien reemplazar los sonetos con canciones contemporáneas en el estudio de la poesía. Aquí se presentan algunas alternativas para la disculpa:

    - "¡Este material es grandioso porque realmente es un desafío!"
    - "Mucha gente no comprende esto hasta que llega a la universidad, pero ustedes lo sabrán ahora. Grandioso".
    - "Esto realmente les puede ayudar a tener éxito" [por ejemplo, "ayudándoles a entender cómo funcionan las oraciones"].
    - "Mientras mejor lo entienden, se pone más y más interesante".
    - "Nos vamos a divertir mientras lo hacemos".
    - "Mucha gente le tiene miedo a estos temas, por lo que después de que lo dominen, sabrán más que la mayoría de los adultos".
    - "¡Hay una gran historia detrás de esto!"

El contenido es uno de los puntos en donde la enseñanza se encuentra más vulnerable a las suposiciones y los estereotipos. ¿Qué denota por ejemplo, si asumimos que los alumnos no se sentirán inspirados por los libros escritos por autores de otras razas?, ¿o por protagonistas de diferentes orígenes al suyo? Más específicamente: ¿qué denota si estamos más dispuestos a asumir esas cosas acerca de los alumnos que provienen de una minoría? ¿Creemos que las grandes novelas trascienden las fronteras solamente para algunos chicos? Considere la descripción del novelista Earnest Gaines sobre los autores que lo inspiraron a escribir. Gaines, quien escribió varias de las novelas más aclamadas del siglo XX, incluyendo *Autobiografía de la señorita Jane Pittman*, *Una lección antes de morir* y *Una reunión de ancianos*, creció en la pobreza en la zona rural de Louisiana, en la misma tierra en la que su familia tuvo cultivos compartidos por generaciones. Era el mayor de doce hijos y fue criado por su tía, el tipo de chico al que algunos, probablemente sin dudarlo, atribuirían una limitada visión del mundo y al que no le recetarían una dieta de novelistas rusos del siglo XIX. Sin embargo,recuerda Gaines: "Mis primeras influencias fueron… escritores rusos como Tolstoi, Turgenev y Chéjov. Creo que también he sido influenciado por las tragedias griegas, pero no por Ellison ni cualquier otro escritor de color. Supe desde muy joven qué era lo que quería escribir. Solamente tenía que encontrar una manera de hacerlo y los… escritores a quienes mencioné me mostraron este camino".

Permítanme decir que me encanta Ellison, al igual que me encanta Gaines, y no sugiero que no enseñemos su obra (a todos los alumnos, por cierto). Pero imagine la pérdida no solamente para Gaines sino para todos nosotros si el maestro que primero puso a Turgenev en sus manos e inspiró esa chispa de genio que se convertiría en una llama, se hubiera fijado en el color de su piel, asumiendo que Gaines no encontraría interés en nada tan ajeno, y hubiera pensado en descartar a Turgenev.

DISCULPAS PARA LOS ALUMNOS

Asumir que algo es demasiado difícil o técnico para algunos alumnos es una trampa peligrosa. En la primera escuela que fundé, los alumnos del centro de la ciudad que estaban inscritos aprendían chino mandarín como idioma extranjero. No solamente las personas externas reaccionaban con una gran impresión ("¿Les van a enseñar chino *a esos* chicos?"), sino que algunas veces también lo hacían sus padres ("No lo va a aguantar"). Pero millones de personas, la mayoría de ellos con bastante más pobreza que nuestros alumnos más pobres, aprenden chino cada año. Y al final, todos los alumnos aprendieron chino, para gran regocijo de ellos mismos y de sus padres. Existe un placer especial en contradecir las expectativas, y muchos de los alumnos de color e hispanos en la escuela sintieron un placer especial al usar el chino aprendido justo cuando la gente a su alrededor menos lo esperaba. Esto nos sirve de recordatorio para no asumir que existe un "ellos" en realidad no "captarán" algo, como por ejemplo, sonetos y otras formas tradicionales de poesía, y por consiguiente, es mejor enseñarles poesía a través de las letras de *hip-hop*. ¿Qué sucede cuando toman Introducción a la Literatura en su primer año de la universidad y nunca han leído un poema escrito antes de 1900? Los chicos responden a los retos; piden un trato complaciente solamente si el maestro se presta a ello.

La habilidad para no disculparse con los alumnos es de suma importancia no solamente en la introducción y el marco teórico del contenido, sino también para reaccionar a las respuestas de éstos. Permanecer al lado de los chicos, *decirles* que está con ellos, y constantemente dar el mensaje: "Pero yo sé que tú puedes", eleva la autopercepción del alumno. Aquí hay algunas alternativas en lugar de la disculpa:

- "Ésta es una de las cosas de las que se van a enorgullecer de saber".
- "Cuando estén en la universidad, podrán presumir cuánto saben sobre…"
- "Que esto no los intimide. Hay unas cuantas palabras domingueras, pero una vez que las conozcan, entenderán perfectamente".
- "Esto *es* realmente difícil. Pero sé que pueden casi con todo si se concentran en ello".
- "Sé que lo pueden hacer. Por lo que voy a estar junto a ustedes en esta pregunta".
- "Está bien sentirse confundido la primera vez pero lo vamos a lograr, así que intentémoslo de nuevo".

REFLEXIÓN Y PRÁCTICA

1. El capítulo presentó cinco técnicas para elevar las expectativas académicas en su salón de clases. *Sin opción de salida, Lo correcto es lo correcto, Extiéndalo, El formato sí importa* y *Sin disculpas.* ¿Cuál de éstas será la más intuitiva para que la implemente en su salón de clases? ¿Cuál será la más difícil, y qué la hará difícil?
2. Hay una diversidad de razones por las que el alumno puede optar por no responder una pregunta que le hizo el maestro, por ejemplo:

   - El alumno lo está probando o desafiando activamente.
   - El alumno está tratando de no destacar en el salón de clases.
   - El alumno verdaderamente no sabe la respuesta.
   - El alumno se siente avergonzado de no saber la respuesta.
   - El alumno no escuchó cuando le preguntó el maestro.
   - El alumno no comprendió lo que le preguntó el maestro.

   Piense cuántas razones posibles para *Sin opción de salida* puede agregar a esta lista. ¿Cómo la amplitud de las posibles razones enumeradas le haría considerar o adaptar el tono con el que podría involucrar a los alumnos cuando utilice *Sin opción de salida*?

3. Una de las claves para responder efectivamente a las respuestas "casi correctas", reforzando el esfuerzo pero insistiendo en respuestas de la mejor calidad, es tener una lista de frases que piense por adelantado. Después de reflexionar en cuáles de las siguientes frases se ajustan a su estilo como maestro, trate de escribir cuatro o cinco que usted haga.

   - "Me gusta lo que has hecho. ¿Puedes completar lo que falta?"
   - "Ya casi lo tenemos. ¿Puedes encontrar la última pieza que falta?"

- "Me gusta la mayor parte de eso".
- "¿Lo puedes desarrollar un poco más?"
- "Bien, pero hay un poco más que eso".
- "Saúl acaba de conectar de hit. ¿Quién puede hacer que anote una carrera?"

4. Aquí hay una lista de preguntas que tal vez haya escuchado que se hacen en un salón de clases y el objetivo de la lección en la que se preguntaron:

   - 6 + 5 = ¿? *Objetivo*: los alumnos podrán dominar los cálculos simples: suma, resta, multiplicación y división.
   - ¿Quién puede usar la palabra *estereotipar* en una oración? *Objetivo*: el alumno podrá aumentar su vocabulario a través de ejercicios que exploren el uso de sinónimos, antónimos y diferentes partes de la oración.
   - ¿Cuál crees que sea la moraleja de "Los tres cochinitos"? *Objetivo*: los alumnos podrán explorar la moraleja de la historia y el género de las fábulas en general.
   - ¿Cuál es una de las ramas del gobierno? *Objetivo*: los alumnos podrán comprender las tres ramas del gobierno y cómo se relacionan una con otra con los eventos actuales.

   Trate de pensar en diez preguntas para *Extiéndalo* que pueda hacer para lo que se acerca más a lo que enseña. (Ésta es una gran actividad para realizarla con otros maestros).

5. *El formato sí importa*: la próxima vez que observe la clase de un colega, adivine cuántas veces escuchará respuestas como sigue:

   - En una sola palabra o con una oración fragmentada.
   - Con una sintaxis gramaticalmente incorrecta.
   - De manera inaudible.

   Después, cuente cuántas veces ocurren realmente durante su observación. ¿La cantidad era más o menos la que esperaba? ¿Por qué?

6. *Sin disculpas*: trate de imaginar el contenido más "aburrido" (para usted) que pudiera enseñar. Ahora, elabore un guión de los primeros cinco minutos de su clase en el que encontrará una manera de hacerlo emocionante y atractivo para los alumnos.

CAPÍTULO 2

HAGA SU PLANEACIÓN PARA ASEGURAR EL LOGRO ACADÉMICO

Las cinco técnicas de planeación en este capítulo están diseñadas para ser implementadas antes de que el maestro cruce la puerta del salón de clases. Son un poco diferentes de las otras técnicas en este libro en cuanto a que la mayoría no son ejecutadas en su mayor parte en vivo frente a los alumnos. Pocas personas verán al maestro realizarlas. Pero preparan el escenario para su éxito una vez que entra por la puerta, de manera que están inexplicablemente vinculadas al resto de las técnicas que encontrará en este libro. Para afirmar lo obvio, estos cinco tipos específicos de planeación son de importancia fundamental para la enseñanza efectiva.

TÉCNICA 6
COMIENCE POR EL FINAL

Cuando comencé a enseñar, me preguntaba mientras planeaba: "¿Qué voy a hacer mañana?" La pregunta me reveló los defectos en mi método de planeación por lo menos en dos maneras fundamentales, aun teniendo en cuenta mis (algunas veces) dudosas respuestas a la pregunta.

El primer defecto fue que pensaba en una actividad para mis clases del día siguiente, no en un objetivo, lo que yo quería que mis alumnos supieran o pudieran hacer al final de la lección. Es mucho mejor comenzar al revés, comenzar por el final: el objetivo. Al enmarcar primero un objetivo, sustituye: "¿Qué harán mis alumnos hoy?", por: "¿Qué aprenderán mis alumnos hoy?", La primera de estas preguntas no es susceptible de ser medida. La segunda sí lo es. El único criterio que determina el éxito de una actividad no es si el maestro la hace y la gente parece querer hacerla, sino que logre un objetivo que puede ser evaluado. En lugar de pensar acerca de una actividad, tal vez: "Vamos a leer *Para matar a un ruiseñor",* el maestro enmarca su objetivo y se ve obligado a preguntarse qué lograrán los alumnos al leer el libro. ¿Comprenderán y describirán la naturaleza del valor como se demuestra en *Para matar a un ruiseñor*? ¿Comprenderán y describirán por qué algunas veces la injusticia prevalece como se demostró en *Para matar a un ruiseñor*? O tal vez utilizarán *Para matar a un ruiseñor* para describir cómo los personajes importantes se desarrollan a través de sus palabras y sus acciones.

En pocas palabras, hay muchas cosas valiosas que puede hacer en clase y muchas maneras en las que puede abordarlas. Su primer trabajo es elegir el fundamento que sea más productivo: ¿por

¿Por qué enseña el contenido que está enseñando? ¿Cuál es el resultado que desea? ¿Cómo se relaciona este resultado con lo que enseñará mañana y con lo que sus alumnos necesitan aprender para estar listos para pasar al siguiente o a los siguientes grados?

qué enseña el contenido que está enseñando? ¿Cuál es el resultado que desea? ¿Cómo se relaciona este resultado con lo que enseñará mañana y con lo que sus alumnos necesitan aprender para estar listos para pasar al siguiente o a los siguientes grados?

El segundo defecto en mi pregunta fue que generalmente me lo estaba preguntando la noche anterior a la clase. Más allá de lo que evidentemente implicaba dejar las cosas para más tarde, muestra que yo planeaba las lecciones una por una, tal vez relacionando vagamente cada lección con la anterior, pero sin reflejar una evolución intencional en el propósito de éstas. De los dos defectos, en realidad éste era el más crítico. Podía remediar el dejar las cosas para más tarde, digamos, planeando todas las lecciones el viernes anterior, pero hasta que comencé a pensar en las lecciones como partes de una unidad más extensa en la que desarrollaba ideas intencional e incrementalmente hacia el dominio de los conceptos más amplios, tuve la seguridad de estar trabajando sin avanzar. De hecho, hubiera sido mejor que planeara por adelantado todos mis objetivos para el trimestre (solamente) y luego postergar la planeación de cada lección, que haber planeado debidamente la semana anterior un lote de lecciones motivadas por la actividad.

Las grandes lecciones comienzan con la planeación, y específicamente con la planeación efectiva de la *unidad*: planear una secuencia de objetivos, uno o posiblemente dos por cada lección, durante un periodo prolongado de tiempo (digamos seis semanas). La planeación de la unidad significa preguntar metodológicamente cómo es que la lección de un día se basa en la del día anterior, se prepara para la del día siguiente, y cómo estas tres embonan en una secuencia más larga de objetivos que llevan al dominio del tema. Entonces, lógicamente, también implica que si sabe que ha fracasado en lograr el dominio pleno en el objetivo de un día, un objetivo del que depende el de mañana, debe regresar y volver a enseñar el contenido para asegurar el dominio completo antes de continuar. Para estar seguros del dominio, los maestros de excelencia que emplean **Comience por el final** con frecuencia inician las lecciones repasando cualquier cosa que no están seguros de que los alumnos hayan dominado el día anterior.

El proceso de planeación de la unidad es seguido de la planeación de la lección, la cual consiste en:

1. Refinar y perfeccionar el objetivo con base en el nivel de dominio que se obtuvo del mismo el día anterior.
2. Planear una evaluación corta diaria que determinará de manera efectiva si se dominó el objetivo.
3. Planear la actividad o, de manera más precisa, una secuencia de actividades que lleven al dominio del objetivo.

Al emplear esta secuencia para planear la lección (objetivo, evaluación, actividad), su planeación es más organizada. Esto ayuda a asegurar que no empleará criterios como: "¿Mi lección es creativa?" o "¿Emplea las estrategias suficientes?", sino: "¿Será la mejor manera y la más rápida para ayudarme a alcanzar la meta?"

No subestime la importancia que esto tiene. La prevalencia de criterios equivocados sobre una lección es un asunto importante en la enseñanza. A los maestros les preocupa ganarse el respeto y la admiración de sus colegas, y cuando los maestros se elogian mutuamente por sus lecciones, es probable que no elogien un diseño ingenioso e inteligente, o el uso fiel de los métodos recomendados como el trabajo en equipo, ya sea que les brinde resultados o no. Tener un criterio efectivo sobre la lección ("¿Esta lección cumplió con el objetivo?") le permite evaluar constantemente y refinar su estrategia y técnica, en vez de caminar a ciegas.

En resumen, *Comience por el final* significa:

1. Pasar de planear una unidad a planear una lección.
2. Emplear un objetivo bien estructurado para definir la meta de cada lección.
3. Determinar cómo evaluará su efectividad para alcanzar su meta.
4. Decidir la actividad.

TÉCNICA 7
2 MS 2 PS

Dada la importancia de los objetivos para no perder el enfoque, tener disciplina y capacidad de medición de una lección, es importante pensar en lo que hace que un objetivo sea útil y efectivo. Mi colega Todd McKee diseñó de forma astuta cuatro criterios para lograr objetivos efectivos: el 2 MS 2 PS, y si puede asegurar que sus objetivos cumplan con esos criterios, sus oportunidades de comenzar con una meta efectiva son muy altas.

Los objetivos efectivos deberían ser:

- **Posibles de alcanzar.** Un objetivo efectivo debe tener el tamaño y alcance que se pueda enseñar en una sola lección. Por ejemplo, no es que el maestro no quiera que sus alumnos dominen la habilidad amplia, rica, profunda y muy importante de hacer inferencias acerca del personaje, sino que establecer el objetivo de que los alumnos aprenderán a hacer inferencias del personaje en una práctica de solamente una hora, es claramente poco realista. En realidad se requiere de semanas para establecer un dominio básico sólido. Poco después podría retomarlo constantemente para forjar la profundidad y el contexto en la habilidad de sus alumnos y darles mucha práctica. Una de las ideas falsas más comunes acerca de los objetivos es que le impiden al maestro hablar acerca de otras cosas durante la clase. Por supuesto, debería dedicar más tiempo a discutir cómo hacer conclusiones efectivas para comprender mejor la naturaleza de un personaje en una historia durante sus lecciones cuando trabaja para lograr el dominio del tema, la trama, el uso de evidencia y así sucesivamente. De hecho, al hacerlo así, y al saber que sus alumnos lo pueden hacer de esa forma, reforzará su efectividad para lograr esas metas.

Dada la importancia de las inferencias sobre el personaje, una parte esencial del proceso necesario para hacerle justicia es conceptualizar en su mente los pasos necesarios para lograr el dominio. Tendrá que hacer diferentes cosas cada día para que sus alumnos dominen la habilidad.

Saber qué tan rápido pueden dominar la información significa saber si se necesitan dos o tres semanas para dominar una habilidad básica.

Tal vez comenzará por identificar las palabras y las acciones que proporcionan la evidencia del personaje, después trabajar para interpretarlas por separado, a continuación trabajar para reunir evidencia y examinar las múltiples piezas al mismo tiempo. O tal vez quiera comenzar con inferencias acerca de los personajes simples y trabajar hasta los más complejos y matizados. De cualquier manera, sería un error utilizar el mismo objetivo amplio todos los días durante tres semanas mientras "sigue trabajando" la habilidad. Podría tener una mayor oportunidad de éxito si construyera una serie de objetivos día tras día que establezcan metas alcanzables para cada día. No solamente hará su trabajo más estratégico, sino que también adquirirá un sentido cada vez mejor de lo que sus alumnos pueden lograr en un día. Saber qué tan rápido pueden dominar la información significa saber si se necesitan dos o tres semanas para dominar una habilidad básica.

- **Medibles.** Un objetivo efectivo debe ponerse por escrito de modo que pueda medirse su éxito para lograrlo, idealmente al final del periodo de clase. Esto le permite al maestro comprender mejor en su propia mente lo que funcionó en su implementación. Los mejores maestros toman esta oportunidad y dan el siguiente paso lógico: evalúan cada lección con un boleto de salida (una actividad corta, una pregunta o un grupo de preguntas que los alumnos deben completar y entregarle antes de salir; vaya a la técnica 20 en el capítulo 3). Aun si no utiliza boletos de salida, establecer una meta explícita que sea susceptible de medir de antemano le ayuda a hacerse responsable.

Finalmente, establecer objetivos medibles para la lección lo ayuda a ser más organizado por varias razones. Por ejemplo, lo obliga a considerar supuestos clave. Si su meta es hacer que los alumnos sepan algo, o comprendan algo, o piensen algo, ¿cómo sabrá que lo han logrado? Los pensamientos no son medibles a menos que se describan o se apliquen. ¿Su lección incluye esto? ¿Sus lecciones dependen de una buena selección de métodos para describir o aplicar el aprendizaje? Además, si su meta es hacer que los alumnos sientan, piensen o crean algo, ¿qué tan apropiado es? ¿Es suficiente para que sean capaces de leer y comprender la poesía sin disfrutarla, apreciarla o amarla? ¿Los alumnos son responsables de aprender habilidades que pueden ayudarles a tomar una decisión, o para aceptar los juicios y gustos de otros?

Soy un caso bastante claro de esto. Aunque tengo una maestría en literatura inglesa, no *disfruto* leer poesía. De hecho, generalmente la encuentro muy difícil de leer. Siento decirles (a todos mis fantásticos profesores y maestros) que casi nunca logré el objetivo de amar un poema. Sin embargo, aprender a analizar y sostener un argumento sobre poesía y haber tenido que criticar los de otros, me ha ayudado a convertirme en un pensador y escritor más efectivo y ocasionalmente (muy ocasionalmente, diría mi esposa) en una persona más intuitiva. Por lo que al final, me alegro realmente de haber estudiado y leído poemas en mis clases de literatura. Mi punto es que mis mejores maestros se hicieron responsables por lo que podían controlar (la calidad de mi pensamiento y la sustentabilidad de mis argumentos), no por lo que no podían (me gustara o no leer esas cosas). Aunque su amor por las cosas que me enseñaron probablemente era su razón para hacer el trabajo, pasarme ese amor cayó en el reino de lo que no pudieron controlar, por lo que se abstuvieron de convertirlo en un objetivo aun si era su motivación, una ironía, seguramente, pero muy útil.

- **Primero en realizarse.** Debe diseñarse un objetivo efectivo para guiar la actividad, no para justificar cómo la actividad elegida cumple con uno o varios propósitos viables. El objetivo viene primero. La base lógica de esto se describe en *Comience por el final.* Sin embargo, debe estar consciente de la cantidad de maestros que creen que están siendo guiados por el objetivo, sin embargo, inician con una actividad y luego reconstruyen un objetivo ("¡Hoy vamos a jugar Maratón!" "Hoy vamos a leer *Yo sé por qué el ave de la jaula canta").* Con frecuencia, puede identificar a esos maestros porque sus objetivos parecen aprendizajes esperados (que son diferentes y mucho más amplios) y ocasionalmente los escriben en el pizarrón textualmente, tal como aparecen en los documentos estatales: "3.L.6 Los alumnos leerán una variedad de textos para comprensión". Para no gastar energía inútilmente, debe descomponer el aprendizaje esperado en una serie de objetivos estratégicos de todos los días para lograr en última instancia su dominio más amplio por medio del dominio de una serie de piezas de los componentes.

- **Más importante.** Un objetivo efectivo debe enfocarse en lo que es más importante en el camino hacia la universidad, y nada más. Describe el próximo paso para subir la montaña.

IDEA ESENCIAL

2 MS 2PS

Como dice mi colega Todd McKee, el objetivo de una gran lección (y por consiguiente, una gran lección) debe ser posible de alcanzar, medible, lo primero en realizarse, y lo más importante, estar en el camino hacia la universidad.

Los siguientes objetivos no cumplen por lo menos con uno de los criterios 2 MS 2PS:

- *Los alumnos podrán sumar y restar fracciones con denominadores comunes y diferentes.* Este objetivo no es posible de alcanzar. Contiene por lo menos cuatro objetivos diferentes para cuatro días diferentes (y más probablemente, para cuatro semanas diferentes): la suma de fracciones con denominadores comunes, la resta de fracciones con denominadores comunes, la suma de fracciones con denominadores diferentes y la resta de fracciones con denominadores diferentes. Siendo realistas, este objetivo es un aprendizaje esperado, uno enorme, y un tema para la planeación de toda una unidad.
- *Los alumnos podrán apreciar varias formas de poesía, incluyendo sonetos y poesía lírica.* ¿Qué es apreciación? ¿Cómo sabrá el maestro si sucedió? ¿Los alumnos pueden comprender a Lope de Vega y no gustarles sus escritos, o también tienen que aparentar que asimilan los gustos del maestro? Este objetivo no es medible. Probablemente tampoco es posible de alcanzar.
- *Los alumnos verán escenas de la versión fílmica de* El crisol. Este objetivo es una actividad, no un objetivo. Por lo tanto, no es lo primero en realizarse. Mostrar la versión fílmica de

la obra de Arthur Miller *El crisol,* podría ser un gran acierto o una pérdida de tiempo, dependiendo de cuál sea el propósito. ¿Los alumnos compararán la versión fílmica de *El crisol* con *La bruja del estanque del mirlo,* de Elizabeth George Speare? Si es así, ¿por qué? ¿Para aprender qué? ¿Compararán la representación de la brujería colonial en las dos historias? Si es así, ¿con qué propósito? Por ejemplo, ¿los alumnos comprenderán mejor la perspectiva de Speare acerca de la brujería comparándola con otra historia contemporánea? Si es así, se debería escribir en el objetivo: *Comprender mejor la perspectiva del autor acerca de la brujería en la América colonial comparando su representación con otra representación contemporánea.*

- *Los alumnos elaborarán un póster para celebrar el día de Martin Luther King Jr.* Este objetivo no es "el más importante". La habilidad para hacer pósters no ayudará a los alumnos a asimilar con éxito el contenido sobre su personaje. Comprender el legado del Dr. King sí es de suma importancia, y esa comprensión puede ser reflejada aun en un póster, pero un maestro campeón consideraría de gran utilidad la elaboración del póster solamente si fuera la mejor manera de reforzar ese aprendizaje. El objetivo debería centrarse en el Dr. King.

TÉCNICA 8
MUÉSTRELO

Una vez que su objetivo esté completo, **Muéstrelo** en un lugar visible de su salón, el mismo lugar todos los días, para que todos los que entren en el salón, sus alumnos, así como sus colegas y administrativos, puedan identificar el propósito de enseñanza de ese día en un lenguaje tan sencillo como sea posible.

Los visitantes retroalimentan al maestro, y la retroalimentación es más útil cuando la persona que la proporciona sabe lo que se trata de hacer, si se refieren no solamente a que su enseñanza fue "buena" en un sentido abstracto, sino si lo lleva hacia su objetivo.

En el caso de los alumnos, mostrar el objetivo es importante porque ellos deben conocer lo que intentan hacer. La conciencia de este hecho les ayudará a trabajar más deliberadamente hacia el objetivo. En el ejemplo de *El crisol,* los alumnos verán mejor si saben lo que están buscando. El maestro puede ir un paso adelante haciendo que el objetivo sea parte de la trama en la conversación en el salón de clases. Puede enfatizar su importancia pidiendo a los alumnos que lo discutan, revisen, copien o lean como un hábito, al comenzar o al terminar la lección. Podría formarse el hábito de pedir a sus alumnos que pongan el objetivo en un contexto, que digan por qué es importante, que lo relacionen con lo que sucedió el día anterior, y así sucesivamente.

En el caso de los visitantes, por ejemplo, sus colegas o su supervisor, es importante porque los visitantes retroalimentan al maestro, y la retroalimentación es más útil cuando la persona que la proporciona sabe lo que se trata de hacer, si se refieren no solamente a si su enseñanza fue "buena" en un sentido abstracto, sino si lo lleva hacia su objetivo. Un visitante que piensa que debería debatir más acerca de cómo se desarrollan los personajes en *El crisol,* puede o no estar en lo correcto. Que pueda emplear más tiempo en el desarrollo de los personajes depende de cuál sea el propósito de la actividad, y es en beneficio del maestro poder guiar a aquellos que lo ayudan a enfocarse en lo que mejor cumple la tarea. De lo contrario, su consejo y evaluación de la lección caen en un criterio idiosincrásico. La jefa de departamento lo observa y dice que debería enfatizar más el desarrollo de los personajes porque, al final, es lo que ella hace con *El crisol.*

TÉCNICA 9
EL CAMINO MÁS CORTO

Cuando puede pensar en más de una posible actividad para lograr un objetivo, su regla de oro debería ser algo como la navaja de Occam: "En igualdad de condiciones, la explicación o estrategia más sencilla es la mejor". Opte por la ruta más directa de punto a punto, **el camino más corto** hacia la meta. Evite la complejidad si algo menos inteligente, menos innovador, menos ingeniosamente construido produce un resultado mejor. Utilice lo que los datos le digan que funciona mejor, pero cuando tenga una duda, confíe en los métodos probados, directos y confiables, especialmente *Yo/Nosotros/Tú* (véase el capítulo 3). Esto parece obvio, pero en una profesión en donde los maestros se han acostumbrado durante años a caminar a ciegas (es decir, sin tener un criterio objetivo con el cual medir la efectividad de sus lecciones), surgió una cultura del criterio basado no en el dominio: *¿Qué tan inteligente, qué tan ingeniosamente diseñada, qué tan agradable es de enseñar, qué tanto incluye las diversas filosofías de vanguardia esta lección?* Si escucha cuidadosamente, escuchará referencias implícitas y explícitas constantes a dichos criterios en las discusiones de los maestros: "Me encantó su lección; las etapas estaban tan bien diseñadas, y había mucha interacción entre compañeros". La suposición en dicha afirmación es que ambas cosas son inherentemente positivas por derecho propio, ya sea que logren mejor la meta y que hagan que conseguir la meta tome el doble (o la mitad) de tiempo.

Otra vez, el criterio es dominar el objetivo y lo que lo lleva allá de una mejor forma y más rápido. El trabajo en grupo, los enfoques multisensoriales, la investigación abierta, los seminarios socráticos, los debates y las conferencias no son ni buenos ni malos para que un maestro los utilice, excepto en la medida en la que se relacionan con el objetivo. Tome el camino más corto y descarte todos los demás criterios.

El camino más corto no necesariamente significa que el camino más corto que elija es un enfoque que se mantiene durante cuarenta y cinco minutos o una hora, o una hora y veinte minutos. Los maestros campeones generalmente se inclinan a hacer lecciones motivadoras cambiando entre una variedad de actividades confiables con una diversidad de niveles y ritmos; un método que se discute más ampliamente en la sección de ritmo en el capítulo 8. Éstas pueden ser energéticas y animadas o reflexivas e intencionadas, con frecuencia durante la misma lección. El terreno siempre cambia, aun en el trayecto más corto entre dos puntos.

TÉCNICA 10

PLAN DOBLE

En su máxima expresión, el plan de clase está guiado por un objetivo que es parte de una secuencia de objetivos cuidadosamente planeados. Determine cómo evaluar el resultado antes de elegir las actividades para llegar de A a B. Un buen plan de clase también requiere de especificidad. Los maestros de excelencia con frecuencia planean sus preguntas, y, como Julie Jackson en la North Star Academy, las memorizan en su camino a la escuela o al dirigirse al salón de clases. Pero existe un último elemento para el plan de clase efectivo que con frecuencia se pasa por alto y es especialmente poderoso: el **Plan doble.**

Con frecuencia, los maestros olvidan planear lo que los alumnos harán durante cada etapa del procedimiento. ¿Qué harán mientras el maestro está revisando las causas principales de la Independencia?

La mayoría de los planes de clase se enfocan en lo que el maestro hará, lo que dirá y explicará y modelará, lo que repartirá y recogerá, y lo que dejará de tarea. Con frecuencia los maestros olvidan planear lo que harán los alumnos durante cada etapa. ¿Qué harán mientras el maestro está revisando las causas principales de la Independencia? ¿Tomarán notas? Si es así, ¿en dónde? ¿En una hoja de papel en blanco? ¿En un organizador gráfico que diseñó? ¿Los alumnos revisarán después esas notas y escribirán un resumen corto de una sola oración? Mientras "explica la diferencia entre números primos y compuestos", ¿cuál será la actividad para ellos? ¿Escuchar cuidadosamente? ¿Llenar una tabla T? ¿Tratar de recordar tres diferencias clave? ¿Observar y escuchar, pero responder ocasionalmente a las preguntas dirigidas a toda la clase (por ejemplo, "¿Los números primos no son que? Toda la clase")?

Pensar y planear lo que harán los alumnos es fundamental. Le ayuda a ver la lección a través de sus ojos y a mantenerlos involucrados de una manera productiva. Le ayuda a recordar que ocasionalmente es importante cambiar el ritmo durante la lección, y para los alumnos, cambiar de ritmo les ayuda para llegar a hacer una variedad de cosas durante la lección: escribir, reflexionar, debatir. Una forma en que puede comenzar a pensar de esta manera es hacer un plan doble: planee sus lecciones usando una tabla T con la palabra "maestro" en un lado y la palabra "alumnos" en el otro. No conozco a muchos maestros que continúen planeando de esta manera una vez que desarrollan el hábito (el "alumnos" está implícito naturalmente en su planeación), pero disciplinarse para hacerlo es una manera de enfocarse en mantener a sus alumnos involucrados de manera activa.

IDEA ESENCIAL

PLAN DOBLE

Planear lo que los alumnos harán durante cada etapa de la lección es tan importante, como planear lo que el maestro dirá y hará durante la misma.

TÉCNICA 11
TRACE UN MAPA

Existe una pieza final para la planeación efectiva que casi todos los maestros ya utilizan. El problema es que algunas veces los maestros olvidan que la están usando o la utilizan una vez al año y después olvidan adaptarla y ajustarla. Esa pieza es la planeación y el control del ambiente físico, el cual debería respaldar los objetivos específicos de la lección durante el día, más que usar el mejor enfoque para respaldar la mayor parte de la lección en promedio o, peor, para respaldar creencias ideológicas sobre cómo *se deberían* ver los salones de clases. Me refiero a esto como **Trace un mapa.**

En muchos salones de clases los maestros sientan a sus alumnos agrupando los escritorios uno frente a otro porque creen que sus alumnos deberían socializar para interactuar en la escuela. Ésta es una creencia general (de hecho, sobregeneralizada) acerca de la naturaleza y filosofía de la educación. Con excepción del hecho de que algunos maestros realinean los escritorios para los exámenes, es frecuente que esta distribución del salón no cambie aun si partes fundamentales del periodo de clase involucran, digamos, tomar notas de lo que el maestro escribe en el pizarrón. Con frecuencia esto merma los resultados. Aunque los alumnos deberían interactuar en la escuela, el tiempo cuando se supone que deberían estar construyendo un registro de la información esencial por escrito puede no ser realmente el tiempo para ello; y con los escritorios en grupos, un porcentaje de los alumnos debe voltear hacia atrás para ver la información de la que ahora son responsables y después girar para escribirla en sus cuadernos. Además, los alumnos ahora deben ignorar al alumno que se encuentra directamente del otro lado para atender a la maestra que se encuentra a sus espaldas. Si el objetivo de la maestra es que la mayoría de la clase la atienda, ha creado un fuerte incentivo negativo para ello. La distribución del salón de clases ha hecho que el objetivo principal de la lección sea más difícil de lograr por deferencia a la filosofía.

Qué sucedería si, en lugar de preguntar u opinar si los alumnos deberían interactuar en la escuela, un maestro con este diseño de aula preguntara:

- ¿*Cuándo* deberían interactuar los alumnos en la escuela?
- ¿*Cómo* deberían interactuar los alumnos en la escuela? (Hay muchas maneras, y no se requiere de mucha imaginación para darse cuenta de que vale la pena evitar mezclarlas.)
- ¿*Qué* debería indicar e incentivar la manera en la que se sientan los alumnos acerca de los varios tipos de interacciones?
- ¿*Qué tipos* de interacciones respaldan qué tipos de objetivos de la lección?
- ¿*De qué otra manera* los alumnos pueden acostumbrarse a interactuar apropiadamente sin necesidad de construir todos los días el salón de clases alrededor de una idea?

Podría ser que un maestro quiera a sus alumnos sentados uno frente al otro solamente para algunas lecciones. Podría ser que un maestro quiera la interacción solamente en una parte de la lección. Podría ser que pedir a los alumnos que se volteen para quedar de frente y discutir una idea logrará adecuadamente el objetivo en los momentos exactos cuando está justificada la interacción sin estructurar el salón de clases de manera que algunos alumnos siempre se encuentren de espaldas a la maestra. Aquí estoy revelando mis propias tendencias acerca de la distribución del salón de clases, pero no tiene que estar de acuerdo conmigo para usar la técnica. *Trace un mapa* significa hacer de la planeación del espacio una parte de su plan de clase.

De hecho, soy un gran admirador de las filas como la estructura predeterminada del aula, especialmente tres pares de filas (véase la figura 2.1), sobre todo porque veo a tantos profesores que la utilizan cuando los observo. Este acomodo es pulcro y ordenado y acostumbra a los alumnos a que presten atención al pizarrón y a la maestra como su foco primario de atención. Permite a los maestros pararse directamente cerca de cualquier alumno que deseen, o que necesiten, mientras enseñan con el propósito de revisar el trabajo o asegurarse de que se encuentren realizando la actividad. Le proporciona a cada alumno un lugar para escribir que, en muchos casos, se encuentra directamente en la línea entre ellos y lo que se supone que van a escribir. Los maestros que desean que interactúen más directamente piden a los alumnos que "sigan la pista a quien habla" (que vean a la persona que habla) o los hacen voltear sus sillas, o mover sus escritorios rápidamente a otro acomodo.

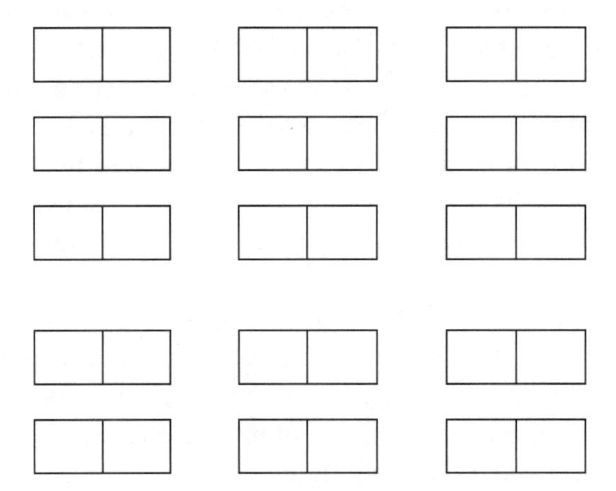

FIGURA 2.1. Pares de filas alineadas

Sin importar el acomodo que utilice, en dónde se encuentren los pasillos es tan importante como en dónde se colocan los escritorios. De hecho, debe poder llegar a cualquier lugar del salón sin decir una palabra mientras está enseñando (preferentemente a treinta centímetros de cada alumno para que pueda susurrar en su oído sin tener que inclinarse sobre alguien más). Una vez que el maestro tiene que decir "con permiso" para pedir a los alumnos que empujen una silla o reubiquen las mochilas para que pueda llegar a donde quiere ir, en esencia les está pidiendo permiso. Tiene que interrumpir su lección para llegar hasta donde quiere. Ha cedido el control y el acceso natural a las partes del aula. Esto limitará su habilidad para mantener a los alumnos en los altos estándares académicos y de comportamiento. Así que no importa el acomodo que elija, piense intencionalmente tanto en los pasillos como en los escritorios.

Finalmente, también es importante planear las paredes. La primera regla de oro para las paredes en los mejores salones de clases es que deben ayudar, no dañar. Esto significa que debe evitar abarrotarlas y la sobre estimulación. Algunas cosas fundamentales deben estar pegadas, pero no deben distraer la atención de los alumnos del espacio educativo primordial por estar cerca de éste. Los materiales pegados son mejores cuando se enfocan en herramientas útiles: recordatorios de los pasos clave para sumar fracciones; ejemplos de temas comunes; siete tipos de conflicto en una historia; dibujos representando las palabras del vocabulario reciente; reglas para el uso del baño; frases de inicio para estar de acuerdo o en desacuerdo con un compañero durante un debate. Una vez que ha enseñado una habilidad clave, pegar una herramienta inmediatamente después ayuda a los alumnos a revisarla y usarla frecuentemente. Aunque a la mayoría de los maestros se les dice que peguen el trabajo de los alumnos, pegar herramientas como éstas es por lo menos igual de importante.

Esto no significa que no deba pegar también el trabajo de sus alumnos. Debe hacerlo. Pero asegúrese de pegar trabajos ejemplares y que sean un modelo para los demás alumnos. A menudo es necesario mucho trabajo para hacer esto visible. ¿Puede hacer comentarios acerca del trabajo pegado que sean específicos y concuerden con los objetivos de aprendizaje? En lugar de escribir "Buen trabajo" en el margen, puede anotar: "Buen trabajo al comenzar tu párrafo con una oración principal clara", o también: "Maravillosa oración principal, claramente anticipa el tema clave en el párrafo." Si puede hacerlo, ayudará a que el éxito se repita con otros alumnos.

REFLEXIÓN Y PRÁCTICA

Las siguientes actividades deberían ayudarlo a pensar y a practicar las técnicas de este capítulo.

1. Elija un aprendizaje esperado especialmente grande del estado en el que enseña. Trate de adivinar, antes de analizarlo, cuántos objetivos necesitaría para lograr el dominio verdadero. Ahora divídalo en una serie de objetivos posibles de alcanzar y medibles que fluyan en una secuencia lógica desde la introducción de la idea hasta el dominio total. Después, trate de aumentar o disminuir el número de días que tiene disponibles en 20 por ciento. ¿Cómo cambian sus objetivos?
2. Realice un recorrido por el edificio de su escuela escribiendo los objetivos. Deles un puntaje si cumplen con los criterios de 2 MS 2 PS. Arregle los que pueda, y pregúntese en dónde, como escuela, necesita mejorar la escritura del objetivo.
3. Piense en una lección que haya enseñado recientemente, y escriba todas las acciones desde la perspectiva del alumno, comenzando en cada caso con un verbo que denote logros: por ejemplo, "Escuché" y "Escribí". Si se siente audaz, pregunte a sus alumnos si creen que su agenda es exacta. Aún más audaz es pedir a sus alumnos que hagan una lista de lo que estaban haciendo durante la clase.
4. Elabore un plan de acción para organizar su salón de clases:

   a) ¿Cómo debería ser su diseño predeterminado, y cómo se verían los otros diseños más comunes? ¿Los utilizará lo suficiente para justificar el hacer que sus alumnos practiquen el cambio de uno a otro?
   b) ¿Cuáles son las cinco cosas más útiles e importantes que pudiera colocar en las paredes para ayudar a los alumnos a realizar su trabajo? ¿Están visibles?
   c) ¿Qué cosas hay en sus paredes que no necesita? Elija cinco para quitarlas.

CAPÍTULO 3

ORGANICE E IMPARTA LAS LECCIONES

Existe una progresión constante en las lecciones de los maestros campeones que proporcionaron la información para este libro. Se describe mejor como "Yo/Nosotros/Tú". (Hasta donde estoy enterado, Doug McCurry, fundador de la Amistad Academy Charter School, acuñó esta frase. Otros emplean los términos *enseñanza directa, práctica guiada* y *práctica independiente* para describir lo que dice McCurry.) Este nombre se refiere a una lección en la cual se pasa gradualmente la responsabilidad de saber y la capacidad de hacer del maestro hacia el alumno. Significa comenzar con "Yo", el maestro, que enseña información esencial, o modela el proceso que quiere que los alumnos aprendan, tan directamente como sea posible, luego llevando a los alumnos a ejemplos y aplicaciones. En el paso "Nosotros", primero pide ayuda a los alumnos en los momentos clave y después, gradualmente les permite completar poco a poco más ejemplos y tareas cada vez con menos ayuda. Finalmente, en el paso "Tú", proporciona a los alumnos la oportunidad de practicar haciendo el trabajo por su propia cuenta, dándoles múltiples oportunidades de practicar. Dicho de otra manera, Yo/Nosotros/Tú en realidad es un proceso de cinco pasos:

Paso	*Segmento de la lección*	*¿Quién tiene el balón?*	*Enunciado típico*
1	Yo	Yo lo tengo	"El primer paso para sumar fracciones con denominadores diferentes es hacer que los denominadores sean iguales".
2	Nosotros	Yo lo tengo, tú ayudas	"Está bien, ahora intentémoslo. Martín, ¿cómo dijimos que íbamos a hacer nuestros denominadores iguales?"
3	Nosotros	Tú lo tienes, yo ayudo	"Bien, Camila, muéstranos. ¿Qué es lo primero que debemos hacer?"
4	Tú	Tú lo tienes	"Ahora que hemos resuelto este ejemplo, intenten uno ustedes solos".
5	Tú	Y haces... y haces... y haces.	"Grandioso, estamos empezando a lograrlo. Tienen cinco más. Tomen seis minutos y vean cuántos pueden hacer correctamente. ¡Vamos!"

Observe que el cambio de un paso al otro sucede en cuanto los alumnos están listos para lograrlo, pero no antes, dada la independencia que se adquiere. No necesariamente es mejor lograr el Nosotros y el Tú tan pronto como pueda. Llegar allí muy pronto le desacelerará a largo plazo.

La receta puede sonar obvia para algunos, pero en muchos salones de clases no sucede así. Con frecuencia se deja a los alumnos realizar el trabajo de forma independiente antes de que estén listos para hacerlo de manera efectiva. Se les pide que resuelvan un problema antes de que sepan hacerlo por sí mismos; se les pide que infieran la mejor solución por medio de una "pregunta" cuando tienen poca esperanza de hacerlo de una manera efectiva y eficiente. En muchos casos, trabajan de manera independiente y con dedicación haciendo una tarea de manera equivocada. Reflexionan acerca de "grandes preguntas" antes de que sepan lo suficiente para hacerlo de manera productiva. En contraste, en otros salones de clases los alumnos la pasan bien observando a su maestra cómo demuestra su saber sin haber aprendido a hacerlo por sí mismos. Se realiza mucho trabajo duro, pero lo realizan los adultos. La respuesta, por supuesto, no es elegir entre los extemos de la enseñanza directa y el pensamiento independiente, sino evolucionar de uno al otro.

Sin embargo,lograr esa evolución es un trabajo difícil, y los factores clave para diseñar una lección Yo/Nosotros/Tú que sea efectiva, no solamente están en la manera y la secuencia en las que se pasa el trabajo cognitivo a los alumnos, sino también en el ritmo al cual se pasa el trabajo cognitivo. Esta última parte requiere que el maestro revise frecuentemente la comprensión, un tema que se discute a detalle en este capítulo.

YO/NOSOTROS/TÚ: UNA VISIÓN GENERAL

Técnicas "Yo"

- Técnica 12 — *El gancho.* Cuando sea necesario, utilice una introducción corta y atractiva para entusiasmar a los alumnos en el aprendizaje.
- Técnica 13 — *Nombre los pasos.* Siempre que sea posible, proporcione a los alumnos herramientas de solución, pasos específicos con los cuales trabajar o resolver problemas del tipo que está presentando. Con frecuencia esto implica dividir una tarea compleja en pasos específicos.
- Técnica 14 — *Pizarrón = Papel.* Modele a los alumnos cómo llevar el registro de la información que necesitan retener de sus lecciones; asegúrese de que tengan una copia exacta de lo que necesitan.
- Técnica 15 — *Camine por el salón.* Muévase por el salón de clases para involucrar a los alumnos y hacerlos responsables.

Reflexiones adicionales acerca del buen "Yo"

- Incluya tanto el modelado (mostrar cómo hacer algo) como la explicación (decir cómo hacer algo).
- Incluya la interacción del alumno aunque usted sea el guía. (Puede hacer preguntas y entablar un diálogo con los alumnos durante la etapa "Yo".)
- Anticipe: la maestra campeona Kate Murray de Boston me dijo: "Supe que me estaba convirtiendo en maestra, cuando comencé a ser capaz de saber por adelantado en lo que se equivocarían mis

niños, cuáles serían los errores comunes. Me di cuenta de que podía hacer un plan para esto. Podía decirles que los iba a confundir antes de que llegaran a ello, por lo que estarían alerta al peligro. Podía evitar que se equivocaran o por lo menos ayudarles a reconocer cuando comenzara a suceder. Desde entonces, mi proceso de planeación incluyó una conversación conmigo misma de 'lo que podía salir mal', y planeaba para enseñar anticipadamente lo que sabía que podían ser los obstáculos. Lo puse en mi plan de clase". Amén.

Técnicas "Nosotros"

- Técnica 16 — *Desglose.* Una de las mejores formas para presentar nuevamente el contenido es respondiendo a la falta de aprendizaje claro del alumno al descomponer una idea problemática en sus partes integrantes.
- Técnica 17 — *Proporción.* El objetivo de "nosotros" es impulsar más y más el trabajo cognitivo de los alumnos. Ignorancia simulada ("¿Lo hice correctamente chicos?" "Esperen un momento, ¡no puedo recordar lo que sigue!") y el desglose (romper una pregunta en varias preguntas) puede ser especialmente útil.
- Técnica 18 — *Verifique que le entienden.* Se utiliza para determinar cuándo, y si los alumnos están listos para más responsabilidades, y cuándo necesitan que se les presente el contenido otra vez.

Técnicas "Tú"

- Técnica 19 — *Turno al bat*
- Técnica 20 — *Boleto de salida*
- Técnica 21 — *Defina su postura*

Algunas reflexiones acerca del "Tú" efectivo

- La repetición importa. Los alumnos necesitan practicar una y otra vez. Algunos aprenden bien la habilidad a la tercera vez que la hacen correctamente; algunos la aprenden a la décima vez. Muy pocos aprenden a la primera o a la segunda.
- Continúe hasta que lo puedan hacer solos. Al final de la práctica independiente, los alumnos deben ser capaces de resolver problemas sobre el aprendizaje esperado que deberían dominar totalmente por su cuenta.
- Utilice variaciones y formatos múltiples. Los alumnos deben ser capaces de resolver las preguntas en formatos múltiples y con un número significativo de variaciones y variables convincentes.
- Aproveche las oportunidades para el enriquecimiento y la diferenciación. Mientras algunos alumnos demuestran el dominio más rápido que otros, asegúrese de tener problemas extra para impulsarlos al siguiente nivel.

TÉCNICA 12

EL GANCHO

Si puede presentar el contenido de una manera que inspire y entusiasme, y puede hacer que sus alumnos den el primer paso con gusto, entonces no existe contenido que no pueda provocar entusiasmo, compromiso y profundo aprendizaje en sus alumnos. El camino se logra con **El gancho:** un momento preliminar corto que capta lo que es interesante y atractivo acerca del contenido y lo pone al frente. Puede ser una historia breve, un acertijo, un dibujo de lo que se va a discutir en clase. Traiga a la vida las plantas de chícharo de Gregorio Mendel y haga que la segunda ley del movimiento de Newton parezca lo más importante en el mundo. *El gancho* no es un plan para suavizar el contenido; más bien, prepara a los alumnos para iniciarlos en el contenido. No es un espectáculo de circo, ni el momento de tergiversar *Romeo y Julieta* para hacerla "contemporánea", sino los cinco minutos que abrirán las puertas al drama isabelino. Tal vez no necesite *El gancho* para cada lección, y no debe confundir la cantidad de tiempo con la efectividad: un gancho de diez segundos puede ser suficiente o incluso mejor que un gancho de tres minutos.

El camino se logra con **El gancho:** *un momento preliminar corto que capta lo que es interesante y atractivo acerca del contenido y lo pone al frente.*

Después de observar a docenas de maestros enganchar a sus alumnos en todo tipo de contenido existente, he dividido los tipos de ganchos en las siguientes categorías generales, en el entendimiento de que es casi seguro que existan mil ideas brillantes para enganchar que no encajan en ninguna de estas categorías:

- *Cuento.* Cuénteles un cuento rápido y atractivo que los lleve directamente al contenido. Bob Zimmerli presenta la división larga con un cuento sobre un grupo de chicos que se quedan en casa sin sus padres cuidándose unos a otros. El signo de la división larga es la casa, y ellos se apiñan en la puerta conforme los números se acercan y tocan desde la posición del divisor. El momento clave (si abrir o no la puerta) da paso a las reglas de la división.
- *Analogía.* Ofrezca una analogía interesante y útil que se conecte a la vida de los alumnos. Por ejemplo, recientemente observé a un maestro en química que comparaba la sustitución de enlaces sencillos con bailarines que eligen a su pareja en el baile de la escuela.
- *Apoyo.* Puede realzar uno de los otros estilos de apoyo con un buen apoyo: una chamarra como la que el personaje principal de la historia podría haber usado (o podría no haber usado: "¡¿Quién puede decirme por qué?!"); un globo terráqueo y una linterna para demostrar la rotación de la Tierra.
- *Medios de comunicación.* Una película o una pieza musical o un video (*muy* corto) pueden mejorar su gancho cuando los planea cuidadosamente para apoyar y no para distraerlo del objetivo, o asumir el papel de un personaje del libro o de la historia. También utilice esto con cautela, ya que puede ser un distractor y fácilmente puede dejarse llevar y desperdiciar tiempo, ¡si no es disciplinado!

- *Estatus.* Describa algo grande: el gran trabajo de un alumno, las razones por las cuales Shakespeare es tan recordado. O mencione que hoy comenzará a leer los trabajos del "autor que muchos piensan es el más grande de su generación", o "el escritor de guerra más grande", o "el más grande escritor de amor y amistad", o "el más grande autor inglés".
- *Desafío.* Deles a los alumnos una tarea muy difícil, y permítales intentar lograrla. ("¡Vean si pueden traducir este renglón del *Quijote* en un español sencillo!") (Seguido de un ejemplo.) Si no puede pensar en algo especialmente ingenioso, *Pepper game* es un buen juego (Técnica 24 en el capítulo 4) es un gran desafío y funciona perfectamente. De hecho, en varias escuelas los maestros lo utilizan casi de manera automática si no pueden encontrar un gancho más personal.

Aquí se presentan dos ejemplos:

- En una mañana del mes de septiembre, Jaimie Brillante les preguntó a sus alumnos quién sabía lo que era una oración completa. Todos levantaron la mano. Grandioso, les dijo y les dio cinco palabras, pidiéndoles que tomaran dos minutos para hacer una oración con ellas, alentándolos para que construyeran la mejor oración posible. Resultó que las cinco palabras no podían formar una oración completa; después de unos minutos de luchar con el rompecabezas, Jaimie les pidió que descubrieran lo que faltaba. ¿La respuesta? El sujeto. La sorpresa del acertijo sin solución enganchó a sus alumnos durante la siguiente hora.
- Cuando Bob Zimmerli enseña el valor posicional a sus alumnos de tercer grado, teje una historia acerca de un amigo hipotético llamado "Deci" en su lección. Las casas al lado derecho de la casa de Deci se llaman décimas, centésimas y milésimas; aquellas en el lado izquierdo son las unidades, decenas y centenas. Hay una historia acerca de Deci caminando por la calle para llegar a un restaurante de hamburguesas y pasando por las diferentes casas en las calles de las centésimas y las milésimas, diciendo los nombres en voz alta. Antes de que se den cuenta de que están aprendiendo matemáticas, sus alumnos están embelesados.

Como estos ejemplos, un buen gancho comúnmente tiene las siguientes características:

- *Es corto.* Es la introducción, no la lección, y atrae a los alumnos en pocos minutos.
- *Rinde.* Una vez que el barco despliega las velas, rápidamente cede el paso a la parte de la lección referente a la enseñanza.
- *Es enérgico y optimista.* Reside, por ejemplo, en lo que es grandioso de Shakespeare, no en lo que es difícil, intimidante o complicado, a menos que eso sea lo que es grandioso.

Un último pensamiento acerca de la técnica de *El gancho*: no necesita uno para cada lección. A Colleen Driggs le gusta usar *El gancho* en la primera lección de cada tema. Conforme avanza por las frecuentemente tres o cuatro lecciones subsecuentes, con objetivos que desarrollan y avanzan en el aprendizaje del tema, cambia a otra técnica. Ésta parece una regla de oro especialmente útil.

TÉCNICA 13
NOMBRE LOS PASOS

¿Por qué será que los mejores entrenadores a menudo fueron atletas poco brillantes, mientras que los atletas más dotados rara vez son los mejores entrenadores? ¿Por qué es que los actores brillantes y sofisticados no pueden ayudar a otros a hacer algo parecido y con frecuencia se quedan sin palabras para describir cómo hacen lo que hacen? Mientras tanto, existen actores dramáticos desconocidos que se las arreglan para descubrir un talento de clase mundial en otros.

Ésta puede ser una causa: es frecuente que las súper estrellas no tengan que prestar una atención meticulosa para el qué sigue o el cómo se hace cada paso. Lo que precisamente los hace brillantes es una comprensión intuitiva y rápida como el rayo de cómo manejar un problema ya sea en el escenario, en la cancha o en la pista. Esto evita que los más talentosos reconozcan cómo aprendemos el resto, a quienes la intuición no se nos da tan rápido. El resto de nosotros, quienes no podemos ver algo una vez y después hacerlo solos de principio a fin, tendríamos más probabilidades si tomáramos las tareas complejas y las dividiéramos en pasos posibles de alcanzar. Nos movemos poco a poco hacia el dominio y necesitamos recordar una y otra vez cuál es el siguiente paso.

Nos movemos poco a poco hacia el dominio y necesitamos recordar una y otra vez cuál es el siguiente paso.

Uno de mis entrenadores de futbol había sido una súper estrella como jugador a nivel mundial. Como entrenador, se la pasaba fuera de la cancha gritando: "¡Defensa, chicos! ¡Defensa!" Aunque estábamos muy conscientes de que nos encontrábamos en defensa, también estábamos conscientes de que no estábamos jugando especialmente bien. Entrenaba dándonos indicaciones: "¡No entres ahí, Daniel!" Cuando comencé a jugar con otro entrenador me di cuenta de cómo un entrenador también puede ser un maestro. Este otro entrenador dividía la defensa en una serie de pasos: primero, colócate cada vez más cerca de tu hombre mientras él se acerca al jugador con el balón. Segundo, intercepta el balón solamente si estás seguro de que puedes interceptarlo. Tercero, evita que tu hombre voltee si está de espaldas a la portería. Cuarto, dirige a tu hombre hacia las líneas laterales si tiene el balón y ya dio la vuelta. Quinto, taclea, si tienes que hacerlo. Sexto, de lo contrario, mantén la posición entre él y la portería.

Él enfocó su entrenamiento (¡mayormente antes del juego que durante el mismo!) en recordarnos cuál era el paso que venía después. Si mi hombre tenía el balón, me recordaba amablemente: "No lo dejes regresar". Si lo dejaba regresar (generalmente lo hacía), diría: "Ábrelo". Si no tenía éxito, como frecuentemente sucedía, decía: "Si tienes que...", el recordatorio de mantener mi posición entre el jugador y la portería era más importante que ganar el balón. Después de que dejé de jugar para él, recordé sus pasos durante años mientras jugué ("Si tienes que"). Una vez pregunté al segundo entrenador cómo se le ocurrió enseñar de la manera que lo hacía. Su respuesta fue reveladora: "Fue la única forma en la que pude aprenderlo".

Si está enseñando en el área que es su habilidad y pasión, probablemente tiene más intuición (natural o aprendida) que sus alumnos, y puede ayudarles a tener éxito subdividiendo las habilidades complejas en tareas integrantes y construyendo el conocimiento de manera sistemática. Los maestros campeones **Nombran los pasos** por hábito (tal vez saber cómo hacer esto es su intuición súper desarrollada). Trabajan con recetas: los cinco pasos para combinar oraciones con el mismo sujeto, los cuatro pasos para reagrupar, las seis partes de una gran respuesta literaria. Sus alumnos aprenden los pasos, consultan el mapa que se les proporciona conforme desarrollan la competencia, y después dejan atrás los pasos cuando se familiarizan lo suficiente con la receta para olvidar que la están siguiendo. Tal vez hasta le añadieron sus propias variaciones y sello personal. Para la mayoría, éste es el camino para convertirse en un virtuoso.

De manera que, guarde en su memoria la diferencia entre las super estrellas y los maestros campeones. Los maestros campeones ayudan a sus alumnos a aprender habilidades complejas descomponiéndolas en pasos posibles de alcanzar y, con frecuencia, dando un nombre a cada paso de manera que puedan recordarlo fácilmente. Esto permite que el proceso evolucione de manera consistente, con frecuencia como si fuera un relato. No hay solamente cinco pasos para combinar oraciones con el mismo sujeto, sino que los pasos tienen un nombre, proporcionan una nemotecnia pegajosa para ayudarles a los alumnos a recordarlos en orden, y se muestran en un lugar visible en el salón de clases para que puedan usarlos y consultarlos una y otra vez.

A continuación se describen cuatro componentes esenciales, o subtécnicas, que con frecuencia forman parte de los salones de clases que usan la técnica *Nombre los pasos:*

1. Identifique los pasos. La enseñanza del proceso hace que las habilidades complejas sean claras para los alumnos. Por ejemplo, Kelli Ragin no solamente enseña a los alumnos a redondear números enteros a un valor posicional determinado; ella les enseña los cinco pasos para redondear números enteros a un valor posicional determinado:

1. Subraya el dígito en el lugar que vas a redondear.
2. Encierra el dígito a la derecha del número subrayado.
3. Si el dígito encerrado es cuatro o menor, el dígito subrayado se queda igual; si el dígito encerrado es cinco o mayor, el dígito subrayado aumenta uno más.
4. Todos los dígitos a la izquierda del dígito subrayado se quedan igual.
5. Todos los dígitos a la derecha del dígito subrayado se convierten en ceros.

Ragin le llama a la parte de la lección en donde presenta estos pasos sus “Reglas y herramientas”. Cuando nombra los pasos, tiene cuidado de mantenerlos en un número limitado. La razón es que a las personas se les dificulta recordar más de siete cosas en una secuencia, por lo que tener más de siete pasos es una receta para la confusión. Si se tienen demasiados pasos para recordarlos con claridad y facilidad, es lo mismo que no tener ninguno. Ragin también es deliberada al mantener la economía del lenguaje en sus pasos. Conforme enseña el redondeo, agrega detalles y complejidad, pero la parte que desea que sus alumnos recuerden es intencionalmente enfocada y clara.

Un maestro que examina cuidadosamente un proceso como el del redondeo y lo presenta en pasos secuenciales, les proporciona a sus alumnos una estructura. Esta estructura es poderosa, y con ella los alumnos pueden abordar cualquier problema parecido. Esencialmente les da un mapa al cual consultar cuando se atoran, especialmente si han anotado los pasos en sus cuadernos, como Ragin se los pide. Esto significa que también tendrán el apoyo que requieren para completar los problemas de tarea sin importar en dónde se encuentren y cuándo realicen el trabajo. Finalmente, tener pasos claros y concretos le permite a Ragin mostrarlos como recordatorio en las paredes de su salón de clases. Esto hace que las paredes no solamente sean decorativas y motivadoras, sino funcionales.

Algunas escuelas no se detienen para identificar los pasos para habilidades específicas; llegan a comprender los pasos implícitos en prácticas y métodos más amplios, por ejemplo, qué hacer cuando estás confundido y no puedes resolver un problema o qué hacer cuando estás leyendo y no comprendes una oración.

2. Hágalos "pegajosos". Una vez que identificó los pasos, deles un nombre (si es posible). Éste es el primer paso para hacerlos fáciles de recordar y que, por consecuencia, se queden en la memoria de sus alumnos. También hay trucos para ir un paso más allá en la "pegajosidad", como crear una historia o un mecanismo nemotécnico en torno a los nombres de los pasos.

Una maestra que intentaba ayudar a sus alumnos a dominar la habilidad de deducir el significado de una palabra o frase desconocida por las claves del contexto, creó estos pasos para sus alumnos:

1. Descubre el contexto general de la palabra. ¿Con qué parece que tiene que ver? ¿Palabras acerca de cocinar? ¿Acerca de deportes? ¿Acerca de dinero? ¿Acerca de cosas felices? ¿Acerca de cosas tristes?
2. Busca una aposición: una reformulación del significado de la palabra en algún lugar de la oración.
3. Localiza palabras relacionales. *Y, pero* y *porque* dicen cómo se relaciona una palabra con otras palabras: "Intenté pararme pero me caí del carrito". "Pero" te dice que caerse es lo opuesto de pararse.

Con el propósito de hacer esto más memorable para su clase, para que fuera tan sencillo y fácil de recordar como fuera posible, esta maestra agregó una nemotecnia. Simplificó cada paso en una palabra y conectó las primeras palabras para hacer un acrónimo, explicando que cada letra en CAR es para uno de los pasos para resolver una pregunta clave del contexto:

Contexto
Aposición
Palabras **R**elacionales

Después, para hacer la idea de CAR aún más pegajosa, elaboró una frase pegajosa: "¡Para reunir las claves, tienes que manejar el CARro!" Entrenó a sus alumnos en la técnica *Llamar y responder* (técnica 23 en el capítulo 4) para recordarles qué hacer. Cuando decía la primera mitad de la oración, ellos respondían con la segunda mitad:

Maestra: Parece que necesitamos algunas claves aquí. ¡¿Y para reunir las claves chicos?!
Alumnos: ¡Tienes que manejar el CARro!

Para hacerlo más divertido y que los pasos fueran más fáciles de recordar, usó muchas metáforas pegajosas en clase. Cuando aparecía una palabra desconocida cuyo significado en el texto quería que los alumnos preguntaran, decía: "¿Quién quiere manejar?" o "¡Creo que escucho un motor andando!"

En su lección de redondeo en matemáticas, Ragin empleó una variación interesante. Reconoció que los pasos más importantes eran recordar qué hacer si el dígito encerrado es cuatro o menor, o cinco o mayor. Así que escribió una canción para hacer ese paso especialmente pegajoso. Está cantada con la tonada de la canción en inglés *Rawhide:*

Redondear, redondear, redondear, mantengan esos números redondeados. Mantengan esos números redondeados... Redondeados.
¿Cinco o más? *¡Tiene que aumentar!* ¿Cuatro o menos? *¡Se queda igual!* Todos los demás son cero, redondeando.
Redondeando, redondeando, redondeando.

Para ese toque extra de pegajosidad, Ragin ocasionalmente saca su sombrero vaquero cuando sus alumnos de quinto grado cantan la canción. Después de eso, todo lo que necesita hacer es señalarlo y sus chicos recuerdan lo que deben hacer.

3. Construya los pasos. Al diseñar lecciones, es esencial darle un nombre a los pasos y hacerlos fáciles de recordar. El entendimiento de que el diseño de los pasos puede ser también una parte esencial de la enseñanza, es igualmente importante. Una lección fácil de recordar puede ser crear las reglas con los alumnos a partir de uno o varios problemas de ejemplo a través de una investigación estructurada. Por ejemplo, en su primera lección acerca del redondeo, antes de hablar con sus alumnos acerca de qué hacer cuando tengan una serie de dígitos en una secuencia, como sería en 9998 redondeado a la decena más cercana, Ragin les da a sus alumnos un problema que es un desafío y se convierte en la base de su próxima lección, en donde les da los pasos para manejar dichos problemas. No hace esto de manera improvisada. Los pasos de "respuesta" que sus alumnos encuentran como la clave para resolver dichos problemas, son cuidadosamente planeados por adelantado.

4. Utilice dos escaleras. Una vez que los alumnos conocen los pasos, los salones de clases pueden tener dos conversaciones paralelas al mismo tiempo: cómo obtener una respuesta al problema actual y cómo responder cualquier problema como éste. En otras palabras, los alumnos pueden narrar el proceso o el problema, y la maestra alterna una y otra vez, como en esta secuencia de una lección sobre la multiplicación de fracciones:

Maestra: ¿Cuál es el siguiente paso Pedro? [proceso]
Pedro: Multiplicar los numeradores.
Maestra: Bien, ¿cuáles son los numeradores? [problema]
Pedro: Los numeradores son 4 y 1.
Maestra: ¿Por lo que el numerador en nuestra solución será? [problema]

Pedro: Será 4.
Maestra: Bien. Entonces, Sasha, ¿qué necesitamos hacer después? [proceso]
Sasha: Necesitamos multiplicar los denominadores.
Maestra: ¿Y el denominador es? [problema]
Sasha: El denominador podría ser 2.
Maestra: Entonces ya lo tengo, ¿verdad Carlos? [proceso]
Carlos: No, tiene que reducir.
Maestra: Perfecto. Entonces, ¿cuál es nuestra respuesta final? [problema]
Carlos: La respuesta es 2.

Con frecuencia el maestro puede sacar ventaja de esta dinámica ajustando los papeles, pidiendo a veces que los alumnos se enfoquen en la explicación del proceso mientras la maestra realiza las operaciones, algunas veces pidiéndoles que hagan las operaciones mientras les recuerda el proceso, y algunas veces haciendo ambos. En algunas ocasiones le puede pedir a un alumno que se concentre en uno y a otro alumno que se concentre en el otro. A veces el maestro puede resolver un problema y pedir a los alumnos que expliquen lo que está haciendo y por qué. Algunas veces cometerá errores y les preguntará en dónde se equivocó o qué otra forma mejor habría para resolverlo. En resumen, enseñar los pasos hace que el proceso se siga de manera legible y fácil de una manera consistente.

TÉCNICA 14
PIZARRÓN = PAPEL

Es frecuente que los alumnos tengan que aprender cómo ser alumnos tanto como necesitan aprender el contenido y las habilidades, y el proceso y las prácticas de ser un alumno también deben ser asimilados por medio de modelos. Esto incluye uno de los aspectos más críticos y complejos de ser un alumno: aprender a tomar notas y conservar un registro del conocimiento propio. Como hábito, esperar que los alumnos hagan una copia exacta en sus cuadernos de lo que el maestro escribe en el pizarrón es el punto de inicio correcto (de aquí que el nombre de esta técnica es **Pizarrón** = **Papel**). Conforme los alumnos maduran, pueden comenzar a aprender cómo tomar decisiones deliberadas acerca de cómo tomar notas y qué incluir, pero ese proceso deberá esperar hasta que sean totalmente responsables e independientes para anotar solamente lo que es importante, y la mejor manera de lograr este objetivo es comenzando por hacer de lo que se escribe en el pizarrón una imagen en espejo del organizador gráfico que se les da a los alumnos para que tomen notas. Conforme el maestro llene un espacio, ellos llenarán un espacio. Complete la hoja de trabajo proyectada en el pizarrón y diga: "Hagan que su hoja se vea como la mía".

La figura 3.1 muestra la pantalla proyectada de una maestra de ciencias naturales de tercer grado utilizada durante su lección sobre el sistema muscular. Sus alumnos llenaron exactamente la misma información en una copia individual, permitiéndole enseñarles no solamente sobre los músculos sino también sobre cómo tomar notas y organizar la información. En contraste, la figura 3.2 muestra las notas que un alumno tomó en otro salón de clases en donde la maestra dio a los alumnos la instrucción de: "tomar notas con cuidado en una hoja de papel".

El sistema muscular

Tu sistema muscular está hecho de *músculos* y *tendones.*

Los músculos *jalan* a tus *huesos* para que te muevas.

Existen dos tipos de músculos en el sistema muscular: *músculos voluntarios* e *involuntarios.* Solamente puedes elegir cuándo mueves tus *músculos voluntarios.*

Aquí hay tres ejemplos de músculos voluntarios:
Tus brazos
Tus manos
Arrugar tu nariz

Aquí hay tres ejemplos de músculos involuntarios:
Tu corazón
Tus ojos (parpadear)
Tus pulmones (respirar)

Hay *630* músculos en un cuerpo humano común. Redondeando a la centena más cercana son *600* músculos.

Escribe una oración que describa lo más interesante acerca de tu sistema muscular:

Cuando tu corazón late. Eso es un músculo.

Vuelve a escribir tu oración agregando una de las cosas que tu maestra te pidió que agregaras.

Cuando tu corazón late, es un ejemplo de un músculo involuntario.

FIGURA 3.1. Ejemplo de un apunte excelente

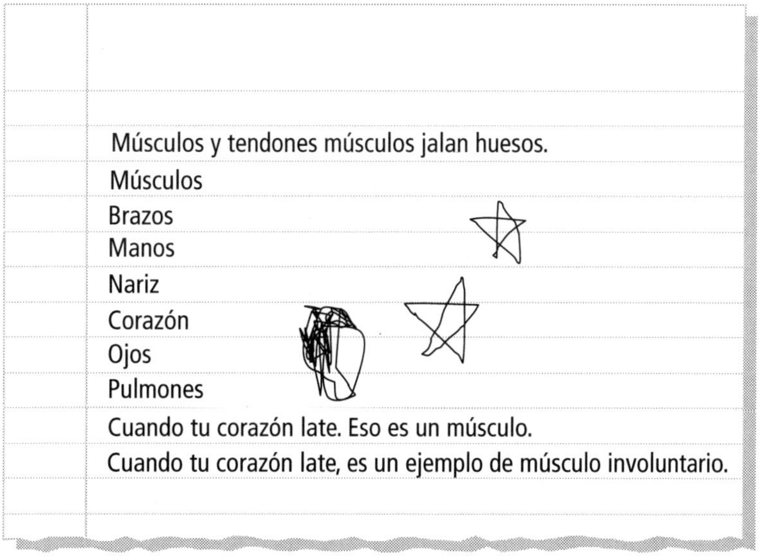

Músculos y tendones músculos jalan huesos.
Músculos
Brazos
Manos
Nariz
Corazón
Ojos
Pulmones
Cuando tu corazón late. Eso es un músculo.
Cuando tu corazón late, es un ejemplo de músculo involuntario.

FIGURA 3.2. Ejemplo de un alumno que muestra un apunte deficiente

Los alumnos progresarán de manera gradual en la cantidad de notas que toman a discreción, llenando pasajes cada vez más largos en sus organizadores gráficos por sí mismos y finalmente tomarán notas en una hoja de papel mientras el maestro escribe los términos y definiciones en el pizarrón exactamente como desea que ellos los escriban. Mientras enseña la habilidad de tomar notas, el maestro guía a los alumnos por el proceso, diciéndoles qué título darle a sus trabajos, cuándo saltarse un renglón, cómo hacer títulos y subtítulos. Cuando puedan hacer esto de manera responsable, puede comenzar otra vez gradualmente a deshacerse de la responsabilidad del fraseo exacto y dejar que los alumnos se responsabilicen de ello, pero sabiendo que pueden pasar años antes de que los alumnos estén listos para tomar plena responsabilidad de un punto tan importante del proceso.

TÉCNICA 15
CAMINE POR EL SALÓN

Camine por el salón es una técnica para moverse estratégicamente por el salón durante todas las etapas de su lección. (No solamente es importante para la parte "Yo", pero como es importante pensarlo desde el principio, me referiré a esto aquí.) Como profesión, frecuentemente hablamos de "proximidad" (acercarnos a los alumnos para enfatizar la responsabilidad y eliminar los problemas de conducta), pero es común que los maestros esperen que la proximidad trabaje sola, como por arte de magia. Saben cómo avanzar hacia un lugar con problemas pero no siempre están tan seguros de saber cómo maximizar sus beneficios y qué hacer cuando llegan allí si la proximidad por sí sola resulta insuficiente. Y por supuesto, hay mucho más que aprender acerca de cómo moverse en el salón de clases más allá de solamente la proximidad:

- **Rompa el plano.** El "plano" de su salón de clases es la línea imaginaria que corre a lo largo de la habitación, paralela y a un metro y medio frente al pizarrón, generalmente donde comienza el escritorio del primer alumno. Muchos maestros se sienten inseguros o lentos para "romper el plano", dejar atrás esa barrera imaginaria y moverse entre los escritorios y las filas.

Sin embargo, es importante tratar de romper el plano durante los primeros cinco minutos de cada clase. El maestro quiere que a los alumnos les quede claro que el salón es suyo, que para él es normal ir a donde desee dentro del salón y en cualquier momento. Además, quiere romper el plano antes de que una corrección de conducta así lo requiera. Esto mostrará que se mueve a donde quiera como producto de sus decisiones acerca de la enseñanza más que como producto del comportamiento de un alumno. Si no lo hace así, se arrriesga a permitir que el territorio que se encuentra más allá del plano se vuelva propiedad de los alumnos.

Igual de importante, si se mueve por el salón de clases para crear proximidad solamente cuando lo necesita (para atender una situación de conducta), esta acción será altamente visible para todos y en esencia le estará diciendo a los alumnos que las cosas no van bien y lo sacaron de su propio juego. También pide mayor atención a lo que hace cuando rompe el plano. Esto hará que la sutileza necesaria para que las correcciones no interrumpan la instrucción (por ejemplo a través de la proximidad), sea casi imposible. Si en lugar de eso camina por el salón constantemente, podrá corregir disimuladamente mientras enseña o realiza lo que parece ser una rutina normal.

Romper el plano muestra que se mueve a donde quiera como producto de sus decisiones acerca de la enseñanza más que como producto del comportamiento de un alumno.

- **Se requiere acceso total.** El maestro no solamente debe ser capaz de romper el plano, sino que debe tener acceso total a toda la habitación. Debe poder pararse de manera sencilla y natural junto a cualquier alumno en su salón en cualquier momento y poder llegar a cualquier lugar de su salón simple y sencillamente sin interrumpir su enseñanza. Ésta es la única manera de adueñarse del salón. Si no puede, los alumnos establecerán rápidamente una "zona de prohibición de vuelo" que saben estará aislada de su influencia sin ningún peligro. Si para llegar a cualquier lugar requiere arrastrar y jalar mochilas, o del movimiento de múltiples sillas, entonces se ha cedido la propiedad. Si tiene que decir "con permiso" para pasar por sillas, mochilas y escritorios para llegar a la esquina de atrás, entonces está pidiendo permiso a los alumnos para pararse en ese espacio. Esto significa que es propiedad de los alumnos y no del maestro. Éste es un precio que ningún maestro puede pagar. Mantenga los pasillos amplios y despejados, encuentre un mejor lugar para las mochilas que no sea atrás de las sillas; siente a los alumnos en parejas para que pueda pararse directamente junto a cualquiera en cualquier momento.

- **Involúcrese cuando camine por el salón.** No es suficiente con solamente pararse ahí: debe trabajar el salón. Si está enseñando activamente (en la parte "Yo" o "Nosotros" de su lección), haga intervenciones verbales y no verbales frecuentes mientras camina por el salón (las manos sutilmente sobre los hombros de Sergio para recordarle que se siente bien; "revisa tu ortografía" a Pamela mientras echa un vistazo a sus notas). No hay nada más embarazoso que un maestro caminando hacia un alumno con la esperanza de extinguir una conducta solamente para llegar allá y darse cuenta de que la proximidad no ha funcionado por sí sola. Normalizar las interacciones tranquilas, privadas, mientras camina por el salón, le da el espacio para responder cuando llegue allí, con un poco de suerte con algunas de las herramientas descritas en *100 Por ciento, Qué hacer* y *Voz fuerte* (técnicas de la 36 a la 38 en el capítulo 6). Es igualmente importante ofrecer un refuerzo positivo conforme se mueve, otra vez ya sea verbalmente o no y constructivamente (el pulgar hacia arriba para Miguel; "me gusta" para Jazmín mientras le echa un ojo a sus notas). Finalmente, leer, supervizar y responder al trabajo del alumno conforme sucede es indispensable para revisar la comprensión y establece un clima de responsabilidad. Ambos son de suma importancia para su habilidad de proporcionar el apoyo y rigor académicos ("inténtalo otra vez, Carlos"; "justo así, Jaime"; "no me has enseñado el tercer paso").

- **Muévase sistemáticamente.** Busque oportunidades para caminar por el salón de manera sistemática, es decir, para todos y de manera impersonal, pero de modo impredecible. Esto no solamente ejerce una presión de responsabilidad en todos los alumnos, sino que le permite al maestro ejercer presión en los alumnos que le representan los mayores retos sin revelarles que son un reto. Si le dice a toda la clase: "necesito que todos me vean", y avanza directamente hacia Alfonso, el chico más difícil, le está diciendo a Alfonso que le preocupa que no cumpla y tal vez no tenga la capacidad de controlarlo. Alfonso puede cumplir con esa petición, pero por dentro puede estar riéndose, sabiendo que ha puesto nervioso al maestro. Al moverse por iniciativa propia por cada fila, buscando la mirada de cada alumno y haciendo una breve pausa para que ellos lo miren, se asegurará de que se dirige a Alfonso pero no demostrará su ansiedad por él. Por supuesto, también habrá ocasiones en que no esté realizando el trabajo y deba moverse directamente hacia él, pero cuando haga una solicitud proactiva, procure tratar a Alfonso como a cualquier otro miembro de la clase y muévase sistemáticamente.

Tenga en cuenta que sistemáticamente no es lo mismo que predeciblemente. Si siempre sigue un orden predecible en las interacciones mientras camina por el salón, los alumnos sabrán cuándo es probable que se acerque y estarán preparados. Evite usar el mismo patrón cada vez (de izquierda a derecha; en el sentido de las manecillas del reloj). Cambie su patrón y omita la interacción con algunos alumnos (e invierta mucho más tiempo con otros) de manera impredecible mientras camina por el salón.

- **Posición de poder.** Mientras camina por el salón, el objetivo debe ser ver a la clase de frente tanto como le sea posible. Entonces puede ver lo que sucede a su alrededor de un vistazo y a un mínimo costo de transacción. Puede levantar rápidamente los ojos del cuaderno de un alumno y luego regresar a la lectura en una fracción de segundo. En contraste, dar la espalda invita al comportamiento oportunista. Imagine que es la Tierra: gira sobre dos ejes al mismo tiempo, se desplaza alrededor del Sol y rota sobre su propio eje, cambiando su cara al Sol. Esto puede requerir que considere de qué lado de los alumnos se para mientras camina por el salón y a cuál alumno le levanta el cuaderno y sutilmente se vuelve a orientar para dar la cara a la mayoría de la clase mientras lee. Segundo, aproveche los puntos ciegos de los alumnos. La posición más poderosa para estar con otra persona es en la que lo puede ver, sabe que lo puede ver, y él no puede verlo. Permanecer justo por encima del hombro de un alumno a medida que lee detenidamente su trabajo o pararse en la parte posterior del salón de clase mientras los alumnos discuten un tema, crea un control sutil pero penetrante del ambiente del aula con el fin de centrarse en el aprendizaje.

MAESTROS EN ACCIÓN: VIDEO 6

CAMINE POR EL SALÓN

En el video 6 del DVD, puede ver a Domari Dickinson de la Rochester Prep modelando *Camine por el salón.* Observe cómo Dickinson interactúa con sus alumnos de séptimo grado tanto activa (haciéndoles preguntas y ofreciendo recordatorios) como pasivamente (tomando el trabajo y leyéndolo en silencio; empleando la proximidad).

Dickinson también es una maestra del lenguaje no verbal. Mientras lee el trabajo de un alumno, se para de manera típica detrás del alumno, eliminando la distracción que sus propias acciones pudieran crear pero también manteniendo el suspenso del alumno al mirar justo sobre su hombro en donde no la puede ver pero sabe que ahí está. Mientras se mueve por el salón, voltea para quedar frente a la mayor parte de la clase mientras lee de manera que puede controlarlos con levantar la mirada de la manera más simple que se pueda.

TÉCNICA 16
DESGLOSE

Desglose es una herramienta de enseñanza de suma importancia, pero su uso puede ser un desafío debido a que fundamentalmente es una estrategia reactiva. Se utiliza en respuesta al error de un alumno en el momento en que sucede la respuesta incorrecta. La mayoría de los maestros reconoce que cuando un alumno comete un error, es poco probable que repetir la pregunta original sea especialmente útil a menos que el maestro tenga una razón para creer que el alumno no lo escuchó la primera vez. Pero, ¿qué hacer entonces? Tan pronto como reconocen el error o que el alumno está tratando de adivinar, los maestros campeones conceptualizan el contenido original como una serie de piezas más pequeñas y más simples. Después retroceden y hacen una pregunta o presentan información que crea un puente con la parte del contenido que ellos creen que probablemente ocasionó el error, reconstruyendo así el conocimiento del alumno desde un punto de comprensión parcial.

Considere un ejemplo simple. Un alumno en el salón de clases de Darryl Williams, leyendo en voz alta, no pudo decodificar la palabra *nature* (naturaleza). Sonaba titubeante "na… na" antes de quedar en silencio. Williams respondió escribiendo la palabra en el pizarrón y diciendo: "Ésta es la palabra que estás tratando de leer". Hizo una breve pausa y dibujó una línea horizontal corta (símbolo de una vocal larga) sobre la "a". Hizo otra pausa para ver si el alumno reconocía el significado. No pudo y Darryl procedió a desglosarla un paso más allá diciendo: "a larga", mientras señalaba la línea horizontal. Esta intervención fue efectiva. Con información nueva en el punto del problema, el sonido de la vocal, el alumno fue capaz de combinar el conocimiento nuevo que Williams le proporcionó con el conocimiento que tenía de los sonidos de las otras letras. Ahora leyó la palabra correctamente.

Williams aisló exitosamente la parte problema dentro del error más grande y ocasionó que el alumno empleara su conocimiento previo para llegar a una solución exitosa sin que Williams se la proporcionara. Williams pudo haber dicho simplemente: "La palabra es *naturaleza*". Seguro que esto habría sido más rápido, pero habría dejado al alumno con poco o nulo trabajo cognitivo que realizar y habría enfatizado el fracaso más que el éxito (tanto en términos del alumno para que finalmente respondiera correctamente y también en términos de que usara el conocimiento que ya tenía para resolver el problema).

> *Nunca se sabe con exactitud qué tan grande es la brecha entre el nivel de conocimiento del alumno y el conocimiento necesario para lograr el dominio.*

Vale la pena observar a cuántos diferentes niveles, aun en esta pregunta, se podría hacer el desglose, ya que determinar el grado al cual hacer el desglose de un problema o pregunta es una decisión muy importante. Nunca se sabe con exactitud qué tan grande es la brecha entre el nivel de conocimiento del alumno y el conocimiento necesario para lograr el dominio, pero en la mayoría de los casos, el maestro quiere proporcionar la menor pista posible y aún así que su alumno encuentre exitosamente la respuesta correcta. Esto hará que el alumno aplique su conocimiento al mayor grado que sea posible. Vale la pena pensar acerca de algunas maneras más sutiles en las que se puede desglosar la información. Por ejemplo, en el caso del alumno que lucha por leer la palabra *naturaleza*, el simple hecho de volver a escribir la palabra en el pizarrón, una pista mínima puede probar ser efectiva. Ver la palabra en un contexto nuevo (en el pizarrón, en donde tal vez la vio antes) podría haber refrescado su memoria. Sin embargo, proporcionar una pista mínima provoca tensión en el *Desglose*. Mientras que un objetivo es desglosar las cosas al menor grado posible, otro es hacerlo rápidamente, administrando así el tiempo y el ritmo. Agregar meticulosamente un poco de conocimiento adicional para cada pista sutil previamente dada, podría ser la solución perfecta al objetivo de ocasionar que los alumnos hagan la mayor cantidad de trabajo cognitivo, pero probablemente haría descarrilar la instrucción en una serie de ejercicios tediosos y desperdiciaría tiempo que podría ser utilizado de manera más productiva. La figura 3.3, de la página siguiente, ilustra ese desafío.

Como lo sugiere la figura, el *Desglose* es una técnica compleja y desafiante. Una de las mejores maneras de asegurar el éxito con ella es prepararla como parte del proceso en el plan de clase, identificando los problemas potenciales y redactando por anticipado tanto las respuestas equivocadas como las pistas posibles. Otra solución es utilizar tipos consistentes de seguimiento. Con frecuencia, estos patrones son altamente exitosos y son un buen punto de inicio para pensar cómo dar una pista. Aunque probablemente existe un número ilimitado de formas de desglosar la información y las tareas difíciles, las siguientes seis proporcionan un buen punto de inicio:

- **Proporcione un ejemplo.** Si obtuvo una mirada en blanco cuando preguntó por la definición de número primo, podría decir: "7 es uno", o "7 es uno, y también lo es 11". Si quiere desglosarlo más, podría decir: "7 es uno pero 8 no lo es". Podría llevarlo un paso más adelante observando: "los factores del 8 incluyen el 2 y el 4". En algún punto ya no hay mucho para dar pistas, y una técnica como *Sin opción de salida* (técnica 1) ("Quién le puede decir a David qué es un número primo?") podría ser más apropiada. También puede proporcionar ejemplos adicionales si la pregunta que confunde al alumno se basa originalmente en clasificar un ejemplo de algo. Por ejemplo, un alumno en la clase de escritura de Jaimie Brillante de quinto grado luchaba por identificar qué parte de la oración era la palabra *casero*. Es difícil proporcionar un ejemplo de la palabra *casero,* así que en lugar de que Brillante proporcionara otro, ofreció una pista: "Bien *casero,* lógicamente sería la misma parte de la oración como otras palabras que terminan en *–ero. Cartero, bombero, tendero.* ¿Qué son ésos?", preguntó. "Son personas", contestó el alumno. Jaimie apuntó: "Y las personas tienen que ser…", mientras el alumno respondía: "¡Sustantivos!"

- **Proporcione un contexto.** Otro alumno en la clase de Jaimie Brillante estaba atónito cuando le pidieron que nombrara qué parte de la oración es la palabra *antiguo*. Brillante observó que era una palabra de vocabulario en la clase de otra maestra. El alumno permaneció perplejo: "espero que nadie me llame antigua", señaló Brillante. Silencio. "Tal vez como en el 2080 podrían llamarme antigua, pero ése sería el único momento en el que sería aceptable". "Ah sí, es muy viejo", el alumno recordó exitosamente. Es importante observar que Brillante está usando este enfoque con una palabra de vocabulario que sabe que el alumno aprendió pero tiene problemas para recordarla.

Esta estrategia sería mucho menos efectiva si Brillante no supiera que el alumno sabía algo de la palabra. Para regresar a la definición de número primo, podría observar que los números enteros positivos son primos o compuestos. O podría referirse a una conversación previa: "Discutimos los números primos y los compuestos, y pasamos algún tiempo en el ejemplo del

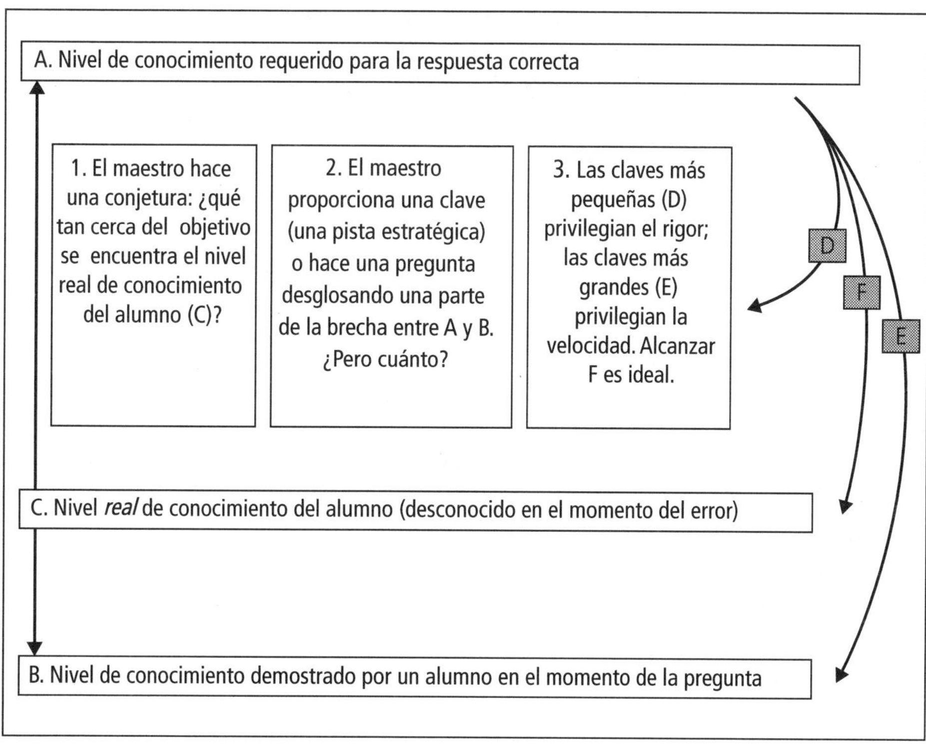

FIGURA 3.3. Cómo funciona el *Desglose*

número 8". O: "Recordarán de nuestra discusión la semana pasada que los factores son importantes para decidir si un número es primo".

- **Proporcione una regla.** En la clase de lectura de Christy Huelskamp de sexto grado en Williamsburg Collegiate en Brooklyn, una alumna adivinó incorrectamente que *indiscriminado* era un verbo cuando se usó en la oración: "Jaime era un lector indiscriminado; podía elegir cualquier libro de la biblioteca y leerlo de portada a portada". Huelskamp contestó con una regla: "Un verbo es una acción o un estado de ser. ¿Indiscriminado describe una acción?" La alumna rápidamente reconoció que estaba modificando el sustantivo. "Es un adjetivo", dijo ella.

- **Proporcione el paso que falta (o el primero).** Cuando un alumno en su clase de matemáticas de quinto grado no podía explicar lo que estaba mal con la escritura del número 15/6, Kelli Ragin señaló: "Bien, ¿qué hacemos siempre cuando el numerador es más grande que el denominador?" Instantáneamente el alumno se dio cuenta. "Oh, necesitamos hacer un número mixto, así que divido 15 entre 6".

- **Repita.** Algunas veces es suficiente repetir la respuesta de un alumno. Muchos de nosotros reconocemos inmediatamente nuestros errores cuando nos los repiten, como si fuera una grabación. Si un alumno en la clase de Ragin hubiera propuesto reducir una fracción impropia a un número mixto multiplicando el numerador y el denominador, Kelli podría repetirle simplemente: "Dijiste que podía multiplicar seis por quince para reducir…”. El grado de énfasis que coloca en la palabra *multiplicar* sería la clave para determinar qué tanto de la brecha entre la respuesta y el dominio estaba rompiendo Ragin. (El énfasis en *multiplicar* hace que la clave sea mucho más grande.) Sin embargo, escuchar su propio error en las palabras de otra persona con frecuencia es revelador.

- **Elimine las falsas opciones.** Cuando la alumna de Brillante luchó por reconocer que *casero* era un sustantivo, pudo haber eliminado algunas falsas opciones como sigue: “Bien, veamos algunas de las opciones. Si fuera un verbo, sería una acción. ¿*Casero* es una acción? ¿Tú puedes casero? ¿Yo puedo casero? Bien, ¿qué tal un adjetivo? ¿Me dice de qué clase es el sustantivo o cuántos son?”

TÉCNICA 17
PROPORCIÓN

Uno de nuestros objetivos más importantes como maestros es propiciar que los alumnos realicen tanto trabajo cognitivo (escritura, pensamiento, análisis, discurso) como sea posible. La proporción del trabajo cognitivo que los alumnos hacen en el salón de clases se conoce como **Proporción.** [Que yo sepa, el término fue acuñado por David Levin, cofundador de las escuelas de alto rendimiento *Knowledge is Power* (*Conocimiento es Poder*; KIPP por sus siglas en inglés) y, a los ojos de mucha gente uno de los maestros más intuitivos y efectivos de EUA]. A medida que adopta *Proporción,* rara vez se encontrará completando un problema en el pizarrón sin la participación de sus alumnos: para sumar cada columna (“6 + 8, ¿cuánto es, Sara?”); para identificar el siguiente paso (“¿Qué hago con el 1, Jaime?”); para reforzar los términos clave (“¿Cómo se le llama cuando lo traigo hasta arriba de la columna de las decenas, Javier?”); y finalmente para verificar el trabajo. Cuando sus alumnos respondan incorrectamente, se encontrará pidiendo a un alumno que corrija y explique el error (“Valeria dice que 6 entre 2 es 5. ¿Qué hizo mal, Raymundo?”). El objetivo es darles la mayor práctica posible, aplicar lo que saben tanto como puedan, hacer todo el trabajo para resolver los problemas de ejemplo en oposición a verse resolviendo los problemas de ejemplo.

Mi propia comprensión de esta técnica compleja se desarrolló significativamente por una conversación con Jesse Rector, director de la North Star Academy, campus Clinton Hill, quien sintió que uno de mis videos favoritos de *Proporción* era decepcionante. Rector observó que mientras los alumnos en el video participaban activamente, casi intensamente, no pensó que estuvieran comprometidos en los niveles más profundos del pensamiento. Sus comentarios me obligaron a diferenciar entre la “Proporción de pensamiento” y la “Proporción de participación”. La Proporción de participación describe cuánto realizan los alumnos de la participación (responder, hablar, escribir).

Imagine una lección en la que los alumnos revisan una habilidad que están a punto de dominar, o tal vez están intentando problemas nuevos de más desafío que involucren un proceso con el que están familiarizados, digamos, calcular el volumen de un prisma rectangular. El objetivo es darles la mayor práctica posible, para que apliquen lo que saben tanto como se pueda, para que hagan todo el trabajo al resolver los problemas de ejemplo en oposición a ver al maestro resolver los problemas de ejemplo. Podría hacer preguntas como: "¿Quién me puede decir el primer paso?" "¿Y cuál es el valor para el ancho?" "¡Grandioso! ¿Y qué se hace después?" "¿Con qué debemos ser cuidadosos?" "Si la longitud aumentara en 1 y el ancho disminuyera en 1, ¿el volumen se quedaría igual?" Estos tipos de preguntas, que obligan a los alumnos a aplicar y consolidar su conocimiento, son importantes. Pero también lo son las preguntas que piden a los alumnos impulsar la profundidad de su pensamiento y el análisis de nuevos contenidos. Esto sería más aplicable cuando se trabaja en un problema de volumen por primera vez o tal vez cuando se lucha con una pregunta en donde la respuesta correcta es una cuestión de opinión. En este caso, las preguntas podrían sonar más como: "¿Por qué necesitaría multiplicar?" "¿En qué se diferencia el volumen del área?" "¿Qué le pasaría al volumen si aumentara el ancho?" La Proporción de pensamiento se ocupa más de la profundidad de lo que los alumnos participantes hacen.

IDEA ESENCIAL

PROPORCIÓN

Una lección exitosa rara vez se caracteriza porque el profesor haga un buen ejercicio intelectual en la parte de enfrente del salón. Exija más y más trabajo cognitivo de los alumnos tan pronto como estén listos, entendiendo que el trabajo cognitivo debe ser enfocado en la tarea y productivo.

Los maestros campeones utilizan docenas de métodos para elevar la proporción; sería imposible clasificarlos todos, pero lo que sigue son diez métodos especialmente efectivos para elevar la proporción de manera efectiva. Están organizados en torno a la cantidad aproximada de estructura de la lección que implican. Es decir, los primeros métodos son más efectivos durante lo que se podría llamar enseñanza directa: diseminación de la información guiada por el maestro. Es más probable aplicar los últimos métodos durante los debates con mayor participación del alumno:

1. Segmentar. Divida las preguntas en partes más pequeñas para compartir el trabajo a más alumnos y forzarlos a reaccionar uno al otro. En lugar de: "¿Quién me puede decir las tres dimensiones de un cilindro?", intente una secuencia como ésta:

> "¿Cuántas dimensiones hay en un cilindro, Jaime?"
> "Bien. ¿Cuál es una de las dimensiones, Sharon?"
> "¿Y cuál es la otra, Diana?"
> "¿Cuál es la que falta, Tere?"

2. Enunciado a medias. Más que hablar con ideas completas, exprese la mitad de una idea y pida al alumno que la termine:

> "Así que el siguiente paso es combinar las oraciones con un… por favor dime, Juan".

3. **¿Qué sigue?** La manera más rápida de duplicar el número de preguntas que los alumnos llegan a contestar es preguntar acerca del proceso tantas veces como el producto, es decir, abordando tanto la forma de resolver un paso (o cuál es la respuesta a un paso de un problema) como el paso que viene a continuación. Por cierto, la pregunta más difícil de qué sigue, es la que se hace para el primer paso en cualquier solución: "Bien, ¿qué se hace primero?"

4. **Ignorancia simulada.** Voltee la jugada, finja que no sabe. Haga que un alumno actúe de maestro y narre lo que usted explicaría:

> "Entonces, ¿ahora sólo tengo que sumar los numeradores?"
> "El tema es solamente un resumen de lo que sucede en la historia, ¿correcto?"

5. **Ejemplos repetidos.** Frecuentemente los maestros piden ejemplos: de un término que están definiendo, un concepto en acción, el rasgo de un personaje. Con menos frecuencia les piden otro ejemplo a los alumnos, especialmente uno que sea diferente del primero. Esta técnica puede ser especialmente rigurosa cuando establece las condiciones de cómo debería ser diferente el segundo ejemplo. Beth Verrilli de la North Star Academy pidió a sus alumnos que aplicaran la palabra *explotado* a su lectura de *Macbeth*. "¿Quién es explotado en *Macbeth*?", preguntó, y haciendo un seguimiento pidió todavía otro ejemplo con un personaje diferente. Un maestro en esta situación también podría dirigir el segundo ejemplo: "¿Quién es explotado más sutilmente? ¿Repetidamente? ¿Con o sin saberlo?"

6. **Reformule o agregue.** Los segundos borradores son mejores que los primeros borradores porque el pensamiento más riguroso se convierte en ideas más precisas, específicas y ricas. Repita esto en el salón de clases pidiendo a un alumno que lo reformule y mejore la respuesta que acaba de dar, o pida a otro alumno que revise o mejore la respuesta de su compañero. En una lección acerca de *Rebelión en la granja,* la directora de la Rochester Prep (y maestra de lectura en alguna ocasión) Stacey Shells preguntó a una alumna por qué las raciones de todos los animales en la mítica granja de Orwell habían sido reducidas, excepto las de los cerdos y los perros. La alumna respondió: "Las raciones de los cerdos y los perros no fueron reducidas porque ellos tenían el más alto… estándar de vida. Ellos eran a los que se les trataba mejor". Su respuesta fue sólida pero débil en sintaxis y especificidad del lenguaje. "Tienes razón", respondió Shells, "pero reformúlalo". Cuando la alumna demostró dificultad para hacerlo, Shells preguntó a sus compañeros: "¿Quién puede darle una palabra que le ayude a mejorar su respuesta?", y un compañero sugirió intentar usar la palabra *clase.* La alumna mejoró: "Los cerdos y los perros eran de una clase más alta que el resto de los animales, por lo que sus raciones no fueron reducidas".

7. **Porqués y cómos.** Preguntar por qué o cómo inmediatamente exige más trabajo y de manera más rigurosa a los alumnos forzándolos a explicar el pensamiento que resolvió (o fracasó en resolver) el problema.

8. **Evidencia de apoyo.** Hay mucho más trabajo cognitivo qué hacer para sostener una opinión que para expresarla, en probar su lógica que en discutirla. Este proceso de plantear un argumento

y apoyarlo involucra una lucha cognitiva extensa que puede hacer que la proporción se eleve. Pida constantemente a sus alumnos que expliquen cómo es que la evidencia los apoya. O deles una posición o una variedad de opiniones y pídales que recopilen evidencia para apoyar su respuesta.

9. Proceso por lotes. Conforme los alumnos progresen en sus calificaciones y en discusiones más amplias, para el maestro es muy importante mantenerse al margen estratégicamente en algunas ocasiones y no hacer comentarios ni validar a cada alumno que haga un comentario, y en lugar de esto permitir una serie corta de comentarios de los alumnos que se realicen directa e idealmente en respuesta de uno al otro. He visto que esto se describe como un juego de voleibol más que de ping-pong, pero prefiero el término *Proceso por lotes* porque subraya que todavía es trabajo del maestro procesar y responder a las respuestas de los alumnos. No avanzan sin su intervención. Solamente discuten en grupos más pequeños en lugar de hacerlo individualmente. Si prefiere la analogía del voleibol, bien, pero le ofrezco tres consejos que se basan en la observación de los maestros campeones:

- *Es voleibol, no futbol.* En el voleibol los integrantes del equipo pasan el balón un número limitado de veces antes de regresar el balón por encima de la red. En el salón de clases los alumnos deberían, de manera parecida, hacer comentarios grupales finitos en una fila mientras el maestro continúa dirigiendo, respondiendo y procesando. Ellos toman el balón, entonces después de dos o tres golpes, el maestro toma el balón. En el futbol, en contraste, el objetivo de los jugadores es mantener la posesión del balón constantemente. Eso con frecuencia significa sacrificar el avance hacia la portería con el propósito de proteger el balón de los adversarios tanto tiempo como sea posible. En el salón de clases, los alumnos no mantienen la posesión tanto como quieran. Estructúrelo de manera que se espere que el balón regrese a sus manos a intervalos frecuentes y regulares. Puede regresarlo otra vez, pero lo hará controlando la dirección, el ritmo y el enfoque del juego para maximizar la productividad. Si se deja sin control, los alumnos lo convertirán en futbol y llevarán el balón en cualquier dirección que mejor les permita tenerlo, y eso casi siempre significa el fracaso de llegar a la meta.
- *El proceso por lotes puede ser no productivo hasta que los alumnos sean maduros y estén listos para ello.* Si no están intelectualmente preparados a través de años de estudio, pueden ir bateando pelotas en cualquier dirección. Sea cauteloso con el proceso por lotes. Utilícelo estratégicamente, no de manera automática. La observación de los maestros campeones sugiere ser cauteloso y no utilizar el proceso por lotes de manera agresiva antes de la secundaria.
- *Primero enseñe los hábitos del debate.* Los juegos de voleibol funcionan porque todos saben cómo pasar el balón y cuándo es necesario regresarlo por encima de la red. Lo saben porque han sido entrenados. Los maestros y las escuelas más efectivos que he visto que practican el proceso por lotes, enseñan intencionalmente los "hábitos del debate"; mis colegas de la North Star Academy en Newark le llaman: procedimientos básicos para saber cómo interactuar:

    - Estoy de acuerdo con X porque…

- Quiero añadir algo acerca de lo que dijiste…
- Es verdad porque…
- Entiendo lo que dices, pero mi opinión (punto de vista) es diferente…
- ¿Qué evidencia se puede dar para apoyar esa opinión?

10. Objetivos del debate. Las preguntas abiertas y las discusiones generales pueden parecer la clave de la *Proporción.* Casi por su propia naturaleza parecen aumentar la *Proporción,* pero así de fácil pueden resultar en una *Proporción* no productiva: en que los alumnos piensen o hablen mucho pero sin rigor (la gente con frecuencia confunde la cantidad de la participación del alumno con la *Proporción*), o en que piensen en temas periféricos o subóptimos. El objetivo es tratar de enfocar los debates en los puntos más productivos y rigurosos. Los maestros que hacen esto tienen en mente un objetivo claro para cualquier discusión abierta y utilizan insinuaciones para guiar a sus alumnos en la tarea y, especialmente, atajar las distracciones y los temas que no son productivos. Con frecuencia emplean lo primero para lograr lo segundo, es decir, comparten con los alumnos el objetivo de la discusión de manera que puedan recordarles el propósito cuando se alejen de él. Emily Crouch, quien enseña en la Leadership Preparatory Charter School en Brooklyn, hizo esto en una lección reciente. Leyó un cuento acerca de una niña y advirtió a sus alumnos que su objetivo al discutir el cuento era determinar cuál de los diferentes rasgos sutiles del personaje proporcionaba su mejor descripción. Esta discusión no solamente era rigurosa y se basaba en la evidencia, sino que también era eficiente: cuando un alumno sugirió un rasgo totalmente diferente que creía que era una evidencia, ella le recordó que su objetivo era decidir de entre los rasgos similares que habían identificado al principio, manteniendo así una discusión enfocada y productiva.

Antes de que se disponga a poner en acción estas ideas en su salón de clases, tengo dos advertencias. La primera es que las dosis aumentadas de trabajo cognitivo deben llegar tan pronto como los alumnos estén listos pero no antes. Soltar a los alumnos para resolver un problema que requiere una habilidad que aún no han aprendido o dominado, con la esperanza de que puedan deducir esa habilidad al intentarla, podría resultar en alumnos que realizan una gran cantidad de pensamiento pero no un pensamiento productivo. Una vez observé a una maestra que dijo a sus alumnos de tercer grado que echaran un vistazo al libro que iban a leer para deducir acerca de qué se trataba. Lamentablemente, nunca les había enseñado cómo hacerlo, así que muchos dieron vuelta a las páginas ociosamente y al azar, la mayoría fracasó en sacar ventaja de los subtítulos, encabezados de los capítulos y pies de foto que pudieran haberlos informado mejor. Es posible que cualquier trabajo cognitivo útil que hicieron haya sido accidental.

La segunda advertencia es que las dosis aumentadas del trabajo cognitivo deberían ser proporcionadas con una disciplina constante y vigilante para hacer ese trabajo enfocado y productivo. El maestro quiere que los alumnos tengan participaciones más y más largas en el trabajo correcto. Teóricamente, la proporción sería perfecta si simplemente permitiera que los alumnos realizaran todo el debate y el maestro se quitara del camino. El maestro podría decir: “Chicos, su trabajo para hoy es determinar la figura histórica más importante en la América del siglo XIX. Espero que discutan esta pregunta y me entreguen el reporte en una hora”. O aún mejor: “Chicos, aquí tienen un conjunto de datos acerca de cómo interactúan una serie de cuerpos en el espacio. Me gustaría que hicieran su mejor esfuerzo para deducir de ellos los principios de la gravedad. Estaré aquí si me necesitan". La proporción sería perfecta: ¡100 por ciento! Pero sus resultados no lo serían. Es casi seguro que sus alumnos no obtendrían la respuesta correcta, y si lo hicieran, seguramente no llegarían a ella de manera eficiente. Gastarían una enorme cantidad de tiempo y se privarían de estudiar otros temas.

TÉCNICA 18
VERIFIQUE QUE LE ENTIENDEN

Los buenos conductores de vehículos verifican sus espejos cada cinco segundos. Necesitan saber constantemente lo que sucede a su alrededor pues esperar a que un accidente les avise que algo hacen mal es una estrategia muy costosa. Como maestro, debe pensar de la misma manera, buscando constantemente las oportunidades para evaluar lo que sus alumnos pueden hacer mientras les enseña y usar ese conocimiento como retroalimentación de lo que hace y cómo lo hace. Esperar a que haya un fracaso para comprender implica pagar un precio muy alto e insostenible para el conocimiento.

La técnica se puede describir con más exactitud como Verifique que le entienden y haga algo al respecto inmediatamente. *Esto no es especialmente conciso pero captura mejor los dos aspectos esenciales de* Verifique que le entienden: *recopilar y responder a los datos.*

He elegido emplear un término de uso común para describir esta técnica, **Verifique que le entienden,** pero es arriesgado utilizarla porque deja la ecuación a medio hacer. La técnica se puede describir con más exactitud como: *verifique que le entienden y haga algo al respecto inmediatamente.* Esto no es especialmente conciso, pero captura mejor los dos aspectos esenciales de *Verifique que le entienden:* recopilar y responder a los datos.

RECOPILACIÓN DE DATOS

Hacer preguntas es recopilar datos. *Verifique que le entienden* requiere que piense en las respuestas de sus preguntas como datos. Considere a dos maestras que piden a sus alumnos que mencionen una causa principal de la Independencia. En cada caso, tres alumnos respondieron incorrectamente o de modo incompleto antes de que un cuarto alumno diera una respuesta precisa. Un maestro ve las respuestas como un relato, una narración secuencial del desarrollo de la clase hacia la comprensión que termina en éxito. Escucha mientras sus alumnos luchan con la pregunta, y cuando obtiene una respuesta correcta, piensa: "Oh, bien, finalmente la tienen". La otra maestra no ve un relato escrito en una secuencia de preguntas, sino un conjunto de cuatro variables independientes, cuatro puntos de datos separados. La secuencia narrativa es irrelevante, y los números le causan preocupación. Piensa: "Solamente uno de cada cuatro niños comprende las causas de la Independencia. Necesito volver al punto de partida". La segunda maestra trata las respuestas como si fueran datos; revisa efectivamente el aprendizaje. En este

Verifique que le entienden *requiere que piense en las respuestas a sus preguntas como datos.*

caso, la técnica involucra el uso de un marco simple pero poderosamente analítico para evaluar respuestas: muestreo. El muestreo significa propiciar iteraciones de una sola pregunta o de un grupo de preguntas similares en un grupo más pequeño de alumnos y usar las respuestas como representativas de las respuestas de un grupo más grande. El muestreo es un conjunto de puntos de datos, cada uno visto de manera independiente, y empleados explícitamente para el análisis. El punto es que las preguntas y respuestas pueden ser (algunas veces) las mismas que en cualquier otra clase; la técnica consiste en cómo las piensa.

Aquí se presentan cuatro maneras más específicas para hacer que su forma de preguntar se base más en los datos:

- *Conjunto de datos.* Tendemos a pensar en una sola respuesta como un reflejo de en dónde se encuentran los alumnos en un momento dado. Pero una sola pregunta puede venir de cualquier parte en una curva de dominio del alumno, desde un punto bajo hasta uno alto, y con frecuencia el maestro no tendrá idea de dónde. No solamente esto, incluso si supiera que una pregunta es reflejo de la media de una clase, desearía pensar acerca de cuánta información se oculta en un promedio. ¿Cuál es el nivel más alto de dominio? ¿El más bajo? ¿Qué tan apartado está el nivel de dominio de los alumnos? ¿La mayoría de los alumnos son parecidos al alumno promedio o se apartan ampliamente en su nivel de conocimiento? No hay una pregunta por sí sola que resuelva estas cuestiones críticas. En lugar de eso, debería reflexionar acerca de sus preguntas en grupos y pensar en ellas como conjuntos de datos, como lo hizo anteriormente la segunda maestra. Si a cinco alumnos se les hacen preguntas parecidas o diferentes preguntas acerca de un mismo tema, evalúelos como grupo. ¿Cuál es la proporción de aciertos (porcentaje correcto)? Esto le proporciona una información mucho mejor de lo que lo hace el pensar en sus preguntas como una progresión de puntos de datos separados. Al pensar en sus preguntas como conjuntos de datos, el maestro se da cuenta de que incorrecto, incorrecto, incorrecto, correcto, es una mala secuencia y no una buena secuencia. También le dice que incorrecto, correcto no es un dato suficiente. Debería continuar preguntando de manera que sepa si está tratando con un incorrecto, correcto, correcto, correcto o con un incorrecto, correcto, incorrecto, incorrecto.
- *Muestreo estadístico.* Cuando haga preguntas en conjuntos, piense en tomar una muestra estadística del salón. Si le hace a la clase cinco preguntas para probar si comprenden cómo encontrar el mínimo común denominador, pregunte a una muestra de alumnos de todo el espectro de habilidades probables: dos alumnos de bajo rendimiento, dos alumnos promedio y un alumno de alto rendimiento. Ahora tendrá una mejor información acerca de qué tan lejos ha llegado el dominio que intentaba construir en su grupo. Obviamente, para poder hacer esto, el maestro necesita elegir quién responde, no los chicos, por lo que la participación imprevista (el maestro pregunta a quien quiera sin importar las manos que se encuentren levantadas) es una técnica cuyo uso es de suma importancia. *(Participación imprevista* es la técnica 22 en el capítulo 4.)
- *Confiabilidad.* Cualquier respuesta correcta siempre plantea el riesgo de ser un positivo falso, una afortunada suposición correcta. Por consiguiente, deje de enseñar cuando sus alumnos obtengan la respuesta correcta varias veces seguidas, no una. Para asegurar la confiabilidad (la probabilidad de futuras respuestas correctas en preguntas similares),

responda a las respuestas correctas con preguntas de seguimiento usando por qué y cómo tan frecuentemente como pueda (véase *Extiéndalo*, técnica 3). Esto le da los mejores datos acerca de si un alumno tiene probabilidad de tener correcto un problema parecido la próxima vez. Si no lo puede explicar con claridad, el riesgo de una suposición afortunada es alto.

- *Validez.* Asegúrese de que la respuesta con la que obtiene un resultado positivo es una medida efectiva de lo que los alumnos tienen que dominar para tener éxito. Tiene que medir lo que dice que está midiendo. Por lo tanto, debe alinear cuidadosamente las preguntas que haga para verificar el aprendizaje con el rigor y el estilo de las preguntas de las que, en última instancia, sus alumnos serán responsables. Debe hacerlas que suenen, y que por lo menos sean tan difíciles como lo que los alumnos verán en el examen final, en la evaluación estatal o en cualquier otra que sea su medida definitiva.

En especial los maestros que se orientan por los datos a menudo insertan un breve cuestionario verbal en la estructura de su lección para aumentar la cantidad y la utilidad de los datos que recopilan. James Verilli, director en la North Star Academy en Newark, Nueva Jersey, le llama "varilla medidora". Cuando enseña, toma una muestra amplia de alumnos con un grupo de preguntas parecidas acerca de un tema común para medir el nivel de dominio de toda la clase.

Tipos de preguntas

Aunque puede utilizar *Verifique que le entienden* sin cambiar el formato de las preguntas que haga, pensar en las respuestas como datos probablemente cambiará sus preguntas. Es probable que haga mucho menos preguntas de sí o no ya que con solamente dos respuestas, ellos dan una proporción bastante más alta de respuestas correctas al azar. Es probable que tenga que aprender a estar más consciente de "dar pistas", darles las respuestas en sus preguntas, como en esta secuencia:

Maestra: ¿Quién me puede decir qué significa la frase "está hasta la coronilla"?
Alumno: ¿Significa que alguien está disgustado?
Maestra: Bueno, ¿está un poco disgustado o muy, muy disgustado?
Alumno: Muy, muy disgustado.
Maestra: Bien.

En este caso es difícil imaginar al alumno que piensa que la respuesta es "un poquito disgustado". Finalmente, es probable que confíe mucho menos en el autorreporte, un método que los maestros utilizan con frecuencia: "Pulgares arriba si entienden esto, pulgares abajo si no lo entienden". Los aficionados a los datos saben que el autorreporte es crónicamente poco fidedigno.

Observación

La observación es la segunda manera de determinar si los alumnos comprenden un concepto, y es un desafío clave para la validez. Cuando el maestro evalúa el dominio utilizando preguntas, no toma en cuenta el hecho de que los alumnos con frecuencia pueden responder correctamente de manera verbal pero no de manera escrita. La observación le permite ver las respuestas escritas antes de que las entregue a los alumnos. Aún más, la observación, la cual tiene que ver con caminar por el salón cuando los alumnos se encuentran trabajando independientemente en sus escritorios para observar los niveles de dominio, requiere de una inversión de tiempo total más grande pero le permite ver más puntos de datos con más rapidez durante ese tiempo. Al igual que al hacer preguntas, esta habilidad no involucra tanto el cambio de actividades como pensar en la información que tiene frente a usted a través de la lente de los datos. En lugar de caminar por el salón para ver qué tan cerca están los alumnos de terminar o si están trabajando, podría buscar específicamente la cantidad y el tipo de errores que están cometiendo, y hasta posiblemente registrarlos en una hoja de respuesta corta de manera que más tarde pueda organizar y referirse a los datos.

Una manera de aumentar su capacidad para reunir datos útiles a través de la observación es estandarizar el formato de lo que se está mirando. Si está buscando información en el mismo lugar en la hoja de cada alumno, por ejemplo, la encontrará mucho más rápido y podrá mantener la concentración al comparar las respuestas entre los alumnos y no encontrándolas de manera individual en los alumnos. Una forma efectiva de hacerlo es repartir materiales de trabajo. Si planea por adelantado el trabajo que quiere que sus alumnos hagan durante su lección, al escribir en orden los problemas o preguntas en un material de trabajo que cada alumno recoge al iniciar la clase, sabe que cuando quiera ver cuántos alumnos pueden encontrar el mínimo común denominador de 28 y 77, siempre será hasta arriba de la tercera página de cada material de los alumnos. Ha minimizado el número de cosas sin importancia que tiene que procesar de manera que se puede concentrar en lo que es importante.

Puede ir un paso más allá proporcionando espacios en blanco para que se realice el trabajo o se escriban las respuestas. A propósito, este método funciona en todas las materias, aunque con una ligera diferencia. Si está leyendo una novela, por ejemplo, podría pedir a los alumnos que subrayen el lugar en donde se revela la motivación del protagonista y escribir en el margen: "indicador clave de la motivación". Entonces sería fácil para usted revisar la comprensión aun mientras los alumnos leen. O si no quiere ser tan prescriptivo, podría pedir a sus alumnos que escriban, hasta arriba de la página, un resumen en una oración de cada página de una novela. Después podría elegir una página relevante y rápidamente encontrar y comparar todos los resúmenes en su salón para evaluar mejor los datos.

Una manera de aumentar su capacidad para reunir datos útiles a través de la observación es estandarizar el formato de lo que se está mirando.

Otra forma de aumentar su capacidad para reunir los datos observables es usar "pizarras". Puede revisar rápidamente la comprensión de todo el grupo dándoles a sus alumnos las herramientas para anotar sus respuestas y que se las muestren rápidamente. Algunos maestros utilizan pedazos de papel y otros consiguen minipizarrones blancos para sus alumnos. Incluso puede usar las hojas o materiales de trabajo que los alumnos están completando simplemente diciendo: "Enséñenme", y después camina por el salón para observar. El truco no es tanto la herramienta que emplee para reunir la información, sino la manera como reúne y responde a la información. Asegúrese de observar las respuestas de todos los alumnos. Asegúrese de que los alumnos no puedan hacer trampa viendo las respuestas de otros antes de escribir la suya. Asegúrese de que sus preguntas evalúan el dominio efectivamente y no de manera superficial. Pedir a los alumnos que utilicen señales no verbales para mostrar su respuesta a una serie de preguntas ("Levanten un dedo si tienen A; dos dedos si tienen B"), puede proporcionar una variación efectiva y más simple del tema. Solamente esté consciente de la habilidad de los alumnos para esconder su falta de conocimiento aprovechándose de los demás.

IDEA ESENCIAL

VERIFIQUE QUE LE ENTIENDEN

Un *Verifique que le entienden* efectivo es igual a reunir datos constantemente y proceder de inmediato. La segunda parte (proceder rápidamente de acuerdo con los datos) es más difícil de hacer y, por lo menos, igual de importante.

PROCEDER DE ACUERDO CON LOS DATOS

La segunda parte de *Verifique que le entienden* tiene que ver con proceder con los datos que recabó. Vale la pena observar que todo el reconocimiento del mundo no ayudará si no se traduce en acción. Generalmente los maestros son mejores en revisar que en actuar en los huecos que hay en el dominio de los alumnos, por lo que lo fundamental no es solamente actuar sino actuar con rapidez: mientras más corta sea la demora entre reconocer un hueco en el dominio y actuar para corregirlo, es más probable que la intervención sea efectiva. Hay excepciones (algunas veces se necesita identificar un grupo pequeño de alumnos para que reciban tutorías fuera de clase), pero es importante reconocer en la oportunidad del conocimiento que los alumnos no han dominado un concepto. No tiene sentido presionar con material más difícil cuando se sabe que los alumnos no pueden hacer el trabajo más simple. No tiene sentido continuar leyendo la novela cuando desde el principio existe un malentendido persistente acerca de lo que sucede. Deténgase y arréglelo; después continúe. Esto también tiene sentido pues mientras más pronto lo corrija, más simple de corregir será el error. Cuando un error se compone de tres días o tres horas de errores subsecuentes, es probable que sea complejo y sensible; tomará tiempo identificar la causa que lo originó, y necesitará toda una lección para volver a enseñarlo. Es mucho mejor actuar rápidamente y resolver los problemas de aprendizaje mientras son sencillos y se pueden corregir con un problema adicional, una actividad corta, o volviendo a explicar, lo cual toma tres minutos en lugar de treinta y cinco.

Puede actuar en respuesta a los datos de diferentes formas. Los maestros algunas veces olvidan el beneficio de volver a enseñar el contenido de una forma ligeramente diferente a la primera vez. Repetir lo que se hizo antes puede funcionar, pero se asume que no hay chicos que podrían responder al hacer algo un poco diferente. Esto no significa que retroceda e intente todo un método nuevo para enseñar la división larga, por ejemplo. Realmente debería decidir la mejor manera de hacerlo, pero puede explicarlo con palabras ligeramente diferentes o con ejemplos diferentes.

Mientras más corta sea la demora entre reconocer un hueco en el dominio y actuar para corregirlo, es más probable que la intervención sea efectiva.

Aquí hay algunas otras acciones para realizar en respuesta a los datos que le indican que el dominio del alumno está incompleto:

- Vuelva a enseñar utilizando un enfoque diferente.
- Vuelva a enseñar identificando y volviendo a enseñar el paso que es el problema: “Creo que el paso que se nos está dificultando es cuando llegamos a los residuos, así que trabajemos un poco más en ello”.
- Vuelva a enseñar identificando y explicando los términos difíciles: “Creo que el término *denominador* nos está dando problemas”.
- Vuelva a enseñar a un ritmo más lento: “Leamos esa lista de palabras otra vez. Voy a ir muy despacio, y quiero que se aseguren de que me escuchan leer los sufijos. Después les voy a pedir que…”.
- Vuelva a enseñar utilizando un orden diferente: “Intentemos poner los sucesos clave en la historia en orden inverso esta vez”.
- Vuelva a enseñar identificando a los alumnos que le preocupan: “Ahora vamos a continuar con los problemas en su material de trabajo, pero quiero que un par de ustedes trabaje conmigo al frente. Si los nombro, traigan su material para acá (o búsquenme a la hora del descanso)”.
- Vuelva a enseñar usando más repeticiones: “Parece que la mayor parte del tiempo podemos identificar el género, pero tratemos de practicar un poco más. Les voy a leer las primeras dos oraciones de diez cuentos imaginarios. Para cada uno, escriban el género que ustedes creen que le corresponde y una razón para su respuesta”.

TÉCNICA 19
TURNO AL BAT

Hace muchos años en una escuela en la que solía enseñar, me asignaron como entrenador de beisbol, un deporte que jugué sólo en ocasiones y no me sentía calificado para ser entrenador. No obstante, el amigo de un amigo era un entrenador de beisbol experto, y me dio una hora de su tiempo para averiguar cómo organizar mis prácticas. Su mejor consejo fue simple y duradero, y es la clave para la técnica **Turno al bat:** “Enséñales lo básico de cómo batear, y después llévalos a que practiquen tanto como puedas. Práctica tras práctica, movimiento tras movimiento; maximiza la cantidad de veces que estén al bat. Permíteles que lo hagan una y otra vez hasta que puedan hacer un movimiento rápido hasta dormidos. Ésa es la clave. No la cambies. No te pongas muy extravagante. Que practiquen con el bat”. Resultó que los turnos al bat fueron la clave para conectar un hit.

Algunas veces las verdades obvias son las mejores. Y de hecho, esta verdad se reafirma con los datos en cada área y en cada situación. ¿Quiere saber qué factor predice mejor la calidad de una cirujana? No es su reputación, ni la escuela de medicina en la que estudió, ni siquiera lo lista que es. El mejor indicador es cuántas cirugías de un tipo en especial ha realizado. Su memoria muscular. La repetición. Los turnos al bat para la cirugía compleja, conectar hits en el beisbol, resolver problemas de matemáticas, escribir oraciones. La repetición es la clave para la cirujana no solamente porque significa que estará en control cuando las cosas salgan como se esperaba, sino porque si las cosas salen mal, tendrá la mejor capacidad mental que se requiere para ocuparse de resolver el problema en el momento. Si ha refinado sus habilidades con las pinzas y el bisturí hasta la automaticidad, tiene todas sus facultades para enfocarse con calma en responder al evento crítico e inesperado.

Nada fija y perfecciona una habilidad para que pueda aplicarse de manera fiable bajo cualquier circunstancia como los turnos al bat, por lo que las lecciones excelentes deberían tener mucho de ello. Y ya que es verdad que la gente domina una nueva habilidad a la décima o vigésima o centésima vez que la hace, nunca a la primera, es importante tomar esto en cuenta en sus lecciones. Una vez que sus alumnos llegan a "Tú", una vez que están realizando el trabajo independiente, necesitan grandes cantidades de práctica: diez o veinte repeticiones en lugar de dos o tres. Esto es de especial importancia para recordarlo ya que en un día ocupado, la repetición suficiente es lo primero que se acaba. Enseñamos todo el camino hasta la parte donde los alumnos pueden arraigar la habilidad y nos detenemos. La intentan una vez y decimos: "Bien, ¡ya la tienen!", o peor: "Se nos está acabando el tiempo. ¡Háganlo en casa, y asegúrense de que lo tienen!"

¿Quiere saber qué factor predice mejor la calidad de la cirujana? No es su reputación, ni la escuela de medicina en la que estudió, ni siquiera lo lista que es. El mejor indicador es cuántas cirugías ha realizado del tipo que usted va a tener. Su memoria muscular. La repetición.

Una lección debería terminar con los alumnos teniendo un turno al bat después de un turno al bat, después de un turno al bat. Debería comenzar frecuentemente con algunos turnos al bat con el contenido de la lección anterior ("repaso acumulativo"). Aquí están los puntos clave a recordar:

- *Continúe hasta que lo puedan hacer por sí solos.* Al final de la práctica independiente, los alumnos deberán ser capaces de resolver los problemas con los niveles de desempeño que se espera puedan lograr totalmente por su cuenta.
- *Utilice variaciones y formatos múltiples.* Los alumnos deberán poder resolver preguntas en formatos múltiples y con una cantidad significativa de variaciones y variables plausibles.
- *Aproveche las oportunidades para el enriquecimiento y la diferenciación.* Ya que algunos alumnos demuestran el dominio más rápido que otros, asegúrese de tener problemas extra listos para impulsarlos al siguiente nivel.

TÉCNICA 20

BOLETO DE SALIDA

Termine su lección con un último *Turno al bat,* una sola pregunta o tal vez una corta secuencia de problemas para resolver en el cierre de la clase. Cuando los alumnos le entreguen esto antes de salir y recolecte los datos, es un **Boleto de salida.** Esto no solamente establecerá una expectativa productiva acerca del trabajo diario terminado para los alumnos, sino que asegurará que siempre revise para ver si hubo comprensión de una manera que le proporcione datos sólidos y por lo tanto puntos de vista críticos. ¿Qué porcentaje de sus alumnos lo tuvo bien? ¿Qué error cometieron los que lo hicieron mal? ¿Por qué, observando sus errores, cometieron ese error? ¿Qué parte de su lección pudo haber llevado a la confusión? No solamente sabrá cómo refinar su próxima lección, sino que ya no caminará a ciegas. Sabrá cuán efectiva fue su lección, ya que tendrá una medida de qué tan bien aprendieron, no qué tan bien pensó que la enseñó.

Algunas reflexiones acerca del *Boleto de salida* efectivo:

Son rápidos: de una a tres preguntas. Honestamente, así es. No es un cuestionario de una unidad. El maestro quiere tener una buena idea de cómo lo hicieron sus alumnos en la parte medular de su objetivo con diez minutos de análisis posterior.

Están diseñados para brindar datos. Esto significa que las preguntas son bastante simples y se enfocan en una parte esencial del objetivo. De esa manera, si los alumnos las tienen incorrectas, el maestro sabrá por qué. (¡Si pregunta un problema con pasos múltiples puede ser que no sepa qué parte no entendieron!) También tienden a variar los formatos, digamos, una respuesta de opción múltiple y una respuesta abierta. Necesita saber que los alumnos pueden resolver ambas.

Sirven como grandiosos Hágalo ahora *(ver técnica número 29 en el capítulo 5).* Después de que haya visto los datos, permita a sus alumnos que hagan lo mismo. Comience al siguiente día de la lección analizando y volviendo a enseñar el *Boleto de salida* cuando a los alumnos se les dificulte el ejercicio.

TÉCNICA 21
DEFINA SU POSTURA

Esta técnica implica presionar a los alumnos para que se involucren en las ideas a su alrededor haciendo juicios acerca de las respuestas que proporcionan sus compañeros. Esto le permite al maestro aumentar el número de alumnos que participan y procesan una parte en especial de su lección. Por ejemplo, podría pedir a sus alumnos que respondan a una pregunta como lo hace Bob Zimmerli de Rochester Prep: "dos chasquidos si están de acuerdo; dos pisadas fuertes si no lo están". Un alumno responde, pero todos los alumnos tienen que decidir si la respuesta es correcta, y para hacerlo, tienen que resolver. Si se hace bien, aumenta la proporción en un factor de veinticinco.

Las técnicas de **Defina su postura** pueden ser con toda la clase ("párense si están de acuerdo con Alexis") o dirigidas a un individuo (ella dijo que 9 × 9 es 81. Eso no es correcto, ¿o sí Valeria?). Pueden ser evaluativas ("¿Cuántos piensan que Daniel está en lo cierto?") o analíticas (¿Cómo podría revisar su trabajo para ver si está correcto, Alina?). Finalmente, pueden ser verbales o señaladas por medio de un gesto: "Muéstrenme con sus manos qué tan grande es el residuo." "Muéstrenme con sus manos cuál opción creen que es la correcta".

(Algunos maestros hacen que sus alumnos agachen la cabeza para asegurarse de que no pueden ver las respuestas de los demás cuando *Definen su postura* o escriben en una hoja de papel o en pequeñas pizarras blancas.)

Defina su postura ayuda a los alumnos a procesar más contenido y le ayuda a revisar si han comprendido. ¿Qué tan indicativa del resto de la clase fue la respuesta del alumno original? ¿Cuál respuesta incorrecta eligieron aquellos que la tuvieron incorrecta? Además, ya que usar las técnicas de *Defina su postura* significa pedir explícitamente a un alumno que evalúe la respuesta de otro ("¿Está en lo cierto, Jaime?" "¿Cuántos tienen la misma respuesta que Tere?"), la técnica trae las respuestas de los alumnos al frente de la clase. Hace que parezcan ser fundamentales para el trabajo del aprendizaje como lo son las respuestas dadas por el maestro y subraya el valor que los maestros ponen en las respuestas de los alumnos.

Cuando pide a sus alumnos que Definan su postura, *tenga cuidado de no permitir que el ejercicio se vuelva superficial.*

Cuando les pida a sus alumnos que *Definan su postura,* tenga cuidado de no permitir que el ejercicio se vuelva superficial. Hay muchos salones de clases en donde los maestros piden rutinariamente a los alumnos que estén de acuerdo o en desacuerdo o que "levanten los pulgares, bajen los pulgares, pulgares de lado". La clave para el efecto máximo no es tanto preguntar si los alumnos están de acuerdo, sino hacer un seguimiento de sus respuestas para evidenciar su enseñanza como maestro y hacer a los alumnos responsables de expresar juicios meditados, más que por una participación vacía y obligatoria. Para hacer que la técnica sea efectiva, con una consistencia predecible (no todo el tiempo, tal vez, pero con bastante regularidad) puede pedir a los alumnos que defiendan o que expliquen su postura: "¿Por qué tienes el pulgar abajo, Karla?" Pueden levantar la mano con bastante facilidad; la clave es asegurarse de que los alumnos verdaderamente están realizando trabajo cognitivo cuando así lo hacen, y para hacerlo, tiene que revisar sus respuestas. También es importante recordar hacer que los alumnos definan su postura cuando la respuesta original era correcta y también cuando estaba incorrecta y para evitar que el método que utilice les proporcione la respuesta a los alumnos. Un maestro que conozco, siempre les pedía a sus alumnos: "dos chasquidos si están de acuerdo; dos pisadas fuertes si no lo están", cuando la respuesta era correcta, y: "levanten la mano si tienen la misma respuesta", cuando estaba incorrecta. Esto eliminó rápidamente todo el trabajo intelectual del ejercicio.

Para que esta técnica tenga éxito, el maestro también tiene que realizar un poco de trabajo cultural para asegurar que sus alumnos se sientan cómodos al exponer y debatir sus propios errores: dar pisadas fuertes cuando otros chasquean los dedos o mantener tres dedos arriba cuando otros tienen cuatro y después decir abiertamente lo que pensaron y por qué. Asegúrese de elogiar y reconocer a los alumnos mientras hacen esto. Podría decir: "Gracias por pisar fuerte, Tere. Valoro que te hayas arriesgado a desafiarnos. Ahora averigüemos por qué no estás de acuerdo", al principio, o después de este ejemplo: "Hagamos dos chasquidos y dos pisadas fuertes para Tere por hacernos pensar a todos".

REFLEXIÓN Y PRÁCTICA

Las siguientes actividades deberían ayudarle a pensar y practicar las técnicas de este capítulo:

1. Elija uno de los siguientes temas deliberadamente informales y bosqueje un plan de clase que siga la estructura Yo/Nosotros/Tú. De hecho, puede ir un paso adelante planeando un proceso de cinco pasos: yo hago, yo hago; tú ayudas, yo hago, yo ayudo; tú haces; y haces, y haces, y haces. No tiene que asumir que estará enseñando a sus alumnos reales.

   - Los alumnos serán capaces de disparar un tiro preciso de *faul.*
   - Los alumnos podrán escribir el nombre de su escuela con letra cursiva.
   - Los alumnos podrán preparar un emparedado de mantequilla de cacahuate y mermelada.
   - Los alumnos comprenderán y aplicarán el procedimiento correcto para lavar la ropa en su casa.
   - Los alumnos podrán cambiar un neumático.

2. Ahora, tome su lección y diseñe un gancho de tres a cinco minutos que atraiga a los alumnos e inicie la lección.
3. Asegúrese de nombrar los pasos en la parte "Yo" de su lección. Revíselos y encuentre cuatro o cinco formas de hacerlos más pegajosos.
4. Identifique los dos o tres lugares de su lección en donde sea más probable que los alumnos cometan un error o malinterpreten la lección. Elabore un guión de preguntas de *Desglose* en diferentes niveles de apoyo para cada uno de esos probables puntos de error.
5. Diseñe una actividad de *Boleto de salida* que le permitirá evaluar el conocimiento del alumno con exactitud al final de la lección.

CAPÍTULO 4

HAGA PARTICIPAR A SUS ALUMNOS EN LA LECCIÓN

Los maestros de excelencia involucran a sus alumnos de manera que se sientan parte de la lección. Hacen que la participación enfocada en el salón de clases sea un hábito. Mientras que esto puede sonar más fácil decirlo que hacerlo con la mayoría de los alumnos que se resisten, es doblemente desafiante ya que los alumnos necesitan involucrarse no solamente en la clase sino en el *trabajo* de la clase. Es decir, podría involucrar fácilmente a los alumnos en la clase sustituyendo los adornos por lo sustancial. Las técnicas revisadas en este capítulo harán participar a los alumnos de manera consistente en el trabajo de la clase y los mantendrán enfocados en el aprendizaje.

TÉCNICA 22
PARTICIPACIÓN IMPREVISTA

Cuando el maestro hace que los alumnos participen durante la clase, es natural que se pregunte cómo controlar quién participa y que piense: "¿Cómo les doy una oportunidad a todos?" "¿A quién le toca?" "¿Quién me dará la respuesta que quiero?" Sin embargo, una pregunta más importante es: "¿Cómo puedo adaptar mis decisiones acerca de a quiénes de mis alumnos les pregunto para ayudar a que todos mis alumnos pongan más atención?" La idea, por supuesto, es que el maestro quiere que todos pongan atención y desarrollar un sistema que asegure que todos los alumnos piensen que es posible que a todos se les pregunte, sin importar si han levantado la mano o no, y que por consiguiente, piensen que deben prepararse para responder. Necesita un sistema que asegure que en lugar de que un alumno responda cada una de sus preguntas, todos sus alumnos respondan mentalmente a todas sus preguntas, y el maestro simplemente elige a un alumno para que diga la respuesta en voz alta. Ese sistema se llama **Participación imprevista.**

IDEA ESENCIAL

PARTICIPACIÓN IMPREVISTA

Con el objeto de acostumbrar a todos a la participación activa, pregunte a los alumnos sin importar si han levantado la mano o no.

Cuando el maestro hace una participación imprevista, les pregunta a los alumnos sin importar si han levantado la mano. Es aparentemente simple: hace una pregunta y después dice el nombre del alumno que quiere que la responda. Si los alumnos ven que frecuentemente y de manera confiable el maestro pregunta a los alumnos que no han levantado la mano, esperarán que les pregunte y se prepararán. Preguntar a quienquiera que elija sin importar si la mano del alumno está levantada, también trae otros beneficios importantes a su salón de clases.

Es fundamental poder revisar el nivel de dominio de cualquier alumno en cualquier momento.

Primero, le permite verificar la comprensión de manera efectiva y sistemática. Es fundamental poder revisar el nivel de dominio de cualquier alumno en cualquier momento, sin importar si el alumno se ofrece a decírselo. De hecho, es más importante cuando no se ofrecen a decírselo. La *Participación imprevista* le permite revisar al alumno que justamente quiere revisar para evaluar el dominio, y la técnica hace que el proceso parezca normal. Cuando los alumnos se acostumbran a que su maestra les pide participar o responder, reaccionan a ello como si fuera un suceso normal, y esto le permite tener una respuesta enfocada y honesta y, por consiguiente, puede verificar la comprensión de manera confiable. Esto significa que mientras emplear la *Participación imprevista* para que le ayude a verificar la comprensión es de suma importancia, también lo hace mejor si la usa antes de que necesite verificar la comprensión. Su objetivo es sistematizarla como una parte natural y normal de su clase, y de preferencia una que es positiva.

Con la Participación imprevista *ya no existirá esa pausa después de que pregunte: "¿Alguien me puede decir una causa de la Primera Guerra Mundial?"*

Segundo, la *Participación imprevista* aumenta la velocidad tanto en términos de su ritmo (la ilusión de velocidad) como de la rapidez a la cual puede cubrir el contenido (velocidad real). Para comprender a qué grado se hace esto, grabe una de sus lecciones. Utilice un cronómetro para saber cuánto tiempo pasa esperando (y animando y persuadiendo y preguntando) a los voluntarios. Con la *Participación imprevista* ya no existirá esa pausa después de que pregunte: "¿Alguien me puede decir una causa de la Primera Guerra Mundial?" Ya no tendrá que echar un vistazo al salón y esperar a que levanten la mano. Ya no tendrá que dar pistas para alentar a los participantes o decir a sus alumnos que le gustaría ver más manos levantadas. En lugar de decir: "Veo las mismas cuatro manos. Quiero escuchar a más de ustedes. ¿Nadie más sabe esto?", simplemente dirá: "Dinos una causa de la Primera Guerra Mundial, por favor [ligera pausa] Darío". Con la *Participación imprevista* se moverá mucho más rápido a través del contenido y desaparecerá esa atmósfera tediosa que disminuye la velocidad cuando parece que nadie quiere hablar. Estos dos resultados aumentarán el ritmo: la ilusión de velocidad que crea en su salón de clases, la cual es un factor de suma importancia en cómo los alumnos participan (para más acerca del ritmo véase el capítulo 3).

Tercero, la *Participación imprevista* le permite al maestro distribuir el trabajo mejor en el salón y señalar a los alumnos no solamente que tienen más probabilidad de que se les pida que participen y que, por consiguiente, que deben involucrarse en el trabajo del salón de clases, sino que quiere saber lo que tienen que decir; le importa su opinión. Muchos alumnos tienen reflexiones que aportar a la clase pero no las ofrecerán a menos que los presionen o les pregunten. Se preguntan si realmente a alguien le importa lo que piensan, o creen que es fácil guardar sus pensamientos para ellos mismos porque de todos modos la mano de Carlos siempre está levantada. O tienen un pensamiento arriesgado y potencialmente valioso en la punta de la lengua pero no están lo suficientemente seguros todavía para decirlo en voz alta. Algunas veces hasta habrá una mirada, un momento cuando ese alumno lo mira como diciendo: "¿Debo hacerlo?", o tal vez: "Pregúnteme para que comparta la responsabilidad si lo que digo está equivocado".

Mucha gente percibe erróneamente que la *Participación imprevista* es represiva y estresante. Una vez que haya visto los videos 7, 8 y 9 del DVD, sabrá que no lo es. Cuando se hace correctamente, es una manera extremadamente poderosa y positiva de llegar a los alumnos que quieren hablar pero son renuentes a levantar la mano. Dice: "quiero escuchar lo que dices", aunque la mano de Carlos esté levantada por décima vez en doce preguntas.

Mucha gente percibe erróneamente que la Participación imprevista *es represiva y estresante. Una vez que haya visto los videos 7, 8 y 9 del DVD, sabrá que no lo es.*

Cuarto, la *Participación imprevista* le ayudará a distribuir el trabajo en el salón no solamente de manera más plena (es decir, más allá de las manos levantadas), sino con más autoridad. Uno de sus efectos positivos es que establece que el salón le pertenece al maestro. Esto no solamente le permitirá llegar a algunos alumnos en particular, sino que tendrá un fuerte efecto cultural en el sentido de que conseguirá una participación activa. Si estoy bastante seguro de que en algún momento de las siguientes horas o del día me va a preguntar para responder acerca del trabajo de nuestra clase, tengo un fuerte incentivo para hacer ese trabajo por adelantado debido a esta probabilidad. Me ha hecho responsable. Ésta es una fuerza poderosa increíble. La gente algunas veces pregunta: "¿Cuál de estas técnicas debería hacer primero?" O: "Si puedo enseñarles a mis maestros a hacer solamente una, ¿cuál hará la diferencia más grande?" Por las razones que he descrito antes, la técnica más importante en este libro es, a mi parecer, la *Participación imprevista*. Pero mientras que hacer un hábito de preguntar a los alumnos sin importar aquellos que tengan la mano levantada es una de las técnicas de mayor importancia que el maestro puede emplear para impulsar el logro universal, no todas las preguntas son igualmente efectivas. Puede hacerlo de manera incorrecta; hacerlo de manera correcta asegurará que tenga el efecto que pretendía. El éxito de la técnica recae en la aplicación de algunos principios esenciales:

- **La Participación imprevista *es predecible.*** La *Participación imprevista* es una medicina preventiva magnífica pero menos efectiva como cura. Es una forma de mantener la atención de los alumnos, pero no es tan efectiva una vez que hayan terminado la tarea. Es una estrategia para hacer participar, no una estrategia de disciplina.

Si emplea la participación imprevista durante algunos minutos de su clase casi todos los días, los alumnos estarán esperándola y cambiarán su comportamiento por adelantado.

Cuando un estímulo es predecible, cambia el comportamiento por anticipado, no solamente por reacción. Si el maestro emplea la participación imprevista durante algunos minutos de su clase casi todos los días, los alumnos estarán esperándola y cambiarán su comportamiento por adelantado; se prepararán para que les hagan preguntas en cualquier momento poniendo atención y preparándose mentalmente. Si la participación imprevista sorprende a los alumnos, aprenderán la lección ("¡Caray, debí haber estado listo!"), pero será demasiado tarde para ayudarles. A menos que sepan que muy pronto habrá otra oportunidad, no tendrán un motivo para cambiar su comportamiento antes de que haga su pregunta. También se pueden sentir emboscados, atrapados con la guardia baja, y por consiguiente con más probabilidad de estar pensando en el pasado ("¿Por qué haría eso?") más que en el futuro ("¡Voy a estar listo!").

Si las participaciones imprevistas son predecibles y los alumnos comienzan a anticiparlas, el efecto será universal. La posibilidad (de hecho, la probabilidad) de una participación imprevista afecta a todos los alumnos, no solamente a los que en realidad se les hizo participar de manera imprevista. El maestro quiere que los alumnos reaccionen de antemano a la posibilidad casi segura, no después del hecho impredecible. Los quiere siempre listos para la participación que podría venir, no que decidan después del hecho para estar listos en la siguiente, y quiere que todos piensen de esta manera.

La *Participación imprevista*, entonces, debe ser parte de la vida cotidiana en su salón. Un poco cada día tendrá un efecto más fuerte en la cultura del salón de clases que una *Participación imprevista* en gran cantidad pero inconsistente o inesperada. En algún punto, en la mayoría de las lecciones, a los alumnos se les debe pedir que participen sin importar si han levantado la mano.

Además, ya que el propósito de la *Participación imprevista* es atraer a los alumnos antes de que dejen de prestar atención, muchos maestros encuentran que el inicio de la clase es el momento ideal para esta técnica. Esto les permite establecer el tono para el resto del día y atraer la atención de los alumnos antes de que se distraigan. La *Participación imprevista* es una medicina preventiva. Tómela diariamente para evitar que aparezcan los síntomas.

- **La Participación imprevista *es sistemática.*** Los maestros que utilizan la *Participación imprevista* señalan que estas participaciones tienen que ver con sus expectativas, no con los individuos. Se esfuerzan para dejar claro que las participaciones imprevistas son universales (llegan a cada uno sin fallar) e impersonales (su tono, modo y frecuencia enfatizan que no son un esfuerzo para distinguir a cualquier alumno o alumnos). Mientras menos emoción lleve una *Participación imprevista*, menos ligada parece a lo que el alumno ha hecho o no, a si el maestro está feliz o decepcionado de él, si piensa que hizo su tarea.

Idealmente el mensaje debería ser: "Así es como nos conducimos aquí". Los maestros entrevistados para este libro utilizan la *Participación imprevista* con un tono ecuánime, relajado y pasan la mínima cantidad de tiempo aparentando dudar a cuál alumno preguntar. Las preguntas llegan a los alumnos rápidamente, con claridad y en calma, en grupos, dirigidas a diferentes alumnos, en diversos lugares del salón de clases, más que enfocados en un solo alumno o un grupo de alumnos aislados. Deben dirigirse a todo tipo de alumnos, no sólo a aquellos que podrían estar distraídos de la tarea o los que están sentados en la parte trasera. Después de todo, una *Participación imprevista* no es un castigo; es la oportunidad de un alumno "para brillar", como lo dice Colleen Driggs.

Algunos maestros enfatizan la naturaleza sistemática de la *Participación imprevista* teniendo gráficas a la vista para seguir la pista de a quién han hecho participar. ¿Qué podría enviar un mensaje más claro de que todos tienen su oportunidad que un sistema de registro en el que cada nombre es marcado con suficiente antelación?

- **La Participación imprevista *es positiva.*** El propósito de la *Participación imprevista* es fomentar el compromiso positivo en el trabajo de la clase, el cual de manera ideal es un trabajo riguroso. Uno de los beneficios es que los alumnos a veces se sorprenden de ver lo que son capaces de hacer. No se ofrecen como voluntarios porque no creen que puedan responder, pero cuando se les fuerza a intentarlo, se sorprenden felizmente al verse teniendo éxito. También se benefician de saber que el maestro pensó que podrían responder la pregunta. El maestro demuestra respeto y fe en un alumno cuando le pide que se una a la conversación. Pero esto solamente funciona si sus preguntas intentan hacer que los alumnos contribuyan a una conversación real más que a atraparlos y corregirlos. Éste es el aspecto de la *Participación imprevista* que los maestros tienen más probabilidad de tener mal. Muchos de nosotros queremos utilizarlo como un "te atrapé", para preguntar a un alumno cuando sabemos que estaba distraído, para demostrarle el hecho o para darle una especie de lección ("¿Qué acabo de decir Juan?" o "¿Eso está bien Juan?"). Pero esto rara vez funciona, ya que ocasionar a propósito que un alumno falle en público y sin un beneficio potencial en juego, hace más probable que se haga preguntas acerca del maestro ("¿Por qué siempre me está acosando?") que acerca de sí mismo.

Una *Participación imprevista* positiva es lo contrario de "te atrapé" en dos formas. Primero, es sustancial. "¿Qué acabo de decir?", no es una pregunta sustancial. Es te atrapé, diseñada para "dar una lección" que de hecho rara vez enseña algo. "¿Crees que Lincoln declaró la guerra al Sur principalmente para erradicar la esclavitud?", es una pregunta real. "¿Cuál es el sujeto en esta oración?", es una pregunta real. Podría hacer una pregunta como ésta a un colega en el salón de maestros, y esto muestra que respeta a la persona a quien le hace la pregunta. Segundo, el objetivo es que el alumno tenga la respuesta correcta, y no que aprenda una lección por equivocarse. El maestro quiere que sus alumnos tengan éxito, se sientan bien y tal vez un poco sorprendidos por ese éxito, aun cuando se les desafía y se les exige por la sana tensión de la *Participación imprevista*. Recuerde que la *Participación imprevista* es una técnica de participación, no una técnica disciplinaria; mantiene a los alumnos activos y comprometidos mentalmente. Una vez que un alumno se aparta de la tarea, la oportunidad de la *Participación imprevista* ya ha pasado, entonces deberá utilizar una técnica de conducta.

El objetivo es que el alumno tenga la respuesta correcta y no que aprenda una lección por equivocarse.

El maestro puede asegurar una *Participación imprevista* haciendo preguntas concernientes a la lección y que sugieren que hace una invitación genuina a un alumno para que participe en la conversación. Utilice la *Participación imprevista* en un tono animado y positivo, sugiriendo que no podría imaginar un mundo en el que un alumno no pudiera participar.

Un aspecto final de la *Participación imprevista* que conduce a un tono positivo se le escapa ocasionalmente a algunos maestros cuando no están preparados: la pregunta y cómo se vería una respuesta deberían ser claras. Todo maestro ha tenido la experiencia de hacer una pregunta a un alumno que en retrospectiva no estaba clara, en donde aun el alumno bien informado e involucrado no sabría qué decir. Es doblemente importante evitar este tipo de preguntas cuando se haga una *Participación imprevista*, y muchos maestros abordan este desafío planeando sus preguntas exactas por adelantado, palabra por palabra, como parte del proceso de su plan de clase.

- **La Participación imprevista *tiene un andamiaje.*** Esta técnica es especialmente efectiva cuando el maestro comienza con preguntas simples y avanza a las más difíciles, atrayendo a los alumnos, captando su atención en términos que enfatizan lo que ya saben, y reforzando el conocimiento básico antes de presionar a un desafío y rigurosidad mayores. Con frecuencia esto requerirá "segmentar", o dividir una sola pregunta larga en una serie de preguntas más pequeñas.

Considere esta secuencia del salón de clases de Darryl Williams mientras enseña a sus alumnos de tercer grado a identificar las oraciones completas de entre una lista de varias elecciones:

Williams: Leenos la siguiente opción, por favor, Enrique.
Enrique: [leyendo de la hoja de trabajo] "¿Tú has visto una semilla de calabaza?"
Williams: ¿Tenemos un sujeto, Javier?
Javier: Sí.
Williams: ¿Cuál es el sujeto?
Javier: "Tú".
Williams: "Tú". Excelente. ¿Tenemos un predicado, Éric?
Éric: Sí.
Williams: ¿Cuál es el predicado?
Éric: "Visto".
Williams: "Visto". Excelente. ¿Es un pensamiento completo, Raymundo?
Raymundo: Sí.
Williams: ¿Ésa es nuestra oración completa?
Raymundo: Sí.
Williams: Así que, ¿sólo continuamos? ¿Qué necesitamos hacer, Sergio?
Sergio: Necesitamos ver las otras dos (opciones de respuesta), porque ésa puede sonar bien pero una de las otras dos podría sonar bien también.

La secuencia involucra la participación de cinco alumnos en una rápida sucesión y sigue una evolución cuidadosa de dificultad cada vez mayor. La primera pregunta simplemente pide a un alumno que lea lo que tiene enfrente. El nivel de dificultad es bajo. Williams está construyendo un andamio; cualquiera podría hacerlo bien. La siguiente pregunta ("¿Hay un sujeto?") es una pregunta increíblemente sencilla de sí o no diseñada para que el alumno a quien se le pregunte lo haga correctamente. Cuando lo hace, Williams regresa con la pregunta más difícil ("¿Cuál es el sujeto?"), pero esa pregunta ahora le pisa los talones al alumno del éxito anterior y después de que Williams lo ha involucrado en el proceso de pensamiento acerca de la estructura de la oración. Después de preguntar a otro alumno una secuencia parecida, va con las preguntas más difíciles acerca de si la oración está completa y qué siguiente estrategia deberían tomar los alumnos para responder la pregunta. Desglosando la pregunta básica: "¿Es una oración completa?", en partes más pequeñas y comenzando con preguntas más simples, Williams hace participar con éxito a los alumnos y asegura su disposición cuando les hace preguntas más difíciles. Al analizar sintácticamente la pregunta con cinco alumnos en lugar de uno, también asegura una participación más plena y la expectativa de que la participación es un evento predecible y sistemático.

Un método más sutil para crear el andamiaje es permitir a los alumnos que comiencen a responder a las participaciones imprevistas haciéndoles preguntas acerca del trabajo que ya han realizado, por lo que ya tienen las respuestas frente a ellos. Esto también comienza la secuencia con algo que probablemente van a tener correcto. Darryl Williams comenzó su secuencia de *Participación imprevista* con la petición a Enrique: "Lee la siguiente opción de [respuesta] por mí". Esto involucra al alumno desde el principio en un nivel en el que está casi seguro de que va a tener éxito: simplemente tiene que leer lo que tiene frente a él. Además, una *Participación imprevista* que le pide al alumno: "Por favor, dinos tu respuesta al primer problema, Milagros", emplea el andamiaje porque Milagros ha hecho el trabajo y tiene una respuesta enfrente. Comienza simplemente por reportar su trabajo. Por supuesto, una secuencia que comienza con respuestas tan simples podría avanzar de manera ideal a preguntas de seguimiento más rigurosas que sí pusieran a pensar a Milagros o a Enrique. Una de las percepciones erróneas que algunos maestros tienen acerca de esta técnica es que solamente es una manera de hacer preguntas. Pero las preguntas deberían ser tan rigurosas como pueda hacerlas, algo de lo que los alumnos se sentirán orgullosos mientras ven que son capaces de manejar el contenido demandante sin pensarlo. Comenzar con cosas simples no significa que se deba terminar de esa manera, pero tiende a atraer y motivar a los chicos y ocasiona que los alumnos se inspiren por el nivel de construcción de rigor y desafío.

Usar la *Participación imprevista* para hacer un seguimiento de los comentarios anteriores en la clase, subraya lo mucho que el maestro valora la participación y la opinión de los alumnos. También enfatiza que la atención de sus alumnos en lo que dicen sus compañeros es tan importante como su atención en lo que dice el maestro. Hay tres variedades que considerar:

- *Seguimiento a una pregunta previa.* Haga una pregunta simple usando la *Participación imprevista*, piense que es un ejercicio de calentamiento, y después haga al alumno una serie corta de más preguntas (la mayoría de los maestros preguntan de dos a cuatro) en las cuales desarrolle más sus opiniones o se pruebe más su comprensión.

- *Seguimiento al comentario de otro alumno.* Esto refuerza la importancia de escuchar a los compañeros, así como al maestro: "Jaime dice que la ambientación es una oscura noche de verano. ¿Eso nos dice todo lo que necesitamos saber de la ambientación, Susana?" o, "¿qué significa *explotar*, Esteban? Bien, ¿y a quién explotan en *Macbeth*, Marta?"

- *Seguimiento al comentario anterior del alumno.* Esto señala que una vez que el alumno ha hablado, no ha terminado: "Pero, Yolanda, antes dijiste que siempre multiplicamos el largo por el ancho para encontrar el área. ¿Por qué no lo hicimos aquí?"

Más allá de estos principios, hay varios elementos que los maestros campeones aplican, varían y adaptan para maximizar el beneficio de la *Participación imprevista* en una variedad más amplia de contextos. Éstas son las variaciones esenciales en el tema de la *Participación imprevista*:

- **Manos arriba/manos abajo.** El maestro puede usar la *Participación imprevista* y continuar permitiendo a los alumnos que levanten la mano si así lo desean, o puede instruir a sus alumnos para que mantengan las manos abajo. Ambas versiones enfatizan los diferentes aspectos de la técnica.

Las manos levantadas le permiten continuar alentando y recompensando a los alumnos que piden participar, aun si algunas veces hace participar a los que no tienen la mano levantada. Simplemente se mueve entre las manos levantadas y hace participaciones imprevistas a su criterio. Esto continúa proporcionando incentivos a los alumnos que levantaron la mano mientras también le permite agregar complejidad a su andamiaje. Cuando permite manos levantadas durante la *Participación imprevista*, puede, digamos, pedir participaciones imprevistas para las primeras tres preguntas en una secuencia y después, guardar las salvas, la última pregunta y potencialmente la más difícil o más interesante, para un voluntario, diferenciando de este modo la enseñanza y haciendo del desafío académico una recompensa en y por sí misma. Un factor a considerar al permitir a los alumnos levantar la mano mientras hace participaciones imprevistas puede ocasionar que el uso de la *Participación imprevista* sea menos aparente y transparente y, por consiguiente, menos sistemático. Esto es debido a que no siempre puede ser obvio para los alumnos si el compañero al que se le preguntó tenía la mano arriba o se le hizo participar de manera imprevista. Las manos levantadas también le dan un dato importante. Aun si lo ignora, le dice quiénes creen que tienen el conocimiento suficiente para ser voluntarios. De este modo, si quiere intentar hacer participaciones imprevistas en alumnos cuyo dominio es inestable, tiene una idea más clara de con quién intentarlo.

También puede decidir pedirles a los alumnos que bajen la mano, que no va a tomar en cuenta las manos, y después proceder a preguntarle a quien desee. Esto envía un mensaje más contundente acerca de su control sólido del salón de clases, y hace que sus participaciones imprevistas sean más explícitas, predecibles y transparentes ("Ahora voy a hacer participaciones imprevistas"). También tiende a acelerar el ritmo de la *Participación imprevista* y por consiguiente de su lección porque no pierde tiempo navegando entre las manos. Finalmente, las manos abajo pueden ser más efectivas para verificar la comprensión en dos formas esenciales. Primero, reduce la probabilidad de que los alumnos griten las respuestas con entusiasmo. Aunque ciertamente un pecado de entusiasmo, gritar erosiona el ambiente del aula y, específicamente, su capacidad de dirigir preguntas a los alumnos que necesitan trabajar o a aquellos que necesita evaluar. Segundo, porque los alumnos que sí quieren responder resultan menos visibles (no tienen la mano levantada), su decisión para fijar su verificación de la comprensión de los alumnos más reticentes es claramente menos visible y, por consiguiente, parece un poco más sistemática.

Una última advertencia es que la mayoría de los maestros campeones parecen usar ambas cosas, manos arriba y manos abajo como hábito, con su elección determinada por la situación. Una posible razón de esto es que usar solamente las manos arriba no es tan contundente y enérgico y usar solamente las manos abajo, a la larga es un freno para levantar la mano. Con tiempo suficiente, tiene el riesgo de convencer a los alumnos de no molestarse en levantar las manos, ya que hacerlo nunca recibe recompensa. En ese caso, es mejor que a un maestro le guste la *Participación imprevista* porque le ofrecerán pocas manos y pocas alternativas.

Al usar esta secuencia ("Pregunta. Pausa. Nombre") se asegura de que todos los alumnos escuchen la pregunta y comiencen a preparar una respuesta durante la pausa que se les proporciona.

- **En qué momento nombrar.** La *Participación imprevista* puede variar en términos de cuándo dice el nombre del alumno al que llama. El enfoque más común y con frecuencia más efectivo es hacer la pregunta, hacer una pausa, y después nombrar al alumno, como en: "¿Cuánto es 3 × 9? [pausa], Jaime?" Al usar esta secuencia ("Pregunta. Pausa. Nombre") se asegura de que todos los alumnos escuchen la pregunta y comiencen a preparar una respuesta durante la pausa que se les proporciona. Ya que los alumnos saben que una *Participación imprevista* es probable pero no saben quién la recibirá, es probable que cada alumno responda la pregunta, con solamente un alumno que dará su respuesta en voz alta. En el ejemplo, significa que cada alumno en la clase ha realizado la multiplicación en la pausa durante la pregunta y el nombre. Si dice primero el nombre, habrá veinticuatro alumnos menos que practicarán la multiplicación. La diferencia del efecto entre este contexto (veinticinco alumnos respondiendo una pregunta y uno diciéndola en voz alta) y la alternativa (un alumno respondiendo una pregunta y veinticuatro observando) es tan drástica, que debería ser el enfoque predeterminado para la mayoría de sus participaciones imprevistas.

En algunos casos, decir primero el nombre de un alumno puede ser benéfico. Con frecuencia puede preparar a un alumno a que atienda y aumenta la probabilidad de éxito. Esto puede ser especialmente efectivo con alumnos que no han recibido una *Participación imprevista* antes, alumnos que tienen dificultades en el procesamiento del lenguaje, o alumnos cuyos conocimientos del idioma se están desarrollando todavía. En su forma más exagerada, esto es conocido como *llamada previa*. En una llamada previa, el maestro le dice a un alumno que puede esperar que se le pregunte más tarde durante la lección. Puede suceder en privado (un maestro puede decirle a un alumno antes de la clase: "Bien, Jaime, te voy a pedir que repases el último problema de la tarea de hoy. ¡Prepárate!") o públicamente ("Pablo nos va a dar la respuesta, Karen, ¡pero después te preguntaré por qué!").

Otro ejemplo en el que es productivo decir el nombre primero es por claridad. Por ejemplo, si está saliendo de una secuencia de *Llamar y responder* (la siguiente técnica en este capítulo), en donde los alumnos han estado dando respuestas al unísono, decir un nombre primero y después hacer la pregunta deja en claro a los alumnos que ya no está usando *Llamar y responder* y evita así el momento incómodo y contraproducente cuando algunos alumnos intentan responder al unísono la pregunta que se tenía la intención de que fuera para un alumno.

- **Combinar con otras técnicas para hacer que participen.** La *Participación imprevista* responde especialmente bien cuando se combina con otras técnicas para hacer participar a los alumnos. *Llamar y responder* es un ejemplo perfecto: alternar entre la respuesta en coro del grupo y las respuestas individuales a un ritmo rápido y enérgico puede elevar de manera espectacular el nivel de energía positiva. También le permite asegurar que los alumnos no estén distraídos durante la técnica de *Llamar y responder*. Para tomar un ejemplo sencillo, podría revisar las tablas de multiplicar con sus alumnos pidiéndole a cada uno que diga la respuesta de algunos problemas:

Maestra: Chicos, ¿cuánto es 9 × 7?
Todos: ¡63!
Maestra: Bien, ¿cuánto es 9 × 8?
Todos: ¡72!
Maestra: Bien, ahora Carlos, ¿cuánto es 9 × 9?
Todos: ¡81!
Maestra: Bien. Clase, ¿cuánto es 9 × 9?
Todos: ¡81!
Maestra: Bien, y Matilde, ¿cuánto era 9 × 7 otra vez?
Matilde: ¡63!

Alternar entre las dos técnicas puede ocasionar que los alumnos revisen el material de manera individual o que refuercen una respuesta exitosa haciendo que la clase la repita.

La técnica *Pepper game* (técnica 24, más adelante en este capítulo) es otra técnica de participación activa que funciona bien con la *Participación imprevista*. De hecho es muy parecida a la *Participación imprevista*, ya que consiste en preguntas rápidas que con frecuencia se hacen de manera imprevista. Finalmente, *Todos escriben* (técnica 26, más adelante en este capítulo) es una preparación para la *Participación imprevista* ya que permite que todos piensen con antelación el tema o las preguntas que les presentará; esto aumenta la calidad probable de las respuestas.

Con frecuencia, los maestros concluyen que las preguntas de la *Participación imprevista* deben ser simples. De hecho, las preguntas de la *Participación imprevista* pueden y deben ser rigurosas y exigentes. Parte de su poder yace en hacer que los alumnos se sientan orgullosos de responder a preguntas exigentes de improviso. Lo que sigue es la transcripción de una sesión de *Participación imprevista* ejecutada por Jesse Rector del campus Clinton Hill de la North Star Academy. Rector es un maestro de matemáticas excepcional con resultados excepcionales y le hacemos un seguimiento en nuestra organización por su destreza. El rigor de su cuestionamiento muestra por qué. Observe cuántas de las preguntas de *Participación imprevista*, hechas a alumnos de primero de secundaria en una sucesión rápida, *podría* responder correctamente.

Rector: Soy un terreno cuadrado con un área de 169 metros cuadrados. ¿Cuál es la longitud de uno de mis lados, Juan?
Juan: 13
Rector: ¿13 qué? [Pidiéndole a Juan las unidades como un ejemplo de *El formato sí importa*, técnica 4.]
Juan: 13 metros.

Rector:	Soy un terreno cuadrado con un perímetro de 48 metros. ¿Cuál es mi área, Catalina?
Catalina:	144 metros cuadrados.
Rector:	Excelente. Soy un octágono regular con un lado que mide $8x$ más 2. ¿Cuál es mi perímetro, Tamara?
Tamara:	$64x$ más 16.
Rector:	Excelente. Soy un triángulo isósceles con dos ángulos que miden $3x$ cada uno. ¿Cuál es la medida de mi tercer ángulo, Ana?
Ana:	180 grados menos $6x$.
Rector:	Excelente, 180 grados menos $6x$. La raíz cuadrada de 400, ¿es cuánto, Francisco?
Francisco:	100.
Rector:	No, la raíz cuadrada de 400 no es 100. Ayúdenle.
David:	20.
Rector:	Correcto; es 20. Dile por qué.
David:	Porque si multiplicas 20 por 20, te da 400.

MAESTROS EN ACCIÓN: VIDEO 7

PARTICIPACIÓN IMPREVISTA/*PEPPER GAME*

En el video 7 del DVD, Jesse Rector modela la *Participación imprevista.* Notará que sus alumnos están de pie; esto da la impresión obvia de que va a utilizar la *Participación imprevista* con preguntas obvias o, en el lenguaje de la técnica, "predecibles". Jesse desmiente esa idea. Para probarlo, intente responder usted mismo junto con sus alumnos de primero de secundaria. Éste también es un buen ejemplo de *Pepper game:* una cantidad significativa de preguntas (no necesariamente participaciones imprevistas, aunque en este caso lo son) hechas rápidamente acerca de un número determinado de temas (geometría y raíces cuadradas aquí), con poca discusión. Puede leer más acerca de esta técnica más adelante en este capítulo. Después de que lo haya hecho, vuelva a ver el video de Jesse y observe cómo trabaja con ambas técnicas.

La primera vez que utilice la *Participación imprevista*, sus alumnos pueden preguntarse qué está pasando, y con justificación. Tal vez nunca antes trabajaron con participaciones imprevistas. Puede ser que no hayan estado en un salón de clases en donde suceden este tipo de cosas. Puede ser que no vean la conexión entre la *Participación imprevista* y su ingreso a la universidad, o podrían inclinarse a verlo como una situación negativa más que una positiva. De este modo, es una buena idea preparar unas observaciones breves (en esencia, una presentación) para usarlas la primera vez con la *Participación imprevista.* Sus observaciones breves pueden explicar el qué y el por qué. Esto hace que el ejercicio sea lógico, sistemático, predecible y, con un poco de habilidad, inspirador.

MAESTROS EN ACCIÓN: VIDEO 8

PARTICIPACIÓN IMPREVISTA

En el video 8 del DVD, Colleen Driggs de la Rochester Prep modela su presentación sobre la *Participación imprevista*. Muchos maestros asumen que la *Participación imprevista* debe ser estresante para los alumnos, que serán forzados a participar cuando no quieren hacerlo. Pero sus expectativas sobre el interés de los alumnos son frecuentemente una profecía que tiende a cumplirse por su propia naturaleza. Mientras observa a Driggs, anote en una lista las cosas que dice que podría tomar prestadas o adaptar si hiciera una presentación para explicar la *Participación imprevista* a sus alumnos (y espero que intente subrayar lo bueno que es).

Una charla de presentación puede ser útil para cualquier cantidad de técnicas y habilidades, no solamente para la *Participación imprevista.* Algunas que me vienen a la mente son *Lo correcto es lo correcto* (técnica 2), *Sin opción de salida* (técnica 1), *Controle el juego* (capítulo 10) y *Háganlo otra vez* (técnica 39).

En esta secuencia, Colleen dice rápidamente a sus alumnos cómo actuar durante la *Participación imprevista*, explica por qué usa esta técnica y enmarca la actividad de una forma positiva: una oportunidad de presumir.

La Elm City College Prep's Summer Payne presenta la *Participación imprevista* a sus alumnos de preescolar dándole un nuevo nombre. En un tono lleno de alegría, canta: "¡Turnos individuales!" "¡Escuchen su nombre!" Y sus chicos, como los de Colleen, adoran la *Participación imprevista*. Si la presenta de manera positiva, a sus alumnos también les gustará.

MAESTROS EN ACCIÓN: VIDEO 9

PARTICIPACIÓN IMPREVISTA Y VOCABULARIO

En el video 9 del DVD, Beth Verrilli de la North Star Academy demuestra una enseñanza ejemplar de la *Participación imprevista* y *Vocabulario* (presentada en el capítulo 11).

La clase de Verrilli está formada por alumnos de primero y segundo de preparatoria en una clase de inglés de nivel avanzado (de ahí lo pequeño de la clase). Observe cómo su uso de la *Participación imprevista* remarca los seguimientos. En repetidas ocasiones les pide a los alumnos que respondan o que den ejemplos de la respuesta previa de otro alumno. Esto establece un nivel fuerte de responsabilidad en una cultura madura entre iguales que es especialmente útil con alumnos más grandes. También aumenta el rigor del salón de clases y mantiene un ritmo fuerte.

En términos de vocabulario, observe cómo en repetidas ocasiones los alumnos utilizan y aplican una versión de la palabra *explotar* y la usan en formas ligeramente diferentes ("explotar", "explota" y "explotó") en contextos en donde las personas (Macbeth) y los conceptos abstractos (la confianza de Duncan) son explotados. Si el objetivo de la enseñanza del vocabulario es que los alumnos tengan un significado más profundo de la palabra y la habilidad de aplicarla correctamente en contextos múltiples (en términos tanto de sintaxis como de significado), los alumnos de Verrilli han avanzado hacia la meta en un tiempo muy corto.

TÉCNICA 23

LLAMAR Y RESPONDER

El elemento básico de **Llamar y responder** es cuando el maestro hace una pregunta y toda la clase dice la respuesta al unísono. Suena sencillo, pero cuando se usa de manera efectiva en todas sus variaciones, *Llamar y responder* puede ser una herramienta excepcional no solamente para hacer participar a los alumnos sino para ayudarlos a tener logros.

Llamar y responder de manera efectiva puede lograr tres objetivos principales:

- *Repaso académico y reforzamiento*. Hacer que los alumnos respondan como grupo asegura que todos den la respuesta. Todos le responden al *pitcher* y el número de alumnos al bat se multiplica de veinticinco a treinta. Cuando un alumno por separado da una respuesta fuerte, pedir al resto de la clase que repita esa respuesta también es una manera efectiva de reforzar. Toda la clase repite lo que aprendió y refuerza al alumno que contestó lo importante que es lo que ha dicho.

- *Diversión de alta energía. Llamar y responder* es enérgica, activa y llena de vida. Se siente animada, como ser parte de una multitud animada o una clase de educación física. A los participantes generalmente les agrada animar e ir a clases de educación física porque lo encuentran vigorizante. La técnica de *Llamar y responder* puede hacer que su clase sea así de vigorizante y que los alumnos deseen estar ahí.

- *Reforzar la conducta*. Existe un beneficio oculto excepcional en *Llamar y responder*: los alumnos responden a una inducción como grupo, justo a la señal, una y otra vez; y hace público este tipo de logro justo a la señal. Todos ven que todos los demás lo hacen. El maestro pregunta; ellos hacen, una y otra vez. Los alumnos no ven la técnica de *Llamar y responder* como un reforzamiento de conducta, sino que hace un hábito del cumplimiento vigorizante, activo y oportuno, que se guarda en la memoria muscular. Esto refuerza la autoridad y el mando del maestro.

Los alumnos no ven la técnica de Llamar y responder *como un reforzamiento de conducta, sino que hace un hábito del cumplimiento vigorizante, activo y oportuno, que se guarda en la memoria muscular.*

Aunque *Llamar y responder* es una técnica bastante sencilla, es fácil subestimarla, enfocándose en sus formas más simplistas: por ejemplo, pedir a los alumnos que repitan aforismos y cánticos. De hecho, existen cinco tipos o niveles de secuencia para *Llamar y responder*, que a continuación se enumeran grosso modo en orden de rigor intelectual, del menor al mayor.

1. *Repetir*: en estas secuencias, los alumnos repiten lo que su maestra ha dicho o completan una frase conocida que la maestra comienza. El tema de la frase puede ser de comportamiento ("¿¡Quiénes somos?! [¡South Side Prep!] ¿Qué hacemos aquí? [¡Aprender y lograr!]") o académico

("Cuando vemos un cero, el modelo… [se detiene y comienza otra vez] el modelo… [se detiene y comienza otra vez]").

2. *Reportar*: a los alumnos que ya han terminado los problemas o las preguntas por sí solos, se les pide que reporten su respuesta ("En el tres, dime tu respuesta al problema número tres"). Esta versión le permite al maestro reforzar más enérgicamente el trabajo académico una vez que se ha terminado.

3. *Reforzar*: el maestro refuerza la información nueva o una respuesta fuerte pidiéndole a la clase que la repita: "¿Alguien me puede decir cómo se llama esta parte de la expresión? Sí, Tere, ése es el exponente. Chicos, ¿cómo se llama esta parte de la expresión?" Todos tienen una interacción activa adicional con nuevo contenido de importancia fundamental, y cuando un alumno proporciona la información, *Llamar y responder* refuerza la importancia de la respuesta ("Mi respuesta fue tan importante que mi maestra le pidió a toda la clase que la repitiera").

4. *Repasar*: aquí se pide a los alumnos que repasen las respuestas o la información que vieron anteriormente en la clase o en la unidad: "Chicos, ¿quién fue la primera persona a quien Teseo encontró en el camino a Atenas? ¿Quién fue la segunda persona? Y ahora, ¿quién fue la tercera?" O, "¿qué palabra de vocabulario dijimos que significaba no tener lo suficiente de algo?"

5. *Resolver*: éste es el más desafiante para hacerlo bien y es el más riguroso. El maestro le pide a los alumnos que resuelvan un problema y digan la respuesta al unísono: "Si la longitud es 10 centímetros y el ancho es 12 centímetros, el área de nuestro rectángulo debe ser, ¿de cuántos centímetros cuadrados, chicos?" El desafío es que cuando se tiene a un grupo de personas resolviendo un problema en tiempo real y diciendo la respuesta, debe haber una sola respuesta clara y una fuerte posibilidad de que todos los alumnos sabrán cómo resolverla. Con esas advertencias en mente, este tipo de *Llamar y responder* es altamente riguroso y, con frecuencia, los alumnos se sorprenden por su habilidad para resolver los problemas en tiempo real.

Para ser efectiva en cualquier forma, *Llamar y responder* debe ser universal, es decir, todos los alumnos deben responder. Para asegurar que éste sea el caso, planee usar una señal específica para indicar el deseo de que los alumnos respondan al unísono ("¡Chicos!" "¡Todos!" "Uno, Dos…", o hasta un gesto no verbal como apuntar con un dedo). Dicho gesto, llamado *señal*, deja en claro cuando el maestro está pidiendo a los alumnos que respondan como grupo y cuando pide que esperen hasta que designe a un alumno para que responda. Esto es de suma importancia. Cada alumno debe saber si la pregunta que ha hecho es:

- Retórica: "¿42 entre 7 es 5?"
- A punto de ser dirigida a un solo niño: "42 entre 7 es, ¿cuánto, Sara?"
- En espera de un voluntario: "¿Quién me puede decir cuánto es 42 entre 7?"
- Hecha con anticipación a todos los alumnos para que la respondan todos: "chicos, 42 entre 7, ¿es…?"

Si los alumnos no saben cómo diferenciar rápidamente y de manera confiable sus expectativas en estos cuatro casos, perderá su habilidad para usar intencionalmente cualquiera de estas técnicas como mejor le parezca. En cambio, pondrá en manos de cada miembro de la clase deducir cuál de los anteriores cree que se aplica en cada ocasión (o le gustaría tener). Si esto sucede, pierde su habilidad para elegir entre revisar la comprensión con un alumno en particular utilizando *Participación imprevista*, hacer que participen todos los alumnos, reforzar a quien levanta la mano con entusiasmo, escoger solamente al alumno que cree que tendrá una buena respuesta, asegurar tiempo de espera para la reflexión antes de que acepte una respuesta, o cualquiera de entre muchos otros trucos de la buena enseñanza. En breve, necesita hacer que los alumnos sepan qué tipo de respuesta espera. Más aún, ¿quién no se estremece al pensar que, estando en una fiesta hablando en un tono de voz fuerte para competir con la música, puede ocurrir de repente que la música se detenga y te encuentres gritando tus pensamientos en una habitación que se queda en silencio? Los alumnos que participan con entusiasmo en *Llamar y responder*, deben saber con seguridad y claridad cuándo hablar en voz alta porque todos lo estarán haciendo y sabrán también que no necesitan temer, pues no serán los únicos que estarán hablando en voz alta. De este modo, para que la técnica de *Llamar y responder* tenga éxito, debe usar una señal confiable y constante y hacer que la participación sea la regla en el 100 por ciento. Una buena señal es la clave para lograr esto, por lo que vale la pena pasar un poco más de tiempo en el tema.

Existen cinco tipos específicos de señales que utilizan los maestros campeones.

El primer tipo de señal se basa en el recuento, por ejemplo: "Preparados, listos...," "Uno, dos...," o "Uno, dos, listos, ustedes..." Éstas tienen la ventaja de dar tiempo a los alumnos para prepararse a responder y, en los salones de clase en donde *Llamar y responder* es especialmente enérgico, para tomar aire y prepararse a decirlo en voz alta tan fuerte como se pueda. También le ayudan a asegurarse de que los alumnos responden al unísono y exactamente a la señal, por lo que estas inducciones pueden ser particularmente efectivas para construir una cultura sólida y positiva. Las señales basadas en el recuento son altamente efectivas en cuanto a que pueden interrumpirse si los alumnos no están totalmente atentos o haciendo el trabajo al acercarse la técnica de *Llamar y responder*. En otras palabras, una cuenta de: "¡Uno, dos, listos, ustedes!", ocasionalmente puede ser interrumpida por el maestro ("Uno, dos... no, no están atentos todos") para mostrar a los alumnos que no están listos mientras se mantiene la expectación de que se avecina la diversión. Finalmente, puede acelerarlos o frenarlos como sea necesario para establecer el ritmo que desea.

Los maestros efectivos pueden comenzar con una señal más larga basada en el recuento y truncarla conforme los alumnos se familiarizan más con ella para ahorrar tiempo. "¡Uno, dos, listos, ustedes!", puede convertirse simplemente en: "¡Uno, dos!" El segundo que se ahorra en la clase como resultado, acelera el ritmo de la enseñanza y asigna más tiempo para aprender. Puede sonar trivial, pero una señal que es un segundo más corta, repetida diez veces al día durante doscientos días, le da media hora de tiempo de enseñanza. En algunos salones de clases, aun esta versión más corta algunas veces es reemplazada por una señal no verbal para agilizarla.

Un segundo tipo de señal es la inducción del grupo. Dos ejemplos comunes son: "¡Todos!" y "¡Chicos!" como en: "¿Cuál es el nombre de la respuesta a un problema de suma? Todos". O: "Chicos, ¿cuál es el factor común más grande de 10 y 16?" Emplear un término colectivo para toda la clase ayuda a fomentar la identidad del grupo, y estas inducciones les recuerdan a los alumnos su expectativa. Decir la palabra *todos* les recuerda a los alumnos que el maestro espera una participación universal, y si fracasara en conseguirla, le permite repetir la secuencia simplemente repitiendo la palabra con un énfasis ligeramente mayor: "tooodos". Los maestros campeones con frecuencia son estratégicos acerca de dónde colocar el incentivo, antes o después de la pregunta. Al decir: "¿Cuál es el nombre de la respuesta a un problema de suma? Todos", les da a los alumnos el tiempo de escuchar y procesar la pregunta antes de que respondan, especialmente si existe una ligera pausa entre la pregunta y el incentivo. Esto lleva un énfasis ligeramente diferente de: "¿Todos, cuál es el nombre de la respuesta a un problema de una suma?" La anterior comienza con el contenido, la última con la expectativa acerca de quién va a responder.

Un tercer tipo de señal es un gesto no verbal: un dedo que señala, una mano que se baja desde la altura del hombro, un movimiento circular con el dedo. Éstos tienen la ventaja de la velocidad y no necesitan que se interrumpa el flujo de la lección. Si se usan de manera consistente, pueden ser poderosos. También pueden ser desafiantes en cuanto a que el tono tiene que ser el correcto o podrían parecer la reprimenda de una maestra regañona. (Imagine lo mal que se escucharía una maestra que chasquea los dedos cuando quiere que sus alumnos respondan en voz alta; al mismo tiempo, he visto maestros que emplean este método con un gran éxito.) También es fácil perder la consistencia con señales no verbales, una tendencia que puede ocasionar desafíos a largo plazo. Sin embargo, ésta es la opción de muchos maestros de excelencia.

Un cuarto tipo de señal es emplear un cambio en el tono y el volumen. El maestro aumenta el volumen en las últimas palabras de una oración y modula su tono para dar a entender una pregunta: los alumnos reconocen esto como un incentivo y responden de manera concisa. Este método es por mucho, la señal más delicada y la más propensa al error. Con mayor frecuencia, este tipo de señal es la que los maestros comienzan a usar más, con el tiempo, después de dominar los métodos más sencillos. Tiene la ventaja de ser fluido, rápido y natural, pero probablemente no debe emplearlo mientras desarrolla esta habilidad. Además, si confía en ésta, cabe esperar que ocurran cierta cantidad de inconsistencias. En ese caso, debería tener preparada una señal de uno de los tipos anteriores como respaldo para usarlo para responder si los alumnos pierden una señal.

El último tipo de señal es especializado: indica una respuesta específica para los alumnos. En muchos salones de clases que las utilizan, hay múltiples señales como éstas, cada una indicando un tipo de respuesta diferente. Por ejemplo, Bob Zimmerli enseña a sus alumnos una canción que enumera los múltiplos de todos los números superiores a 12. Después de que les ha enseñado estas canciones, puede incentivarlos con señales especiales. Si dice, por ejemplo: "Sietes en dos. Uno, dos…", sus alumnos responderán cantando: "7, 14, 21, 28, 35, 42…", en el tono de una canción popular. Si dice: "Ochos en dos. Uno, dos…", sus alumnos responderán con una canción diferente y con números diferentes. O, en un ejemplo diferente, podría enseñar a sus alumnos a responder siempre a la señal: "¿Por qué estamos aquí?", con la respuesta: "¡Para aprender! ¡Para lograr!" Una vez que los alumnos aprendieron esa conexión, ya no tendrá que ofrecer un recordatorio de que está esperando una respuesta ("¿Listos, todos?"). De repente diría: "¿Por qué estamos aquí?", y sus alumnos estarían cantando. Esta forma de señal puede ser especialmente divertida para alumnos y maestros. Hay algo emocionante acerca de un maestro que hace una pregunta simple e inofensiva, y de repente toda la clase está cantando y repitiendo al unísono.

Los maestros han desarrollado una amplia variedad de trucos que le agregan valor a la técnica de *Llamar y responder* y la hacen útil en situaciones particulares. A continuación se presentan tres maneras efectivas de adaptar y aplicar esta técnica:

- Combinarla e intercalarla con *Participación imprevista*. Pasar de la responsabilidad individual a la del grupo aumenta el nivel de atención de los alumnos y crea la tensión de lo inesperado, haciendo la clase más emocionante para los alumnos.

- Hacer más alegre la técnica de *Llamar y responder* pidiendo a subgrupos dentro de la clase que respondan al unísono ante algunas señales. Por ejemplo, haga una pregunta de *Llamar y responder* a los niños y después a las niñas, el lado izquierdo del salón y después el derecho, el frente y después la parte de atrás. Este giro inesperado hace que la técnica sea más interesante e inesperada para los alumnos, factores que son probables de atraerlos de manera más plena en la clase.

- Agregar un gesto físico: los alumnos cruzan los dedos simulando el signo de suma mientras dicen en voz alta la respuesta a una suma: "¡La suma!" Apuntan sus dedos al cielo y cantan: "¡Al techo!", cuando se les pregunta a dónde van los números que "se llevan" cuando resuelven una suma. A veces, al incluir un gesto físico, los maestros obtienen dos ventajas: les dan a los alumnos una forma de estar físicamente activos en clase, lo que los mantiene alerta y moviéndose y les da algo positivo que hacer, no solamente que decir. Para los alumnos que luchan por estar sentados y quietos, esto es un gran alivio. Al agregar una señal visual, especialmente una que no es aleatoria sino que el gesto refleja la respuesta correcta (los dedos cruzados), el maestro puede observar mejor a los alumnos que se esconden mientras que los otros participan y aumenta su habilidad para evaluar el nivel de comprensión de los alumnos.

IDEA ESENCIAL

LLAMAR Y RESPONDER

Utilizar la respuesta grupal en coro (el maestro pregunta; ellos responden al unísono) para construir una cultura de compromiso enérgico y positivo.

Si se implementa de manera efectiva, *Llamar y responder* puede atrapar enseguida a todos los alumnos en una actividad emocionante, enérgica y motivante que llene la clase de vigor. Es extremadamente útil como parte de una estrategia de participación activa más grande, y tiene efectos secundarios positivos en lo que se refiere al comportamiento. Construye el hábito de cumplimiento de una manera sutil pero poderosa. Cuando participan en *Llamar y responder*, los alumnos hacen un hábito de hacer lo que la maestra les pide, una y otra vez, sin siquiera darse cuenta de que están practicando esa habilidad. Sin embargo, *Llamar y responder* tiene riesgos e inconvenientes que todo maestro debe considerar:

- *Puede admitir "parásitos"*. Si no sé la respuesta o si no quiero participar, puedo mover mis labios y fingir. Si le preocupan los parásitos, considere agregar un gesto a la respuesta, el cual proporcione tanto una manera auditiva como una visual para probar la participación.

- *No permite una verificación efectiva de la comprensión.* En el entusiasmo de muchos alumnos por responder correctamente, los alumnos que están confundidos se pueden esconder con facilidad, articulando respuestas u observando a sus compañeros y uniéndose a la segunda y tercera repeticiones.

- *Refuerza la cultura de comportamiento en el salón de clases solamente si es tajante.* Si los alumnos perciben que pueden utilizar sus respuestas para probar las expectativas del maestro forzando sus respuestas, respondiendo de una manera ridícula o gritando, o respondiendo fuera de sincronía, lo harán. Por lo tanto, el maestro debe hacer que la respuesta clara sea una prioridad. Cuando la respuesta a su pregunta se parece a cualquiera de éstas, debe corregir de manera enérgica y positiva con algo como: "Me gusta su energía, pero necesito escuchar que responden justo a la señal. Intentémoslo otra vez".

TÉCNICA 24
PEPPER GAME

Durante décadas los jugadores de beisbol han calentado para los juegos y las prácticas con un juego que se llama *pepper game*. En un grupo de cuatro o cinco jugadores, uno sostiene un bat, y el resto se paran en un círculo frente al bateador, a varios metros de distancia, con los guantes listos. Un jugador lanza la pelota al bateador. Sin detenerse a atraparla, el bateador la golpea con el bat regresándola al grupo; el jugador más cercano la devuelve y, otra vez sin detenerse, la lanza al bateador, quien la golpea de regreso a otro jugador. El juego es rápido, proporcionando docenas de oportunidades para practicar las habilidades de lanzamiento y bateo en un corto periodo de tiempo y en un ambiente enérgico y a un ritmo rápido. A diferencia de la práctica formal, no propone enseñar habilidades nuevas o la estrategia del juego; es un refuerzo de las habilidades.

Pepper game, la técnica de enseñanza con el mismo nombre, también utiliza el ritmo rápido, las actividades orientadas al grupo, y la revisión de la información conocida y de las habilidades fundamentales. Un maestro lanza preguntas rápidamente a un grupo de alumnos y ellos responden. El maestro generalmente no desacelera para involucrarlos o discutir una respuesta; si es correcta, simplemente hace una nueva pregunta a otro alumno. Si es incorrecta, hace la misma pregunta a otro alumno, aunque algunas veces puede ser al mismo alumno, siempre manteniéndose en movimiento. Ésa es la técnica: una revisión rápida e impredecible de los fundamentos (en el juego real, nunca se sabe quién va a atrapar la pelota) con muchas oportunidades de participación en una sucesión rápida.

Pepper game es una actividad maravillosa para calentar. Muchos maestros la incluyen como parte de los ejercicios orales al inicio de la clase, pero también es efectiva como un paréntesis animado para traer energía a la clase o como una parte enérgica de una revisión, tal vez para resumir el material una vez más antes de una evaluación. Es perfecta para llenar los diez minutos perdidos dentro o fuera del salón con diversión productiva y atractiva.

Ya que un problema de *Pepper game* es que se confunde fácilmente con *Participación imprevista*, una buena manera de llegar al siguiente nivel de especificidad de la técnica es analizar algunas de las formas en las que es diferente.

Primero, aunque *Pepper game* con frecuencia involucra la *Participación imprevista*, no necesariamente tiene que hacerlo. Con este juego, el maestro puede tomar en cuenta las manos levantadas si lo prefiere, preguntando a los voluntarios rápidamente y con energía, ya sea desde el inicio o después de un breve periodo de *Participación imprevista* para atraer a los alumnos. Más típicamente, veo que se hace de este último modo: el juego comienza con *Participación imprevista*, pero conforme los alumnos se involucran y entusiasman, comienzan a levantar la mano, con frecuencia impacientemente, en cuyo punto, el maestro hace una transición hacia la versión de *Pepper game* que hace participar a casi todos los alumnos voluntarios.

Segundo, *Pepper game* casi siempre hace preguntas fundamentales rápidas, con frecuencia como repaso. Es diferente de *Participación imprevista*, la cual puede involucrar preguntas de cualquier nivel o tipo. Estaría bien que hiciera *Participación imprevista* a un alumno para hablar de las causas principales de la Independencia, pero es menos probable cubrir ese contenido en un juego como éste. Ya que con frecuencia es un medio de revisión, los maestros se mueven de una unidad a otra en el juego. Hacen preguntas acerca de los cuadriláteros por dos o tres minutos y después cambian a una serie de preguntas acerca de la geometría de coordenadas, y frecuentemente lo hacen aun con temas que no están totalmente relacionados. En una clase de historia y geografía, podría tomar unos minutos para revisar los mapas seguidos de unos minutos en las colonias originales.

Tercero, *Pepper game* es un juego. (A los jugadores de beisbol les encanta porque es una pausa en el entrenamiento.) De este modo, el maestro utiliza indicadores que subrayan a los alumnos que están jugando. En algunos casos, puede significar que les pida a todos los alumnos que se pongan de pie, o puede preguntar a los alumnos en una forma especial, algo que no haría fuera del juego. En el juego el tiempo se comprime, y el juego tiene un fin y un inicio que son claros. A continuación se presentan algunas variaciones que los maestros utilizan para enfatizar los aspectos divertidos de la técnica:

- *Palitos seleccionadores*. Una característica del *Pepper game* es su imprevisibilidad: a dónde va cada pregunta, nadie lo sabe. Muchos maestros llevan esto un paso más adelante y utilizan mecanismos para manipular la aleatorización, de manera más frecuente por ejemplo, usando palitos de paleta rotulados con el nombre de cada alumno (y por eso se llaman *palitos seleccionadores*) tomados al azar de una lata, pero también incluyendo otras variaciones, como la generación aleatoria de números en una computadora. En dicho sistema, los maestros en muchos casos recurren a la aparente asignación aleatoria de la participación. Ya sea que los alumnos se den cuenta o no, un maestro que saca palitos seleccionadores conserva la capacidad de dirigir preguntas como lo desee. El consejo de un maestro explica lo que quiero decir: "Recuerde, ¡solamente el maestro sabe qué nombre se encuentra realmente en el palito de paleta!" Puede tomar el palito de Juan pero decir el nombre de Susana. Elegir un palito tiene la desventaja de consumir el mismo tiempo que para hacer una pregunta: le desacelera a la mitad de tiempo.

MAESTROS EN ACCIÓN: VIDEO 10

PEPPER GAME Y CADA MINUTO CUENTA

En el video 10 del DVD, Annette Riffle de la North Star Academy demuestra *Pepper game*. El aspecto más convincente de esta escena no es solamente el uso de preguntas en ráfaga por parte de Riffle en una sucesión rápida, como lo dicta el juego, sino la manera como ella hace el uso del tiempo eficiente, o más precisamente, urgente. En su salón de clases, cada minuto cuenta (véase la técnica con este nombre en el capítulo 8), hasta el minuto cuando el alumno hace su trabajo en el pizarrón se puede maximizar.

- *Frente a frente*. Un maestro que utiliza frente a frente comienza por tener a dos alumnos de pie para responder la pregunta. El alumno que obtiene primero la respuesta correcta, permanece de pie para competir contra un nuevo retador. Lo que esta técnica pierde en previsibilidad, se compensa por el beneficio de una competencia amigable. Al usar esta parte de la técnica, se enfatizan los mismos aspectos del *Pepper game normal*: ritmo rápido, preguntas cortas y sencillas acerca de los fundamentos, y atención limitada a las respuestas equivocadas. La competencia favorece que se calienten los ánimos y hasta que se quiera defender lo correcto de lo incorrecto ("¡Pero yo dije eso!"). Los mejores maestros continúan avanzando y no se involucran en dichas distracciones. De otra manera hay mucha plática acerca del juego y poca acción.

- *Siéntate*. Esta variación, generalmente realizada al principio de la clase, comienza con todos los alumnos de pie y el maestro realizando *Pepper game* con las típicas preguntas rápidas. Los alumnos "ganan sus lugares" (se sientan) al responder correctamente. Otra vez, el maestro no se mete con las respuestas excepto para señalar con un gesto que el alumno se puede sentar. Este juego se puede jugar al revés (pararse), digamos, para determinar el orden para ir a tomar el almuerzo.

Ya que *Pepper game* se trata de velocidad, rara vez verá a los maestros detenerse para discutir y analizar las respuestas incorrectas. Pueden pedir a otros alumnos que las corrijan, pero el objetivo es casi siempre mantener el ritmo activo.

TÉCNICA 25
TIEMPO DE ESPERA

Otra técnica para aprovechar el poder de las ideas y de los alumnos que no son los primeros en participar cuando el maestro hace una pregunta es **Tiempo de espera:** demorarse unos segundos estratégicos después de que terminó de hacer una pregunta y antes de que le pida a un alumno que comience a responderla. Mary Budd Rowe, catedrática en educación en la Universidad de Florida hasta su muerte en 1996, fue pionera en la investigación del tiempo de espera y mostró que el típico maestro permite un segundo de espera después de cada respuesta y permite más de un segundo y medio de espera antes de tomar una respuesta.

Los desafíos y limitaciones planteados por dicho hábito son significativos. Las respuestas que puede esperar obtener después de menos de un segundo de reflexión probablemente no sean las más brillantes, las más reflexivas, o las más desarrolladas que puedan generar los alumnos. Y tomar las respuestas después de solamente un segundo sistemáticamente, anima a los alumnos a levantar la mano con la primera respuesta que se les viene a la mente para participar, más que con la mejor. Finalmente, esta falta de tiempo de espera hace más probable que el maestro desperdicie tiempo procesando una respuesta deficiente antes de que hable acerca de una buena respuesta. Irónicamente, esperar y asegurar que emplea su tiempo en las respuestas iniciales de más alta calidad en realidad puede ahorrarle tiempo.

La mente trabaja rápido y la cantidad de tiempo adicional necesario para mejorar la calidad de las respuestas puede ser pequeña. Algunas investigaciones han demostrado que cuando a los alumnos se les da de tres a cinco segundos de tiempo de espera después de una pregunta, es probable que sucedan varios puntos clave:

La mente trabaja rápido y la cantidad de tiempo adicional necesario para mejorar la calidad de las respuestas puede ser pequeña.

- Es probable que aumente la amplitud y corrección de las respuestas de los alumnos.
- Es probable que disminuya el número de fracasos al responder (aquellos que dicen: "no sé").
- Es probable que aumente el número de alumnos que se ofrecen a responder.
- Es probable que aumente el uso de evidencias en las respuestas.

Pero esperar no es tan sencillo como simplemente hacer una pausa o contar mentalmente hasta tres. Primero, es difícil disciplinarse para permitir que pase el tiempo después de una pregunta; hacer nada no necesariamente le ayuda a hacerlo bien. Segundo, y más importante, no necesariamente es evidente para los alumnos la manera como deberían responder a su espera, especialmente cuando no han pasado suficiente tiempo en escuelas donde se espera una reflexión rigurosa o se les entrena para ello, o que pueden sustentar un entorno de comportamiento en donde la reflexión, más que holgazanear, es probable que llene el espacio entre la pregunta y la respuesta.

Mientras entrena y acultura a sus alumnos para convertirlos en estudiosos y que se habitúen al comportamiento que conduce al éxito, debe considerar el mejorar su uso del *Tiempo de espera* narrándolo. Los maestros que utilizan este *Tiempo de espera narrado* hacen la técnica más deliberada y productiva, es decir, más probable que dé como resultado las posibles consecuencias positivas que pueden ocurrir cuando se utiliza *Tiempo de espera*. Proporcionan una guía a sus alumnos de lo que deberían estar haciendo con sus tres segundos para que sean más productivos. Explican tácitamente por qué están esperando y les dicen, por ejemplo:

1. "Estoy esperando más manos".
2. "Me gustaría ver por lo menos quince manos antes de que escuchemos una respuesta".
3. "Estoy esperando que alguien pueda conectar esta escena a otra obra, de preferencia *Macbeth*".

4. "Voy a darles mucho tiempo porque esta pregunta es difícil. Su primera respuesta puede no ser la mejor".
5. "Veo jóvenes que están pensando mucho y anotando algunos pensamientos. Les daré a todos unos segundos para hacerlo".
6. "Veo jóvenes que regresan al capítulo para ver si pueden encontrar la escena. Eso parece una gran idea".
7. "Estoy buscando a alguien que apunte en el pasaje el lugar en donde pueden encontrar la respuesta".
8. "Comenzaré a tomar las respuestas en diez segundos".
9. "Comienzo a ver más manos ahora. Cuatro, cinco, siete. Grandioso. Comienzan a sentirse cómodos al arriesgarse".

Observe el énfasis diferente de esta secuencia narrada. La primera solamente sugiere que al maestro le gustaría ver más alumnos participando. La segunda establece un objetivo en grupo para la participación y, por medio del uso de *nosotros*, hace que la respuesta a la pregunta sea un proyecto colectivo. La tercera le da a los alumnos algo específico y útil para reflexionar: cómo se conecta esta escena con algo más que ya han leído. En otras palabras, ¿cómo sería una respuesta especialmente útil? La cuarta impulsa a los alumnos para que revisen su trabajo dos veces y desarrollen por lo menos una segunda posibilidad. La quinta narra las formas prácticas de la actividad productiva en clase por parte de los alumnos (anotar pensamientos) y sugiere a los otros alumnos que también lo intenten. Otra vez, enfatiza cómo ser productivo durante el tiempo de espera. La sexta elige una actividad similarmente productiva para involucrarlos en la generación y desarrollo de ideas. Esto aumenta la probabilidad de que el maestro reciba una respuesta de los alumnos basada en la evidencia. La séptima tiene un énfasis parecido pero pide a los alumnos que afirmen que han realizado el trabajo productivo en el periodo intermedio señalando la respuesta. También aumenta la confiabilidad con la que el maestro puede elegir intencionalmente una respuesta correcta o incorrecta. La octava permite a los maestros dar a los alumnos un periodo prolongado de respuesta (podría ser más largo si así lo desea) y anima a intentar arriesgarse cuando no están seguros de la respuesta.

El punto es que los maestros de alto nivel utilizan la narración del periodo intermedio durante su espera para incentivar y reforzar los comportamientos específicos que serán más productivos para sus alumnos durante ese tiempo. Enseñan aunque estén esperando.

MAESTROS EN ACCIÓN: VIDEO 11

TIEMPO DE ESPERA

En el video 11 del DVD, Colleen Driggs de la Rochester Prep modela *Tiempo de espera.* Pregunta a qué género se parece la historia que sus alumnos acaban de leer. Su objetivo es provocar que los alumnos piensen de manera activa acerca de la historia y revisen y evalúen una variedad de opciones antes de elegir la mejor respuesta. Un trabajo como ése toma tiempo, y los alumnos deben utilizar su tiempo con sabiduría. Así que además de esperar casi veinte segundos entre su pregunta y el alumno al que le pregunta, proporciona una guía acerca de cómo utilizar ese tiempo precioso para ser alumnos fuertes:

- "Pueden usar sus notas si es necesario". *Mensaje:* hagan un hábito de usar sus notas para ayudarse a responder las preguntas.
- "Les daré un tiempo para pensar". *Mensaje:* esta respuesta podría tomar algún tiempo y requiere que piensen en ella.
- A un alumno: "Qué bien hiciste en usar tus notas". *Mensaje:* enfatiza cómo usar *Tiempo de espera* de manera productiva. Éste es también un ejemplo fuerte de un elemento esencial de *Elogio preciso* (técnica 44 en el capítulo 7): se elogian los comportamientos reproducibles del alumno.

TÉCNICA 26
TODOS ESCRIBEN

Recientemente observé una rigurosa lección de lectura en secundaria en la muy prestigiada Boston Collegiate High School. La maestra guió a sus alumnos a través de un debate de la compleja narrativa del cuento corto de Tim O'Brien, "El hombre a quien maté", de su libro *Las cosas que llevaban*. En la historia, el narrador (tal vez O'Brien, tal vez no) describe en primera persona su propia incapacidad para hablar a otros acerca de matar a un combatiente enemigo durante la Guerra de Vietnam. En uno de los momentos culminantes de la lección, la maestra les hizo a los alumnos una pregunta inteligente y demandante: "¿Por qué alguien escribe una historia acerca de no poder hablar de lo que hizo, y al hacerlo, habla de ello?"

Me llamó la atención por dos cosas: primero, por lo afortunados que eran los alumnos al estar en un salón de clases con una maestra que hacía preguntas demandantes e intuitivas con plena fe en que podían responderlas. Segundo, me llamó la atención la respuesta de los alumnos, la cual fue el silencio. Veían a la maestra un tanto inexpresivos, y ella, al final intervino y les entregó un buen resumen de su pensamiento como para responder. Era un resumen bueno pero no un debate exitoso, y el resultado fue una proporción más baja: la maestra hizo el trabajo cognitivo.

Observando a los alumnos mientras luchaban con la pregunta, me llamó la atención la paradoja de su seria confusión. Ningún alumno puso los ojos en blanco; ninguno miró por la ventana con nostalgia y se desconectó. Querían responder, algunos de ellos hasta estirando el cuello como esperando comprender. Y después se advertía en sus ojos la esperanza de que la maestra no les preguntara. Éste fue un momento decisivo: la maestra hizo exactamente el tipo de pregunta que empuja a los alumnos más allá de su actual comprensión y conocimiento de la literatura, el tipo de pregunta que ejemplificó las verdaderas expectativas de preparación para la universidad, y fue recompensada con un gran silencio descendente.

¿Hay alguna forma de evitar esa paradoja? Para responder, debo considerar lo que me costaría a mí responder la pregunta de la maestra. La respuesta es que necesitaría un minuto, hasta medio minuto, para pensar y, más importante, para escribir: para tomar nota de mis pensamientos y batallar para ponerlos en palabras. Con tiempo para reflexionar y comenzar a convertir los pensamientos en palabras, tendría una mejor oportunidad de estar listo para participar y, de manera ideal, a cierto nivel de profundidad, porque mis ideas serían mejores y yo me sentiría más confiado de ellas.

IDEA ESENCIAL

TODOS ESCRIBEN

Prepare a sus alumnos para una participación rigurosa dándoles la oportunidad de reflexionar primero por escrito antes de debatir. Como la autora Joan Didion dice, "escribo para saber lo que pienso".

Al igual que Joan Didion, con frecuencia tengo que escribir para saber qué pienso. En la universidad, escribiendo ensayos al margen de mi comprensión, algunas veces realmente no comprendía cuál era mi tesis hasta que la escribía. Solamente cuando el ensayo estaba terminado, mis ideas podían concretarse y fusionarse de una forma organizada. En retrospectiva, mi participación en debates de literatura podría haber sido diez veces mejor si hubiese sucedido después de escribir un ensayo, un hecho que reconocí cuando uno de los mejores profesores con quien estudié pidió a sus alumnos una reflexión breve y por escrito como boleto de entrada a la clase de cada día. En esa clase, donde todos escribían primero, la conversación comenzaba en donde en otras clases terminaba. Otro de mis mejores profesores describió "noción" como algo muy cercano a una idea. Como muchos otros alumnos, pasé mucho tiempo hablando de nociones en la universidad y, yo diría, es en la escritura en donde surgen las ideas.

Los maestros efectivos también preparan a sus alumnos para sostener debates rigurosos y lograr conclusiones precisas dándoles la oportunidad de reflexionar primero por escrito antes de comenzar el debate. Ésta es la base de **Todos escriben,** una técnica en la que los maestros les piden a los alumnos que se preparen para un pensamiento y debate más ambicioso reflexionando por escrito durante un corto periodo de tiempo.

En un sentido más amplio, la mayoría de los debates en clase están estructurados, sin darse cuenta, alrededor de la falsa suposición de que primero se deben generar las ideas o que los primeros alumnos que levanten la mano serán los que más contribuyan a una conversación productiva: haga una pregunta, recurra a la mano que se levanta. Pero la primera respuesta no es siempre la mejor respuesta. Algunos alumnos necesitan más tiempo para generar ideas buenas o para sentirse lo suficientemente confiados con sus ideas para ofrecerse a compartirlas. Las ideas se hacen mejores aun para los alumnos que levantan la mano inmediatamente cuando se benefician con algunos momentos de reflexión.

Existen por lo menos seis beneficios de la técnica de *Todos escriben*:

1. Con frecuencia le permite al maestro elegir las respuestas efectivas para comenzar sus debates ya que puede revisar las ideas de sus alumnos por adelantado caminando por el salón y leyendo por encima de su hombro.

2. Le permite hacer participaciones imprevistas de manera sencilla y natural ya que sabe que todos están preparados con sus reflexiones y simplemente preguntar: "Ariel, ¿qué escribiste?, para dar inicio.

3. Le permite dar a cada alumno la oportunidad de participar en la conversación, no solamente a los que pueden levantar la mano rápido.

4. El procesamiento de pensamientos por escrito los perfecciona, un proceso que desafía a los alumnos intelectualmente, los motiva y mejora la calidad de sus ideas y de su escritura.

5. El maestro establece estándares o dirige a los alumnos en una dirección que cree es especialmente fructífera. Por ejemplo, podría aconsejarles escribir una oración definiendo la palabra del vocabulario *imperceptible* y pedirles que se aseguren de que su oración deje en claro que *imperceptible* es diferente de *invisible*. O podría pedirles a los alumnos que describan lo que los Capuleto piensan de los Montesco en *Romeo y Julieta* y después presionarlos para que comprendan la intensidad del odio pidiéndoles que escriban su respuesta en las palabras que utilizaría un miembro de la familia.

6. Los alumnos recuerdan el doble de lo que están aprendiendo si lo anotan.

Con todas estas ventajas de la escritura, vale la pena buscar cada oportunidad para hacer que sus alumnos escriban (no solamente para mejorar sus escritos sino para mejorar la calidad del pensamiento que alimenta las discusiones en puntos clave de la lección).

MAESTROS EN ACCIÓN: VIDEO 12

TODOS ESCRIBEN

En el video 12 del DVD, Art Worrell de la North Star Academy demuestra *Todos escriben*. Comienza la secuencia haciendo al grupo una pregunta profunda y desafiante: "¿Cuáles son las características o cualidades que un individuo debe tener para cambiar la historia?" Ésta es una pregunta verdaderamente enriquecedora e importante, pero pregúntese: ¿qué diría el primer alumno que levantara la mano sin hacer una reflexión? ¿Cuál sería la calidad de la respuesta y del debate subsecuente? Y, ¿qué tan listos estarían los alumnos para cimentar sus argumentos en la evidencia?

Worrell se anticipa a esto y pide a todos sus alumnos que comiencen a escribir las respuestas. Les pide que hagan una lluvia de ideas acerca de: "dos o tres características que debe tener un individuo". Esta indicación es fundamental y subraya el poder de esta técnica. Si toma las repuestas sin pedir a todos que escriban, realmente puede estar pidiendo a los alumnos que piensen y que conserven una sola respuesta en su cabeza. La técnica *Todos escriben* le permite a Worrell aumentar instantáneamente el rigor y la cantidad de pensamiento que los alumnos realizan y también enfatiza el importante hecho de que existen muchas respuestas.

Observe también el nivel de preparación de Worrell. Les ha dado espacio en el material de trabajo para que puedan realizar la lluvia de ideas. Esto reduce el costo de transacción de la actividad (sin divagar para buscar un pedazo de papel) y asegura que los alumnos guardarán un registro de su pensamiento. Y por supuesto, la prueba está en los hechos: hay muchos voluntarios para responder (y si no los hubiera, sería fácil la participación imprevista) con respuestas de alta calidad que llevarán a un debate fructífero.

Estos seis beneficios funcionan por lo menos en tres ejes: aumentan la calidad de las ideas discutidas en la clase y expanden el número de alumnos que probablemente participen y su disponibilidad para hacerlo. Y sin importar en realidad quién hable, el ejercicio aumenta la proporción ya que ocasiona que todos respondan la pregunta, no solamente quienes hacen el debate.

TÉCNICA 27
VEGAS

Vegas no es la chispa por la chispa en sí. Refuerza no solamente lo académico en general, sino uno de los objetivos de aprendizaje del día.

"Cada lección necesita un poco de **Vegas**", comenta David Levin, fundador y director de las escuelas de alto rendimiento KIPP. *Vegas* es la chispa, el momento durante la clase cuando puede observar algunos valores de producción: música, luces, ritmo, baile. *Vegas* envuelve a los alumnos en un poco de magia, pero no se engañe: *Vegas* no es la chispa por la chispa en sí. Refuerza no solamente lo académico en general, sino uno de los objetivos de aprendizaje del día. Es alegre pero, con frecuencia, corta, dulce y precisa. Una vez hecha, hecha está.

Vegas puede ser el intermedio de treinta segundos cuando los alumnos hacen el "movimiento de la acción del verbo", cantan la "canción de la división larga" o compiten para ver quién puede hacer el mejor acertijo con la palabra de vocabulario del día. Es el momento cuando los alumnos compiten para ser campeón del común denominador de quinto grado o para terminar como el rey de la Montaña de Geografía. Es un corte comercial para recordarle los nombres de todos los estados del Norte. Es la presentación teatral de la historia que acaban de leer, discutir en voz baja o con gran entusiasmo o, mejor, una combinación de ambos. Los momentos *Vegas* tienen que desarrollarse e implementarse con cuidado, de lo contrario pueden distraer a los alumnos del trabajo y pueden hacer tanto daño como beneficio. A continuación se presentan un par de principios de diseño de sonido:

- **Valores de producción.** Los intérpretes varían su tono y ritmo, murmurando ocasionalmente para dar énfasis, más tarde hablando con una voz retumbante, algunas veces hablando muy despacio, algunas veces acelerando. Mike Taubman de la North Star Academy utiliza esto cuando lee y discute un cuento con sus alumnos. Durante una discusión de la fábula del Flautista de Hammelin, por ejemplo, pidió a los alumnos que dedujeran la lección. En manos de Taubman, el drama de la historia era evidente, aun en su resumen del final, el cual utilizó para ayudar a sus alumnos a reflexionar en la lección. Su ritmo era rápido y su voz fuerte, y narró los últimos momentos del cuento: "Se lleva a los niños y los esconde en una cueva oscura". Conforme Taubman se acercaba al final, desaceleró y bajó la voz, pronunciando la última palabra, *por siempre*, en un susurro lento, tajante, haciendo notar las dos palabras: "por siempre". Mientras completaba su dramático resumen, sobrevino un momento de silencio, y después casi todas las manos saltaron al aire para explicar la lección. Los sencillos valores de producción que añadió cuando lo volvió a contar, atrajeron exitosamente a sus alumnos.

- **Como un grifo.** David Berkeley de la Boston Preparatory Charter School realzó su estudio del objeto directo permitiendo a los alumnos exclamar literalmente "oooh" y "aaah" siempre que se mencionaba uno. Para la creación de este momento de *Vegas*, Berkeley instruyó a sus alumnos: "tiene que ser como un grifo. Lo abres, después lo cierras. Y cuando digo que está cerrado, está cerrado".

Al discutir la oración: "Mami puso al bebé en la cuna", las *Vegas* de Berkeley serían algo así:

Berkeley: Aquí está nuestro verbo, *puso*, y al final viene una frase, *en la cuna*. ¿Qué tipo de frase es, Carlos?
Carlos: Es una frase preposicional.
Berkeley: ¿Y entre las dos, Sharon, qué hay?
Sharon: Es un objeto directo.
Todos: Oooh. Aaah.
Berkeley: Correcto, Sharon, ¡un fabuloso y nuevecito objeto directo!
Todos: Oooh. Aaah.
Berkeley: Samuel Jiménez, ¡dile a Sharon qué sucede con el objeto directo (pausa para oohes y aaahs)!
Samuel: Es sobre el cual recae la acción de un verbo.
Berkeley: [Haciendo el movimiento de un grifo para señalar que oooh y aaah ya terminaron] Perfecto. ¿Qué acción recae en el bebé en esta oración, Lety?

La parte final es fundamental. Atrae para jugar, pero si el juego continuara, distraería a los alumnos del trabajo de clase e interferiría con la habilidad de Berkeley para enseñar porque sería interrumpido cada vez que dijera "objeto directo". Necesita iniciar un juego divertido que pueda controlar, no crear un monstruo que cobre vida por sí mismo. Puede activarlo y desactivarlo durante la lección pero no puede perder el control de ello. Bien, *Vegas* comienza, es divertido y después se termina; no continúa surgiendo cuando el maestro da la espalda, y nadie comienza una canción cuando no se ha pedido que así sea. Cuando sucede, se deben tomar medidas de inmediato.

- **Mismo objetivo.** *Vegas* siempre tiene un objetivo de aprendizaje específico y debe tener el mismo objetivo que el de la lección o, cuando mucho, revisar lo previamente dominado pero con contenido relacionado. Berkeley eligió *Vegas* para agregar un poco de juego tipo espectáculo a su estudio de los objetos directos, pero su objetivo era ayudar a sus alumnos para enfocarse y reconocer cuándo aparecía el objeto directo en las oraciones. Apoyaba su objetivo más que distraerlo.

- **Línea del coro.** En *Vegas*, todos en el espectáculo cantan al mismo tono y hacen los mismos pasos exactamente al mismo tiempo. En los salones de clases, todos deben conocer las reglas. Si es una canción, todos deben conocer las palabras y los pasos. Si es un enfrentamiento de multiplicación, los alumnos tienen que saber cuándo ponerse de pie, cómo jugar, qué hacer si pierden, y así sucesivamente, y todos deben seguir esas reglas. Si permite a los alumnos que canten cualquier canción que deseen o que suelten una ovación, está buscando problemas.

- **Preciso.** En cualquier actividad grupal, los participantes pueden expresar sutilmente su desdén por la actividad y por su líder participando en forma mal intencionada: cantar fuera de tono, o demasiado fuerte, exagerando el baile o probando un gesto obsceno. Un buen *Vegas* tiene que dirigirse de manera vigilante, de modo que tan pronto como se salga de tono, se corrija inmediatamente y se refuercen los estándares de excelencia. Para obtener sugerencias sobre cómo hacerlo, tal vez quiera leer acerca del manejo de las técnicas de comportamiento como *Qué hacer* (técnica 37), *Háganlo otra vez* (técnica 39), *Encuadre positivo* (técnica 43), *100 Por ciento* (técnica 36) y *Voz fuerte* (técnica 38).

REFLEXIÓN Y PRÁCTICA

1. Muchos de los maestros con los que trabajo piensan que de todas las técnicas que se encuentran en este libro, *Participación imprevista* es la que tiene la capacidad más grande y rápida para cambiar la cultura del salón de clases. ¿Por qué cree que se interesan tanto en ella?
2. Tome el plan de clase para una clase que esté preparando, identifique tres puntos en donde sería benéfico usar la técnica de *Participación imprevista* y márquelos. Elabore un guión de sus preguntas y anótelas en su plan de clase. Anote los alumnos a los que les pedirá una *Participación imprevista.*
3. Tome el mismo plan de clase, y márquelo para agregar dos sesiones cortas de la técnica de *Llamar y responder.* Otra vez, elabore un guión de sus preguntas. Trate de hacer preguntas en los cinco niveles y anote la señal que utilizará.
4. Marque su lección una vez más, identificando esta vez un lugar en donde todos sus alumnos escribirán respuestas para su pregunta antes del debate. Asegúrese de considerar en dónde van a escribir y cuáles serán las expectativas. (¿Recogerá su trabajo? ¿Se necesitan oraciones completas?)
5. Elabore una lista corta de lo que quiere que sus alumnos hagan o piensen cuando utilice *Tiempo de espera.* Escriba dos o tres guiones que pueda poner en práctica y usar mientras enseña para reforzar los comportamientos académicos efectivos y disciplinarse para esperar.

CAPÍTULO 5

CREE UNA SÓLIDA CULTURA DEL SALÓN DE CLASES

Las técnicas en el capítulo 5 (así como aquellas en los capítulos 6 y 7) se enfocan en construir la cultura del salón de clases, haciendo de su salón un lugar en donde los alumnos trabajan duro, se comportan, modelan un carácter fuerte y realizan su mejor esfuerzo. Antes de describir los métodos específicos que utilizan los maestros campeones para construir una sólida cultura del salón de clases, vale la pena utilizar algunas páginas para comprenderlo con más profundidad y analizar los factores que lo hacen funcionar porque es más complejo de lo que parece al principio y porque las técnicas sobre las cuales leerá tendrán más sentido cuando se estudien en el contexto con un poco más de claridad acerca de en qué consiste la cultura.

LOS CINCO PRINCIPIOS DE LA CULTURA DEL SALÓN DE CLASES

Construir una cultura del salón de clases que sostenga e impulse la excelencia, requiere del dominio de habilidades en cinco aspectos de la relación del maestro con los alumnos. Estos cinco aspectos, o principios, con frecuencia se confunden y combinan. Muchos educadores fracasan al considerar la diferencia entre ellos; otros utilizan los nombres indiscriminada o indistintamente. Sin embargo, ya que debe asegurarse de aprovechar al máximo los cinco principios en su salón de clases, vale la pena utilizar un momento para diferenciarlos.

LOS CINCO PRINCIPIOS DE LA CULTURA DEL SALÓN DE CLASES				
Disciplina	Administración	Control	Influencia	Compromiso

Disciplina

Cuando la mayoría de la gente utiliza la palabra *disciplina*, se refieren al proceso de administrar consecuencias y castigos. Es un verbo: "Yo te disciplino". Prefiero usarlo como lo hace Ronald Morish en su excelente libro, *Con el debido respeto:* como un sustantivo que se refiere al proceso de enseñar a alguien la manera correcta de hacer algo o el estado de poder hacer algo de la manera correcta: "Tengo disciplina" o "enseño disciplina". Este sentido de la palabra también se captura en el significado de la autodisciplina: la capacidad para hacer que uno haga cosas hasta el final y en la forma de la palabra que alude a un cuerpo de ideas o a un método de pensamiento (como una disciplina académica). Esto nos recuerda que la enseñanza se encuentra en el centro de esta definición de disciplina: enseñar a los alumnos la manera correcta y exitosa de hacer las cosas.

Con demasiada frecuencia los maestros no se toman el tiempo para enseñar a sus alumnos, paso a paso, cómo es el comportamiento del aprendizaje exitoso.

Irónicamente, muchos maestros olvidan este elemento, a pesar de que está estrechamente ligado con la forma en que definen su trabajo. Esperan enseñar el contenido pero no necesariamente los hábitos y procesos para ser un alumno y un miembro exitoso de la comunidad. Establecen sistemas de recompensa y consecuencia para mantener a los alumnos responsables. Exhortan a los alumnos a hacer su mayor esfuerzo, asumiendo todo el tiempo que saben cómo hacer lo que es mejor. Pero con demasiada frecuencia los maestros no se toman el tiempo para enseñar a sus alumnos, paso a paso, cómo es el comportamiento del aprendizaje exitoso, asumiendo en su lugar que los alumnos ya lo han deducido en los salones de clases anteriores o ponen en duda el valor de tener una forma correcta de hacer las cosas, como sentarse en clase, tomar notas y seguir instrucciones. Como dice mi colega Doug McCurry, "si no están haciendo lo que les pediste, la explicación más probable es que no se los has enseñado".

Enseñar con disciplina implica una inversión desde el principio para enseñar cómo ser alumnos a quienes el maestro tiene a cargo y eso requiere de una buena cantidad de planeación. ¿Cómo se sentarán, se formarán, entrarán al salón y tomarán notas sus alumnos? También significa invertir en mucha práctica y decidir implícitamente qué tan bueno es lo suficientemente bueno para cumplir con los estándares como parte de la planeación de su disciplina. Sin embargo, los resultados de enfatizar e invertir en esta definición de disciplina pueden ser impresionantes porque resulta que hay una gran cantidad de chicos en los márgenes de la cultura del salón de clases que quieren hacer lo que se espera de ellos, solamente están esperando a que se les enseñe.

Administración

Administración, en contraste, es el proceso de reforzar el comportamiento por medio de consecuencias y recompensas. Lo que típicamente llamamos "disciplinar", con frecuencia es realmente administración: proporcionar consecuencias. Algunos maestros ven esto como todo el juego, y con lo que al principio podría ser una justificación significativa. Los salones de clases efectivos necesitan sistemas de administración, pero debido a que la administración es el elemento de la cultura escolar que tiene los resultados más visibles a corto plazo, es fácil fracasar al reconocer su dependencia especial de los otros cuatro elementos y sus limitaciones sin ellos. En tanto que hace que el funcionamiento de un salón de clases enfocado en el logro sea más directo y eficiente, y en tanto que esta eficiencia y claridad agregadas son fundamentales, la administración no puede sostenerse por sí misma sin los otros cuatro elementos de la cultura positiva. Sin ellos, la administración, aun en los mejores sistemas, a la larga tiene cada vez más rendimientos marginales: mientras más se usa, menos efectiva es.

Cuando las escuelas o los maestros confían demasiado en la administración, sobreviene una espiral fatal: los alumnos se vuelven insensibles a las consecuencias y maquiavélicos acerca de las recompensas; se requiere más de cada una para lograr el mismo efecto o menor; los alumnos se vuelven cada vez más insensibles a las dosis más grandes, y las dosis más grandes indican a los alumnos ya sea la desesperación de su maestro o que son niños problema, niños sin éxito, y el uso de la administración se vuelve cada vez menos racional y más negativo.

La administración firme no solamente es una parte positiva de una cultura efectiva del salón de clases, sino una parte necesaria, pero la administración efectiva debe funcionar en combinación con los otros cuatro elementos o en poco tiempo se convertirá en administración ineficiente. Enseñe a los alumnos cómo hacer las cosas de manera correcta, no establezca solamente las consecuencias por hacerlas mal. Para tener éxito de verdad debe poder controlar a los alumnos, es decir, hacerlos que hagan cosas sin importar la consecuencia, e inspirarlos y comprometerlos en el trabajo positivo. También está construyendo relaciones con los alumnos que no son objeto de una transacción; no involucran recompensas o consecuencias y demuestran que le importa mucho conocer a sus alumnos como individuos; y reconoce que son excelentes administradores del salón de clases en parte debido a estas habilidades.

Control

El *control* es la capacidad para ocasionar que alguien elija hacer lo que se le pide, sin importar las consecuencias. Para mucha gente es una mala palabra; debe haber algo mal en querer controlar a alguien más. Piensan que no es democrático y que es represivo. Se dice que la intención de controlar a otra persona parece especialmente reprochable en un maestro, porque enseñar es ayudar a las personas a pensar por sí mismas. Sin embargo, un poco de contexto ayudaría a aclarar que todos ejercemos control sobre las acciones de otras personas y que lo hacemos porque es lo correcto, especialmente para los maestros. En muchos casos, el control positivo e inteligente es una cosa buena: un maestro les pide correctamente a sus alumnos que hagan las preguntas por qué y cómo al leer historia, los hace que desconfíen de las afirmaciones que no se apoyan en la evidencia, y correctamente hace que los alumnos trabajen duro, valoren el aprendizaje y respeten a sus compañeros.

De hecho, mi definición de control es: "la capacidad para ocasionar que alguien elija hacer lo que se le pide, sin importar las consecuencias". Esto no implica una falta de subjetividad en las personas a las que se les ocasiona hacer lo que alguien les pide. Todavía pueden elegir. Controlar simplemente implica pedir de una forma en que sea más probable que estén de acuerdo en hacerlo. Si ha leído algo en el campo emergente de la economía del comportamiento, por ejemplo el fascinante *Codazo* (*Nudge*, por su título en inglés) de Cass Sunstein y Richard Thaler, reconocerá que no hay elecciones que sean totalmente neutrales. Mirar a alguien a los ojos y hablar con firmeza es ejercer control claramente. Mirar dócilmente hacia abajo y emplear un tono de voz suplicante no lo es. Pero no existe una manera de pedir que no caiga en alguna parte del espectro entre ambos puntos. Es importante observar que la forma en la que se usa el *control* en este capítulo se limita a un estrecho rango de interacciones sociales y de comportamiento en el salón de clases, por ejemplo, sentarse cuando se les pide.

Los maestros que tienen un control fuerte tienen éxito porque comprenden el poder del lenguaje y de las relaciones: piden de manera respetuosa, firme y con mucha confianza pero también con mucha cortesía y con frecuencia con amabilidad. Expresan su fe en los alumnos.

La paradoja más grande acerca del control es que es más que un mal necesario. Con frecuencia sostiene a la libertad. Lo sé como padre; puedo darles a mis hijos la libertad de correr delante de mí en una acera y explorar por su cuenta solamente si les he enseñado bien las reglas para atravesar la calle (es decir, si los he "disciplinado" para saber cómo detenerse en la guarnición). Pero también debo saber a ciencia cierta que si se acercaran a una entrada de vehículos con un auto que sale inesperadamente en reversa y les gritara que se detengan, lo harían en el acto y sin fallar. Además de mis otras herramientas, también debo tener el control o no puedo ser efectivo como padre, ya sea para proteger a mis hijos o para proporcionarles las oportunidades de crecer. Mientras más poder tenga para ejercer un control responsable, más libertad puedo darles a mis hijos, idealmente en formas que son verdaderamente importantes.

Los maestros que tienen un control fuerte tienen éxito porque comprenden el poder del lenguaje y de las relaciones: piden de manera respetuosa, firme y con mucha confianza pero también con mucha cortesía y con frecuencia con amabilidad. Expresan su fe en los alumnos; reemplazan las órdenes imprecisas y sentenciosas como: "tranquilícense", con las específicas y útiles, como: "por favor regresa a tu lugar y comienza a escribir en tu diario". Estas acciones manifiestan claridad, intencionalidad, determinación y comprensión. Si puede hacer que los alumnos hagan lo que se le ha encomendado ayudarlos a lograr, está haciendo su trabajo y también ahorrará las consecuencias para cuando más las necesite. Así que sentirse cómodo con la obligación de ejercer control es parte de la preparación para el éxito.

Influencia

Lo ideal sería que todos los maestros se conectaran con sus alumnos y los inspiraran a querer para sí mismos las cosas que la clase está tratando de lograr. Inspirar a los alumnos a creer, querer tener éxito y querer trabajar por ello por razones intrínsecas es influenciarlos; es el siguiente paso más allá del control. El control hace que hagan cosas que el maestro sugiere; la *influencia* hace que deseen interiorizar las cosas que se les sugieren. Aunque menos visible que hacer que los chicos se comporten, hacerlos que crean (querer comportarse de manera positiva) es el mayor impulsor de los logros y el éxito porque sucede cuando los chicos lo quieren para sí mismos y cuando es real. Sucede sin que el maestro esté allí, sin que lo dirija. La creencia, como lo demuestra la historia de cada idea importante desde la democracia hasta la fe, es un motivador poderoso y perdurable. Si la influencia es el proceso de inculcar la creencia, maximizarla sería un objetivo deliberado de la cultura del salón de clases de cada maestro.

Compromiso

Los maestros campeones les dan a los alumnos muchos motivos para decir sí, mucho en qué involucrarse, mucho que los absorba. Mantienen a los alumnos muy ocupados en el trabajo productivo y positivo. Esto les da poco tiempo para pensar cómo actuar de manera contraproducente y muchas cosas importantes e interesantes para enfocar su energía en ellas.

Sin importar lo que puedan estar pensando, lo que están haciendo es positivo. Esto puede tener un poderoso efecto secundario. Una de las ideas más oscuras pero profundas de Karl Marx, es la teoría de la base-superestructura: que las creencias y valores de la gente (la "superestructura" de una sociedad) son el producto de la "base" (las realidades diarias de su vida). Lo que se hace todo el día le da forma a lo que se cree y no al revés. Esto se puede aplicar al rol cotidiano de sus alumnos en la escuela. ¿Son propietarios? ¿Esclavos? ¿Siervos? ¿Artesanos? ¿Empresarios felices? Las interacciones que tienen día a día, aparentemente rutinarias, dan forma a lo que creen y valoran en su vida escolar más que al contrario. La gente actúa (o se ve obligada a actuar) de cierta manera y después explica sus acciones empleando la ideología.

> *"¡A veces tienes que cambiar de afuera para adentro!"*

Otras críticas sociales han tratado este mismo punto, aunque de manera más sucinta. Por ejemplo, la película *My Blue Heaven* de 1990, en la que un ex mafioso (Steve Martin) le enseña a un policía conservador (Rick Moranis) que lo cuida en el programa federal de testigos protegidos a encontrar placer y chispa en la vida diaria. Mientras Martin acompaña a Moranis al vestidor para que se pruebe un traje que le ha convencido de comprar, le aconseja a través de la puerta del vestidor: "¡A veces tienes que cambiar de afuera para adentro!"

Con mucha frecuencia, los chicos cambian de afuera para adentro. Se ven siendo entusiastas y comienzan a sentirse entusiastas. Se ven absortos en su trabajo y comienzan a pensar que son miembros productivos y que contribuyen a la sociedad y con más frecuencia comienzan a creer y a actuar de acuerdo con eso. Los maestros campeones mantienen a sus alumnos comprometidos positivamente no solo de manera que estén muy ocupados para buscar las oportunidades de abandonar su trabajo, sino porque después de un rato, comienzan a pensar acerca de ellos mismos como gente comprometida de manera positiva. Por esto es que el compromiso importa.

La sinergia de los cinco principios

Las técnicas descritas en los siguientes capítulos dependen en diferentes grados de todos estos cinco aspectos de la cultura del salón de clases. Algunos requieren más de uno que de otro, pero debido a que la sinergia de los cinco hace que cada uno sea más fuerte, las técnicas que un maestro eficaz utiliza idealmente tienen un efecto de palanca en los cinco. Un maestro que utiliza solamente uno o dos, a la larga fracasa en construir una cultura dinámica del salón de clases. Por ejemplo, un maestro que solamente utiliza el control pero no la disciplina, producirá alumnos que nunca aprenden a hacer cosas por sí mismos y siempre necesitan directrices firmes para actuar. Un salón de clases en el cual el maestro no tiene el control e intenta dirigirse a los alumnos "negativos" exclusivamente por medio de la administración de las consecuencias, hará un uso excesivo de éstas, acostumbrará a los alumnos a las consecuencias y erosionará la efectividad en su clase y en otras. Un maestro que despierta compromiso e influye sin control ni administración, construirá una cultura dinámica pero ineficiente que le permita a algunos alumnos optar por no aprender, y un maestro que hace esto sin enseñar disciplina, no preparará a los alumnos de manera adecuada para tener éxito una vez que salgan del microcosmos de su salón de clases porque no tendrán la práctica suficiente o el conocimiento para sustentar buenos hábitos de estudio.

Mientras que las técnicas en este libro hacen un uso variado de uno o varios de estos principios (por ejemplo, la técnica 38, *Voz fuerte*, se enfoca mucho en el control, mientras que la técnica 44, *Elogio preciso*, trata principalmente de influencia), el resto de este capítulo se enfoca casi exclusivamente en la disciplina y en los sistemas y rutinas que son el cimiento oculto de la cultura de cualquier salón de clases.

TÉCNICA 28
RUTINA DE ENTRADA

La primera rutina que afecta la cultura del salón de clases es la de cómo entran los alumnos. Al igual que todas las demás, es una rutina, ya sea que se dé cuenta de ella (y la moldee intencionalmente) o no. A diferencia de *Umbral* (técnica 41 en el capítulo 6), la cual precede inmediatamente a la entrada de los alumnos en el salón y se enfoca en establecer normas de comportamiento y expectativas, **Rutina de entrada** trata acerca de hacer un hábito de lo que es eficiente, productivo y académico después del saludo y mientras los alumnos toman sus lugares y comienza la clase.

Una rutina típica comienza con los alumnos que entran al salón y recogen su material de trabajo de una mesa pequeña justo a un lado de la puerta. En algunos casos, especialmente en los primeros grados de primaria, los materiales podrían estar en los escritorios de los alumnos. Los siguientes puntos esenciales maximizan la efectividad de esta parte de la rutina de entrada:

- Es mucho más eficiente hacer que los alumnos recojan sus materiales de trabajo de una mesa a que el maestro se los entregue en la entrada. Eso solamente desacelera y fuerza al maestro a hacer mil cosas al mismo tiempo cuando su mente debería enfocarse en establecer las expectativas de conducta y en la construcción de relaciones. También es mucho más eficiente hacer que los alumnos recojan sus materiales de trabajo de la mesa de lo que es para el maestro tratar de entregárselos más tarde mientras se sientan y esperan.
- Los alumnos deben saber en dónde sentarse. Dar vueltas buscando un lugar o decidir en dónde sentarse, o hablar acerca de decidirse en dónde sentarse ("¿Me puedo sentar junto a él? ¿Pensará que estoy coqueteando?") son ejemplos de pérdida de tiempo y energía. Asigne lugares, o permita a los alumnos que se anoten para tener lugares habituales.
- Cualquier cosa que los alumnos necesiten hacer con la tarea (ponerla en un canasto, colocarla en la esquina izquierda de sus escritorios, pasarla a un encargado), deberán hacerlo de la misma manera cada día sin preguntar.
- Un *Háganlo ahora* (la siguiente técnica) deberá estar en el mismo lugar todos los días: en el pizarrón o en el material de trabajo. Los objetivos de la lección, la agenda y la tarea para la tarde deberán encontrarse ya en el pizarrón, también en el mismo lugar predecible todos los días.

TÉCNICA 29
HÁGANLO AHORA

Los alumnos nunca deberán tener que preguntarse, "¿Qué se supone que debo estar haciendo?", cuando entren al salón de clases, ni deben poder decir que no saben lo que deberían hacer. El maestro quiere que los alumnos sepan qué hacer y que sepan que aquí no hay ambigüedad. Esos dos objetivos (ser claros con los alumnos acerca de lo que hay que trabajar y eliminar las excusas que conducen a la distracción) son el fundamento para **Háganlo ahora,** una actividad corta que ha escrito en el pizarrón o está esperando en sus escritorios antes de que entren.

La técnica de *Háganlo ahora* significa que los alumnos están trabajando duro incluso antes de que el maestro haya terminado de entrar en el salón. Son productivos durante cada minuto y están listos para la enseñanza tan pronto como inicie. Han realizado ejercicios preliminares y están pensando en lo que viene.

Un *Háganlo ahora* efectivo, que puede traer un increíble poder de aprendizaje a un salón, debe cumplir con cuatro criterios fundamentales para asegurar que permanece enfocado, eficiente y efectivo:

1. Los alumnos deben completar el *Háganlo ahora* sin ninguna indicación del maestro y sin discusiones con sus compañeros de clase. Algunos maestros malinterpretan el propósito de *Háganlo ahora* y utilizan una versión de la técnica que requiere que les expliquen a sus alumnos qué hacer y cómo hacerlo: "Bien, chicos, pueden ver que el *Háganlo ahora* de esta mañana les pide que resuelvan algunos problemas típicos utilizando el área. Recuerden que para resolver problemas de área, tienen que multiplicar". Esto frustra el propósito de establecer un hábito autoadministrado del trabajo productivo.

2. La actividad deberá completarse en un tiempo de tres a cinco minutos.

3. La actividad debe requerir de poner el lápiz en el papel, es decir, debe haber un producto escrito. Esto no solamente lo hace más riguroso y atractivo, sino que le permite al maestro mantener a los alumnos responsables de hacerlo ya que puede ver claramente si lo hacen (y ellos pueden ver que el maestro puede ver).

4. La actividad deberá ser un anticipo de la lección del día (está leyendo "*La chaqueta*", y el *Háganlo ahora* les pide a los alumnos que escriban tres oraciones sobre lo que harían si creyeran que alguien robó la chaqueta favorita de su hermano menor) o revisar una lección reciente (quiere que sus alumnos practiquen todos los aprendizajes esperados que recientemente han dominado para que no los olviden).

Más allá de esto, *Háganlo ahora* funciona debido a la consistencia y la preparación. Si no hay un *Háganlo ahora* en el mismo lugar todos los días, los alumnos pueden alegar desconocimiento y con razón. Dicho esto, un *Háganlo ahora* no necesita estar escrito en el pizarrón. Si lo pega en el pizarrón, puede escribirlo por adelantado en un pedazo grande de papel periódico y pegarlo o utilizar un imán para fijarlo en el pizarrón antes de que entren los alumnos, ahorrando así momentos valiosos cuando podría estar transcribiendo el *Háganlo ahora* en el pizarrón.

Por ejemplo, una maestra de inglés de quinto grado podría usar un *Háganlo ahora* para revisar una palabra de vocabulario de la semana pasada. Ya que lo importante es que los alumnos sean capaces de realizar el trabajo por sí solos, podría haber establecido el precedente de que los alumnos pueden y deben usar sus notas como lo necesiten:

En su cuaderno:

1. *Define* scarce.
2. *Explica lo que significa, más que solamente tener una pequeña cantidad de algo.*
3. *Utiliza* scarce *en una oración que hable acerca del tiempo en que algo que estaba escaso te afectó a ti o a tu familia.*
4. *Nombra el sustantivo de* scarce.

Este ejemplo es de una clase de matemáticas:

1. *Resuelve el problema para encontrar el ancho de un rectángulo con un área de 104 cm² y una longitud de 13 cm. Muestra tu trabajo.*
2. *Da las posibles dimensiones de por lo menos otros dos rectángulos con la misma área pero con dimensiones diferentes.*

TÉCNICA 30
TRANSICIONES ESTRICTAS

TRANSICIONES PARA LOS ALUMNOS

Tener transiciones rápidas y de rutina que los alumnos puedan ejecutar sin un comentario extenso por parte del maestro, es decir, **Transiciones estrictas,** es una parte fundamental en cualquier salón de clases altamente efectivo. Cuando digo transiciones, me refiero a los momentos cuando los alumnos pasan de un lugar a otro o de actividad en actividad, por ejemplo cuando se forman para salir a tomar el almuerzo. Sus alumnos pasan mucho tiempo en transición, por necesidad, y cuando se encuentran en transición, no están aprendiendo. Las transiciones en secundaria (digamos, guardar el material antes de un examen) son diferentes de las transiciones en la primaria (moverse de los escritorios a la alfombra, por ejemplo). Sin embargo se producen en todos los niveles escolares y tienen una influencia inmensa en el aprendizaje, si bien mal reconocida, que tiene lugar antes y después. Si pudiera cortar un minuto de diez transiciones al día y mantener esa mejora doscientos días del ciclo escolar, habría creado casi treinta y cinco horas de tiempo de enseñanza durante el año escolar. Hablando de manera práctica, habría agregado una semana al año escolar.

Puede leer todo el día y hasta bien entrada la noche sobre la necesidad de más recursos en la educación, pero cada maestro tiene en la punta de sus dedos una oportunidad de aumentar el recurso más escaso e importante que el dinero compra por una cantidad significativa. Además, el tiempo que se pierde en las transiciones deficientes a menudo termina siendo especialmente fundamental. Es la diferencia entre terminar una lección emocionante y que se acabe el tiempo, un resultado que significa fracasar para completar las actividades complementarias importantes, como recapitular y revisar la lección o presentar la tarea. La pérdida de los últimos tres minutos de una lección debilita toda la lección. Las transiciones desordenadas también son una invitación para las interrupciones y conflictos que continúan debilitando el ambiente del salón aun después de que ha comenzado la clase. En resumen, el precio de las transiciones deficientes es muy alto, y ya que los procedimientos sistemáticamente efectivos aseguran las transiciones suaves y rápidas, los maestros deben tratar de practicar haciéndolo de la misma manera cada vez hasta que los alumnos puedan hacerlo como una cuestión de hábito.

Las transiciones desordenadas también son una invitación para las interrupciones y conflictos que continúan debilitando el ambiente del salón aun después de que ha comenzado la clase.

Al final de la primera semana de clases, cada alumno debería conocer y comprender los procedimientos como la manera de formarse y pasar de un lugar a otro sin que se les diga. En un salón de clases efectivo, las transiciones toman menos de treinta segundos y con frecuencia un poco menos. Para idear transiciones efectivas en su salón de clases, comience por hacer un mapa de la ruta. Existe una manera correcta de hacer una fila, el recorrido que cada alumno sigue hasta el área de lectura, la puerta u otro lugar. Sus alumnos deberán seguir el mismo trayecto cada vez. Después necesitan practicarlo bajo su supervisión, con frecuencia varias veces al día. Su instinto le dirá que está perdiendo el tiempo, pero al contrario. Véalo como una inversión. Ahorre horas y horas durante el año invirtiendo cinco o diez minutos en los primeros días de escuela.

Cuando enseña a los alumnos a hacer transiciones de manera efectiva, construye el andamio de los pasos de la transición. Es decir, enséñeles a seguir la ruta un paso a la vez. Una manera especialmente efectiva de hacer esto es numerar los pasos. Podría anunciar a una clase de tercer grado: "Cuando diga uno, por favor pónganse de pie y guarden sus sillas. Cuando diga dos, por favor, giren hacia la puerta. Cuando diga tres, por favor sigan al primero de la fila al lugar para formarse". Una vez que lo ha hecho, simplemente tiene que decir el número del paso adecuado, pero al decir el número (o no decirlo), se puede controlar el ritmo de la transición, disminuyendo su velocidad si es necesario para asegurar el éxito y la responsabilidad, acelerándolo conforme los alumnos estén listos, y en última instancia, prescindiendo de los números y diciendo simplemente: "Cuando diga *vamos*, por favor hagan una fila", y observando mientras los alumnos siguen los pasos. Debe esperar que dicho proceso tome varias semanas para inculcarlo por completo.

Otra manera efectiva de enseñar las transiciones es utilizar un método llamado movimiento de punto a punto, o cuando las transiciones provocan que se muevan por el edificio, caminata de punto a punto. El maestro identifica un lugar o una acción, y los alumnos se mueven hacia ese punto y se detienen, como en: "Por favor, camina al final del pasillo y detente allí, José". La clave es que mientras instruye a los alumnos para completar un paso en la transición, no solamente establece un inicio, sino un punto para detenerse anticipadamente de manera que la actividad nunca se sale de su control. Sabe que los alumnos caminarán solamente hasta el final del pasillo. Si no están lo suficientemente tranquilos, puede pedirles que regresen inmediatamente en lugar de observarlos dar vuelta a la esquina y desaparecer de su vista, apenas dentro de su influencia y lejos de su control.

Con el método de punto a punto y otros métodos de andamiaje, sus objetivos son tanto de velocidad como de orden. Necesita lograr que sus alumnos sean rápidos. Ésta es un área que muchos maestros olvidan cuando el éxito del control se les sube a la cabeza. Disminuyen poco a poco cada paso y aceptan las transiciones lentas y ordenadas porque los hacen sentir como si estuvieran en control. Para desafiar a sus alumnos y establecer objetivos para ellos y también para disciplinarse para enfocarse en la velocidad, practique las transiciones contra reloj, de preferencia con un cronómetro, siempre intentando que sus alumnos sean más rápidos. "Ayer lo hicimos en dieciséis segundos; ¡lleguemos hoy a doce!"

También controle lo que sus alumnos dicen durante las transiciones. Si sus transiciones son lo suficientemente rápidas, no hay razón para que no puedan ser en silencio, evitando así las distracciones de los alumnos discutiendo y riñendo, y enfocándolos en la transición con más claridad.

Como alternativa, puede hacer como lo hace Sultana Noormuhammad en la Leadership Preparatory Charter School y hacer que sus alumnos canten sus transiciones. Una mañana se paran detrás de sus escritorios mientras un alumno los guía para cantar su himno, una versión adaptada del himno de su homónima, Universidad de Indiana, en el que los alumnos cantan acerca de su disposición para hacer las tareas y trabajar duro. Antes de que termine la canción, marchan hacia el área de lectura en filas perfectas, desplegándose al contrario de las manecillas del reloj alrededor de sus grupos de mesas y cantando a todo pulmón mientras toman su lugar en la fila. Su canción termina cuando se sientan en la alfombra, terminando la transición sin distracción, en el momento justo y con el ánimo en alto. Cinco segundos más tarde, la enseñanza ha comenzado, y aunque los alumnos de Noormuhammad son de preescolar, si cree que los chicos más grandes no pueden cantar sus transiciones, piénselo otra vez, esta vez considerando las fuerzas armadas, en donde los soldados cantan canciones rutinariamente mientras se mueven de un lugar a otro para el mismo propósito: mantener su ánimo en alto, enfocarlos en la tarea y evitar distracciones.

Finalmente, necesitará una observación constante. Cuando sus alumnos comiencen a probar para ver si realmente tienen que seguir las reglas del camino, siempre deberán encontrar que sí deben hacerlo. *Háganlo otra vez* (técnica 39 en el capítulo 6) es especialmente efectiva para ayudar a los alumnos a practicar la forma de hacer las transiciones correctamente y ya que el maestro está siempre en medio de algo, puede intentar de nuevo ya que las transiciones son el momento ideal para la responsabilidad grupal.

MOVIMIENTO DE MATERIALES

La necesidad de transiciones eficientes (y la mayoría de las reglas) aplica tanto cuando se mueven los materiales como cuando se mueven las personas de un lugar a otro. Invierta desde el principio para enseñar una manera correcta de hacerlo. Trabaje con un cronómetro y practique una y otra vez. Gane tiempo para la instrucción haciendo que estos momentos de su día sean rápidos y perfectos. Para que los alumnos pasen y entreguen papeles, libros y otros materiales, existen un par de reglas de oro adicionales:

- Generalmente se pasan a través de las filas, no de adelante para atrás. Esto evita la necesidad de girar 180 grados en las sillas, una acción que crea una oportunidad de oro para las interacciones cara a cara que son difíciles de ver y difíciles de manejar, en las que una persona siempre le da la espalda.
- Distribuir los materiales en grupos: al alumno al final de cada fila, de cada mesa.

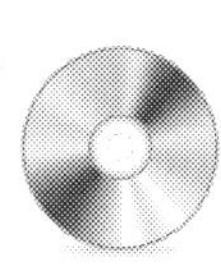

MAESTROS EN ACCIÓN: VIDEO 13

TRANSICIONES ESTRICTAS Y ENCUADRE POSITIVO

En el video 13 del DVD, Doug McCurry modela *Transiciones estrictas.* Hablé de este video también en la introducción del libro debido al increíble rendimiento del tiempo que Doug invirtió al enseñarles a sus alumnos a pasar los papeles. Lo que es igualmente importante acerca del video es la respuesta de sus alumnos. Lejos de sentirse molestos y frustrados por pedirles que pasen los papeles una y otra vez para lograr un tiempo más rápido, les encanta el desafío y literalmente se encuentran al borde de sus asientos. Mucho de la clave para lograr esta alquimia es el *Encuadre positivo* (técnica 43 en el capítulo 7), específicamente su constante uso del desafío.

TÉCNICA 31
CARPETA DE CONTROL

Ciertas libertades están sobrevaloradas: la libertad de perder papeles, por ejemplo, o la libertad de tomar notas en un pedazo de papel que finalmente queda enterrado en el fondo de una mochila. Preocúpese lo suficiente y demuestre la importancia de lo que enseña; construya un sistema para el almacenamiento, organización y repaso de lo que sus alumnos han aprendido. La técnica para esto es la **Carpeta de control.** Tenga un lugar obligatorio para que tomen notas; tenga ese lugar en una carpeta obligatoria, la cual idealmente la proporciona el maestro y será necesario que permanezca en el salón de clases durante la noche para que no se pierda, se dañe o se desorganice en el camino de la escuela a la casa. Los alumnos pueden llevar a casa lo que necesiten esa tarde en una carpeta de tareas, la cual puede tener un código de color de manera que el maestro y sus padres puedan identificarla fácilmente. Cada tarde los alumnos pueden poner en la carpeta todo lo que necesiten para la tarea de ese día y dejar la carpeta en el salón de clases.

Preocúpese lo suficiente y demuestre la importancia de lo que enseña; construya un sistema para el almacenamiento, organización y repaso de lo que sus alumnos han aprendido.

Tenga un formato obligatorio para organizar los trabajos dentro de la carpeta de manera que todos utilicen el mismo sistema y pueda revisarlo para asegurarse de que todos tienen y pueden encontrar lo que necesitan. Por ejemplo, podría asignar un número a todos los materiales que espera que los alumnos guarden en las carpetas y hacer que los alumnos los registren en una tabla, por ejemplo, 37: notas sobre la concordancia sujeto-verbo; 38: hoja de trabajo de la concordancia sujeto-verbo; 39: tarea de la concordancia sujeto-verbo; y 40: hoja de trabajo para la concordancia sujeto-verbo con un sujeto compuesto.

De esta manera, cuando el maestro diga: "Si no recuerdan, revisen sus notas", sabe que cada alumno tiene las notas, y hasta puede decirles en dónde pueden encontrarlas en sus carpetas. "Deben estar en el número 37." Finalmente, puede asegurarse de que los alumnos tengan el material de trabajo completo cuando hagan una revisión para los exámenes: "Necesitarán llevarse a casa los apuntes del 32 al 45 de su carpeta para prepararse para este examen".

Para asegurarse de que los alumnos lleguen hasta el final, tome el tiempo para hacer que los alumnos guarden su material durante la clase: "Por favor agreguen el número 37, las notas sobre la concordancia sujeto-verbo, a su tabla de contenidos y archiven estas notas cuando les diga. Quiero escuchar que sus carpetas se abran cuando cuente tres".

TÉCNICA 32
SEPAS

No importa lo maravillosa que sea la lección, si los alumnos no están alerta, sentados y escuchando de manera activa, enseñarles es como vaciar agua en una cubeta con agujeros. Muchos maestros y escuelas practican ponerse en fila para los simulacros de incendio y se aseguran de que todos conozcan la rutina para encontrar el autobús correcto al final del día, pero rara vez piensan cómo enseñar las conductas y habilidades que ayudan a los alumnos a concentrarse, enfocarse y aprender.

En el acrónimo SEPAS se encuentran cinco conductas esenciales que maximizan la habilidad de los alumnos para poner atención (el acrónimo fue originalmente utilizado por las primeras escuelas KIPP):

Sentarse.
Escuchar.
Preguntar y responder preguntas.
Asentir.
Seguir con la mirada al que habla.

Algunas escuelas utilizan variaciones de la técnica **SEPAS,** por ejemplo SSPR (**S**entarse, **S**eguir con la mirada al que habla, **P**reguntar y responder preguntas como un experto y **R**espetar a quienes se encuentran a tu alrededor) o S-SEPAS (el cual agrega "sonreír").

Uno de los mejores aspectos del acrónimo es que funciona como taquigrafía. Los maestros les recuerdan a los alumnos que sean alumnos atentos y dispuestos instándolos de manera simple y rápida a SEPAS. El uso de un acrónimo consistente es rápido y eficiente. Aún mejor, SEPAS se puede separar cuando sea necesario. Los maestros pueden recordarles a los alumnos la "S" en SEPAS o la "P". En los mejores salones de clases, la palabra se encuentra profundamente grabada en el vocabulario de aprendizaje como un sustantivo ("¿En dónde está mi SEPAS?") y un verbo ("Asegúrense de SEPASear").

Ya que SEPASear es una parte fundamental del salón de clases de alto rendimiento, tal vez quiera desarrollar señales no verbales que le permitan reforzar y corregir SEPASear sin interrumpir lo que está haciendo: sus manos cruzadas al frente para recordarles a los alumnos que se sienten derechos o señalando sus ojos con dos dedos para recordarles a los alumnos seguir con la mirada al que habla.

TÉCNICA 33
EN SUS MARCAS

Ningún entrenador del mundo permitiría a sus jugadores entrar al partido sin un casco o a un *catcher* atrapar una bola rápida sin un guante. No puede esperar ganar si no está parado en la línea de salida con las agujetas amarradas cuando comience la carrera. Debería pensar de la misma manera acerca del aprendizaje en su salón de clases: cada alumno debe comenzar la clase con los libros y papel afuera y una pluma o un lápiz en la mano. Ésta debe ser la expectativa en cada clase, en cada día. Un entrenador no comienza la práctica diciéndoles a sus chicos que se pongan los zapatos: los chicos se presentan con los zapatos puestos. Así que no les pida a sus alumnos que se preparen cuando comienza la clase; utilice **En sus marcas** para demostrarles cómo prepararse antes de comenzar y después, espere que así lo hagan cada día.

Cómo asegurarse de que los alumnos estén *En sus marcas* cuando comience la clase

1. *Sea explícito acerca de lo que necesitan los alumnos para comenzar la clase.* Elabore una lista pequeña y finita (menos de cinco cosas) que no cambie:

   - Papel afuera
   - Escritorio despejado (de todo lo que no es necesario para la lección)
   - Lápiz preparado y con punta ("en la charola para lápices")
   - Tarea (en la esquina superior derecha de su escritorio)

   En la North Star Academy en Newark, el director Jamey Verilli se refiere a las estaciones de trabajo de los alumnos, o solamente "estaciones", en donde ellos se preparan como parte de su rutina de entrada. En la pared hay un diagrama de cómo deben verse los materiales cuando se prepara una estación: libros arriba a la izquierda, tarea, arriba a la derecha, papel en blanco en el centro, y nada más.

2. *Establezca un tiempo límite.* Sea específico acerca del momento en que los alumnos deben tener todo listo. Si no es claro en cuanto al momento en el que los alumnos deben estar listos, sus esfuerzos para hacer responsables a los que no lo estén producirán discusiones cuando los alumnos digan: "lo estamos haciendo" o "ya casi".

3. *Utilice una consecuencia estándar.* Tenga una consecuencia pequeña y adecuada que pueda administrar sin dudar, tal vez perder algún privilegio o hacer algún trabajo para ayudar al grupo a prepararse. Los alumnos que no están en sus marcas pueden perder puntos en una economía de fichas, tener que sacar punta a todos los lápices de la charola a la hora del almuerzo, o venir al "club de tareas" diez minutos antes de la entrada para asegurarse de que tienen todo lo que necesitan para el día que inicia.

4. *Proporcione herramientas sin consecuencia (lápices, papel) a quienes reconozcan una necesidad antes de clase.* Existe una diferencia entre tener un lápiz y tener tu lápiz listo antes de la clase, sólo para darse cuenta de que la punta está rota o que accidentalmente lo dejaron en la clase de matemáticas. Parte de la preparación es reconocer por adelantado que se necesita algo. Deles a los alumnos el incentivo para hacerse responsables de tener lo que necesitan permitiéndoles tener acceso a las herramientas para que tengan éxito sin consecuencia, siempre y cuando reconozcan esa necesidad antes de que inicie la clase. Puede tener una lata de café llena de lápices con punta que los alumnos pueden usar si lo cambian por su lápiz sin punta y una pila de hojas de papel en la esquina de su escritorio. Los alumnos pueden hacer esto durante la *Rutina de entrada.* Una vez que la clase comience, se aplicaría la consecuencia por no estar *En sus marcas*.

5. *Incluya la tarea.* La tarea es lo más importante que los alumnos harán en todo el día que no está directamente supervisado por un maestro. No se puede dejar al azar. Haga que su entrega sea parte de la rutina que los alumnos siguen para estar listos diario. Debe entregarse y revisarse que esté completa al inicio de la clase. Debe haber una consecuencia independiente por no hacerla, generalmente asistir al "club de tareas" después de clases o durante la clase de educación física para completar el trabajo que no se hizo.

TÉCNICA 34
SEÑALES DESDE SU LUGAR

El baño es el último bastión de los descarriados. Si se da la oportunidad, algunos alumnos (especialmente aquellos que menos se lo pueden permitir) encontrarán maneras creativas de maximizar su tiempo allí, especialmente durante el momento del día cuando menos pueden permitírselo. Para otros alumnos, una larga y lenta caminata hacia el sacapuntas puede ser la oportunidad para mostrar un comportamiento diseñado no necesariamente para reforzar el aprendizaje de sus compañeros. Se puede crear un grado impresionante de distracción al empujar a los alumnos a levantarse de su lugar en el momento incorrecto o por su propia cuenta.

Además, el manejo de las peticiones para ir al baño y similares (justificadas o no, aprobadas o no) puede convertirse en un distractor de la enseñanza. Las conversaciones acerca de quién es el siguiente y cuándo ir, pueden consumir minutos preciosos; y el maestro se arriesga a que en un momento importante de la lección en que haga una pregunta clave, un alumno levante la mano eufóricamente porque quiere ir al baño. El ímpetu y tren de su pensamiento se desvanecen. En resumen, no puede darse el lujo de no desarrollar un conjunto de señales para las necesidades comunes, especialmente para aquellas que requieren o permiten a los alumnos pararse de sus asientos. Necesita **Señales desde su lugar.**

El sistema debe cumplir los siguientes criterios:

- Los alumnos deben poder señalar su petición desde su lugar.
- Los alumnos deben señalar su petición de manera no verbal.
- Las señales deberán ser específicas e inequívocas pero lo suficientemente sutiles para evitar que se conviertan en una distracción.
- El maestro debe poder manejar ambas cosas, las peticiones y la respuesta al alumno, sin interrumpir la enseñanza (por ejemplo, diciendo sí o no con la cabeza, o mostrar cinco dedos para "en cinco minutos").
- Debe ser explícito y consistente acerca de las señales que espera que usen los alumnos, mostrándolas en la pared de manera que los alumnos puedan verlas y disciplinarse para exigirlas, respondiendo solamente cuando las utilizan.

Estas señales, adoptadas por su uso en los salones de clases de alto nivel, suelen funcionar:

- "¿Puedo ir al baño, por favor?": mano levantada; dos dedos cruzados.
- "Necesito un lápiz nuevo": levantar el lápiz, esperar el cambio. Generalmente tener lápices con punta que los alumnos pueden tomar o el maestro entregar a cambio de los lápices rotos o sin punta es un sistema mucho mejor que permitir que los alumnos les saquen punta; es más rápido y con menos interrupción. Si está seguro de que desea permitirles que saquen punta, intente un gesto con las manos juntas en puño, una girando como manivela para "necesito sacar punta".
- "Necesito un pañuelo desechable": mano izquierda presionando la nariz.
- "Necesito pararme de mi lugar" (para tomar algo que se cayó al suelo): un dedo arriba haciendo un movimiento en círculo.

También tiene sentido considerar establecer reglas claras acerca de cuándo los alumnos pueden pedir ciertas libertades que requieren de señales desde su lugar. Por ejemplo, no quiera considerar las peticiones del baño en las partes importantes de su lección. En lugar de eso, permita las visitas al baño solamente en ciertos momentos durante la clase, digamos, los últimos quince minutos. O podría relacionar el grado de libertad que los alumnos tienen con su sistema de manejo del comportamiento. Por ejemplo, si utiliza tarjetas de colores (verde, amarillo, rojo) para que cada alumno siga la pista de su nivel de comportamiento, como lo hacen muchas escuelas, podría ofrecer a quien tenga verde el derecho de pedir permiso para ir al baño en cualquier momento posterior a los primeros quince minutos de clase, mientras que los que tienen amarillo pueden ir solamente durante los últimos diez minutos.

Si utiliza un sistema que limite el acceso al baño, está asegurando que tendrá peticiones de "emergencia" (algunas reales, otras no), por lo que debe estar preparado para ello. Una buena solución es establecer una señal de emergencia para el baño que sea independiente y que los alumnos puedan utilizar cuando no se autorizan las visitas al baño. Los alumnos tendrían que "comprar" el derecho para ir en dicha situación de emergencia por medio de una compensación razonable. Podría permitir a los alumnos adquirir el derecho a otro precio, por ejemplo, digamos, veinte problemas de matemáticas o diez minutos de servicio en el salón de clases (limpiar escritorios, recoger basura).

TÉCNICA 35
APOYOS

Los sistemas y rutinas efectivos también pueden hacer que su salón de clases sea más productivo aprovechando el elogio en público. **Apoyos** (también llamados "palmas" y "ovaciones") son elogios públicos para los alumnos que demuestran excelencia o ejemplifican las virtudes. Todos responden al elogio, a una multitud ovacionándolos y motivándolos. Asegurarse de que suceda, inspire y transmita el mensaje de manera confiable es una de las cosas más productivas que puede hacer en el aula. ¿Qué mejor recompensa que recibir el elogio público de la clase por intentar una pregunta difícil, perseverar, encontrar su propio error o explicar a sus compañeros cómo resolver un problema? Si puede permitir de manera consistente a los compañeros de clase que hagan un elogio a sus compañeros en dos segundos, puede construir una cultura que valore el logro y el esfuerzo sin sacrificar el orden o el tiempo durante la actividad. Sus alumnos escuchan la orden ("¡Dos pisadas fuertes para Irma!") y responden automáticamente y de manera entusiasta: cada pie dando dos pisadas (y solamente dos) al unísono antes de volver al aprendizaje.

La clave es invertir tiempo al inicio para enseñar a los alumnos a dar apoyos de la manera correcta: de manera concisa, rápidamente y con entusiasmo. Si se asegura de enseñar a sus alumnos a entregar *Apoyos* que cumplan los siguientes criterios, avanzará un largo camino para asegurar su éxito:

- *Rápido*. Debe ser capaz de dar la señal para un apoyo en un segundo. Si dice: "Dos aplausos para David", y la respuesta es algo más lento que eso, tómese el tiempo para enseñarles a sus alumnos a hacerlo de la manera correcta haciéndolo otra vez y haciéndolo más rápido. "Cuando damos nuestros aplausos es porque alguien hizo algo grandioso, así que quiero escucharlos ahora mismo. Vamos a dedicarle más tiempo y veamos si podemos hacerlo en menos de un segundo". Asimismo, el apoyo debe ser rápido porque no tiene tiempo que perder y porque no hay nada menos vigorizante que una exhortación que comienza fuerte pero se va apagando. Que sean cortos para que los niveles de energía se mantengan altos. La rutina para *Apoyos* debería tomar menos de cinco segundos de principio a fin. La transición para regresar a la actividad de ese momento es inmediata.

- *Visceral*. Es frecuente que los maestros asuman que un *Apoyo* tiene que ser verbal y llevar un mensaje. Al contrario, los *Apoyos* generalmente son mejores cuando cuentan con movimiento y sonido, especialmente un sonido de percusión. Los *Apoyos* que no emplean muchas palabras son menos probables de ocasionar cansancio; su vida media es más larga porque no hay una frase que se desgaste. Un "Perfecto" rápido es bueno pero algo como: "¡En camino a la universidad!", es probable que aburra (y muestre su edad) rápidamente. Además, hay algo divertido y muscular en el entusiasmo de la percusión grupal. A los alumnos les gusta el ruido y el ritmo. Algunos golpetearán por cualquier cosa en su clase si se les da la oportunidad. Recíbalo con gusto. Asegúrese de que sus *Apoyos* involucren el movimiento y el ruido controlado pero enfático, como dar pisadas fuertes o aplausos.

- *Universal*. Cuando da *Apoyos*, todos se unen. Depende del maestro establecer y hacer valer esta expectativa.

- *Entusiasta*. El tono es divertido y animado. Podría ser una pausa (breve y divertida) del trabajo duro. Resista la tentación de hacerla demasiado adulta; no tiene que narrar valores y expresar un credo personal apegado a la misión. Si es un poco tonto, reforzará los momentos cuando los alumnos ya han demostrado esas cosas. Los *Apoyos* son el signo de exclamación, no la oración. Solamente hágalo lo suficientemente divertido para que los alumnos deseen unirse. Una forma sencilla de aumentar el entusiasmo de los alumnos es permitirles que elijan un *Apoyo* de entre varios que han desarrollado como grupo.

- *Que evolucione*. Permita que sus alumnos sugieran y desarrollen ideas para los *Apoyos*. Renovarán constantemente los sistemas con ideas frescas y originales y participarán más vigorosamente porque habrán ayudado a inventarlas. Y si piensan siempre en los nuevos, los *Apoyos* nunca se agotarán, no serán aburridos ni obligatorios.

A continuación se presentan seis ideas para *Apoyos* (la mayoría de ellas robadas de los maestros de excelencia, quienes las tomaron prestadas o las inventaron con la ayuda de los alumnos):

- "El bateador". El maestro dice: "Démosle a Clara un bateador". Los chicos fingen lanzar una pelota y darle con el bat. Protegen sus ojos como viendo su tiro distante. Después imitan el ruido de la multitud cuando hay un jonrón por una fracción de segundo o un segundo.

- "La podadora". El maestro dice: "Démosle a Juan una podadora". Los chicos se agachan para jalar el cordón y echar a andar la podadora y tiran de él dos veces. Hacen ruidos de motor, toman las manijas imaginarias, y sonríen por una fracción de segundo o un segundo antes de que el *Apoyo* termine.

- "La montaña rusa". El maestro dice: "Oh vaya, esa respuesta merece una montaña rusa". Los chicos colocan sus manos abiertas frente a ellos señalando hacia arriba, a cuarenta y cinco grados, palmas abajo. Hacen "trac, trac, trac" (solamente tres veces) con sus manos imitando una montaña rusa arrastrándose hasta la última colina inclinada. Entonces gritan "yuhuuuu, yuhuuuu, yuhuuuu" tres veces mientras sus manos imitan un carrito a toda velocidad sobre tres colinas antes de la gran caída.

- "Dos manos". El maestro dice: "Jaime, guíanos en un Sin manos". Jaime grita: "¡Dos manos!" Los chicos chasquean dos veces con ambas manos mientras cantan: "¡Ay, ay!"

Jaime grita: "¡Una mano!" Los chicos chasquean dos veces con una mano mientras cantan: "¡Ay, Ay!" Jaime grita: "¡Sin manos!" Los chicos hacen una danza espontánea con mucho ritmo durante exactamente un segundo.

- "Chile picante": El maestro dice: "Una respuesta como ésa merece un chile picante". Los chicos sostienen un chile picante imaginario, balanceándolo por encima de su boca. Lo muerden y hacen sonidos de chisporroteo "ssssssssss" durante exactamente un segundo.

- "Dos chasquidos, dos pisadas". El maestro dice: "¡Dos chasquidos, dos pisadas para Jaime!" O una variación en los sonidos. Los chicos dan dos chasquidos y dos pisadas estruendosas que terminan perfectamente en el momento justo.

REFLEXIÓN Y PRÁCTICA

1. Elabore un guión de los pasos y expectativas para las cinco rutinas más importantes en su salón de clases.
2. Elabore un póster explicando todo lo que sus alumnos necesitan tener para estar preparados al principio de la clase. Múestrelo en la pared. Practique que los alumnos lo consulten (tal vez con una seña no verbal) antes de que comience la clase.
3. Elabore una lista de las tres peticiones más comunes que los alumnos hacen mientras les enseña. Determine una señal no verbal apropiada que ellos puedan hacer para pedirle cada una. Elabore un póster que muestre cada una. Practique durante una semana señalar el póster y pedir a los alumnos que regresen a su lugar si no piden y reciben su señal de aprobación no verbal. No siempre les dé su aprobación si la petición se hace durante el tiempo de la enseñanza esencial.

CAPÍTULO 6

ESTABLEZCA Y MANTENGA ALTAS EXPECTATIVAS DE COMPORTAMIENTO

Este libro comenzó con un estudio de las técnicas que utilizan los maestros campeones para elevar las expectativas académicas y hacer de los salones de clases lugares de aprendizaje rigurosos y significativos. Y, por supuesto, ésa es y debería ser la meta de la educación. Dicho esto, todas las técnicas en los primeros capítulos de este libro no le servirán muy bien si no puede establecer altas expectativas de conducta. Una de las responsabilidades de nuestro trabajo es establecer el orden y el respeto suficientes para proteger el derecho de todos los alumnos para aprender en el salón de clases. Aun si no desea ser el tipo de maestro que es "estricto", espero que reconozca los aspectos no negociables de un entorno de comportamiento fuerte y también que las técnicas en este capítulo pueden ser dominadas por cualquiera (algunos de los mejores profesionales son bastante reservados tanto en su naturaleza como en el modo) y se pueden adaptar en cualquiera de los mil estilos individuales de enseñanza.

TÉCNICA 36

100 POR CIENTO

Existe un porcentaje adecuado de alumnos que siguen una instrucción dada en el salón de clases: **100 Por ciento.** Si no logra esto, hace que su autoridad esté sujeta a la interpretación, las circunstancias y la motivación. Los alumnos tienen un motivo para preguntarse: "¿Quiso decir eso? ¿Es para todos? ¿Me dan ganas de estar de acuerdo con ella?"

La afirmación de que el estándar, no el objetivo, es 100 por ciento de cumplimiento, puede sonar aterrorizante y severa: un plan hambriento de poder para una batalla de voluntades o el anteproyecto de un salón de clases obsesionado con la obediencia en donde se logra nada menos que absoluta disciplina. Sin embargo, los salones de clases de los maestros campeones van en contra de esta expectativa. Se abren camino hacia la norma con un tono cálido y positivo. Son tajantes y metódicos; los alumnos hacen lo que se les pide sin siquiera pensar en ello. La cultura del cumplimiento es tanto positiva como, lo más importante, invisible. Estas dos características no solamente pueden ser parte de un salón de clases con un máximo de orden, sino que al final, deben serlo. Podría decirse que la disciplina que con mayor frecuencia es positiva e invisible (es decir, cuestión de hábito), es la única variedad sostenible.

IDEA ESENCIAL

100 POR CIENTO

Hay un porcentaje aceptable de alumnos que siguen una instrucción: 100 por ciento. Si es menor, su autoridad está sujeta a la interpretación, las circunstancias y la motivación.

Mientras que los maestros campeones regularmente logran el *100 Por ciento* de una manera tajante, decisiva y casi invisible, aquellos que no lo hacen, con frecuencia ignoran cuáles y cuántos alumnos hacen lo que se les pide cuando se les pide. Muchos maestros que fracasan para acercarse al estándar del 100 por ciento, dejan de darse cuenta si están logrando el cumplimiento total. Remediar esto es el primer paso para lograr las expectativas más altas de comportamiento: para ejercer el poder con justicia pero firmemente, debe estar profundamente consciente de cómo responden los alumnos a sus instrucciones. El primer paso es darse cuenta.

Una mañana, una maestra de tercer grado quería dirigirse a su clase. Levantó la mano, la señal practicada para el silencio: se espera que los alumnos también levanten su mano en silencio, y en la mañana en cuestión, tres cuartas partes de sus alumnos lo hicieron, con la habitación estando lo suficientemente callada para que hablara y fuera escuchada. ¿Debería continuar?

Muchos maestros, tal vez la mayoría, lo harían, pero si lo hicieran, pasarían por alto a la cuarta parte de sus alumnos que fallaron en cumplir una instrucción explícita. Algunos argumentarían: "No molestan; continuemos", pero eso es una aprobación tácita a la falta de cumplimiento. A menos que la maestra quiera enviar el mensaje de que seguir una instrucción es optativo, no debería comenzar hasta que todas las manos estén levantadas.

Aquí hay que señalar una diferencia importante. Si la maestra solamente hubiera pedido silencio, estaría bien proceder una vez que la habitación esté en silencio, pero la maestra pidió a los alumnos que hicieran dos cosas: estar callados y responder a su señal. Solamente algunos alumnos lo hicieron, por lo que debió esperar antes de proseguir, y utilizar los métodos de la técnica *100 Por ciento* para lograr el cumplimiento, tan pronto y positivamente como sea posible.

Sin embargo, antes de que hable del cómo, vale la pena pensar acerca del porqué. El peligro de continuar sin cumplimiento pone en riesgo el desarrollo de una cultura tóxica de "solamente los chicos buenos hacen lo que se les pide". Ocasiona que los alumnos vean el incumplimiento como una opción, contemplar la elección entre cumplimiento con el maestro o la libertad de sus compañeros sin ataduras. No es cuestión de escoger, pero en muchos salones de clases, la cultura del incumplimiento se extiende rápidamente a los alumnos que anteriormente manifestaban su apoyo. Además, cuando un maestro hace peticiones menores de manera discrecional, esperando que sus alumnos le hagan el favor de obedecer cuando más lo necesita, lo orillarán a una serie de súplicas que debilitan su autoridad o a un enfrentamiento público con algunos de sus alumnos, probablemente con los más rudos. Tendrá que replantear las expectativas infructuosas. Es un mal lugar donde estar, pero muchos maestros se encuentran allí antes de que se den cuenta de que están en ese camino.

He elegido el ejemplo de la maestra con la mano levantada para pedir silencio porque es un mecanismo que se usa comúnmente, o más bien, se abusa de él, y porque muestra la facilidad con la que los maestros aprenden a ignorar el incumplimiento.

La maestra del ejemplo estaba pidiendo dos cosas diferentes, de hecho, dos cosas que no necesariamente se relacionan. Los alumnos responden con cuatro acciones posibles: levantan la mano y no guardan silencio, guardan silencio y no levantan la mano, levantan la mano y guardan silencio, o no levantan la mano ni guardan silencio. Incluir en la orden que se levante la mano significa más variables y más resultados que atender. Bien puede ser que levantar las manos ayude a lograr la atención en silencio, pero la maestra por lo menos debe preguntarse: ¿Existe una manera menos invasiva de lograr la atención en silencio? ¿Quiero tomarme ahora el tiempo para manejar completamente dos variables de cumplimiento? Podría considerar si sería más efectivo hacer que los alumnos se sentaran derechos en silencio, con los ojos en ella, para mostrar que están listos para escuchar más que para levantar las manos. Esto también les daría a sus alumnos una rutina de atención y a ella misma una manera visual de verificar el cumplimiento. Sin embargo, la verificación a simple vista del contacto visual es más sutil que las manos levantadas y elimina el tema del cumplimiento marginal. Se puede hacer más rápidamente y podría decirse que es una mejor preparación para lo que la vida pide de la gente atenta: contacto visual y estado de alerta.

Así que, estar consciente de lo que les pide a sus alumnos, le mostrará que existen muchas razones para que reconsidere lo que pide. Lo ideal sería que el proceso de reflexión le ocasionara ser más eficaz en los procesos del salón de clases, pero cualquier orden que elija, debe tomarlo con mucha seriedad. Si lo pide, ellos deben hacerlo.

El ejemplo plantea un segundo punto acerca del cumplimiento. Si el porcentaje correcto de compleción es 100 por ciento, también lo es la extensión correcta de la compleción. Tolerar el cumplimiento marginal, especialmente cuando es público, también tendrá un efecto corrosivo. Cuando la maestra del ejemplo comienza a ver las manos arriba de sus alumnos, establecerá las expectativas, otra vez ya sea que las reconozca o no, acerca de qué significa la compleción y cuánto es suficiente. Los alumnos se plantearán consciente o inconscientemente las siguientes preguntas en diferentes versiones:

- "¿Está bien levantar la mano solamente a la mitad?"
- "¿Puedo descansar el codo en el escritorio?"
- "¿Hay alguna manera de hacer esto sin aparentar que quiero ser su consentido?"
- "¿Está bien levantar la mano sólo el mínimo imaginable (digamos, con una ligera extensión de la muñeca) y demostrarles a mis amigos que solamente estoy siguiéndole la corriente a esta maestra porque gentilmente he decidido que no vale la pena que gaste mi tiempo en faltarle al respeto en público?"

La respuesta a esto debería ser no. El mensaje debería ser: "Lo que hacemos, lo hacemos bien porque nos ayuda en el camino hacia la universidad". La excelencia es *el* hábito: lo que haga, debe hacerlo bien, y la manera más sencilla de hacerlo bien es hacerlo bien todo el tiempo. Si la

La forma más sostenible de cumplimiento es aquella que para ambos, alumnos y maestros, es claramente un ejercicio que ayudará a los alumnos a lograr un objetivo, no un ejercicio vacío de poder del docente.

maestra ha establecido levantar las manos como expectativa, debe ser firme. Otra vez, esto puede ocasionarle que reconsidere si ésta es la postura que quiere hacer valer, cómo se debe ver una mano levantada. Otra vez, mientras más seriamente tome el cumplimiento, más deberá reflejarlo en la justicia y discreción de sus órdenes. A la larga, la forma más sostenible de cumplimiento es aquella que para ambos, alumnos y maestros, es claramente un ejercicio que ayudará a los alumnos a lograr un objetivo, no un ejercicio vacío de poder del docente. Sucede que en la mayoría de los salones de clases de alto nivel, se trabaja mucho para aprender cómo hacer las rutinas y rituales correctamente. Es necesario que exista una señal clara de atención en silencio, y el maestro necesita ser capaz tanto de verla como de escucharla. Pero también necesita resistir la prueba de alineación con el objetivo final.

MAESTROS EN ACCIÓN: VIDEO 14

100 POR CIENTO Y QUÉ HACER

En el video 14 del DVD, Ashley Buroff de la Rochester Prep modela *100 Por ciento* y *Qué hacer* (descrita más adelante en este capítulo). Comienza con una instrucción simple y clara de *Qué hacer*: "Síganme con la mirada". Después toma un momento para, en un lenguaje común de *100 Por ciento,* "que la vean observando". Mientras les pide a sus alumnos que levanten sus materiales de trabajo para arrancar la última página (y al hacerlo así, hacer que el cumplimiento de los alumnos sea muy visible para ella), otra vez da una serie de instrucciones observables concretas: "Continúen y levanten sus materiales sosteniendo la hoja de *Háganlo ahora* en una mano y el resto del material en la otra". Es difícil malinterpretar esa instrucción. Remata con una corrección individual anónima: "Todavía los estoy esperando". Como pueden ver (y también lo pueden ver los alumnos), el índice de cumplimiento es un claro 100 por ciento.

PRINCIPIOS DE 100 POR CIENTO DE CUMPLIMIENTO

Hay tres principios esenciales para asegurarse de mantener la atención y el nivel de cumplimiento de manera consistente en el salón de clases. Estos principios son de suma importancia no solamente para asegurar el *100 Por ciento*, sino para asegurar que perdure un clima sano en el salón de clases, que el ritmo de la clase sea vigorizante, y que la parte académica permanezca como el enfoque principal. El primer principio emplea la intervención menos invasiva que sea posible, sirve como regla de oro para dominar esta técnica.

Utilice una forma de intervención que sea lo menos invasiva posible

El objetivo es obtener el 100 por ciento de cumplimiento, de manera que el maestro pueda enseñar. Conseguir este cumplimiento a costa de constantes interrupciones que consumen mucho tiempo para asegurarse de que todo el mundo está en la actividad, irónicamente sirve para detener el progreso de la misma y ocasionar la espiral fatal: todas las interrupciones para mantener a la gente trabajando tienen como resultado nada de trabajo, y por lo tanto, todos están sin trabajar. Los alumnos "en la burbuja", los que más trabajo le cuesta hacer participar, comienzan a buscar a su alrededor para ver qué más los va a atraer. Un desastre. El maestro quiere que la intervención sea rápida e invisible.

El objetivo es obtener el 100 por ciento de cumplimiento, de manera que el maestro pueda enseñar. El maestro quiere que la intervención sea rápida e invisible.

En las siguientes intervenciones potenciales, el objetivo es que una corrección esté tan cerca del inicio de la lista como sea posible:

- **Intervención no verbal.** Un gesto o contacto visual con los alumnos que no están realizando la actividad mientras el maestro hace algo más, de preferencia enseñar a los otros. Los maestros interrumpen sus propias lecciones más de lo que lo hacen los alumnos, por lo que emplear la corrección no verbal mientras enseñan, mantiene la lección sobre rieles.
- **Corrección grupal positiva.** Un recordatorio verbal rápido para el grupo acerca de lo que deben estar haciendo los alumnos y no lo que no deberían estar haciendo: "Seguimos en nuestros libros"; "Deben seguir con los ojos al que habla". Se utiliza justo cuando la atención del alumno se encuentra al borde de la distracción.
- **Corrección individual anónima.** Un recordatorio verbal rápido para el grupo, parecido a la corrección grupal positiva, excepto que la corrección individual anónima deja explícito que no todos están en donde necesitan estar: "Necesitamos dos personas". "Quinto C, por favor, asegúrate de que estás poniendo completa atención en el que habla".
- **Corrección individual privada.** Cuando tenga que decir nombres (tendrá que hacerlo, especialmente cuando está estableciendo sus expectativas al inicio del año), busque corregir en privado y en voz baja. Camine hacia el escritorio del alumno que no está haciendo la tarea. Inclínese con confianza para estar tan cerca de él como sea posible y, utilizando una voz que conserve tanta privacidad como sea posible, diga rápidamente y con calma al alumno que corrige lo que debe hacer. Después hable de otra cosa. Algo como: "Carlos, les pedí a todos que me siguieran con los ojos, y necesito ver que también tú lo haces", será suficiente en la primera interacción. Si necesita regresar, es momento de una consecuencia. Otra vez quiere hacer esto en privado: "Carlos, necesito que me sigas para que puedas aprender. Voy a tener que [cambiar tu tarjeta a amarillo, quitarte dos fichas, pedirte que vengas a trabajar a la hora del descanso]. Ahora, por favor, muéstrame lo mejor de ti".

MAESTROS EN ACCIÓN: VIDEO 15

100 POR CIENTO

En el video 15 del DVD, Jaimie Brillante de la Rochester Prep demuestra la corrección individual privada. Observe cómo hace de su intervención un ejercicio de propósito, no de poder: la razón por la cual ella habla con su alumna es porque no pudo responder correctamente. El objetivo para ella es que tenga éxito académicamente hablando, no que le ponga atención a Brillante o que haga lo que Brillante le pidió. Observe cómo enfoca a otros alumnos en una tarea clara antes de hablar. Hasta consigue unos pañuelos desechables para otro alumno para hacer su acercamiento menos obvio y de esta manera hacer que la interacción sea más privada. Finalmente, observe el tono tranquilo, firme, sin hacer juicios. Brillante es cuidadosa al decirles a sus alumnos cómo resolver un problema.

¿Quiere saber más? Revise la entrevista con Jaimie Brillante en el apéndice de este libro.

• **Corrección pública a la velocidad del rayo.** Algunas veces el maestro se verá forzado a hacer correcciones a los alumnos de manera individual en público. Sus objetivos al hacer una corrección verbal individual deben ser limitar la cantidad de tiempo que un alumno está "en escena" por algo negativo y enfocarse en decirle al alumno qué hacer correctamente en lugar de regañarlo o explicarle lo que hizo mal (cuando sea posible) para normalizar el comportamiento positivo de la mayoría de la clase indicando esto también. Algo como: "Carlos, necesito tu atención", es rápido, con confianza y efectivo. Su corrección podría añadir: "Carlos, necesito tu atención. ¡Observa bien, fila de atrás!" En raros casos podría desear enfatizar su atención al cumplimiento de Carlos (para Carlos y sus compañeros) adaptando la secuencia como sigue: "Carlos, necesito tu atención. ¡Observa bien, fila de atrás! Gracias, Carlos. Mucho mejor".

Cuando las interacciones siguen una secuencia, la narración de éstas generalmente debería acumular un ímpetu positivo. Terminan en lo positivo ("mucho mejor") y le permiten describirle al grupo la evolución hacia la excelencia (Carlos no estaba haciendo la actividad, pero ahora lo está). Aunque el maestro está haciendo una corrección, su narración enfatiza que las cosas están mejorando.

Observe la importancia de la velocidad. Recomiendo usar la más larga de las secuencias anteriores solamente de forma ocasional y evitar algo más largo si es posible. Finalmente, observe la utilidad práctica de la corrección. Simplemente decir el nombre de Carlos, como muchos maestros lo harían, no le da a Carlos ninguna guía de cómo cumplir con sus expectativas. Éste es un punto de suma importancia que se discute más adelante en *Qué hacer*.

• **Consecuencia.** Lo ideal es resolver un caso de incumplimiento rápida y exitosamente con la menor interrupción posible para toda la clase. A la larga, fortalece al maestro cuando ocasionalmente utiliza las consecuencias externas. Resolver asuntos sin las consecuencias externas refuerza el poder intrínseco del maestro. Sin embargo, si una situación no se puede abordar rápida y exitosamente sin una consecuencia, ésta se debe administrar de manera que no interrumpa la enseñanza. Al igual que con otras intervenciones, las consecuencias se deben administrar rápidamente y de la manera menos invasiva y emocional posible. Lo ideal es que un maestro tenga una serie progresiva de consecuencias de donde escoger, de manera que haga corresponder la relevancia de la respuesta con la interrupción y, al hacerlo así, asegura su propia habilidad para administrarla rápidamente, de manera decisiva y sin titubear. Esto se discute más adelante en *Sin advertencias* (técnica 42, más adelante en este capítulo).

MAESTROS EN ACCIÓN: VIDEO 16

100 POR CIENTO

En el video 16 del DVD, Bob Zimmerli de la Rochester Prep demuestra *100 Por ciento*. Observe especialmente sus:

- Correcciones grupales positivas: "Todos". "Todas las manos abajo; ¡muéstrenme SEPAS ahora!"
- Corrección individual anónima: "Todavía necesito tres personas. Ya saben quiénes son. Necesito dos personas".
- Corrección pública a la velocidad del rayo: "¡No tengo a Marisa, pero *tengo* a Jazmín!"

Los alumnos de Zimmerli están "recitando los números". Es decir, están aprendiendo a hacer una suma repetida con un número determinado de manera que puedan aprender y revisar sus tablas de multiplicar. Observe cómo el uso de los dedos al decir los números le permite a Zimmerli ver fácilmente quién está participando. Ha hecho que el cumplimiento sea visible. Puede argumentar que está haciendo algo parecido cuando les pide a sus alumnos que "sigan [vean] este papel", y después se mueve por el frente del salón. Si ve que giran la cabeza, sabe que están poniendo atención, otra manera de hacer visible el cumplimiento.

¿Quiere saber más? Revise la entrevista con Bob Zimmerli en el apéndice de este libro.

Una interpretación errónea muy común acerca de los seis niveles de intervención es la creencia de que representan un proceso o una fórmula: que los maestros siempre avanzan metodológicamente por cada uno de los niveles, intentando los cinco tipos de corrección en secuencia antes de administrar una consecuencia. Nada puede estar más alejado de la realidad. El objetivo es estar tan cerca como sea posible y cuando sea posible del principio de la lista, pero su fidelidad deberá estar en lo que funciona no en la lista. Algunas veces vaya directo al quinto nivel, algunas veces puede ir y venir entre los niveles, y ocasionalmente permita cinco intervenciones a un individuo fuera de la actividad antes de asignar una consecuencia. De hecho, el uso de los niveles del 1 al 5 implica que los alumnos a quienes se dirigen las intervenciones están haciendo (o parece probable que lo estén haciendo) un esfuerzo de buena fe para cumplir con las expectativas. Un comportamiento deliberado se gana una consecuencia.

Ignorar el mal comportamiento es la forma de intervención más invasiva porque es más probable que el comportamiento persista y se expanda en el futuro.

Otra interpretación errónea es que ignorar el mal comportamiento (o abordarlo alabando a los alumnos que se están comportando) es la forma de intervención menos invasiva. Pero ignorar el mal comportamiento es la forma de intervención más invasiva porque es más probable que el comportamiento persista y se expanda en el futuro. El objetivo es abordar el comportamiento rápidamente: la primera vez que aparece y mientras su manifestación todavía es mínima, y la respuesta requerida todavía es pequeña.

Confíe en la sutileza firme, tranquila

Lograr el cumplimiento es un ejercicio de propósito, no de poder. Los alumnos necesitan seguir instrucciones rápida y completamente de manera que sepan que tienen la mejor oportunidad para lograr el éxito. Aunque eso con frecuencia involucra la responsabilidad absoluta hacia sus maestros, esta responsabilidad es el medio, no el fin. "Necesito tu atención en mí para que puedas aprender", es una frase más efectiva que: "Les pido que me pongan atención porque cuando les pido que hagan algo, espero que lo hagan". Mientras que esperaría que los alumnos hagan algo cuando se los pida, al final no se trata realmente de usted; se trata de ellos y su camino hacia la universidad. Exija obediencia no porque puede hacerlo o porque se siente bien, sino porque le sirve a sus alumnos. Haga que esa distinción sea evidente en su lenguaje, tono y comportamiento.

Los maestros que ponen en práctica la técnica de *100 Por ciento* enfatizan la universalidad de las expectativas. Su lenguaje refuerza esto: "Necesito la atención de todos", enfatiza universalidad mejor que: "Necesito tu atención, Tomás", aunque usar el nombre de Tomás puede ser necesario ocasionalmente: "Necesito la atención de todos, Tomás", es un enfoque más directo para Tomás mientras que todavía enfatiza que el estándar es universal. De manera parecida, los maestros que usan la técnica de *100 Por ciento* son estratégicamente impersonales. Muchos maestros creen que su trabajo es individualizar cada decisión según las necesidades y personas específicas en cada situación. En casos de expectativas de comportamiento, es probable que esto resulte en un sentimiento de acoso individual, especialmente cuando no les gustan las decisiones a los alumnos. Reforzar las expectativas con un poco de impersonalidad ("Así no es como lo hacemos aquí"; "En este salón respondemos respetuosamente a nuestros compañeros"), les recuerda a los alumnos que las decisiones del maestro no son personales.

Los maestros de la técnica de *100 Por ciento* detectan el problema a tiempo, antes que el resto de la clase, y algunas veces hasta antes de que los alumnos en cuestión, sepan que hay "algo".

Enfatice el cumplimiento que puede ver

Puede enfatizar el cumplimiento de diversas maneras:

- **Invente formas de maximizar la visibilidad.** Encuentre formas de hacer más fácil ver quién está siguiendo sus instrucciones pidiéndoles a los alumnos que hagan cosas que pueda ver.

Pedir la atención sobre usted es mejor que pedir sólo que atiendan, porque puede verlos cuando lo hacen. Pedir lápices abajo *y* la atención en usted es aún mejor, ya que le da dos cosas que puede ver *y* porque la segunda cosa que ha pedido (lápices abajo) es mucho más fácil de ver con una mirada rápida en el salón de lo que lo es el contacto visual. Los ojos que se desvían son discretos y toma tiempo darse cuenta; un lápiz en la mano en un salón con lápices en los escritorios se distingue fácilmente. Esto hace que sea más fácil para el maestro ver el cumplimiento, como resultado sus alumnos se dan cuenta de que es mucho más difícil no cumplir, que requiere una intencionalidad que pocos alumnos están dispuestos a alcanzar.

Pedir la atención sobre usted es mejor que pedir sólo que atiendan, porque puede verlos cuando lo hacen. Pedir lápices abajo y la atención en usted es aún mejor, ya que le da dos cosas que puede ver.

- **Que lo vean mirando.** Cuando pida cumplimiento, búsquelo de manera consistente y que lo vean buscándolo. Cada pocos minutos, recorra el salón con una mirada y con una sonrisa tranquila para asegurarse de que todo está como debería estar. Cuando dé una instrucción, recuerde hacer una pausa y recorrer el salón con la mirada. Describir lo que hace ("Gracias, Pedro. Gracias, Marisa. La atención en mí, fila del frente") refuerza la idea de que cuando lo pide, hace las dos cosas: mirar quién lo ha hecho y ver de manera consistente quiénes no lo hacen.
- **Evite el cumplimiento marginal.** No es solamente si sus alumnos hacen lo que les ha pedido, sino si lo hacen bien. Un cierto número completará una tarea tan bien como el maestro les muestra que espera la completen. Con toda razón querrán saber lo que significa "atención en mí" exactamente. ¿Ojos cerca de usted? ¿La mirada en la suya por un efímero segundo? ¿La mirada fija en usted mientras habla? La diferencia entre estas tres interpretaciones es como el día y la noche.
- **Aproveche el poder de las oportunidades de comportamiento no reconocidas.** Los alumnos pueden adquirir una práctica valiosa comportándose de una manera constructiva y positiva sin siquiera darse cuenta de que lo están haciendo. Por ejemplo, pueden practicar hacer un hábito de seguir las instrucciones de su maestro. En un salón de clases en donde el maestro utiliza la enseñanza divertida y energética de *Llamar y responder* (técnica 23), los alumnos practican hacer lo que se les pide, justo a una señal, una y otra vez. No reconocen que están practicando el seguir órdenes, solamente que están divirtiéndose. Y ven a sus compañeros hacer esto también, lo cual normaliza el seguimiento y el cumplimiento con el maestro. Con el tiempo, esto tiene un efecto importante. Los alumnos no sólo construyen una memoria muscular del cumplimiento repetido justo a la señal, sino que esperan el cumplimiento inmediato de sus compañeros y lo asocian con sentimientos positivos. Están aprendiendo a participar y a comportarse sin siquiera darse cuenta de que lo están haciendo.

Los maestros que encuentran muchas oportunidades para que los alumnos practiquen hacer lo que se les pide cuando no están preocupados acerca de su comportamiento, aseguran una mayor probabilidad de éxito que cuando están preocupados.

TÉCNICA 37
QUÉ HACER

Una parte del incumplimiento del alumno (una parte más grande de lo que muchos maestros suponen) es causada no por desafío, sino por incompetencia: porque el alumno entiende mal una instrucción, no sabe cómo seguirla, o voltea en un momento de distracción benigna. Reconocer esto significa dar instrucciones a los alumnos de una manera que proporcione una guía clara y útil, suficiente para permitir a cualquier alumno que quiera hacer lo que le piden pueda hacerlo de una manera fácil. El nombre de esta técnica es **Qué hacer,** y usarla hace que las instrucciones sean rutinariamente útiles y fáciles de seguir.

Pasamos mucho tiempo en las escuelas definiendo por lo negativo el comportamiento que deseamos: "No se distraigan". "Dejen de perder el tiempo". "Ese comportamiento fue inadecuado". Estas órdenes son vagas, ineficientes y poco claras. Obligan a los alumnos a adivinar lo que el maestro quiere que hagan.

Cuatro características primordiales de *Qué hacer* ayudan a reforzar el cumplimiento entre los alumnos. Además, un principio rector fundamental enfatiza la diferenciación entre desafío e incompetencia. Hacer sistemáticamente esta distinción crucial tendrá un efecto permanante en la cultura de su salón de clases y en la relación con los alumnos.

Qué hacer comienza, lógicamente, cuando el maestro les indica a los alumnos qué hacer (es decir, *no* diciéndoles lo que *no* deben hacer). Pasamos mucho tiempo en las escuelas definiendo por lo negativo el comportamiento que deseamos: "No se distraigan". "Dejen de perder el tiempo". "Ese comportamiento fue inadecuado". Estas órdenes son vagas, ineficientes y poco claras. Obligan a los alumnos a adivinar lo que el maestro quiere que hagan; ¿qué es el "eso" en, "deja eso", por ejemplo? Suponiendo que el alumno no quiere distraerse, si todo lo que le dice es que no haga eso, ¿la alternativa es qué debe asumir ahora y cómo lo sabría?

Aun cuando no definimos el comportamiento por lo negativo, con frecuencia no somos lo suficientemente útiles. Cuando le dice a una alumna que ponga atención, pregúntese si la alumna sabe cómo poner atención. ¿Alguien le ha enseñado? ¿Conoce sus expectativas específicas para poner atención (digamos, observar al que habla)? ¿Alguien le ha ayudado a aprender cómo evitar y controlar las distracciones? La orden "pon atención" no proporciona una guía útil porque fracasa en enseñar.

Uno de nuestros trabajos primordiales es decirles a los alumnos qué hacer y cómo hacerlo. Decirles a los alumnos qué hacer en lugar de qué no hacer, no es solamente mucho más eficiente y efectivo, sino que nos reubica en la enseñanza, aun en los momentos que se refieren al comportamiento. Expresa la creencia de que la enseñanza puede resolver problemas. Sin embargo, decirles a los chicos solamente qué hacer no es suficiente. Para ser efectivo, las instrucciones deben ser específicas, concretas, secuenciales y observables:

- **Específicas.** Las instrucciones efectivas son específicas. Se enfocan en las acciones posibles de alcanzar y descritas con precisión que los alumnos pueden realizar. Por ejemplo, en lugar de señalarle a un alumno que ponga atención, podría señalarle que coloque su lápiz sobre el escritorio o que lo mire. Esto proporciona una guía útil sobre la que puede tomar una decisión y poner atención de hacerla. Es fácil de recordar, orientada a la solución y difícil de malinterpretar.

- **Concretas.** Las instrucciones efectivas no solamente son específicas; cuando es posible, involucran tareas claras y procesables que cualquier alumno sabe cómo realizar. Si le dice al alumno que ponga atención, puede ser que él sepa o no cómo hacerlo, pero si le dice que ponga los pies debajo del escritorio, le ha pedido que haga algo que ningún alumno puede malinterpretar o que no sepa cómo hacerlo. Si parece que se resiste, puede ser más concreto: "Voltea tu cuerpo hacia mí. Voltea tus piernas. Ponlas debajo de tu escritorio. Empuja tu silla". Éstas son cosas reales: físicas, sencillas, comunes. No existe una zona ambigua en esta orden y no se requiere de diplomacia o conocimiento previo para seguir adelante. Y la eliminación de dicha área ambigua le permite comprender mejor la intención del alumno.
- **Secuenciales.** Ya que una habilidad compleja como poner atención rara vez se equipara con una sola acción específica, las instrucciones efectivas se deben describir como una secuencia de acciones específicas y concretas. En el caso del alumno que necesita ayuda para poner atención, podría aconsejarle: "Juan, pon tus pies debajo de tu escritorio, baja tu lápiz y pon tu atención en mí". En algunos casos, podría añadir: "Cuando yo lo escriba en el pizarrón, significa que ustedes lo escriben en su cuaderno".
- **Observables.** El maestro fue cuidadoso en darle a Juan no solamente una secuencia de pasos específicos a seguir. Describió acciones observables: cosas que podía ver claramente que él hacía. Esto es fundamental, ya que sus instrucciones se enfocaron en una serie de pasos específicos y lo suficientemente sencillos que podría esperarse razonablemente que cualquier alumno los hiciera, el componente de observación de las instrucciones dejó a Juan con poca capacidad para evadirse en términos de su cumplimiento. Si el maestro le dice que ponga atención, en realidad no puede saber si lo hace y por consiguiente no puede hacerlo responsable de manera muy eficaz. Él protestará: "pero *estaba* poniendo atención". Consciente o inconscientemente, los alumnos perciben y explotan esta falta de responsabilidad. Sin embargo, si le dice a Juan: "Pon tus pies debajo de tu escritorio, baja tu lápiz y pon tu atención en mí", puede ver perfectamente bien si lo hace. *Él* sabe perfectamente bien que puede ver si lo hace y por consiguiente es más probable que lo haga.

La técnica de *Qué hacer* le permite distinguir entre la incompetencia y el desafío haciendo sus órdenes lo suficientemente específicas, de manera que no pueden ser malinterpretadas deliberadamente, y tan útiles que encuentran una explicación convincente para cualquier área ambigua. Sin embargo, vale la pena tomar en cuenta un poco más la capacidad para distinguir entre incompetencia y desafío. Si le pide a Juan que ponga atención o que se siente o que realice una tarea y no lo hace, saber si no lo hará o no puede importa mucho. Si no puede, el problema es incompetencia. Si no lo hará, el problema es desafío. Responda a estas situaciones de manera diferente.

Si el tema es la incompetencia, su obligación es enseñarle a Juan. Si lo castiga por no cumplir cuando no puede hacerlo, la consecuencia parecerá injusta: lo castigará por lo que no comprende o no puede hacer. Esto erosionará su relación con Juan y le enseñará que las consecuencias están desconectadas de sus acciones. Si sucede por razones que él no comprende, para él son aleatorias.

Estudios psicológicos sugieren que la impotencia aprendida (el proceso de rendirse porque cree que sus propias elecciones y acciones son irrelevantes) generalmente resulta de una percepción de que las consecuencias son aleatorias.

Estudios psicológicos sugieren que la impotencia aprendida (el proceso de rendirse porque cree que sus propias elecciones y acciones son irrelevantes) generalmente resulta de una percepción de que las consecuencias son aleatorias.

Pero si Juan no hará lo que le pide, el tema es el desafío, y su obligación es proporcionar una consecuencia. A menos que actúe clara y decisivamente frente a un reto a su autoridad, Juan establecerá un precedente de impunidad. Él y sus compañeros de clase sabrán ahora que Juan, y podría decirse que cualquiera que esté dispuesto a hacerlo, puede retarlo exitosamente durante el resto del año. Cuando deje escapar su autoridad de esa manera, estará abdicando a su responsabilidad de proteger el entorno en el cual el resto de los alumnos vive y aprende, y por lo tanto, a su derecho a una educación de calidad. Si responde al desafío con enseñanza, estará tan equivocado como si respondiera a la incompetencia con un castigo.

Por lo tanto, debe distinguir entre la incompetencia y el desafío, respondiendo a la incompetencia con enseñanza y al desafío con una consecuencia. Confundir una con el otro (y muchos maestros rutinariamente fracasan en distinguirlos) tiene consecuencias dañinas en ambos casos, y es por eso que hacer una distinción confiable y sistemática tiene tales ramificaciones de largo alcance para su salón de clases. Hacer bien la distinción es probablemente la parte más importante de la técnica de *Qué hacer*; podría decirse que es una de las herramientas más importantes para construir la cultura del salón de clases. El maestro puede hacer la distinción de manera sistemática y justa dando instrucciones concretas, específicas y observables (lo suficientemente sencillas y claras para que cualquiera con buena fe pueda hacerlas si quiere). Puede asignar una tarea a los alumnos que estén luchando con las acciones que le permita conocer la diferencia, de manera que pueda enseñar cuando deba enseñar y ejercer su autoridad cuando deba hacerlo.

Qué hacer, *versión 2*

Cuando los alumnos fracasan en seguir una instrucción y el maestro sabe que la causa es la incompetencia o cree que necesita más datos para determinar si lo es, repase la instrucción inicial; esta vez puede ayudar desglosarla en una secuencia de pasos aún más específicos. Digamos que les da una tarea a sus alumnos: "Saquen sus carpetas. Encuentren su tarea. Colóquenla en la esquina de su escritorio". Dos alumnos no lo hacen. Sacan sus carpetas pero no hacen nada más. Mientras que el resto de la clase completa la tarea, podría decirles: "Abran su carpeta y busquen su tarea en el sobre del lado izquierdo. Sáquenla y colóquenla sobre su escritorio. Ahora cierren la carpeta. Bien. Y guárdenla". Esto vuelve a enseñar la parte de la tarea que fue difícil para los alumnos: proporcionar una mayor guía en donde no estaba claro para ellos (tal vez no sabían en dónde buscar en sus carpetas; tal vez no estaban seguros si quiso decir que colocaran su tarea o sus carpetas en la esquina de sus escritorios). Si volver a enseñar no es necesario, refuerza la responsabilidad de los alumnos para seguir hasta el final. Sí, los estará malcriando un poco, pero estará siendo muy claro de que está consciente de que su falta de cumplimiento no lo pone nervioso e intenta abordarla. De cualquier manera, tiene más probabilidad de ocasionar la finalización de la tarea o, si no, de revelar más claramente un caso de desafío menor que puede manejar con una consecuencia y la confianza de que la decisión de hacerlo fue justa. Ya que esto le permite administrar las consecuencias sin dudar o titubear, le permite también administrarlas con una consistencia absoluta.

Repetir un *Qué hacer* con mayor especificidad también se puede utilizar en situaciones de crisis. Como consejero estudiantil, una vez me llamaron a un salón de clases en donde una maestra había intentado enviar a una alumna a la oficina. La alumna, inestable y con frecuencia desafiante, se había rehusado a moverse o a obedecer a la maestra cuando se le pidió que saliera. En vez de eso bajó la cabeza e ignoró todas las indicaciones. Con todo el salón observándome, me incliné cerca de su escritorio y dije en voz baja y firme: "Cristina, ven conmigo por favor". Ella no movió un solo músculo. Me alegré de haber dado la orden inicial en voz baja y conservando un mínimo de privacidad, pero sabía que el tiempo se acababa. Por suerte o por instinto (todavía no estaba enterado de la técnica *Qué hacer*) dije: "Cristina, empuja tu silla hacia atrás de tu escritorio y párate junto a él". Y he aquí, eso fue exactamente lo que hizo Cristina. "Bien", dije. "Ahora sígueme a la puerta".

Después de eso, utilicé la técnica en una variedad de crisis y encontré que era una de mis herramientas más confiables, especialmente cuando me enfrentaba a un grupo de alumnos que necesitaba enfocarse de nuevo en la tarea e interpretaban de manera activa mi nivel de calma y voluntad para ejercer mi autoridad. Encontré que me ayudó a saber qué decir en situaciones en las que de otra manera estaría nervioso. Sabiendo que tenía el recurso de un *Qué hacer* claro me permitió enfrentar situaciones difíciles con calma y con una confianza que aumentó la probabilidad de éxito: "Caballeros, por favor detengan su conversación por un momento. Estoy enseñando al otro lado de esta puerta. Por favor recojan sus cosas, caminen hasta el final del pasillo, abran las puertas y párense afuera. Pueden continuar su conversación allí".

TÉCNICA 38
VOZ FUERTE

Algunos maestros "lo" tienen: entran en un salón e instantáneamente están al mando. Los alumnos que momentos antes parecían no obedecer a la razón, de repente toman sus lugares para esperar las indicaciones. Es difícil decir exactamente qué es "eso" y por qué algunos maestros lo tienen. Gran parte de ello seguramente es intangible e intransferible, una manifestación del poder único de los individuos y su capacidad para ganar respeto y credibilidad, construir relaciones e irradiar confianza y aplomo. Pero aun si no puedo decirle exactamente cómo "envasarlo", puedo describir cinco cosas concretas que los maestros con "eso" utilizan sistemáticamente para señalar su autoridad. Éstas son cinco técnicas que cualquiera, aun el maestro novato aparentemente más humilde y manso, puede usar. Utilizarlas lo pondrá en una posición para establecer el control, el mando y la autoridad benévola que hace innecesario el uso de las consecuencias excesivas. Dominar estas habilidades puede no hacerlo un maestro con "eso", pero tener una **Voz fuerte** seguramente lo acercará mucho.

Generalmente, los maestros con *Voz fuerte* siguen cinco principios en sus interacciones con los alumnos, o por lo menos en las interacciones en las que están intentando establecer el control: economía del lenguaje, no hable más, no se enganche, párese derecho/quédese quieto y poder silencioso. También tienen un registro automático (un tono y comportamiento que emplean en sus interacciones) que maximiza el poder de estos cinco principios.

LOS CINCO PRINCIPIOS DE LA VOZ FUERTE

Economía del lenguaje
No hable más
No se enganche
Párese derecho/quédese quieto
Poder silencioso

- **Economía del lenguaje.** Pocas palabras son más fuertes que muchas. Demostrar la economía del lenguaje muestra que está preparado y conoce su intención al hablar. Ser parlanchín o elocuente es una señal de nerviosismo, indecisión y falta de seriedad. Sugiere que sus palabras pueden ser ignoradas. Cuando necesite que sigan sus instrucciones, utilice las palabras que mejor enfoquen a los alumnos en lo que es más importante, y no más. No diluya los asuntos urgentes con cosas que pueden esperar. En lugar de pedirles a los alumnos que identifiquen la prioridad más alta de los cinco puntos que dio en sus instrucciones, solamente explique un punto. Entonces puede asegurar que sus alumnos lo escucharán. Evite iniciar las distracciones y el exceso de palabras. Cuando necesite ir al grano, sea claro y tajante, y después deje de hablar.

- **No hable más.** Si lo que está diciendo vale la pena ponerle atención, entonces todos los alumnos tienen el derecho y la responsabilidad de escucharlo; y si lo que está diciendo no es tan importante, tal vez no debería decirlo, por lo menos a toda la clase. Cuando necesite que lo escuchen, sus palabras deben ser, sin lugar a dudas, lo más importante en el salón, así que haga el hábito de mostrar que importan. Antes de comenzar, espere hasta que no haya pláticas o susurros. Al asegurarse de que su voz nunca compite por tener atención, demostrará a los alumnos que su decisión de escuchar no es por la situación (es decir, lo hacen si parece como si tal vez realmente importa en esta ocasión). Por otra parte, controlar quién tiene la palabra es su marca de autoridad y una necesidad de su enseñanza. Si repite diez instrucciones al día a medio minuto por instrucción, gastará dos días enteros de escuela por niño en el curso de un año. No puede darse el lujo de hablar por encima de los alumnos.

En algunos casos, tal vez necesite comenzar con el propósito de parar, es decir, comenzar una oración e interrumpirla para demostrar que no continuará hasta que tenga una total atención. Usar esta autointerrupción para hacer obvio el hecho de que están interrumpiendo, evita la irónica necesidad de hablar por encima de los alumnos para decirles que no hablará por encima de ellos. Normalmente un maestro puede planear hacer frente a su clase con una instrucción como ésta: "Clase de sexto grado, necesito sus carpetas afuera para que puedan escribir correctamente la tarea". Sin embargo, si los alumnos no estuvieran atentos o si hubiera ruido o una plática persistente después de su primer palabra o dos, el maestro interrumpiría su explicación, de manera ideal en el lugar más notorio, y permanecería en silencio por unos segundos antes de comenzar de nuevo: "Sexto grado, necesito sus...". Si el murmullo de bajo nivel y las distracciones no desaparecen por completo, podría iniciar otra autointerrupción, esta vez dando un poco menos de instrucción: "Sexto grado, yo...". Durante estas interrupciones podría permanecer inmóvil para demostrar que nada puede continuar hasta que se restablezca la atención.

- **No se enganche.** Una vez que haya establecido el tema de conversación, evite engancharse en otros temas hasta que haya resuelto satisfactoriamente el tema que inició. Esto es especialmente importante cuando el tema es el seguimiento del comportamiento.

De todas las situaciones en las que es factible que un alumno intente cambiar el tema, el momento en el que el maestro le pide que se responsabilice por sus acciones está entre las más probables.

De todas las situaciones en las que es factible que un alumno intente cambiar el tema, el momento en el que el maestro le pide que se responsabilice por sus acciones está entre las más probables. Comúnmente un alumno responderá con una excusa o una distracción. Supongamos, por ejemplo, que le dice a David, quien está empujando la silla de Margarita con el pie: "Por favor, quita el pie de la silla de Margarita". David podría replicar: "¡Pero ella me está empujando a mí!" o "¡Pero se sigue metiendo en mi espacio!" Muchos maestros podrían caer en dicha situación enganchándose en la distracción que David ha propuesto: lo que Margarita supuestamente estaba haciendo. Dirían: "¿Margarita, estabas haciendo eso?"; o hasta: "No me interesa lo que Margarita estaba haciendo", es una manera de responder a la elección de tema de David, no hacer que él se enganche en el suyo. Una mejor respuesta podría ser: "David, te pedí que quitaras el pie de la silla de Margarita", o también: "En este momento, necesito que sigas la instrucción y quites el pie de la silla de Margarita". Estas respuestas son mejores porque hacen referencia explícita al hecho de que inició un tema de conversación y espera que sea atendido y porque no es preciso que anuncie que "no le importa" lo que Margarita hizo, el cual no es exactamente el mensaje que quiere transmitir.

Otra posible respuesta de David podría ser: "¡Pero no estaba haciendo nada!" Otra vez, la mejor estrategia es no engancharse en este tema. Después de todo, no lo habría corregido si dudara en donde debería estar el pie de David. La mejor respuesta es: "Te pedí que quitaras el pie de la silla de Margarita. Una vez que hayas hecho eso, no necesitas decir nada más".

Si hubiera tenido una duda, una estrategia efectiva sería decir: "David, si tu pie está en la silla de Margarita, necesito que lo pongas debajo de tu escritorio y lo mantengas allí". Si él se distrae con: "Pero ella estaba...", su respuesta es sencilla. Admitió que su pie estaba en la silla, y ahora simplemente repite su petición de que lo quite. Si dice: "No estaba en su silla", entonces simplemente contesta: "Bien. Entonces no deberá ser difícil para ti mantenerlo debajo de tu escritorio por el resto de la clase". Si cree que es probable que David lo pruebe, podría agregar: "Estaré observando para que pueda ayudarte a practicar durante el descanso si necesitas ayuda".

Una mejor instrucción original para David podría haber sido decirle en dónde poner el pie más que en dónde no ponerlo. Después de todo, no hay garantía de que el siguiente lugar que encuentre será mucho mejor o que no lo moverá. Por lo que una orden ideal y original podría ser algo como: "David, por favor pon el pie debajo de tu escritorio y voltea hacia mí". Esta orden también le coloca en una mejor posición si él quita el pie y dice: "Pero mi pie no estaba en la silla de Margarita" o "Mi pie no está en la silla de Margarita". Como el maestro ha iniciado el tema de en dónde debería estar su pie más que en dónde no debería estar, simplemente puede repetir su petición: "Te pedí que pusieras el pie debajo de tu escritorio y voltearas hacia mí. Déjame ver que lo haces ahora".

Esto ciertamente se trata de su autoridad, pero no solamente se trata de ésta. Engancharse en este tema le permite a David postergar la consideración acerca de su propia responsabilidad. Con frecuencia, los alumnos aprovecharán esta oportunidad para convencerse a sí mismos que de hecho no se estaban comportando de una manera negativa. Pregúntese si quiere que sus chicos capten el mensaje que puede cambiar el tema o culpar a alguien más si no ha hecho su trabajo. Pregúntese si quiere que sean capaces de engañarse a sí mismos pensando que todo estaba bien. De este modo, insistir en que el maestro controla el tema de las conversaciones de comportamiento, asegura la responsabilidad de los alumnos en su interés, el de sus compañeros (cuyo interés representa el maestro) y el suyo propio.

Rehusarse a engancharse establece un tono de responsabilidad enfocada en su salón de clases. Los alumnos no pueden cambiar el tema. Necesitan actuar primero y después explicar. También significa que los asuntos de quién está molestando a quién se aplazan más fácilmente hasta el momento en el que la instrucción no está sucediendo.

Aquí otro ejemplo útil:

Maestra: (a Jaime, que estaba hablando) Jaime, estás hablando. Por favor mueve tu tarjeta a amarillo.
Jaime: ¡No era yo!
Maestra: Por favor mueve tu tarjeta a amarillo.
Jaime: ¡Sara estaba hablando! ¡No yo!
Maestra: Te pedí que movieras tu tarjeta. Por favor, levántate y mueve tu tarjeta a amarillo.

Podría ser razonable para la maestra discutir quién estaba hablando con Jaime (también podría no serlo), pero necesita haber la expectativa de que la última conversación no sucederá hasta que Jaime haya hecho primero lo que su maestra le pidió. Puede discrepar o buscar resarcimiento. Hasta que haya obedecido la petición inicial, no hay otra conversación.

Una situación final en la que no engancharse es de suma importancia, es cuando los alumnos gritan las respuestas. Engancharse con la respuesta, aun si dice: "Correcto, pero por favor, no griten", envía el mensaje de que si lo que se grita es lo suficientemente interesante, la respuesta correcta cuando nadie más parece tenerla, o dicha lo suficientemente fuerte o repetida con la suficiente frecuencia, entonces las reglas no aplican. Esto lo pondrá rápidamente en una posición en la que constantemente se enfrenta con gritos. No importa lo fascinante que sea el comentario o lo necesaria que sea la respuesta correcta, si se engancha cuando la gritan, erosionará su capacidad para controlar las futuras conversaciones en su salón de clases. No importa qué tan interesante sea la respuesta, a largo plazo es mejor recordarles a los alumnos lo que se debe hacer ("En esta clase, levantamos la mano cuando queremos hablar") sin engancharse en la respuesta.

- **Párese derecho/quédese quieto.** En cada comentario se expresa con gestos al igual que con sus palabras. Muestre con su cuerpo que está comprometido con cada orden. Cuando quiera expresar la seriedad de sus instrucciones, gire, con los dos pies y los dos hombros, para quedar directamente frente al objeto de sus palabras. Asegúrese de que su contacto visual sea directo. Párese derecho o inclínese para acercarse (irónicamente esto muestra su nivel de control demostrando que no es tímido o tiene miedo; después de todo, no se agacha hacia un perro al que teme que lo muerda). Si el alumno a quien le está hablando se encuentra a unos pasos de distancia, muévase hacia él.

Cuando dé instrucciones que desee se sigan, deje de moverse y no se enganche en otras tareas al mismo tiempo. Si está pasando papeles mientras da instrucciones a los alumnos, sugiere que sus indicaciones no son tan importantes. Después de todo, también está haciendo otras cosas al mismo tiempo. Algunas veces puede ayudar adoptar una pose formal, colocando los brazos a la espalda para mostrar que toma sus palabras con seriedad y por consiguiente que ellos, como usted, son formales y decididos.

- **Poder silencioso.** Cuando el maestro se pone nervioso y se preocupa porque los alumnos podrían no seguir sus instrucciones, cuando siente que puede estar perdiendo el control, con frecuencia su primer instinto es hablar más fuerte y más rápido. Cuando levanta la voz y habla rápido, muestra que está nervioso, asustado, fuera de control. Hace evidentes todas sus ansiedades y envía un mensaje a los alumnos de que pueden controlar al maestro y sus emociones, que pueden hacerlo sentir preocupado y disgustado, lo hacen dar un espectáculo que es mucho más entretenido, digamos, que revisar la tarea o localizar coordenadas de geometría. Cuando levanta la voz, también, irónicamente, hace al salón más ruidoso y es más fácil para los alumnos tener éxito para hablar en voz baja. A pesar de que va en contra de todos sus instintos, vaya más despacio y baje la voz cuando quiera el control. Baje la voz y haga que los alumnos se esfuercen por escuchar. Emane serenidad y calma.

Cuando levanta la voz y habla rápido, muestra que está nervioso, asustado, fuera de control. Hace evidentes todas sus ansiedades y envía un mensaje a los alumnos de que pueden controlar al maestro y sus emociones.

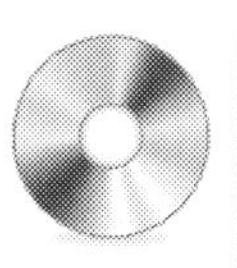

MAESTROS EN ACCIÓN: VIDEO 17

VOZ FUERTE

En el video 17 del DVD, Sultana Noormuhammad de la Leadership Prep Bedford Stuyvesant demuestra *Voz fuerte*. Mientras lee con sus alumnos acerca de los pingüinos, hay una interrupción (que suena como hipo). Noormuhammad responde con una autointerrupción, reforzando la expectativa de que no hablará sobre las voces u otras distracciones. Enfatiza la importancia de la atención del alumno "poniéndose derecha" para enfrentar el ruido y permaneciendo absolutamente quieta por un segundo. Aprovecha la economía del lenguaje evitando el sermón que podría venir con su intervención. En este caso, es bastante claro por qué se detuvo. También muestra lo importante que es "atajarlo pronto" (ese "algo" del comportamiento que está fuera de la tarea, como se discutió en *100 Por ciento*). Cuando lo ataja pronto, puede corregirlo con una intervención mucho menor y menos invasiva, con frecuencia una que no requiere de una discusión con todo el grupo: "Chicos, cuando estoy hablando necesito que ustedes…". Eso puede ayudar a establecer las expectativas, pero también llama mucho la atención al incumplimiento y por consiguiente lo corrige. Pequeños arreglos, como el que Noormuhammad utiliza aquí, con frecuencia no requieren de explicación.

Observe un contraste evidente entre su registro formal en el momento de su intervención de *Voz fuerte* y su estilo más cálido y más comunicativo cuando discute el contenido con sus alumnos.

POSE FORMAL: EL REGISTRO AUTOMÁTICO DE LOS MAESTROS DE *VOZ FUERTE*

Imagine tres interacciones entre colegas en el trabajo. El lugar de trabajo puede ser una escuela pero no tiene que serlo. En la primera interacción, una mujer le cuenta a su colega acerca de su reciente fin de semana. Tal vez están en el área de la cafetería en el trabajo. "Oh Dios mío, fue un fin de semana grandioso", comienza la primera. Está haciendo un recuento de un viaje con algunos amigos a una ciudad cercana. Mientras lo hace, su contacto visual se aleja y regresa a su colega, como si estuviera mirando fijamente una imagen latente del fin de semana proyectada en una pared cercana. Sus manos se mueven mientras lo describe. "Estábamos en esta original cafetería con discos antiguos en las paredes", dice, mientras sus manos hacen un gesto amplio refiriéndose a las ubicaciones de éstos. Se para con las caderas hacia un lado, reclinándose tal vez sobre una pared. Está haciendo un ligero bizco. Su peso sobre un pie. Sus palabras salen juntas a un ritmo parecido a un repiqueteo. Todas esas cosas (el contacto visual inconsistente; el uso de gestos extensos y amplios; la postura asimétrica y relajada; las palabras encimándose una en la otra como si cada una no fuera importante por su propio derecho sino parte de una narrativa más larga) sugieren un tono casual, informalidad, una sensación de relajación. *Solamente hablamos*, parece decir: *puedes interrumpirme en cualquier momento. Si tienes que irte a la mitad para hacer algo, también está bien.*

Registro es la palabra que utilizaré para describir el tenor de una conversación, que engloba el contacto visual, la posición corporal, los ademanes, la expresión facial y el ritmo del lenguaje. El registro de esta conversación es casual, y muchos maestros utilizan algo como esto en el salón de clases. Está bien hacerlo así si se está consciente de lo que indica: *solamente estamos hablando. Puedes irte en cualquier momento. Te cuento una historia mientras hablo, y solamente necesitas captar lo esencial de ello.* El problema es que con frecuencia los maestros comunican un mensaje importante con un registro casual que a la larga lo hace menos importante. Habrá ocasiones en que pueda decirle a un alumno: "Necesito que te sientes" en un registro despreocupado, pero utilizarlo generalmente sugiere discrecionalidad para el oyente: está contando una historia; el oyente solamente necesita comprender lo esencial y puede alejarse en cualquier momento. "Siéntate derecha, si gustas" es lo que dice el registro despreocupado, y si contradice las palabras que el maestro está empleando, es probable que resulte victorioso.

Ahora imagine una segunda conversación en la cual nuestra oradora de repente se ajusta a un registro más formal. Se para derecha y mantiene su cuerpo en simetría. Mira directamente a su colega. Su barbilla se levanta ligeramente. Coloca las manos a la espalda (sin gestos amplios ni dramáticos; de hecho, ni siquiera se pueden ver sus manos). No podría leer sus ademanes o distraerse con ellos aun si quisiera porque no puede ver sus manos. La oradora podría estar diciendo cualquier cosa, pero imaginemos que recita el juramento a la bandera. "Prometo lealtad", dice, "a la bandera". Ahora hay una clara distinción entre sus palabras. Cada una de ellas es una parte importante del solemne ritual. Su articulación de las sílabas es más clara. No le pide a su colega que adopte la pose formal de manos a la espalda que ella está usando, pero cuando su colega la ve, sabe que está sucediendo algo importante y es probable que ella misma se pare derecha y tal vez coloque sus manos a la espalda en una imitación inconsciente.

Un registro formal nos habla de la importancia del mensaje y ocasiona una atención activa en el oyente, y trasplantado al salón de clases significa poder. Imagine ahora a nuestra maestra acercándose a un alumno con las manos entrelazadas a la espalda. Se para simétricamente y se inclina ligeramente hacia el alumno en cuestión. Sus ojos están fijos. En palabras controladas con claras pausas entre ellas, dice: "Necesito que te sientes derecho". No hace más movimientos. Su registro comunica importancia, enfoque y autoridad en calma; apoya su mensaje. Como probablemente puede adivinar, los maestros campeones tienden a emplear un registro formal en la mayoría de sus verbalizaciones en las que buscan el control. Mírelos en acción, y los verá parados derechos y simétricamente, eligiendo cuidadosamente las palabras, con breves pausas entre las palabras y ojos firmes. Si hacen un gesto con una mano, es controlado y sencillo, involucra un movimiento y termina de manera sucinta. Este registro formal es la envoltura que hace que la técnica de *Voz fuerte* sea especialmente efectiva.

¿Qué pasa con un sentido de urgencia? Imagine a nuestras dos colegas en una tercera conversación. El edificio se está quemando. La primera colega entra al área de la cafetería, coloca las manos firmemente en los hombros de su colega. "Escucha", le dice, "hay una emergencia. Necesito que vengas conmigo inmediatamente, necesito que dejes todo y me sigas. ¿Me comprendes? Bien. Vamos". Se inclina más cerca de lo que lo haría en una pose de simple formalidad y está marcando sus palabras. En realidad, las pausas son más evidentes, aunque uno podría esperar que se apresurara. Sus ojos están fijos más que firmes. Hace un gesto hacia la salida de emergencia con un movimiento de la mano tajante y truncado. No es presa del pánico, no dice tonterías ni se apresura; sólo está singularmente enfocada.

¿Éste es el tono que quiere emplear en su salón de clases para asegurar el cumplimiento? Tal vez sí y tal vez no.

Si las cosas se ponen realmente mal (si el edificio está, metafóricamente, en llamas), un registro urgente puede funcionar pero solamente si se emite como urgente (en calma, enfocado y muy insistente) y sin pánico (afectivo, precipitado y preocupado). Pero la urgencia también puede ser como gritar que viene el lobo. Se tiene que guardar para situaciones verdaderamente urgentes y la mayoría de las interacciones orientadas al control deben ser comunes y corrientes: hechas al principio en el proceso, antes de que las cosas se vuelvan urgentes. Usada en exceso, la urgencia muestra debilidad y falta de control. Pero en raras situaciones cuando es necesaria, puede ser útil. Otra vez, debe distinguirse de un registro lleno de pánico, un registro de: "me has puesto nervioso". Ésos nunca son útiles.

Si observa lo suficiente a los maestros campeones, verá que un gran porcentaje de las interacciones en las que está en juego el control, suceden en el registro formal. Repito, no llevan a cabo cada interacción en el registro formal; de hecho, al igual que los cinco principios de la técnica de *Voz fuerte*, por lo general no es para los momentos cuando está discutiendo la Independencia, ecuaciones de dos variables o leyendo *De ratones y hombres*. Es para los momentos intermedios cuando necesita a los alumnos atentos, listos y enfocados de manera que pueda tener una discusión sobre la Independencia, ecuaciones de dos variables o *De ratones y hombres* que valgan la pena.

REUNIENDO LAS TÉCNICAS DE *VOZ FUERTE*

En su salón de clases de tercer grado, la *Voz fuerte* de Darryl Williams impulsa una cultura clara y convincente. Tiene la habilidad para demostrar las cinco técnicas en una secuencia de solamente unos cuantos segundos para llevar su clase al orden, como lo hace en este ejemplo.

Habiendo completado un estudio de prefijos y sufijos en el pizarrón, Williams da la vuelta para explicar lo que sigue en la agenda. "Bien", comienza. "Veamos quien…", pero su voz se detiene abruptamente, demostrando su rechazo a hablar por encima de los alumnos. Dos o tres chicos agitan las manos en el aire mientras él habla. Otros dos hablan con un compañero de clase. La cabeza de alguien se encuentra recargada en el escritorio. "Bien, la mayoría de nosotros estamos haciendo hoy un excelente trabajo", dice, bajando su voz casi a un susurro. Deja el libro que estaba sosteniendo, voltea para quedar frente a la clase y coloca los brazos a la espalda en una actitud formal para Pararse derecho. De manera silenciosa, lenta y con firmeza, dice: "Por favor, bajen las manos", enfocando la atención de los chicos en la petición con economía estricta del lenguaje. Su rechazo a hacer caso a las manos también es otra manera de evitar engancharse en otro tema que no sea el de su propia elección.

Ahora se han ido las distracciones. El salón está en silencio. Todos los ojos están puestos en él. Aunque para Williams, hay un paso más: la tarea de hacer sus acciones transparentes y positivas. "Gracias", dice, mostrando su reconocimiento por su rápido regreso a la atención plena. "La razón por la que no puedo responder todas sus preguntas ahora… me gustaría, y me encanta cuando me dicen cosas inteligentes, pero no tenemos mucho tiempo. Todavía necesitamos leer nuestra historia y después…". Para Williams, la fuerza no solamente está en el control, sino en ser comprensivo. Su explicación del fundamento detrás de su autoridad asegura su habilidad para sostener ese control, convenciendo a los alumnos de los beneficios a largo plazo.

TÉCNICA 39
HÁGANLO OTRA VEZ

Tener mucha práctica ayuda a los alumnos a mejorar, así que proporcionarles más práctica es la respuesta perfecta a una situación en la cual muestran que no pueden precipitarse en una tarea sencilla. Ésa es la idea detrás de **Háganlo otra vez.** Cuando los alumnos fracasan en completar exitosamente una tarea básica que el maestro les ha mostrado cómo hacerla (formarse, entrar en silencio), con frecuencia la mejor consecuencia es hacerla otra vez y bien, o mejor, o perfectamente.

Háganlo otra vez es especialmente efectiva por siete razones:

1. *Acorta el ciclo de retroalimentación.* La ciencia del comportamiento ha demostrado que mientras más corto es el intervalo de tiempo entre una acción y una respuesta, más efectiva será la respuesta para cambiar el comportamiento. Hacer que los chicos se queden durante el descanso tres horas después de que sucedió la acción que ocasionó esa consecuencia, es menos probable que sea tan disuasivo de lo que lo sería una respuesta, aun una aparentemente menor, pero que sucede inmediatamente. Si la reacción viene inmediatamente después, mientras que la acción original está fresca en la mente de un alumno, las dos estarán más profundamente asociadas en su memoria. *Háganlo otra vez* acorta el ciclo de retroalimentación en comparación con casi cualquier otra consecuencia.

2. *Establece un estándar de excelencia, no solamente el cumplimiento. Háganlo otra vez* es apropiada no solamente para los momentos en que los alumnos fracasan en hacer algo o lo hacen de una manera incorrecta; es ideal para los momentos cuando los alumnos hacen algo de manera aceptable pero podrían hacerlo mejor. Al decir: "Eso estuvo bien; pero lo quiero magnífico", o: "En esta clase, todo lo hacemos lo mejor que podemos, incluyendo el formarnos", permite al maestro establecer un estándar de excelencia, en donde lo bueno siempre puede ser mejor, y lo mejor siempre puede aspirar a lo óptimo. En el mejor de los casos, esto puede llevar la cultura de su salón de clases a reemplazar lo aceptable por lo excelente, primero en las pequeñas cosas y después en todas las cosas.

3. *No hay un seguimiento administrativo. Háganlo otra vez* es una consecuencia que no requiere de llenar formas, de llamadas telefónicas a los padres, de ninguna reunión informativa para los administradores. La consecuencia termina tan pronto como se alcanza el objetivo. En la vida de un maestro ocupado, ésa es una bendición, y como no requiere de una política de sanciones o sistemas de recompensas de toda la escuela, *Háganlo otra vez* es casi completamente autónoma. Se puede usar en cualquier salón de clases.

4. *Existe responsabilidad grupal.* Aunque fácilmente se le puede pedir a un solo alumno *Házlo otra vez*, la técnica es especialmente efectiva como consecuencia grupal. Uno o dos alumnos platican mientras todos se están formando, y todos lo intentan otra vez. Esto mantiene al grupo responsable en una forma razonable, no punitiva, del comportamiento de todos los individuos. Construye incentivos para que los alumnos se comporten positivamente ya que los hace responsables hacia sus compañeros al igual que hacia su maestro.

5. *Termina con éxito.* Lo último que recuerda de un suceso con frecuencia conforma su percepción de éste más ampliamente. La técnica de *Háganlo otra vez* no termina con castigo o con fracaso, sino con éxito. Lo último que los alumnos hacen en una secuencia es hacer una actividad de la manera correcta. Esto ayuda a arraigar la percepción y la memoria de cómo es lo correcto; también ayuda a construir la memoria muscular. Los alumnos construyen el hábito de hacerlo bien, una y otra vez.

6. *Hay consecuencias lógicas*. Las consecuencias ideales están relacionadas lógicamente con el comportamiento que les precede. La idea es que esta conexión ayude a los alumnos a comprender lo que hicieron mal y lo que se espera de ellos en términos de hacerlo mejor o de manera diferente. Una consecuencia de formarse otra vez y formarse mejor está más lógicamente relacionada con el fracaso de formarse bien que con la consecuencia de quedarse a la hora del descanso.

7. *Es reutilizable*. *Háganlo otra vez* se puede reutilizar. Puede hacerlo otra vez y después hacerlo otra vez si es necesario y puede hacer la misma cosa otra vez diez minutos más tarde. Dentro de lo razonable, no pierde su efectividad. No necesita seguir inventando nuevas consecuencias. Puede ser positivo para administrar la tercera iteración: "Todavía creo que lo podemos hacer mejor. ¡Vamos a darle otra vez!" Añada un cronómetro para algunas rutinas y el desafío de *Háganlo otra vez* y mejor simplemente se vuelve más importante.

CONTEXTOS DE HÁGANLO OTRA VEZ

- Un grupo en transición de matemáticas al almuerzo.
- Un grupo en transición de escribir en sus diarios a leer en voz alta.
- Un grupo en transición del gimnasio a la clase de lectura.
- Un grupo que necesita seguir con la mirada al que habla.
- Un grupo que reacciona a un *Llamar y responder* (técnica 23) a medias.
- Un grupo que se mueve de sus escritorios a un área pequeña de lectura para el grupo.

Un colega sugirió que un mejor nombre para esta técnica era Háganlo mejor *ya que capturaba mejor la idea de que en la escuela se trata de hacer las cosas una y otra vez para ser tan bueno como se pueda ser. El objetivo no es el simple cumplimiento, sino la excelencia, aun en las pequeñas cosas.*

Dadas estas ventajas, no es de extrañar que los maestros campeones utilicen *Háganlo otra vez* con tanta frecuencia. Sin embargo, es importante hacer bien la técnica. *Háganlo otra vez* debe ser positivo siempre que sea posible, con un enfoque profundo en hacerlo mejor y, en un gran salón de clases, reforzado con una explicación constante de "bien, mejor, excelente". Es decir, hacerlo solamente es reemplazado por hacerlo bien. De hecho un colega sugirió que un mejor nombre para esta técnica era *Háganlo mejor* ya que capturaba mejor la idea de que en la escuela se trata de hacer las cosas una y otra vez para ser tan bueno como se pueda ser. El objetivo, otra vez, no es el simple cumplimiento, sino la excelencia, aun en las pequeñas cosas.

Háganlo otra vez puede ser una herramienta efectiva para manejar el sentimiento. Algunas veces, las actitudes de las personas cambian de afuera para adentro. Pedirle a un grupo de baja energía que repita algo con entusiasmo (particular y fundamentalmente, mientras el mismo maestro modela aquellos atributos), puede comenzar a ser una profecía que tiende a cumplirse por sí misma. *Háganlo otra vez* es una gran oportunidad para desafiar a los alumnos de manera positiva para que le muestren lo mejor de ellos en algo. Decir: "Vaya, formémonos otra vez y probemos por qué somos el mejor grupo de lectura en la escuela", con frecuencia es mejor que decir: "Chicos, eso estuvo muy desordenado. Vamos a hacerlo otra vez hasta que lo hagamos perfectamente bien", aun si el propósito es *Hacerlo otra vez* hasta que salga muy bien.

IDEA ESENCIAL

HÁGANLO OTRA VEZ

Con frecuencia, la mejor consecuencia es hacerlo otra vez y hacerlo bien, o mejor, o perfecto.

Una sugerencia más acerca de usar la técnica de *Háganlo otra vez*. Los maestros tienden a pensar que necesitan esperar hasta que se haga una rutina o actividad completa antes de pedirle al grupo que la intenten otra vez. Pero en verdad, debería hacer retroceder a los alumnos e intentarlo otra vez tan pronto como se dé cuenta de que el nivel de ejecución no logrará el estándar que estableció. No espere a que termine la rutina. Otra vez, esto conectará mejor el estímulo a la respuesta. Digamos que los alumnos se forman para salir a tomar el almuerzo, y la instrucción es pararse en silencio, guardar sus sillas, voltear hacia la puerta y después seguir al primero de la fila hacia la puerta. Si los alumnos olvidan guardar sus sillas, haga que se sienten y que lo intenten otra vez de la manera correcta. No espere hasta que lleguen a la puerta para anunciar que algunos alumnos olvidaron guardar sus sillas. Esto ahorra tiempo y refuerza la responsabilidad inmediata.

MAESTROS EN ACCIÓN: VIDEO 18

HÁGANLO OTRA VEZ

En el video 18 del DVD, Suzanne Vera de la Leadership Prep Bedford Stuyvesant demuestra *Háganlo otra vez*. También invierte en la disciplina enseñando a sus alumnos la manera correcta de hacer las cosas y practicar. Su trabajo está diseñado para asegurar que practiquen con éxito simplificando las primeras veces. Vera ha organizado sabiamente practicar primero sin materiales ("¡Imaginen que están dibujando!"), algo que podría distraer a sus alumnos y estorbar las primeras veces que enseñe un procedimiento.

Probablemente, en seguida observará en el video lo positivo que es el tono de Vera. Vera les dice a sus alumnos: "Eso está bien pero podría ser magnífico", antes de que lo intenten la segunda vez. También les da una retroalimentación específica acerca de cómo hacerlo mejor, describiendo la solución y no el problema: "Necesitan estar mirándome"; "Recuerden que giran su cuello si no pueden verme". La retroalimentación está en el ahora.

Tome en cuenta dos últimos pensamientos acerca de este maravilloso video. Primero, algunos maestros pueden asumir que los alumnos se quejarían de manera natural por tener que hacer tareas básicas una y otra vez para hacerlas mejor. Como sucede, y como la hábil enseñanza de Vera lo demuestra, con más frecuencia los alumnos se sienten bastante felices de practicar y mejorar, especialmente cuando la práctica se enmarca positivamente, porque disfrutan tener éxito y mejorar. Si no lo cree, observe cómo reaccionan esos chicos. Segundo, observe que el uso que hace Vera del cronómetro crea un desafío implícito para los chicos que ella establecerá explícitamente en el futuro: "Ayer limpiamos en doce segundos; ¡veamos si hoy podemos hacerlo en diez!"

Puede leer más acerca de cómo los maestros como Suzanne Vera hacen su corrección en términos tan favorables en *Encuadre positivo* (técnica 43 en el capítulo 7).

TÉCNICA 40
PREOCÚPESE POR LOS DETALLES

En cualquier ambiente, innumerables detalles de menor importancia señalan a los ciudadanos las expectativas de conducta y comportamiento, aun si esos individuos no reconocen que están respondiendo. Ésta es la idea detrás de la teoría de las ventanas rotas y el mantenimiento del orden. Borre el grafiti, arregle las ventanas rotas y combata las alteraciones menores pero comunes del orden y la gente percibirá que su entorno es ordenado y seguro. Entonces actuarán para preservarlo, no para degradarlo.

Preocúpese por los detalles pone en práctica esta teoría en su salón de clases. Para alcanzar los estándares más altos, debe crear la percepción de orden. Limpie el desorden, mantenga las filas de escritorios en orden, asegúrese de que las camisas estén fajadas y de que se hayan quitado los sombreros y disminuirá la probabilidad de tener que lidiar con asuntos más serios porque disminuirá la percepción de sus alumnos de que esas cosas pueden permitirse. Si los alumnos piensan que su lucha para poner a prueba el reglamento es ver qué color de calcetines pueden usar para burlar los lineamientos del uniforme, son mucho menos propensos a considerar otras maneras de desafiar las reglas.

La clave para *Preocúpese por los detalles* es la preparación. Planear el orden significa establecer por adelantado sistemas que ayuden a lograr el objetivo de manera rápida y fácil.

- *¿Quiere los escritorios de sus alumnos en filas ordenadas?* (La respuesta debería ser sí.) Intente colocar marcas de cinta en el piso para que pueda instruir a los alumnos para "revisar sus escritorios" y moverlos hacia las marcas.

- *¿Quiere que sus alumnos hagan una tarea limpia y ordenada?* Deles a sus alumnos una explicación de los estándares de la tarea y ocasionalmente (o con frecuencia) recoja el trabajo de los escritorios de los alumnos, uno por uno, cuando terminen el trabajo independiente, dando a los alumnos una breve retroalimentación acerca de la pulcritud mientras camina por el salón. "No veo el nombre en esto, Carlos". "¿Ése es tu mejor trabajo, Tania?" "Sabes que no aceptaré esto con arrugas en el papel, Daniel". Esto eliminará el anonimato al entregar la tarea y hará que los alumnos se sientan personalmente responsables.

- *¿Quiere que sus alumnos guarden su material con pulcritud en sus carpetas y nunca lo pierdan?* Ponga los materiales en carpetas frente al grupo las primeras cincuenta veces, enseñándoles a los alumnos cómo hacerlo mientras dice: "Vamos a poner éstos al frente de su sección de vocabulario. Prepárense, y abriremos nuestras carpetas a las tres. ¿Listos?"

- *¿Quiere que sus alumnos hagan su trabajo con cuidado y en su lugar?* Camine por el salón mientras ellos trabajan, ofreciendo correcciones breves mientras dice: "Revisa la ortografía de *día*, Jaime". "Una de tus primeras dos oraciones no está completa, Manuel".

- *¿Quiere que sus alumnos levanten la mano en silencio y claramente para fomentar la participación ordenada?* Enséñeles cómo levantar la mano y recuérdeles con frecuencia "cómo levantamos la mano aquí".

Al planear este tipo de acciones, no solamente resolverá problemas persistentes de bajo nivel que asolan los salones de clases, sino que cambiará la percepción de los alumnos acerca de su salón de clases, haciendo que parezca un lugar organizado y ordenado en donde es difícil imaginar que asoma el desorden.

TÉCNICA 41
UMBRAL

El momento más importante para establecer las expectativas en su salón de clases es el minuto en el que sus alumnos entran o, si están haciendo una transición en el salón de clases, cuando formalmente comienzan la lección. En el primer minuto, cuando los alumnos cruzan el umbral hacia el salón de clases, debe recordarles las expectativas. Es el momento crítico para entablar comunicación, establecer el tono y reforzar los primeros pasos de una rutina que hace que la excelencia sea habitual. Con cultura, hacerlo bien y mantenerlo bien es mucho más fácil que arreglarlo una vez que se ha hecho mal. La técnica de **Umbral** asegura que el maestro se haga el hábito de hacerlo bien desde el principio cada día.

Lo ideal sería que encontrara una manera de recibir a sus alumnos parándose en el umbral físico del salón de clases: con un pie afuera y otro adentro de la puerta, dándose la oportunidad de recordarles a los alumnos en dónde están (están ahora con usted; sin importar cuáles sean las expectativas en otro lado, usted siempre esperará lo mejor de ellos), a dónde van (a la universidad), y lo que les demandará (excelencia y esfuerzo). Comúnmente cada alumno que entra lo saluda de mano, lo mira a los ojos y le ofrece un saludo cortés y cordial. (Algunos maestros utilizan variaciones más informales.)

Utilice el saludo para interactuar brevemente con los alumnos y establecer una comunicación: "Me encantó tu tarea, David"; "Buen juego ayer, Sara"; "¡Hoy espero grandes cosas de usted Sr.

Pérez!"; "Dios mío, ¡tu cabello se ve hermoso Susana!" Ocasionalmente (o siempre) puede recibir a la procesión de alumnos a través de la puerta con una descripción de lo que está por venir y un recordatorio de lo que se espera: "Hoy tenemos un cuestionario. Asegúrense de preparar su material, después comiencen el *Háganlo ahora*. Les ayudará a revisar. Bien, vamos". También debería usar el umbral para establecer las expectativas corrigiendo los apretones de mano débiles, la ropa desordenada o la falta de contacto visual. Afortunadamente, esto es fácil de hacer ya que *Umbral* lo permite por su propia y simple consecuencia implícita. Si lo haces mal, regresas a la línea y lo intentas otra vez, y cuando cumplas las expectativas del salón, entras en buenos términos. Incidentalmente, ésta es otra razón para utilizar el apretón de manos: le permite controlar el acceso al salón. Si un alumno pasa con la cabeza baja y sin saludar, siempre puede simplemente tomar su mano y no soltarla hasta que el contacto visual resultante le permita corregir gentilmente el comportamiento.

La técnica de *Umbral* naturalmente asumirá un tono y coincidirá con su propio tono y estilo: puede ser extrovertido o callado, cálido o tajante. Sin embargo, sin importar el sentimiento, *Umbral* siempre deberá lograr dos cosas: 1) establecer una conexión personal entre el maestro y sus alumnos a través de un breve intercambio personal (idealmente uno en el que pueda saludar a cada alumno por su nombre), y 2) reforzar sus expectativas del salón de clases.

Dacia Toll agrega un sabor ligeramente diferente al saludo que ofrece a cada uno de sus alumnos de sexto grado en la clase de escritura en la Amistad Academy de New Haven. "Buenos días, Susana", le dice a una alumna mientras le da la mano. "Qué gusto verte otra vez, Sandria". El tono sociable expresa a cada alumno su interés genuino y alegría por su presencia. Cuando uno de los alumnos la saluda muy informal: "Qué onda?", ella responde afectuosamente: "Qué onda no es apropiado", sosteniendo gentilmente su mano mientras pasa y lo dirige al final de la línea. Unos segundos más tarde, la saluda con un "buenos días" y, sin castigo, ella asiente: "Buenos días, Javier". Su tono permanece cálido y amable. Ella sabe que probar los límites es completamente natural en el alumno y su respuesta explica sus expectativas más que regañarlo o castigarlo. Tener la oportunidad de intentarlo otra vez es la consecuencia positiva, y el alumno entra riendo también.

En la North Star Academy en Newark, Nueva Jersey, Jamey Verilli agrega algunos detalles propios. Mientras sus alumnos esperan afuera del salón de clases, los interroga acerca de las palabras de vocabulario del día anterior. "*Bien, labranza*. ¿Quién podría *labrar* y qué clase de trabajo es?", pregunta Verilli. El mensaje es poderoso: cada minuto cuenta; estamos en la escuela aun cuando no estamos en clase. Después de un breve preámbulo: "Bien, caballeros, cuando entren, necesitan preparar su escritorio con su tarea en la parte de arriba. Su *Háganlo ahora* de hoy va a requerir que deletreen algunas de esas palabras que hemos estado estudiando. ¿Está claro?"

Verilli se coloca en el marco de la puerta. Al igual que Toll, les ofrece un saludo personal mientras tiende la mano a cada alumno. La versión de Verilli es un poco menos suave pero amable. Se refiere a los alumnos por sus apellidos: "Buenas tardes, Sr. Martínez. Buenas tardes Sr. Robles". Un joven Sr. Arriaga camina un poco encorvado y aparta la vista. "Párate derecho y dame un buen apretón", responde Verilli, y el Sr. Arriaga hace lo que le piden bastante feliz. Parece que le gustan las expectativas para él, como si le señalaran su propia importancia. Dos alumnos después, el joven Sr. Serrano se acerca usando un nuevo par de anteojos. "¡Un aspecto inteligente, Sr. Serrano! ¡Me gusta!" Verilli lo anima, su comportamiento optimista es aún más convincente porque rompe el tono de formalidad. El Sr. Serrano sonríe abiertamente dándole la mano a su maestra con firmeza. Las cosas no van tan espléndidamente para el Sr. Millán, quien ha estado hablando. "Párate afuera [del salón]," ordena Verilli, mientras envía al Sr. Millán de regreso para que entre al salón de la manera correcta.

En estos salones de clases, el ambiente es cálido pero de trabajo. Todos los alumnos están trabajando duro unos segundos después de llegar a la puerta, aun el Sr. Millán, quien rápidamente se aplaca, se concentra y se alista para la clase; todo esto pone en evidencia el poder del *Umbral* para establecer las expectativas desde el principio.

Ocasionalmente, los maestros insisten en que les es imposible saludar a sus alumnos en la puerta: su escuela prohíbe que los alumnos esperen fuera de la clase en el corredor, o el maestro se mueve hacia los alumnos en lugar de que sea a la inversa. Cuando no es posible un saludo en la puerta, invente otro ritual para indicar que algo formal ha comenzado: los alumnos se levantan, y usted y ellos se saludan al inicio de la clase. El punto no es tanto el umbral como el poder del ritual para ayudar a los chicos a ver que su salón de clases es diferente de los otros lugares a los que van.

TÉCNICA 42
SIN ADVERTENCIAS

Como maestro, casi siempre encontré que si me sentía enojado con mis alumnos, esperaba demasiado tiempo para abordar los problemas o no estaba utilizando las consecuencias de manera consistente. Utilizar las intervenciones menores y las pequeñas consecuencias que pueda administrar justamente y sin titubear antes de que una situación llegue a lo emocional, es la clave para mantener el control y ganar el respeto de los alumnos. Confiar en el carisma personal, la emoción o en aspectos parecidos de sus relaciones para hacer que los alumnos hagan lo que se espera de ellos, también arriesga el perder el punto. No se trata del maestro. No se supone que los alumnos deban comportarse para complacerlo; se supone que deben comportarse para que ellos mismos puedan ser mejores, ser las mejores personas que puedan ser y sacar el máximo provecho de la escuela.

El objetivo debería ser tomar medidas en lugar de enojarse:

- *Actúe pronto.* Intente ver el favor que les hace a los chicos al descubrir pronto un comportamiento distraido de la actividad y utilizar una intervención de consecuencia menor para prevenir más tarde una consecuencia mayor. Éste es un buen punto.

- *Actúe de forma fiable.* Sea predeciblemente consistente, lo suficiente para que sus alumnos sepan que a toda acción obedece una reacción y haga que se enfoquen en la acción que precipitó su respuesta.

- *Actúe proporcionalmente.* Comience en pequeño cuando la mala conducta sea pequeña; no suba el nivel de la discusión a menos que la situación lo amerite.

El comportamiento que con mayor frecuencia estorba en el camino de tomar medidas es la advertencia. Hacer una advertencia no es tomar medidas; está amenazando con que podría tomar una medida y por consiguiente es contraproducente. Las advertencias les dicen a los alumnos que cierta cantidad de desobediencia no solamente se tolera, sino se espera. En efecto, los maestros están diciendo: "Está bien una vez. Si lo haces dos veces, me voy a comenzar a enojar. Pero la tercera vez, bueno, llegaste al límite". Si hace esto, puede esperar que los alumnos tomen ventaja de sus dos pases gratis. Si sus expectativas y reglas son ignoradas deliberadamente y no toma medidas (con una intervención que la corrija o una consecuencia), no son ni expectativas ni reglas.

No estoy diciendo que deba usar una consecuencia cada vez que los alumnos fracasan en cumplir sus expectativas. Como se discutió en *Qué hacer*, es de suma importancia que no castigue a los alumnos cuando el asunto es la incompetencia (más que el desafío). Si el asunto es incompetencia, su respuesta puede ser una consecuencia (un *Háganlo otra vez* o tal vez: "No tenemos más tiempo ahora, pero practiquemos un poco más cómo se ve esto después de clases") o una instrucción clara ("Coloca tus piernas debajo de tu escritorio, baja el lápiz y mantén tu atención en mí"). De cualquier manera, su respuesta a la incompetencia debe enseñar a un alumno cómo cumplir.

También es oportuno ofrecer un recordatorio general a todos los alumnos acerca de las expectativas comunes cuando comienzan a resbalar. Los temas de resistencia no son temas de desafío. Está bien ofrecer un recordatorio a un alumno en particular que puede no reconocer, como lo hace el maestro, que se está apartando de la tarea. Los alumnos que lo intentan de buena fe merecen el beneficio de la duda y pueden ser corregidos utilizando las técnicas de administración (detalladas en *100 Por ciento*, por ejemplo).

Sin embargo, una vez que el maestro ha determinado que el comportamiento es el resultado de la desobediencia más que de la incompetencia, que es deliberado, una consecuencia es mejor que una advertencia. Una advertencia tolera el hecho de que un alumno desobedeció al maestro y hace público que no ha habido una consecuencia. Pone la atención en el hecho de que reconoció la situación y no hizo nada. Y si el comportamiento no es intencionalmente desobediente, también es mejor una corrección útil que una advertencia ya que arregla la situación. Una advertencia simplemente habla del resultado de otras malas elecciones.

La clave para la administración de las consecuencias es el desarrollo de un sistema de consecuencias en escala, de forma gradual desde las menores hasta las más grandes que pueda administrar de forma fiable, de manera justa y sin dudarlo. Esto le permitirá ser consistente, la cual es la única manera de extinguir el mal comportamiento. También le ayudará a evitar que se debilite accidentalmente. Si utiliza su máxima consecuencia de inmediato, no hay nada más que hacer y sus alumnos lo sabrán. No tendrán nada más que ganar o perder, y su comportamiento reflejará esta pérdida de incentivos.

Pase tiempo planeando sus respuestas por adelantado, y hasta planeando una secuencia. Por ejemplo, primero puede exigir que los alumnos repitan una acción de manera más adecuada. Después puede exigir que se disculpen. Más tarde puede quitar una parte de un privilegio (parte del descanso) o dar varios minutos de castigo. Después puede planear quitar todo un privilegio por un periodo de tiempo (no hay descanso hoy; toda una hora de castigo) y también hacer una llamada a un padre. O puede graduar sus respuestas utilizando un sistema de consecuencias como las tarjetas de comportamiento de colores (con alumnos de primaria), pesos escolares (con alumnos de secundaria) o sanciones (con alumnos de preparatoria).

Reparta las consecuencias de esta manera:

- Manténgase en calma, sereno e impersonal, no enojado o vengativo (vea *Constancia emocional*, técnica 47 en el siguiente capítulo). Enfóquese en el ahora: "Muéstrame lo mejor de ti de ahora en adelante". Siga adelante rápidamente.

- Sea incremental. Cuando sea posible, quite las cosas en partes. Si puede, mantenga los incentivos en juego.

- Sea privado cuando pueda y público cuando deba serlo. Si un comportamiento no afecta a nadie más, trátelo en privado. Si le ha parecido que un alumno se salió con la suya en frente del grupo, el grupo necesita saber que hay responsabilidad. No necesitan todos los detalles, pero necesitan saber que se tomaron medidas.

Al hacerlo así, probablemente hará que la necesidad de administrar consecuencias sea cada vez menos frecuente, lo cual es, por supuesto, el objetivo.

REFLEXIÓN Y PRÁCTICA

1. Para cada uno de los comportamientos comunes apartados de la actividad enlistados abajo, escriba y practique con un amigo o frente a un espejo una intervención no verbal que podría usar mientras estaba enseñando para corregirla:

    - Alumno sentado encorvado
    - Alumna con la cabeza sobre el escritorio, ojos arriba
    - Alumna con la cabeza sobre el escritorio, ojos escondidos
    - Alumno haciendo gestos distrayendo a otro alumno
    - Alumno buscando persistentemente debajo de su escritorio algo indefinido

2. Para cada uno de los comportamientos apartados de la actividad en el punto 1, escriba el guión de una corrección grupal positiva y una corrección individual anónima para abordarlos.
3. Haga una lista de por lo menos cinco comportamientos positivos de los alumnos que podría reforzar con intervenciones no verbales. Planee una señal para cada una.
4. Revise las siguientes frases utilizando la técnica de *Qué hacer* para hacerlas específicas, concretas, perceptibles y secuenciales:

    - "Chicos, ¡deberían estar anotando esto!"
    - "Toño, deja de perder el tiempo".
    - "No te distraigas, Ana".
    - "¿Estás poniendo atención, Diego?"
    - "Me gustaría comenzar, por favor, chicos".

5. La próxima vez que sea el anfitrión de un evento social, practique la técnica del *Umbral* saludando a cada invitado en la puerta con un saludo corto y personalizado.

CAPÍTULO 7

DESARROLLE CARÁCTER Y CONFIANZA

El significado de un mensaje cambia sutil, drástica y con frecuencia completamente dependiendo del entorno y el tono en el que se diga. En una escuela, una comunicación efectiva es un desafío complejo por los numerosos entornos en los que necesita comunicarse el maestro, sin mencionar la gama de temas que debe cubrir.

La conversación con Sergio al terminar la escuela el miércoles, una de las muchas que mantiene el maestro esta semana, puedo realizarse, dependiendo de los detalles, ya sea en privado, casi en privado (ser escuchada por los demás) o en público. Si hay público, pueden ser pocos o muchos; enemigos, aliados, autoridades o compañeros admirados (del maestro *y* de Sergio). El propósito del maestro puede ser corregir, alabar, preguntar o enseñar. Puede hacer referencia a conversaciones anteriores, explícita o implícitamente. Puede estar preparándose para futuras conversaciones. Puede estar tratando de que Sergio cambie la percepción de él mismo, del maestro, del trabajo escolar, de la educación, de sus compañeros, de ciertos valores, de quién puede ser él. Puede ser que esté intentando hacer esto con humor, calidez, severidad, delicadeza o franqueza. Sergio (y el maestro) pueden estar enojados, contentos, disgustados, impasibles, a la defensiva, motivados o agradecidos. Se le puede haber hecho tarde para la clase. Puede ser que necesite usar el baño urgentemente. Sergio puede no darse cuenta de esto, y viceversa. En esta conversación, puede afectar las acciones de Sergio hoy, mañana o el próximo año. Puede cambiar sus percepciones acerca del maestro o de la escuela. Seguramente (y sin darse cuenta) cambiará sus propias percepciones acerca de su trabajo: ¿Es exitoso? ¿Está cambiando vidas? ¿Es respetado? ¿Vale la pena? ¿Debería mejor dedicarse a los bienes raíces? En resumen, la conversación con Sergio, como con todos los demás, es un acto de equilibrio. Necesitará algunas reglas, no solamente para las palabras, sino para el tono que emplea al hablar con Sergio.

TÉCNICA 43
ENCUADRE POSITIVO

La gente es motivada mucho más por lo positivo que por lo negativo. La búsqueda del éxito y la felicidad impulsará una acción más fuerte que tratar de evitar el castigo. Los estudios psicológicos han mostrado reiteradamente que es mucho más probable incitar a la gente a la acción por la visión de un resultado positivo que hacerlo para evitar una acción negativa. Este hecho debería influir en la manera como enseña. No significa que no deba ser meticuloso acerca de cómo responder a un comportamiento apartado de la tarea o que no es constructivo. De todos modos necesita corregir y mejorar el comportamiento, y necesita hacerlo de manera consistente y con consecuencias claras y firmes cuando sea necesario. Pero mientras hace estas cosas, el **Encuadre positivo** plantea que sus intervenciones serán mucho más efectivas si se encuadran de manera positiva.

Utilizar el *Encuadre positivo* significa hacer intervenciones para corregir el comportamiento del alumno de una manera positiva y constructiva. No quiere decir que se eviten las intervenciones para que en su lugar pueda hablar solamente sobre el comportamiento positivo que ve. Hacer lo primero es enseñarle a los chicos ("disciplinarlos" en el sentido de enseñarles la manera correcta de hacer las cosas) de una manera optimista, positiva y firme. Hacer lo segundo es abdicar a su responsabilidad. Si David no está haciendo el trabajo, no será suficiente con simplemente elogiar a Karla por estar haciendo el trabajo. Más bien, debe corregir a David de una manera positiva.

Sin embargo, algunos maestros podrían interpretar potencialmente esta técnica como una contraindicación para evitar corregir el comportamiento no productivo y enfocarse exclusivamente en reforzar el comportamiento positivo. Reforzar el comportamiento positivo es importante, y se discute en la siguiente técnica, *Elogio preciso,* pero reforzar el comportamiento positivo en sí no es suficiente. El mayor poder de la técnica de *Encuadre positivo* es su capacidad para permitirle hablar de un comportamiento no constructivo de manera consistente y corregirlo positivamente de manera que guíe a los alumnos a un conocimiento y acción mejores. Hacer esto exitosamente requiere de un arduo trabajo pero al final es muy positivo.

IDEA ESENCIAL

ENCUADRE POSITIVO

Haga correcciones de manera consistente y positiva. Narre el mundo que quiere que sus alumnos vean aun mientras lo está mejorando sin cesar.

El *Encuadre positivo* corrige y guía el comportamiento siguiendo seis reglas:

1. Viva en el ahora. En público, es decir, frente a su grupo o mientras transcurre su clase, evite insistir en lo que los alumnos ya no pueden arreglar. Hable acerca de lo que podría o debería suceder la próxima vez. Si es necesario, hágalo con firmeza y con energía (vera *Qué hacer,* técnica 37), pero debe enfocar las interacciones correctivas en las cosas que deben hacer los alumnos ahora para lograr el éxito desde este momento en adelante. Hay un tiempo y un lugar para procesar lo que estuvo mal; evite hacerlo en el momento en el que está en juego la lección . Dé instrucciones que describen cuál es el siguiente paso en el camino del éxito. Diga: "¡Muéstrenme SEPAS!", y no: "No estaban haciendo SEPAS". Diga: "Kenia, necesito tu mirada al frente," no: "Kenia, deja de estar viendo a Tania".

2. Asuma lo mejor. No atribuya a la mala intención lo que puede ser el resultado de una distracción, falta de práctica o una genuina mala interpretación. Hasta que sepa que una acción fue intencional,

No atribuya a la mala intención lo que puede ser el resultado de una distracción, falta de práctica o una genuina mala interpretación.

su discusión pública acerca de ello debe permanecer positiva, demostrando que asume que sus alumnos han intentado (e intentarán) hacer lo que les ha pedido. Decir: "Un momento, chicos. Parece que algunas personas no creen que deben guardar su silla cuando nos formamos", o: "Un momento, chicos. Pedí que guardaran las sillas, y algunas personas decidieron no hacerlo", asume que el problema tiene que estar conectado con las malas intenciones y las características negativas: egoísmo; falta de respeto deliberada, pereza. No solamente es más positivo decir: "Un momento, chicos. Algunas personas parecen haber olvidado guardar sus sillas", o: "¡Ay! Parece que se nos escapó el asunto de las sillas, así que regresemos y hagámoslo bien", para demostrar su fe y confianza en sus alumnos, pero no le cuesta nada ya que todavía puede administrar una consecuencia y, de hecho, puede administrar exactamente la misma consecuencia. Todavía puede asumir lo mejor aun mientras administra una consecuencia. De hecho, al ya no hacer la intencionalidad un prerrequisito para la consecuencia, disocia las consecuencias de la carga emocional que conllevan. Ya no es un juicio ("Hiciste esto a propósito y aquí va mi venganza") y es más una herramienta para mejorar ("Hacemos las cosas de cierta manera, y las arreglamos cuando fallamos, sin importar por qué fallamos").

Además, asumir lo peor lo hace parecer débil. Si muestra que asume que sus alumnos siempre están tratando de cumplir sus deseos, también está demostrando que asume que el maestro está a cargo. "Si no te puedes sentar, Carlos, tendré que dejarte sin descanso", revela su sospecha de que Carlos lo desobedecerá. Al primer intento, diga: "Muéstrame tu mejor SEPAS, Carlos", y aléjese (por el momento) como si no pudiera imaginar un mundo en el cual Carlos no lo haría. O diga algo como: "Carlos, necesito tu atención", lo cual no expresa nada acerca de la intención de Carlos, solamente lo que necesita hacer.

Una manera particularmente efectiva para asumir lo mejor es agradecer a los alumnos mientras les da una orden. Esto subraya otra vez su suposición de que la llevarán a cabo. "Gracias por tomar sus asientos en 3-2-1…".

3. Permita el posible anonimato. Permita a los alumnos la oportunidad de luchar para alcanzar sus expectativas como maestro en un posible anonimato mientras estén haciendo un esfuerzo de buena fe. Comience por corregirlos sin utilizar sus nombres cuando sea posible. Si algunos batallan para seguir sus instrucciones, considere hacer de su primera corrección algo así como: "Revísense para asegurarse que han hecho exactamente lo que les pedí". En la mayoría de los casos, esto dará resultados más rápido que nombrar a los rezagados, a menos que los rezagados lo estén desobedeciendo deliberadamente. Decir a su grupo: "Esperen un momento, Escuela (o "Tigres" o "quinto grado" o solamente "chicos"), escucho gritos. ¡Necesito verlos callados y listos para salir!", es mejor que sermonear frente al grupo a quienes gritan. Y al igual que al asumir lo mejor, puede administrar muchas consecuencias mientras conserva el anonimato: "Algunas personas no lograron seguir las instrucciones hasta el final, así que intentémoslo otra vez". Cuando no hay un esfuerzo de buena fe por parte de los alumnos, puede ser que ya no sea posible conservar el anonimato, pero decir los nombres no debería ser su primer paso. También es importante recordar que puede administrar consecuencias de manera anónima y que al hacerlo así enfatiza la responsabilidad compartida entre sus alumnos. Algunos alumnos no estaban haciendo su trabajo y la consecuencia es para todos.

4. Cree un ímpetu y narre lo positivo. En el mundo de los deportes, el ímpetu, la fuerza que impulsa a algunos hacia los grandes logros en un arrebato de energía, se conoce como "Big Mo" (Gran Momento). Todos quieren el Big Mo, pero solamente algunas personas saben cómo obtenerlo para lucirse. Compare las expresiones que emplearon dos maestros en sus respectivos salones de clases.

Maestro 1 (deteniéndose antes de dar una indicación): Necesito la atención de tres personas. ¡Asegúrate de corregirlo si eres tú! Ahora necesito dos. Ya casi lo tenemos. Ah, gracias. Comencemos.

Maestro 2 (mismo contexto): Necesito la atención de tres personas. Y al parecer otro alumno más no comprende las instrucciones, así que ahora necesito a cuatro. Parece que algunas personas no están escuchando. Estoy esperando, caballeros. Si tengo que dar castigos, lo haré.

En el salón de clases del primer maestro, las cosas parecen ir en la dirección correcta porque el maestro narra la evidencia de su propia orden, que los alumnos hacen lo que se les pidió, que las cosas mejoran. Pone la atención de sus alumnos en este hecho, normalizándolo de este modo. Podría decirse que los alumnos en el primer salón son más responsables de su propio comportamiento, pero nadie parece notarlo porque la desobedencia parece tan improbable.

El segundo maestro cuenta una historia que nadie quiere escuchar: desde el principio los alumnos pueden oler el temor, la debilidad y el inevitable final infeliz. Todo está mal y se pone peor, generalmente sin consecuencia. Difícilmente los alumnos pueden temer a la responsabilidad cuando su maestro está describiendo la impunidad de sus compañeros ("Parece que algunas personas no están escuchando"). ¡No encontrará un Big Mo en ese salón de clases!

Considere a los mismos maestros otra vez:

Maestro 1 (después de dar la instrucción de que los alumnos deberían comenzar a escribir en sus diarios): Bien, ¡comenzamos! Veo que los lápices se mueven, veo que las ideas fluyen. Roberto está listo para profundizarlas más. ¡Sigue así, Marcos!

Maestro 2 (mismo escenario): Todavía no han comenzado todos. ¿Necesitas que te ayude a pensar en un tema, Roberto? Marcos, te pedí que no te detuvieras. Chicos, permítanme recordarles que no es una actividad opcional.

Una alumna en la primera clase intentando hacer lo que es normal, probablemente participará en la lección. En la segunda clase, su atención se dirigirá a la letanía de problemas que el maestro describe ansiosamente y a sus compañeros que no están realizando la tarea, quienes parecen estar ganando adeptos. Probablemente ella elegirá también ese camino.

Resulta que la percepción es realidad. Los maestros de excelencia invocan el Big Mo al normalizar lo positivo. Dirigen la atención a lo bueno y a ser mejores. Si el maestro narra sus debilidades hace que sus debilidades parezcan normales. Si dice: "Algunos alumnos no hacen lo que les pedí", ya ha provocado que esa situación sea pública. Ahora tiene que elegir entre la consecuencia o la tolerancia. "Revísate para asegurarte de que has hecho lo que te pedí", mantiene al Big Mo de su lado. Si necesita hacer un seguimiento para dirigirse a un alumno o administrar una consecuencia, está bien. Hágalo tan privadamente como pueda, no solamente para proteger los sentimientos del infractor, sino para mantener el Big Mo. Asimismo, "Ahora ya casi tengo a todos", es mejor que: "No tengo a todos" o "Todavía estoy esperando a algunos de ustedes". También podría decir: "Soy muy débil y les imploro que no me lastimen".

Al Big Mo le encanta la velocidad. Intente utilizar órdenes para hacer muchas cosas al mismo tiempo. Reemplace: "¿Quién nos puede decir cuánto es 3 × 5? ¿David? Por favor, todos sigan a David", con el mucho más simple y rápido: "¿Quién nos puede decir cuánto es 3 × 5? Sigan a… David".

Si el maestro narra sus debilidades hace que sus debilidades parezcan normales. Si dice: "Algunos alumnos no hicieron lo que les pedí", ya ha provocado que esa situación sea pública. Ahora tiene que elegir entre la consecuencia o la tolerancia.

5. ¡Desafíe! A los chicos les encanta que los desafíen, probar que pueden hacer cosas, competir, ganar. Así que desafíelos: exhórtelos a que prueben lo que pueden hacer, integrando la competencia en su día. A los alumnos se les puede desafiar individualmente o, mejor aun, en grupos, y esos grupos pueden competir de varias maneras:

- Contra otros grupos dentro de la clase.
- Contra otros grupos fuera de la clase (la otra parte de la escuela).
- Contra un adversario impersonal (el reloj; el examen, para probar que son mejores que éste; su edad: "ése fue un trabajo aceptable para primero de secundaria pero quiero ver si lo podemos elevar a la calidad de segundo de secundaria").
- Contra un estándar abstracto ("¡Quiero ver si ustedes tienen lo que se necesita, chicos!").

Aquí hay algunos ejemplos:

- "Esta semana han estado haciendo un gran trabajo, chicos. Veamos si pueden llevarlo a un nivel superior".
- "Me encanta que me vean. Me pregunto qué sucede cuando regreso a mi lugar".
- "Veamos si podemos sacar esos papeles en doce segundos. ¿Listos?"
- "Bien no es suficiente. ¡Hoy quiero verlo perfecto!"
- "Chicos, la maestra Aguirre dijo que no creía que ustedes pudieran recitar sus tablas de matemáticas más fuerte que su grupo. Y justo ahora están sentados al otro lado del pasillo. Enseñémosles lo que podemos hacer".
- "¡Veamos cuál fila sabe esta información! Hagamos una apuesta amistosa: ¡la fila en la que todos la tengan correcta más pronto puede saltarse los dos primeros problemas de la tarea!"

6. Hable de las expectativas y de las aspiraciones. Hable acerca de en quiénes se están convirtiendo sus alumnos y hacia dónde van. Enmarque el elogio en esos términos. Cuando su grupo se vea grandioso, dígales que se ven como "estudiantes de universidad", y que usted se siente como si estuviera sentado en la habitación con futuros presidentes, doctores y artistas. Aunque es agradable que se sienta orgulloso de ellos y ciertamente es maravilloso decírselos, el objetivo al final no es que ellos lo complazcan, sino que lo dejen atrás en un largo viaje hacia un objetivo más distante y más importante que hacerlo feliz. Es útil si su elogio establece un objetivo más grande que su propia opinión. A un nivel más pequeño, busque oportunidades que reafirmen las expectativas alrededor de los pequeños detalles. Cuando esté corrigiendo, diga: "En esta clase siempre estamos atentos", no: "Algunas personas no nos están dando su mejor SEPAS". Termine una actividad diciendo: "Si terminas pronto, revisa tu trabajo. Asegúrate de obtener el 100 por ciento hoy". Mantenga sus ojos en el premio refiriéndose a él constantemente.

Manténgase positivo evitando dos cosas:

- *Preguntas retóricas.* No haga preguntas que no quiere que respondan. No pretenda hacer una pregunta cuando no lo es. No sea falso preguntando: "¿Nos quieres acompañar, David?" Solamente diga: "Gracias por acompañarnos en el tapete, David".

- *Contingencias.* No diga: "Esperaré", a menos que lo haga. El punto es que no lo hará, y al decirlo así, le da a sus alumnos el poder haciendo que sus acciones estén supeditadas a las de ellos. "Nosotros [o yo] te necesitamos aquí" es mucho más productivo, positivo y fuerte.

MAESTROS EN ACCIÓN: VIDEO 19

ENCUADRE POSITIVO

En el video 19 del DVD, Janelle Austin de la Rochester Prep demuestra el *Encuadre positivo.* Observe cómo inicia la clase narrando lo positivo ("Ooooo, miren cuántas manos") y después narrándolo una segunda vez pero combinando un desafío ("Me encanta el *seguimiento* que estoy viendo ahora. Me pregunto qué sucede si me muevo por el salón").

Unos minutos más tarde, Austin narra otra vez lo positivo: "¡Veo manos levantadas listas para leer!", esta vez combinando algunas expectativas y aspiraciones describiendo la motivación detrás de las manos (quieren leer) para hacerlo explícito a todos los alumnos. Observe la respuesta de sus alumnos en términos de las otras manos que se levantan.

Más tarde Austin narra lo positivo ("¡En verdad me gusta el entusiasmo que estoy viendo! Esta fila de aquí realmente está entusiasta") al combinar esta vez elementos de los dos ejemplos anteriores, haciendo explícito el estado mental detrás de una mano levantada ("entusiasmo") y al lanzar un desafío implícito al resto de la clase identificando a un grupo que es particularmente fuerte ("Esta fila de aquí").

El video muestra tal vez una docena de ejemplos del *Encuadre positivo;* vea cuántos puede encontrar. Este video es un montaje de breves momentos de la clase de Janelle de media hora, editados de manera que aparecen en una rápida secuencia. Por consiguiente, el video concentra la cantidad de *Encuadre positivo* que Austin hace. Esto es importante porque demasiado de una cosa buena puede degradarlo. Como lo muestra, con frecuencia es mejor distribuirlo en cantidades regulares pero pequeñas a lo largo de la lección. Para utilizar una analogía de cocina, más que verterlo todo de una sola vez, piense: "Sal al gusto".

Seguimiento se refiere a que los alumnos sigan con la mirada al que habla. Vea la técnica 32, SEPAS, en el capítulo 5.

TÉCNICA 44
ELOGIO PRECISO

El reforzamiento positivo es una de las herramientas más poderosas en todo salón de clases. La mayoría de los expertos dicen que debería suceder tres veces por cada crítica y corrección. Sin embargo, cualquier herramienta poderosa puede usarse mal o para nada. El refuerzo positivo mal implementado no es la excepción. Al utilizar el refuerzo positivo, utilice estas reglas de oro para el **Elogio positivo:**

- **Diferenciar entre el reconocimiento y el elogio.** Los maestros campeones hacen una distinción cuidadosa e intencional entre el elogio y el reconocimiento, reconociendo cuando se han cumplido las expectativas y elogiando cuando se ha logrado lo excepcional. Los chicos que cumplen las expectativas merecen que se haga notorio y se les reconozca con tanta frecuencia como sea posible. En caso de que se hayan cumplido las expectativas y sea apropiado el reconocimiento, es suficiente una simple descripción de lo que hizo el alumno o hasta un gracias: "Estuviste listo para la clase justo a tiempo, Juan." "Lo hiciste justo como lo pedí Sara, gracias". Los chicos que hacen algo verdaderamente excepcional, también merecen que se les diga que lo que hicieron fue mucho más allá, es decir, ser alabados. El elogio conlleva generalmente un juicio además de una simple descripción: "¡Un trabajo fantástico, Juan!" "¡Sara hizo algo realmente asombroso!" Sin embargo, la combinación de estas dos respuestas alabando a los alumnos por hacer algo que se esperaba, es, a la larga, no solamente inefectiva sino destructiva. Considere este comentario: "¡Buen trabajo al traer un lápiz hoy a la clase, Juan!" ¿Por qué se alaba a Juan, frente al resto de la clase, por hacer lo que todos han estado haciendo? ¿Las reglas son diferentes para Juan porque no ha estado trayendo su lápiz? ¿Juan ha sido tan "grandioso", como dijo la maestra?

Hay dos posibles respuestas para esta última pregunta y ninguna es especialmente buena. La primera es, no: la maestra no cree sinceramente que es una gran cosa el que Juan haya traído su lápiz a la clase. Solamente está tratando de ser entusiasta, positiva y alentadora, pero mientras más entusiasmo pone en su voz para alabar a Juan, más muestra que sus palabras son falsas. Muestra que su elogio es vacío y de mal gusto. ¿Quién quiere ser excelente si eso es todo lo que se necesita? De hecho, el abuso generalizado del elogio tiene un efecto contrario documentado. Una investigación reciente demuestra que los alumnos han interpretado el elogio frecuente como una señal de que están haciendo un trabajo deficiente y necesitan que su maestro los anime. Ven el elogio falso como un indicador de fracaso, no de éxito, y con frecuencia tienen razón. Ya que el elogio genuino es de suma importancia, los maestros deberían evitar cuidadosamente prestarse para tal tergiversación del sentido y ahorrar el elogio para cuando se exceda la expectativa.

La segunda respuesta posible es sí: una parte de la maestra realmente piensa que es "grandioso" que Juan haya traído su lápiz. Está agradablemente sorprendida. Esta lectura potencial de sus palabras también crea un efecto contrario: si la maestra se sorprende porque Juan hizo lo que ella le pidió, sus expectativas no son reales. Verdaderamente no "espera" que se cumplan. Se sorprende cuando los alumnos hacen lo que ella les pidió, o sabe que sus alumnos difíciles realmente no podrán hacer lo que espera del resto de la clase. Una traducción de lo que está pensando es: "En el fondo, en gran parte o la mayoría de las veces, espero que no hagas lo que pido. En el fondo, realmente no creo que pueda lograr que todos hagan lo que necesitan hacer".

A largo plazo, un maestro que continuamente alaba lo que se espera que suceda, se arriesga a que ambas cosas se conviertan en triviales: el elogio y las cosas que realmente desea etiquetar como "grandiosas".

A largo plazo, un maestro que continuamente alaba lo que se espera que suceda, se arriesga a que ambas cosas se conviertan en triviales: el elogio y las cosas que realmente desea etiquetar como "grandiosas". Erosionar su habilidad para administrar recompensas verbales significativas y para identificar un comportamiento que en realidad vale la pena hacer notar, es una práctica peligrosa para el maestro.

En un reconocimiento, el maestro describe lo que el alumno ha hecho, con frecuencia en un tono de aprobación y agradeciendo explícitamente. En el elogio emite un juicio de valor ejemplar. Esto no significa que el reconocimiento tenga que ser soso o tibio. En el caso de Juan y su lápiz, los maestros campeones con varios galardones podrían utilizar una combinación de reconocimientos entusiastas, por ejemplo: "¡Juanito B. hoy trajo sus útiles y viene a trabajar!"

- **Elogie (y reconozca) en voz alta; corrija discretamente.** La crítica o los recordatorios en voz baja o aun los no verbales asumen lo mejor de los alumnos: les permiten autocorregirse sin que se les llame la atención en público. Esto también beneficia al maestro, aun cuando el comportamiento sea claramente desafiante, ya que mantiene a los alumnos lejos de las miradas tanto como sea posible y hace parecer que el maestro tiene el control. Sin embargo, las buenas noticias son buenas noticias; hágalos tan públicos como sea posible. Un alumno que excede las expectativas demuestra el arte de lo posible. Eso es algo que todos los alumnos deberían escuchar y como lo demuestra la sección de narrar lo positivo en *Encuadre positivo,* hacer visibles de manera consistente a los alumnos que cumplen las expectativas, normaliza este comportamiento y hace que sea más probable que suceda.

La investigación acerca del elogio ha demostrado una gran diferencia entre alabar a un alumno por ser listo y alabar a un alumno por trabajar duro. Este último es un comportamiento que se encuentra fácil e inmediatamente dentro del control del alumno. Este alumno sabe que intencionalmente ha hecho algo que vale la pena y puede volver a hacerlo. Un elogio como ése fomenta el esfuerzo y una actitud positiva hacia el riesgo. Alabar una característica tiene un efecto contrario: a los alumnos a quienes se llamó listos, se les elogia no solamente por algo que seguramente no podrán volver hacer, sino que, como resultado, se arriegarían menos ya que tienen miedo de parecer menos listos. Así que, elogie tan específicamente como sea posible y enfóquese en el comportamiento y la acción exactos que le gustaría ver más a menudo.

- **El elogio debe ser genuino.** En etapas tempranas de la escuela, los alumnos aprenden a escuchar y pasar por alto el elogio que no es sincero. De hecho, la psicóloga social de Stanford, Carol Dweck, ha demostrado en su libro *Mindset: The New Psychology of Success,* que los alumnos con frecuencia interpretan el elogio como una indicación de que su trabajo es inferior, lo cual sugiere una epidemia de elogios poco sinceros que debe rectificarse. Las formas más comunes del elogio falso son aquellas diseñadas para reforzar artificialmente la autoestima y aquellas diseñadas en interacción con un alumno para resolver un problema sistemático en la esfera de control del maestro. Su conversación con un chico es acerca del comportamiento de éste, no del comportamiento del chico que se sienta a un lado. Decirle a un chico: "Buen trabajo al prepararte, Beto", es bueno. Pero si el maestro recurre a alabar a Beto para decirle a Sandra, que está junto a él, que se apure (es decir, corregirla en lugar de alentarla sutilmente al mostrarle que Beto ha ganado un reconocimiento genuino), mina la integridad y la veracidad de su elogio. Convocar a Beto para hacer el trabajo con Sandra puede poner en peligro la relación efectiva que tiene y no resuelve su situación con Sandra.

TÉCNICA 45
AFECTUOSO/ESTRICTO

Estamos acostumbrados a creer que el afecto y el rigor son opuestos: si es más de uno, significa que es menos del otro. No sé de dónde viene esta falsa idea, pero si elige creer en ella, hará su enseñanza menos efectiva. El hecho es que el grado al cual es afectuoso no tiene relación con el grado al cual es estricto, y viceversa. Así como uno puede no ser ni afectuoso ni estricto (puede enseñarles a los hijos de padres que son de esta manera y ver por usted mismo el costo), también puede ser afectuoso y estricto. De hecho, como lo muestra esta técnica **Afectuoso/Estricto,** debe ser ambos: comprensivo, gracioso, cariñoso, preocupado y afectuoso, pero también estricto, apegado a las normas, severo y algunas veces inflexible. No es: "Me preocupo por ti, pero aun así debes afrontar la consecuencia por llegar tarde", sino: "Porque me preocupo por ti, debes afrontar la consecuencia por llegar tarde".

De hecho, la paradoja *Afetuoso/Estricto* (el hecho de que lo que pensamos son opuestos de hecho, no están relacionados) es más profunda. No solamente debe procurar ser ambos; con frecuencia debe procurar ser ambos exactamente al mismo tiempo. Cuando es claro, consistente, firme e implacable y al mismo tiempo positivo, entusiasta, comprensivo y amable, comienza a enviar el mensaje a los alumnos que tener expectativas altas es parte de preocuparse y respetar a alguien. Éste es un mensaje muy importante.

Puede hacer la técnica de *Afectuoso/Estricto* especialmente efectiva de estas formas:

- *Explique a los alumnos por qué está haciendo lo que hace* (vea *Explique todo,* técnica 48, más adelante en este capítulo) y cómo está diseñado para ayudarles: "Paula, no hacemos eso en este salón de clases porque nos impide aprovechar al máximo nuestro tiempo de aprendizaje. Voy a tener que ayudarte a recordar eso".

- *Distinga entre comportamiento y persona.* Diga: "Tu comportamiento es desconsiderado", en lugar de: "Eres desconsiderado".

- *Demuestre que las consecuencias son temporales.* Muestre a un alumno que cuando ha pagado las consecuencias de un error, inmediatamente todo queda en el pasado. Sonría y salúdelo de manera natural para mostrarle que está comenzando otra vez con borrón y cuenta nueva. Dígale al alumno, con respecto a la consecuencia: "Cuando acabes estaré esperándote con gusto para que nos muestres lo mejor de ti". Una vez que haya administrado una consecuencia, su siguiente trabajo es perdonar. Recuerde que utiliza una consecuencia para no aguardar rencor. Supérelo rápidamente.

- *Utilice un comportamiento no verbal cariñoso.* Coloque su brazo sobre el hombro del alumno y dígale amablemente que lo siente pero que tendrá que volver a hacer la tarea. Usted sabe que puede hacerlo mejor. Inclínese al nivel de los ojos de una niña de tercero de primaria y explíquele firmemente que no permitirá que le hable a sus compañeros de esa manera.

En combinación y proporciones equilibradas, ser a la vez afectuoso (positivo, entusiasta, comprensivo y bondadoso) y estricto (siendo claro, consistente, firme e implacable) puede ayudar a los alumnos a interiorizar aparentes contradicciones y superar lo que Jim Collins llamó con razón en su libro de gran influencia *Built to Last,* "la tiranía del 'o'". Les recuerda a los alumnos que muchas de las elecciones del tipo A *o* B en su vida son teorías falsas y al contrario: "Puedo ser alivianado" y ser exitoso; puedo divertirme y trabajar duro; puedo ser feliz y decir no a la autocomplacencia".

TÉCNICA 46
EL FACTOR-A

Los mejores maestros ofrecen su trabajo con generosas porciones de energía, pasión, entusiasmo, diversión y humor (no necesariamente como el antídoto para el trabajo duro, sino porque ésas son algunas de las formas primarias en las que se hace el trabajo duro). Resulta que encontrar alegría en el trabajo del aprendizaje (**el Factor-A**) es un factor esencial no solamente para un salón de clases feliz, sino un salón de clases con logro académico destacado. Es acertado y no es exactamente una revelación, que la gente trabaja más duro cuando disfruta trabajar en algo (tal vez no a cada minuto de cada día, sino cuando su trabajo es interrumpido con regularidad por momentos de júbilo y alegría). La alegría puede asumir una variedad asombrosamente amplia de formas dada la diversidad de los maestros que la emplean y la diversidad de los momentos en los que la utilizan. Los momentos de *Factor-A* pueden, pero no necesariamente, involucrar el canto o el baile. La alegría existe para los alumnos en todas las formas que existe para los adultos: ruidosa o callada; individual, en un grupo pequeño o en un grupo grande. Lo importante es que los maestros encuentren una manera de sacar a relucir su propia versión genuina de alegría. Para algunos, una pasión tranquila es la forma más común; para otros es el humor; para otros más las travesuras de alta energía.

Los mejores maestros ofrecen su trabajo con porciones generosas de energía, pasión, entusiasmo, diversión y humor (no necesariamente como el antídoto para el trabajo duro, sino porque ésas son algunas de las formas primarias en las que se hace el trabajo duro).

A continuación tenemos cinco categorías de las actividades del *Factor-A* que los maestros campeones utilizan en sus salones de clases:

- **Diversión y juegos.** Estas actividades aprovechan el amor de los chicos por los desafíos, la competencia y el juego. Los ejemplos incluyen hacer que los alumnos compitan para ver quién puede "recitar los números" (hacer una suma repetida) más rápido o quién puede poner los países europeos en orden alfabético más rápido por la última letra. También están incluidos aquí los concursos de ortografía, deletreo, geografía, matemáticas, olimpiada de conocimiento, trivias, basados en contenidos. En una escuela, los alumnos representan a sus maestros en un beisbol de matemáticas: para anotar un hit tienen que resolver el problema más rápido que el maestro que está cubriendo la primera base.

- **Nosotros (y ellos).** Los chicos, como todos, disfrutan pertenecer. Una de las funciones esenciales de las culturas (aquellas en el salón de clases y más ampliamente) es hacer que los miembros sientan que pertenecen a un importante "nosotros", una entidad vibrante y reconocible de la que solamente algunas personas llegan a ser parte. A través de un lenguaje único, nombres, rituales, tradiciones, canciones y similares, las culturas establecen el sentido de "nosotros". En muchos casos, mientras más inescrutables son estos rituales para los que no pertenecen, mejor. La inescrutabilidad refuerza la presencia del "ellos" que es necesaria para cualquier "nosotros". Los maestros campeones que emplean estas actividades, desarrollan marcadores para recordar a los alumnos que pertenecen a una organización con una cultura vibrante. Por ejemplo, en la Rochester Prep, el profesor de historia David McBride les puso sobrenombres cariñosos a todos sus alumnos y los usó para llamarlos en clase o para saludarlos en los pasillos. Ser saludado con un: "¡Buen día, *Tomatito*!", se siente más especial que ser saludado con: "Buenos días, Tomás". Después de todo, la gente que nos inventa apodos es la gente a la que más le importamos.

  Si alguna vez ha visto a Chris Berman diciendo sus divertidísimos apodos para los atletas en su programa *Sportscenter* de ESPN (Greg "El Cocodrilo" Brock; Vincent "El Increíble Brisby; Barry "Bananas" Foster), entiende la esencia de lo que hizo McBride, y también sabe lo divertido y gracioso que puede ser este juego. Cuando observa a Berman, entiende los apodos porque se encuentra dentro de la broma. Si tiene que preguntar: "¿En verdad el apodo de ese chico es 'personal'?", entonces no es "nosotros".

  Desarrollar señales secretas y palabras especiales está relacionado con esto. Los maestros tararean una canción secreta, por ejemplo: "Estamos todos juntos en esto", sin la letra. El fondo es: *Ésta es nuestra canción, todos sabemos la letra y por qué la cantamos; nadie de fuera necesita (o puede) entenderlo. Somos un "nosotros".* Algunos salones de clases tienen mitos sobre el desarrollo: historias compartidas que proporciona el maestro para probar un punto o enseñar una lección; por ejemplo, una historia acerca de "Mi prima Martha, quien se da por vencida cuando las cosas se ponen difíciles", se vuelve una referencia antes de cada examen: "No vayan a sacar una Martha aquí".

- **Teatro, canciones y danza**. La música, las representaciones dramáticas y el movimiento elevan el espíritu y establecen una identidad colectiva. Por eso es que existen dentro de cada cultura étnica o nacional identificable sobre la Tierra. Elevar el espíritu es de lo más importante entre los jóvenes, especialmente entre quienes están obligados a permanecer sentados. Representar cosas y cantadas puede ser una manera excepcional de recordar la información.

  El teatro, las canciones y la danza también disparan la memoria. Mi maestra de español de primero de secundaria nos enseñó una mala versión en español de "Jingle Bells". Por más que quiero olvidarla o evitar que ocasionalmente me sacuda el subconsciente, no puedo hacerlo. En ocasiones no puedo recordar mi propio número telefónico, pero siempre tendré su versión en español de "Jingle Bells". Aprender una canción acerca de algo (especialmente una que es absurda o poco usual, o una que cantas regularmente) es, para muchos, aprenderla de por vida. El lado positivo de la carga que me dejó mi maestra de español de primero de secundaria es que el poder de una canción o de un baile se puede aprovechar para inculcar y reforzar cualquier conocimiento o creencia específica. Imagine si yo tuviera una canción que resonara en mi cabeza para decirme cuándo usar "ser" o "estar", las dos formas del verbo "to be" en español, en lugar de "Jingle Bells". Mi español se hubiera mejorado para siempre (sin mencionar los muchos momentos incómodos que me hubiera evitado en mi vida). Cantar es recordar.

- **Humor.** La risa es una de las condiciones básicas de la felicidad y la realización, lo cual la hace una herramienta poderosa para construir un entorno de alumnos y maestros felices y realizados. Una herramienta tan poderosa debería ser utilizada, aunque no puedo darle una receta, solamente un ejemplo o dos.

  Un maestro campeón les enseñó a sus chicos una canción para docenas de fórmulas en matemáticas de sexto grado. Después de que hicieron un hábito de su aprendizaje, les dijo que estaba trabajando en una canción para ayudarles a determinar la circunferencia de un círculo, pero que lo que había logrado hasta entonces era demasiado soso para usarlo. Cantó un rápido fragmento de lo que estaba trabajando: "$2\pi r$, Señor", con la tonada de "Kumbayá". Sus chicos rieron, y les advirtió: "No le cuenten a nadie de esto. No hay canción para la circunferencia. ¿Hay una canción para la circunferencia? ¡No, no tenemos una canción para eso!" Siempre que estudiaban la circunferencia, le preguntaba al grupo: "Recuérdenme, ¿tenemos una canción para la circunferencia?" Después de que el grupo respondía rotundamente: "¡No!", él tarareaba: "Kumbayá" para sí mismo, haciendo una broma "local" verdaderamente divertida que hacía casi imposible olvidar la fórmula de la circunferencia.

- **Suspenso y sorpresa.** Las rutinas son poderosos impulsores de la eficiencia y la predictibilidad. Asimismo, hacen las variaciones ocasionales más divertidas, tontas, sorprendentes e inspiradoras. Si se aprovecha con criterio lo inesperado puede ser poderoso. Los dos juntos hacen del salón de clases una aventura, sin importar cuál sea el contenido.

  Una maestra de arte que conozco toma los ejemplos que normalmente muestra a su grupo (un paisaje, una naturaleza muerta, una talla tradicional) y los coloca en una caja envuelta como un regalo. Comienza su lección diciendo: "Tengo algo en la caja misteriosa que es realmente fenomenal y emocionante. Me muero por mostrarles porque es un ejemplo de lo que vamos a hablar hoy". Varias veces durante una mini lección, construirá suspenso al acercarse hacia la caja y después "decidir" esperar, o echar un vistazo sobreactuando su reacción: "¡Ay, me *mordió*!" En el momento en que les muestra a los chicos lo que hay en la caja, difícilmente pueden esperar para verlo. Una maestra de matemáticas hace algo parecido con su canción de las tablas de multiplicar. "¡Oh, vaya! Les va a encantar el último verso. Es realmente divertido y si seguimos trabajando, lo vamos a escuchar pronto."

Una maestra de tercer grado ocasionalmente entrega sus palabras de vocabulario en sobres sellados, uno para cada chico. "No los abran todavía", dirá en voz baja: "no hasta que yo diga". En el momento en que lo hace, hay pocas cosas en el mundo que los alumnos cambiarían por la oportunidad de ver cuál es su palabra.

MAESTROS EN ACCIÓN: VIDEO 20

FACTOR ALEGRÍA

En el video 20 del DVD, George Davis de la Leadership Prep Bedford Stuyvesant demuestra el *Factor alegría.* Este video proporciona un gran ejemplo de hacer el trabajo divertido, en oposición a hacer que la diversión sea el antídoto del trabajo. Sus alumnos tienen muchos turnos al bat mientras juegan su juego. Busque elementos de las cinco clases de alegría en este video.

La técnica del *Factor-A* es parecida a la de *Vegas* (técnica 27), por lo que la gente con frecuencia pregunta cuál es la diferencia. En realidad hay dos diferencias. La primera es que *Vegas* es una herramienta didáctica, que refuerza explícitamente el objetivo de la lección y lleva a los niños hacia el contenido. Segundo, aunque lo más importante (si no es que todo) de *Vegas* también es parte del *Factor-A*, este último es una categoría más grande e incluye elementos del salón de clases ideados específicamente para construir la cultura del salón de clases e incluir a los chicos en ella. Por ejemplo, ponerles a los alumnos un apodo no refuerza la parte académica, tampoco lo hace *Vegas,* pero sí los hace sentir una feliz sensación de pertenencia. En ese sentido es una técnica de *Factor-A.* Cantar la no canción para determinar la circunferencia de un círculo es ambas.

MAESTROS EN ACCIÓN: VIDEO 21

FACTOR ALEGRÍA Y TRANSICIONES ESTRICTAS

En el video 21 del DVD, Sultana Noormuhammad de la Leadership Prep Bedford Stuyvesant demuestra el *Factor alegría.* No es solamente la felicidad que despierta mientras los chicos cantan su transición hacia la alfombra lo que es tan sorprendente, sino el hecho de que la canción, el "Himno" de la Escuela Indiana, refuerza el comportamiento productivo del alumno. Aún más, Noormuhammad puede encenderla y apagarla. Tan pronto como los chicos están sentados en la alfombra, el salón está tan callado que se puede escuchar caer un alfiler y la escuela Indiana está lista para trabajar.

Como espero sea obvio, este video también es un gran ejemplo de *Transiciones estrictas* (técnica 30).

TÉCNICA 47
CONSTANCIA EMOCIONAL

Aquí hay dos cosas qué hacer con sus emociones. Primero, modúlelas. La escuela es un laboratorio para los alumnos; necesitan poder imaginar cómo comportarse sin verlo explotar. Debería esperar casi todo, así que actúe como si lo esperara y tenga un plan para hacerle frente. Segundo, vincule sus emociones al logro del alumno, no a su propio humor o a las emociones de los alumnos a quienes les enseña. Otra vez, espere que las emociones de sus alumnos se eleven y caigan, y asegúrese de controlar las suyas para compensar. Espere que ocasionalmente los alumnos se enojen y responda tranquilamente. Parte de la adolescencia es experimentar con emociones exageradas. No agregue gasolina al fuego permitiendo que usted mismo se encienda, y no guarde rencores, pero considere el periodo siguiente a la consecuencia como un inicio fresco. Después de todo, el punto de una consecuencia es desincentivar de manera adecuada: si esto es suficiente, ha cumplido su trabajo y el ciclo terminó; si la consecuencia no fue eficaz, considere el uso de consecuencias en lugar de enojarse.

Los maestros que ponen en práctica la técnica de **Constancia emocional** emplean con cautela gran parte del lenguaje que otros maestros utilizan como un hábito y piensan cuidadosamente acerca de lo que esto implica en el objetivo de las decisiones del alumno. Por ejemplo, muchos maestros dicen cosas como: "En verdad me decepcionan", cuando su grupo no se comporta bien. Sin embargo, vale la pena preguntar si el objetivo de la regla o de la expectativa es complacer al maestro. Puede haber ocasiones cuando el sentido de conexión y aprobación personal del maestro es algo que debería preocupar a los alumnos, pero éstas son mucho menos frecuentes de lo que indicaría el lenguaje de los maestros. Simplemente sustituyendo: "Espero lo mejor de ustedes", o: "La expectativa en esta clase es que den lo mejor de sí mismos", saca las emociones personales del maestro de la ecuación y enfoca la conversación en lo que los chicos hicieron o no, más que en lo que el maestro sintió. Este último factor es, al final, casi irrelevante.

A largo plazo el éxito se encuentra en la relación constante del alumno con comportamientos productivos.

Un maestro emocionalmente constante se gana la confianza de los alumnos en parte haciéndoles saber que él siempre tiene el control. Más que nada, sabe que a largo plazo el éxito se encuentra en la relación constante del alumno con comportamientos productivos . El afecto que requiere es productivo, respetuoso y ordenado, y su objetivo cuando las emociones se encienden es desacelerar. Al hacerlo así, no solamente limita los tipos de conflictos que pueden consumir a un salón de clases, sino que se convierte en un timón emocional para ayudar a sus alumnos a regresar a la productividad tan pronto como sea posible.

TÉCNICA 48
EXPLIQUE TODO

Los alumnos en un salón de clases de alto rendimiento comprenden la dinámica de la responsabilidad personal y del grupo. Conocen la lógica detrás de las reglas y expectativas diseñadas para su mejoramiento; comprenden que el éxito del grupo depende de la participación de todos. Los alumnos deducen estos aspectos de la situación general porque sus maestros deliberadamente hacen sus expectativas claras, racionales y lógicas. Constantemente les recuerdan a los alumnos por qué hacen lo que hacen y fundamentan sus explicaciones en la misión: esto te ayudará a llegar a la universidad; esto te ayudará a comprender cómo ser responsable. Si hay un paso que se necesita mantener con el propósito de lograr el objetivo del día, la maestra que usa **Explique todo** les dice a sus alumnos: "Me encantaría pasar más tiempo hablando de esto, pero tenemos mucho que hacer". Dirige conversaciones acerca del mal comportamiento en un lenguaje que explica a los alumnos por qué importa y cómo una acción o comportamiento afectan a otros. De esta manera, los alumnos comprenden la lógica detrás de la toma de decisiones y será más factible que crean que los sistemas existen en su mejor interés y tomen decisiones racionales por su propia cuenta.

Considere cómo es esto en un día típico en el salón de clases de Darryl Williams. Un alumno de tercer grado pregunta si puede ir a la enfermería. Antes de responder, Williams le pregunta al alumno que considere la lógica de la situación, diciéndole: "¿Entiendes que si vas a la enfermería, no vas a participar cuando tengamos descanso?" El alumno reconoce que esta decisión afectará el resto de su día. Si está muy enfermo para aprender, entonces obviamente está muy enfermo para jugar. Williams le da permiso para ir a la enfermería. Más tarde, cuando las manos se levantan en el aire ansiosamente, tal vez con demasiada ansia, Williams dice: "Por favor, bajen las manos. Yo sé que todos tienen preguntas y me encanta cuando dicen cosas inteligentes, pero tenemos mucho que hacer y ahora no hay tiempo. Todavía necesitamos leer nuestro cuento y hacer un trabajo". En un salón de clases como éste, de repente se hace clara la lógica detrás de las decisiones hechas en interés de los alumnos y la manera como los adultos piensan en nombre de los niños.

Existe por lo menos una sutileza en particular que merece un análisis más profundo sobre la explicación de los porqués del salón de clases. Mis colegas y yo descubrimos esto mientras observábamos el video de una lección en la cual la maestra parecía estar explicando todo pero no de una manera exitosa en particular. Descubrimos que la cuestión era que estaba explicando por qué hacía las cosas mientras se esforzaba, con resultados variados, para tener el control del salón: "Recuerden que cuando pido a un alumno que responda, todos observamos y escuchamos. [Severamente] Carlos, todos estamos observando y escuchando porque estamos aprendiendo de nuestros compañeros, aunque no sea nuestro turno". Su última frase le recordó a los alumnos que el grupo no estaba cumpliendo satisfactoriamente las expectativas y que la maestra no estaba explicando por qué hicieron lo que hicieron, sino tratando de que lo hicieran en primer lugar. Sus explicaciones sonaban demasiado a una súplica. La técnica de *Explique todo* efectiva, descubrimos, sucede ya sea en un momento tranquilo mucho antes del comportamiento que requiere corrección ("¡Cuando pido su atención, la espero de cada uno de ustedes en todo momento. De esa manera puedo estar segura de que saben todo lo que necesitan saber para ser exitosos y felices en mi clase!") o después de que la "corrección" ha tenido como resultado el cumplimiento de las expectativas: "Gracias. La razón por la que necesito que permanezcan todo el tiempo en silencio es…".

TÉCNICA 49
NORMALICE EL ERROR

El error seguido de su corrección y de instrucción es el proceso fundamental de la educación. Te equivocas, lo corriges. Si equivocarse y después corregirlo es normal, los maestros deberían **Normalizar el error** y responder a ambas partes de esta secuencia como si fueran total y completamente normales. Después de todo, lo son.

RESPUESTAS INCORRECTAS: NO ESCARMIENTE; NO DISCULPE

Evite escarmentar por respuestas incorrectas, por ejemplo: "No, ya hablamos acerca de eso. Tienes que cambiar el signo, Rubén". Y no quiera excusar a los alumnos que tienen las respuestas incorrectas: "Oh, está bien, Clara. Ésa estaba difícil". De hecho, si las respuestas incorrectas son en verdad una parte normal y saludable del proceso de aprendizaje, no necesitan explicación en absoluto.

IDEA ESENCIAL

NORMALICE EL ERROR

Equivocarse y después corregir es uno de los procesos fundamentales de la enseñanza. Responda a ambas partes de esta secuencia, el error y la corrección de manera completamente normal.

De hecho, es mejor evitar desperdiciar mucho tiempo hablando de lo incorrecto y poner manos a la obra para corregirlo lo más pronto posible. Aunque muchos maestros se sienten obligados a nombrar cada respuesta como correcta o incorrecta, perder tiempo haciendo ese juicio generalmente es un paso que puede saltarse por completo antes de ponerse a trabajar. Por ejemplo, podría reaccionar ante una respuesta incorrecta del alumno Noé diciéndole: "Intentémoslo otra vez Noé. ¿Qué es lo primero que tenemos que hacer?", o también: "¿Qué es lo primero que tenemos que hacer para resolver este tipo de problemas, Noé?" Esta segunda situación es particularmente interesante porque para Noé y sus compañeros de clase sigue siendo ambiguo si la respuesta fue correcta o incorrecta mientras vuelven a trabajar en el problema. Hay un poco de suspenso y tendrán que descubrirlo por sí mismos. Cuando nombre una respuesta como incorrecta, y si lo hace, hágalo de manera rápida y sencilla ("no exactamente") y continúe avanzando. Lo repito, ya que equivocarse es normal, no tiene que sentirse mal por ello. De hecho, si todos los alumnos están teniendo todas las respuestas correctas, el trabajo que les está dando no es lo suficientemente difícil.

RESPUESTAS CORRECTAS: NO HALAGUE; NO HAGA ALBOROTO

Elogiar las respuestas correctas puede tener uno de dos efectos perversos en los alumnos. Si hace mucho alboroto, les sugiere a los alumnos que le sorprende que ellos tengan la respuesta correcta, a menos que sea muy obvio que se trataba de una respuesta realmente excepcional. Y como lo ha documentado recientemente una investigación de ciencias sociales, alabar a los alumnos por ser "listos" los incentiva a no tomar riesgos (aparentemente les preocupa ya no parecer listos si se equivocaron), en contraste, alabarlos por trabajar muy duro los incentiva a arriesgarse y tomar desafíos.

De este modo, en la mayoría de los casos cuando un alumno tiene una respuesta correcta, reconozca que el alumno ha hecho el trabajo correctamente o que ha trabajado mucho; después continúe. "Así está bien, Noé. Buen trabajo". Los maestros campeones muestran a sus alumnos que esperan que sucedan cosas tanto correctas como incorrectas sin hacer mucho escándalo por ninguna de las dos. Por supuesto, habrá ocasiones en que desee añadir un elogio un poquito más fuerte ("Qué respuesta tan interesante, Carla. Impresionante."). Solamente hágalo con cuidado para que dicho elogio no se diluya por el abuso.

REFLEXIÓN Y PRÁCTICA

1. Las siguientes afirmaciones están enmarcadas de manera negativa. Trate de reescribirlas para enmarcarlas de manera positiva.

   - "No vamos a tener otro día como el de ayer, ¿verdad Juan?"
   - "Un momento, Rosa. Absolutamente nadie está poniendo total atención, excepto Diana y Bertha."
   - "Necesito que dejes de golpear con los dedos".
   - "¡Te he pedido dos veces que dejes de sentarte encorvada, Jazmín!"

2. Considere qué rasgos específicos de comportamiento (por ejemplo trabajo duro, respeto por sus compañeros) más desea que demuestren los alumnos en su salón de clases. Escriba tres o cuatro guiones para cada uno y qué podría usar para reforzarlos utilizando *Elogio preciso.*
3. Elabore una lista de las situaciones en las que es más vulnerable a perder su constancia emocional. Elabore un guión de un comentario tranquilo y ecuánime que puede hacer a las otras personas involucradas que también sea un recordatorio para usted de ser constante.
4. Haga una lluvia de ideas de diez formas en las que podría llevar el *Factor-A* a su salón de clases. Utilice por lo menos cuatro de los tipos de alegría que se describieron en el capítulo.

CAPÍTULO 8

MEJORE SU RITMO: OTRAS TÉCNICAS PARA CREAR UN RITMO POSITIVO EN EL AULA

El *ritmo* es un término con el que la mayoría de los maestros están familiarizados, pero carece de una definición clara y consistente. La definición obvia de que el ritmo es la velocidad a la cual enseña un maestro no se sostiene ante el escrutinio. La mayoría de los maestros reconocen una discrepancia entre la rapidez real a la que sucede la enseñanza y la rapidez a la cual los alumnos perciben que está sucediendo. Por ejemplo, puede parecer que el maestro corre en una lección para sumar fracciones con denominadores comunes, cuando irónicamente está alargando el tiempo que dedica a la habilidad para asegurar su dominio. Duplica el tiempo que realmente dedica a un objetivo pero toma ciertas medidas para hacerlo sentir como si se estuviera avanzando dos veces más rápido. O podría dedicar un tiempo insuficiente a un objetivo y de este modo, ir demasiado rápido en el sentido académico y al mismo tiempo, su lección podría parecer mortalmente lenta y tediosa para los alumnos. De modo que el ritmo es claramente diferente de la rapidez a la que avanza con el contenido.

Una forma alternativa de definir el *ritmo* es "la ilusión de velocidad". No es la rapidez a la cual se presenta el contenido, sino la rapidez a la cual la lección hace parecer que se despliega el contenido. El ritmo es la habilidad para crear la percepción de que el maestro avanza rápidamente. O todavía mejor, ya que la enseñanza efectiva puede utilizar una gama de tempos desde una reflexión lenta y constante hasta una velocidad energética, vigorizante, el ritmo es la ilusión de velocidad creada como y cuando sea necesario. A los alumnos les gusta pensar que están haciendo algo nuevo con más frecuencia de lo que el maestro puede permitirse cambiar el tema de aprendizaje y el ritmo se nutre de ese deseo. Cuando maximiza el ritmo, su enseñanza atrae e interesa a los alumnos, dándoles una sensación de progreso y cambio. Las cosas están sucediendo: los alumnos sienten el avance y nunca saben qué sigue.

Una anécdota de la vida fuera del salón de clases puede ayudar a aclarar el punto. Cuando mi hijo tenía cinco años, volamos para visitar a mis padres. Mientras el avión aterrizaba, me preguntó si el avión volaba más rápido cuando estaba aterrizando. Pensó que habíamos acelerado exactamente en el momento que habíamos desacelerado. Le pregunté por qué pensaba así. "Cuando estamos aterrizando", dijo, "puedo ver los edificios y los árboles que pasan. Veo que nos pasan con rapidez y sé que nosotros vamos rápido también". Ésta es una buena analogía para el ritmo. Sin importar lo rápido que en realidad se esté volando, la percepción de los pasajeros de qué tan rápido se están moviendo es influenciada por los puntos de referencia que ven (o no ven) pasar.

Sin importar lo rápido que en realidad se esté volando, la percepción de los pasajeros de qué tan rápido se están moviendo es influenciada por los puntos de referencia que ven (o no ven) pasar.

En el salón de clases, los momentos en los que la actividad cambia, se termina una actividad o una persona nueva entra en la conversación, pueden servir como puntos de referencia. Cuando los puntos de referencia parecen pasar en una rápida sucesión, pueden hacer parecer que las cosas avanzan rápido, sin importar su velocidad real.

Este capítulo ofrece seis técnicas para administrar la ilusión de la velocidad en el salón de clases.

CAMBIE EL RITMO

Una manera de crear la ilusión de velocidad es utilizar una variedad de actividades para lograr su objetivo y pasar de una a otra durante el transcurso de una lección, es decir, **Cambiar el ritmo.** Vale la pena pensar en la diferencia entre cambiar de temas cada diez a quince minutos durante una hora, lo cual es molesto, confuso e improductivo, y cambiar el formato de trabajo cada diez a quince minutos mientras busca dominar un solo tema. Este último es probable que mejore su ritmo, el primero es probable que distraiga y confunda a los alumnos. Dedicar diez minutos a las oraciones principales, quince minutos a la concordancia sujeto-verbo, y quince minutos a la corrección de estilo, produce una lección sin un enfoque preciso.

Pero una lección acerca de las oraciones principales podría ser a la vez enfocada y de ritmo rápido en esta forma:

- Comience con un rápido *Háganlo ahora* pidiendo a los alumnos que comparen diferentes oraciones principales en un párrafo sobre un tema interesante.
- Pase directamente a una mini lección en la que defina la oración principal y proporcione ejemplos positivos y negativos.
- Enseñe una canción corta acerca de los criterios para una buena oración principal.
- Guíe a los alumnos con tres o cuatro ejemplos en donde escriban oraciones principales efectivas para un párrafo determinado.
- Haga que su clase escriba oraciones principales para cada párrafo de unas memorias cómicas que ha escrito, analizando las diferentes sugerencias para cada una, remarcándolas y mejorándolas.
- Pase a un trabajo independiente para redactar oraciones principales para un conjunto de párrafos ampliamente variados.
- Cierre con una revisión rápida de su canción de la oración principal.
- Remate con un *Boleto de salida.*

"Nada por más de diez minutos", aconseja Ryan Hill, director de la altamente exitosa TEAM Academy en Newark. Había pedido a algunos colegas que me orientaran acerca del ritmo, y él me señaló la neuro-investigación sugiriendo que las personas de todas las edades tienden a perder el enfoque después de diez minutos y necesitan algo nuevo para atraerlos.

Mi colega Chi Tschang de Achievement First ha llevado esta idea un paso más adelante, aconsejando a los maestros que cambien de actividades en la lección basándose en la regla de Edad más dos, un concepto que he visto se atribuye a varias fuentes originales. La regla establece que el lapso óptimo de atención de un alumno es igual a su edad más dos, lo que significa que en el caso de los alumnos de quinto de primaria, su regla de oro no está muy lejos de la de Ryan Hill. Sin embargo, Chi cree que aun si el maestro cambia las actividades en una lección al ritmo adecuado, las cosas aún pueden salir mal. Piensa en las actividades de la lección como activas o pasivas, y dice que las actividades deben fluctuar entre estos dos tipos: "Si existen dos (o tres) actividades altamente kinestésicas consecutivas", escribe, "el nivel de energía del grupo puede dispararse, y los chicos pueden perder la atención. O bien, si hay dos (o tres) actividades altamente pasivas consecutivas, el grupo puede perder su energía por completo y también perder su atención".

Cambie el ritmo conlleva un potencial poderoso para hacer el salón de clases más dinámico, sin embargo, no puedo dejar la discusión sin compartir una advertencia. Mientras que la técnica de *Cambie el ritmo* es útil para atraer la atención de los alumnos en muchas lecciones en varios puntos de su experiencia académica, también corre el riesgo de exacerbar un problema al que debemos hacer frente: la brevedad de los periodos de atención. Piense en las profesiones que requieren más episodios continuos de atención enfocada y disciplinada que Edad más dos: nos vienen a la mente un doctor, un abogado, un piloto aéreo y un ingeniero. Aun si la investigación prueba que existen, los periodos cortos de atención tienen las mismas probabilidades de ser producto de factores ambientales, algunos de los cuales podemos atenuar. Sospecho que las personas en el siglo XVII no necesitaban o no ansiaban un cambio intelectual con la misma rapidez promedio que lo hacemos en la actualidad, lo cual significa que los maestros pueden reconocer tanto la utilidad de responder a los periodos de atención limitada como buscar extenderlos de manera gradual y persistente. Uno de los regalos más grandes que la escuela puede dar a un alumno es aumentar su capacidad de concentración por periodos de tiempo prolongados. Dicho esto, la manera más exitosa de hacerlo es claramente no enfrascar a los alumnos toda una hora tomando notas en el primer día de clases.

SUBRAYE LAS LÍNEAS

Cada vez que comience una actividad en una lección, tendrá la oportunidad de **Subrayar las líneas**: trazar líneas claras y brillantes al principio y al final. Hacer que las actividades comiencen y terminen de manera concisa y clara en lugar de fusionarlas en una mezcla indiferenciada, puede tener un efecto positivo en el ritmo. Los inicios y los finales que son más visibles para los participantes, son más probables de ser percibidos como puntos de referencia y de crear la percepción de que se han hecho múltiples cosas de manera separada. Hace que los puntos de referencia que creó sean más definidos y evidentes. Trazar una línea clara también puede mejorar el ritmo porque el primer y el último minuto de cualquier actividad juegan un papel importante en la determinación de las percepciones que los alumnos tienen de ellas. Comience sus actividades con un inicio claro, y los alumnos percibirán que están llenos de energía y dinamismo.

Sin embargo, un inicio claro no siempre es un inicio rápido. Puede serlo, y de hecho un inicio rápido con frecuencia es divertido y atractivo, y avanzar rápido es una excelente manera de crear la ilusión de velocidad. Pero también puede crear la ilusión de velocidad adaptando el lenguaje que utiliza para presentar una actividad tranquila y reflexiva como: "Tomen un tiempo para responder las preguntas frente a ustedes. Después comenzaremos a comentar la novela", a: "Tomen exactamente tres minutos para responder las preguntas frente a ustedes. Después comenzaremos a comentar la novela". Marcar cada actividad con límites de tiempo definidos hace que parezca más autónoma y aclara su punto final, y emplear incrementos de tiempo extraños (tres minutos en lugar de cinco) deja muy claro a los alumnos el hecho de que el maestro no está divagando en el tiempo con cálculos imprecisos, sino que administra activamente cada minuto. Hasta podría hacer la transición más marcada y más visible dando una señal de inicio, como en: "Tomen tres minutos para responder las preguntas frente a ustedes. Después comenzaremos a analizar la novela. ¿Listos? ¡Vamos!" Ahora la actividad tiene un tiempo de inicio claro y una duración específica. Los alumnos pueden ver que otros saltan a la tarea a la señal, como si estuvieran en la línea de salida de una carrera.

El maestro puede usar una variación de esto conforme los alumnos completan su trabajo: decirles que ya terminaron puede ayudar a subrayar el hecho de manera clara. Por ejemplo, puede adaptar el escenario anterior, diciendo: "Cuando aplauda tres veces, quiero ver las manos de los que quieren compartir su respuesta de la primera pregunta". Los aplausos enfatizan que algo ha terminado y algo más comienza rápidamente. Esta línea se puede marcar de forma individual: "Ya terminaste Tomás. Puedes comenzar la lectura", o en grupos: "Bien hecho quinto grado. Tres pisadas fuertes en dos y vamos al siguiente paso". Finalmente, la expectativa hace que estas transiciones sean especialmente emocionantes. Decirle a Tomás o al quinto grado: "¡Comenzamos!, hace que les invada una sensación de emoción y expectativa.

TODAS LAS MANOS

El maestro también puede crear la ilusión de velocidad cambiando rápidamente e involucrando una amplia selección de participantes utilizando **Todas las manos.** Esto puede ser especialmente útil cuando no puede cambiar actividades en su lección como en *Cambie el ritmo*, que no siempre puede hacer. Digamos que está leyendo y analizando un pasaje extenso durante gran parte del periodo de clase. Hacer que varios alumnos lean segmentos cortos del pasaje y avanzar rápidamente entre ellos podría crear una sensación de velocidad. Cada vez que cambia de participantes, establecerá un punto de referencia. Algo ha cambiado (algo comenzó y terminó) y se crea un poco de suspenso (¿Quién es el siguiente?). Utilizar *Todas las manos* le ayuda a reaccionar e instilar energía de manera rápida y sencilla a un grupo rezagado.

Para maximizar su habilidad para usar *Todas las manos*, pueden ser útiles otras habilidades y técnicas, especialmente *Participación imprevista* (técnica 22), *Pepper game* (técnica 24), "Segmentar" y "Enunciados a medias" de *Proporción* (técnica 17) y *Controle el juego* (capítulo 10). *Participación imprevista* y *Pepper game* le permiten hacer que todos participen, lo que significa que más personas se sentirán parte de la acción. También le permiten llamar a los participantes con más rapidez y con menos pérdida de tiempo. No hay que preguntar a quién le gustaría añadir algo, ni rogar a los chicos que levanten la mano. Solamente dice un nombre y comienza. "Segmentar" le permite dividir una pregunta potencialmente amplia entre más alumnos a incrementos más pequeños y, por consiguiente, más rápidos. Toma una respuesta lenta de un alumno y la convierte en tres respuestas rápidas de tres alumnos en las esquinas lejanas del salón. Los enunciados a medias le permiten involucrar a todos los alumnos rápidamente usando *Llamar y responder* pero a un costo de transacción muy bajo. *Controle el juego* también contribuye al ritmo.

Una barrera para el ritmo es el comentario aburrido y divagante que un alumno hace en el momento incorrecto. El maestro puede utilizar *Todas las manos* para dirigir este desafío acostumbrando a los alumnos para que den respuestas concisas, utilizando una frase positiva de su repertorio como: "¡Alto ahí!" "¡Tiempo!" "¡Pausa!" o "Quieto ahí," por ejemplo, para hacer una interrupción rápida cuando sea adecuado, recordando a los alumnos la pregunta y desviándola hacia otro alumno. Puede hacer un seguimiento con un recordatorio para enfocarse en la pregunta, responder en dos oraciones, o "guardar ese pensamiento para más tarde" si es útil. Si hace esto de manera consistente, los alumnos intuirán las expectativas del ritmo en su salón de clases y responderán de acuerdo con ello.

Una pieza final de *Todas las manos* es administrar las preguntas, peticiones y comentarios que se desvíen de la tarea ("¿Vamos a escribir más tarde en nuestros diarios?") o insisten en un tema que el maestro está listo para concluir ("Quería leer también lo que escribí acerca de Teresa"). Dichas distracciones benévolas pueden plantear una seria amenaza para el ritmo, y aun las manos levantadas para hacer preguntas pueden desperdiciar el tiempo y trastornar la energía y el ritmo de la que, de lo contrario, sería una clase perfecta. Los mejores maestros parecen estar especialmente atentos a esto y utilizan una versión de la parte "No se enganche" de *Voz fuerte* (técnica 38) y al decir a los alumnos: "Ahora no levanten las manos", o algo parecido, cuando el momento no es el adecuado.

CADA MINUTO CUENTA

El tiempo es agua en el desierto, el recurso más preciado de un maestro: hay que cuidarlo, guardarlo y conservarlo. Cada minuto cuenta, a pesar de ello nos arriesgamos a dejar que los minutos se deslicen en una variedad de situaciones. Por ejemplo, los últimos minutos de la clase, algunas veces se desperdician alegremente. Decimos: "No tenemos tiempo para iniciar nada nuevo", o: "Trabajamos mucho, así que les doy estos minutos para que se relajen". Digamos que este tipo de pensamiento aplica solamente para los últimos cuatro minutos de la clase. Eso suma más o menos doce horas y media de "los últimos minutos" durante cada una de las tal vez seis clases en cada año escolar. Si el maestro hace eso todos los días, desperdiciará setenta y cinco horas de enseñanza: varias semanas de escuela.

En su lugar, utilice **Cada minuto cuenta** y recompense a los alumnos por su trabajo duro con un repaso de alta energía de todo lo que han aprendido o con un problema que sea un desafío. Prepare una serie de actividades de aprendizaje breve para que esté listo cuando surja una oportunidad de dos minutos: al final de la clase, en el pasillo, mientras esperan por el autobús. El camino hacia el baño es un momento perfecto para revisar el vocabulario. Al hacer las mochilas al final del día es una gran oportunidad para leer en voz alta a los alumnos un fragmento de una novela inspiradora. No hay mejor manera de hacer que los chicos no se salgan de la actividad mientras se forman para tomar el almuerzo que salpicarlos con problemas de multiplicación y cálculo mental. ¿Van a salir a tomar el autobús para regresar a casa? Pida a cada alumno que piense en un adjetivo para describir el autobús.

Siempre se puede enseñar.

Aproximadamente suman doce horas y media "los últimos minutos" de cada una de las tal vez seis clases en cada año escolar.

Cada pocos meses me vuelvo a inspirar al observar un video corto de Jame y Verilli administrando sus minutos una tarde en la North Star Academy. Esperando con la mayoría de sus alumnos afuera de un salón de clases de historia a que lleguen los últimos, comienza a preguntar las palabras del vocabulario:

- "¿Qué significa estar 'obligado' a hacer algo?"
- "¿Puedes usarla en una oración, Juan?"
- "¿Quién estaría obligado a trabajar la tierra en un pueblo de la Edad Media?"
- "¿Qué estás obligado a hacer ahora?"

Los alumnos están parados en fila en el pasillo afuera de su salón de clases. La clase ni siquiera ha comenzado todavía. No están en el salón de clases, ni durante el tiempo de clase y a Jamey no le importa: hay un aprendizaje que realizar. Mientras tanto sus alumnos están emocionados, sonrientes y felices de participar y demostrar su conocimiento.

CREE EXPECTATIVAS

Aun el suspenso leve crea tensión, emoción y expectación. El maestro puede despertarlo en su salón de clases para hacer que su ritmo se sienta más vibrante utilizando **Cree expectativas.** Si pone una agenda en el pizarrón para una lección o para el transcurso de la mañana, puede hacer que los alumnos comiencen a crear expectativas. Si agrega un nombre pegajoso a algunos de los temas en su agenda, parecen aún más intrigantes. Si llama a uno "actividad misteriosa," puede hacer que la expectación sea aún más intensa. Puede ir más allá refiriéndose a ella ocasionalmente: "Ya casi llegamos. Carlos cree saber de qué se trata pero… oh, no. No tiene idea".

Bob Zimmerli cautivó a un grupo de quinto grado durante una lección sobre el valor posicional escribiendo en el pizarrón un número con doce dígitos y anunciando: "Al final de la clase de hoy, alguien se va a levantar y a leer correctamente este número a la clase. Todos van a poder hacerlo, ¡pero uno de ustedes los va a representar! Vas a venir hasta aquí y nos vas a mostrar cómo. Prepárate. Puedes ser tú". Aquí hay algunas otras formas de referirse al futuro:

- "Más tarde vamos a estar haciendo esto realmente complicado, así que sigan conmigo ahora, aunque parezca fácil [o difícil]."
- "Al final de la clase podrán [o sabrán la verdadera historia detrás de]…"
- "Éste es el primer paso de una habilidad que querrán presumir a todos sus amigos."

Existen maneras más sencillas de crear expectativa. Considere la diferencia en el ejemplo al que nos referimos en *Subraye las líneas* en este capítulo. Mientras que: "Tomen exactamente tres minutos para responder las preguntas frente a ustedes. Después comenzaremos a analizar la novela", es mejor que: "Tomen un tiempo para responder las preguntas frente a ustedes. Después comenzaremos a analizar la novela", ambas son mejores que: "Tomen un tiempo para responder las preguntas frente a ustedes", sin referencia a lo que sigue. Después de escuchar la primera versión, la segunda es casi una súplica por una respuesta a: "¿y después qué?", incluso si solamente es: "y después iremos al siguiente paso".

TRABAJE CON EL RELOJ

Los maestros entrevistados para este libro hablan constantemente acerca del tiempo en sus salones de clases y **Trabajan con el reloj.**

Hacen cuenta regresiva, lo dividen en incrementos muy específicos, anunciando a menudo el tiempo asignado para cada actividad: "Tomen tres minutos para responder las preguntas frente a ustedes". Mezclan cuentas regresivas frecuentes para marcar el ritmo al grupo para completar una tarea y hacer hincapié en la importancia de cada segundo: "Lápices abajo y los ojos en mí en 5-4-3-2-1". La cuenta regresiva da un sentido de urgencia al tiempo de clase, recordando a los alumnos que el tiempo cuenta y apresurándolos al siguiente paso. Lo que es más, una cuenta regresiva les permite reconocer el comportamiento productivo de una manera especialmente efectiva.

Imagine que hace un reconocimiento a dos alumnos, Beatriz y Víctor, porque estuvieron listos exactamente como lo pidió. Si los reconoce a la mitad de una cuenta regresiva (por ejemplo diciendo: "5, 4... ¡Beatriz está lista!... 3, 2, ¡Víctor está sentado y listo para multiplicar!... y 1. Ojos en mí y, ¡comenzamos!"), está llamando la atención al comportamiento que no solamente se logra sino que excede las expectativas. Les dio tiempo a los alumnos hasta que llegó a 1, ¡pero Beatriz estaba lista en el 4! Hizo más que cumplir con los deseos del maestro: puso la vara alta. Con tan sólo hacer cuenta regresiva de los segundos hizo evidente a todos que Beatriz y Víctor estaban listos antes. Sin la cuenta regresiva, llamar la atención sobre los que están preparados ("Veo que Beatriz está lista; Víctor también está listo") lo hace sonar débil, casi como si estuviera suplicando a otros alumnos que cumplan con sus expectativas alabando a unos cuantos alumnos que han cumplido o que por lo menos están cerca. Después de todo no hay manera de decir, sin la cuenta regresiva, si está reforzando la excelencia o la mediocridad.

Finalmente, usar las cuentas regresivas le puede permitir establecer metas continuamente para que la velocidad de su grupo cumpla las expectativas: "Sé que podemos hacer esto en 10, pero pertenecemos a un gran colegio, a la Escuela Hamilton. ¡Veamos si podemos hacerlo en 6!" Ahora el estándar puede ser el constante aumento en el éxito más que el simple cumplimiento. En una lección reciente en la clase de lectura de Patrick Pastore en la Rochester Prep, Patrick comenzó su cuenta regresiva en 10. Cuando llegó a 4, todos sus alumnos estaban listos, por lo que anunció: "Y ya no necesitamos el resto. ¡Comencemos!"

REFLEXIÓN Y PRÁCTICA

1. Revise un plan de clase que es probable que utilice la próxima semana, y si no lo ha hecho aún, asigne el tiempo que cree es probable que tome cada actividad. Ahora que tiene parámetros generales, revise y encuentre cada instrucción que le dará a sus alumnos durante la lección, y asigne una cantidad de tiempo que fijará a cada actividad. Escriba un guión corto para cada una que haga que la cantidad de tiempo disponible sea clara y marque el principio y el fin rápido para subrayar las líneas.
2. Tome el bloque más grande de una sola actividad en su lección (según lo medido en minutos) y trate de dividirlo en dos o tres actividades con el mismo objetivo pero con presentaciones ligeramente diferentes. Por ejemplo, si tiene una sección de problemas para una lección de matemáticas sobre el redondeo, podría dividirla a la mitad, con una línea clara entre los problemas numéricos y escritos. Después podría insertar una breve reflexión sobre lo que es el redondeo y por qué lo haría entre las dos secciones para hacer que parezcan tres.

CAPÍTULO 9

DESAFÍE A LOS ALUMNOS A PENSAR DE MANERA CRÍTICA: OTRAS TÉCNICAS PARA HACER PREGUNTAS Y RESPONDER A LOS ALUMNOS

Las preguntas hechas estratégicamente a los alumnos por los maestros han sido la esencia de la enseñanza mientras han existido maestros y alumnos. Las preguntas efectivas tienden a presentarse en grupos que hacen más grande el todo que la suma de las partes, y hacer preguntas es el arte de darle secuencia a esas preguntas en grupos. Una buena secuencia de preguntas construye el dominio sólido, aun de las ideas complejas, descubriendo y explicando cada pieza integrante de un concepto poco a poco.

Ensamblar secuencias de preguntas, entonces, es como construir escalones. Si cada escalón produce un progreso estable y posible de alcanzar y la estructura de la organización es sólida, la escalera puede guiar a los alumnos hacia arriba a cualquier altura. El proceso de construcción es esencialmente el mismo ya sea que se tengan tres escalones o trescientos. Un objetivo más grande no significa escalones más grandes, sino más de los mismos escalones estables y posibles de alcanzar. Al subir escalones día a día, los alumnos se vuelven buenos para ascender, buenos para desarrollar y desglosar sistemáticamente las ideas nuevas. Pronto suben sin observar sus pies o sin contar sus pasos mientras se mueven hábilmente y con rapidez.

El proceso de construcción es esencialmente el mismo ya sea que se tengan tres escalones o trescientos. Un objetivo más grande no significa escalones más grandes, sino más de los mismos escalones estables y posibles de alcanzar.

Aunque el objetivo detrás de la secuencia de preguntas generalmente es una constante, hacer preguntas puede servir a por lo menos cinco propósitos diferentes en los salones de clases efectivos.

- *Para guiar a los alumnos hacia la comprensión cuando se presenta contenido nuevo.* El propósito es construir metódicamente el conocimiento y el dominio de una habilidad o concepto (el objetivo) planeado previamente, con frecuencia construyendo gradualmente sobre una idea más simple y anticipando los lugares en donde los alumnos se confundirán. *Ejemplo*: "Sabemos que podemos sumar fracciones cuando tienen el mismo denominador, que $\frac{1}{3}$ más $\frac{1}{3}$ es igual a $\frac{2}{3}$, pero, ¿qué pasa cuando los denominadores no son iguales? ¿$\frac{1}{3}$ mas $\frac{1}{2}$ podría ser igual a $\frac{2}{5}$? ¿Esto es posible? Veamos nuestra respuesta: ¿2 es más o menos que la mitad de 5? Menos. Así que, ¿$\frac{2}{5}$ es más o menos que $\frac{1}{2}$? ¿Menos? Pero no podemos sumar algo como $\frac{1}{3}$ a $\frac{1}{2}$ y obtener una respuesta que es *menor* que $\frac{1}{2}$. Entonces debemos tener un problema: no podemos sumar solamente los numeradores y los denominadores".

- *Presionar a los alumnos para pensar más* (aumentar la *Proporción*, técnica 17). El propósito es que los alumnos reconozcan profunda y totalmente la información que se les presentó previamente y comienzan a dominar, obligándolos a hacer la mayor parte del trabajo. Es más probable que esta segunda forma de preguntas suceda durante el "Nosotros" o la parte de la práctica guiada en una lección, mientras que la primera forma es más probable que ocurra durante la parte "Yo" de la lección. (Vea también *Proporción*.) *Ejemplo*: "Así que si estoy sumando ½ y ⅓, ¿qué es lo primero que tengo que hacer, Karina? ¿Y cómo encuentro el mínimo común denominador? ¿Esa respuesta está completa, Jaime? ¿Captura todo lo que necesito hacer? ¿Qué falta? Bien, así que ahora que ya sabemos qué hacer, ¿cuál es el común denominador más bajo en este problema? Muy bien, entonces: ¿Qué hago ahora Max?"

- *Remediar un error*. El maestro contesta a una respuesta incorrecta (evidencia del dominio incompleto del concepto por parte del alumno) desglosando el concepto original en partes integrantes más pequeñas y añadiendo claridad a través de más preguntas para construir el camino hacia el dominio del concepto original. Éstas tienden a ser unas secuencias de preguntas reactivas más cortas. (Vea *Desglose*, técnica 16.) *Ejemplo*: "Recuerden que el MCD es un número que se puede dividir entre ambos denominadores. Dijeron que el MCD era 5. ¿Cuántas veces cabe el 3 en el 5?"

- *Exigirles a los alumnos*. El maestro responde a un alumno que parece demostrar el dominio de un concepto (respondió una o varias preguntas correctamente) presionándolo para que aplique el concepto usando una habilidad de más alto nivel o en un nuevo contexto, con frecuencia para probar la fiabilidad de la respuesta correcta. Éstas también tienden a ser unas secuencias de preguntas reactivas más cortas. (Vea *Extiéndalo*, técnica 3.) *Ejemplo*: "Buen trabajo al sumar ½ más ⅓, Marco. Dime, ¿cuál sería tu MCD si quisieras sumar ½ más ⅐?"

- *Verificar la comprensión*. El maestro utiliza la secuencia de preguntas para probar el nivel de dominio, haciendo un muestreo entre una selección estratégica de alumnos para distinguir cuánto de lo que ha enseñado han aprendido los alumnos. (Vea *Verifique que le entienden*, técnica 18.) *Ejemplo*: "Bien, antes de que continuemos, ¡vamos a ver quién lo entendió! Alberto, para obtener mi MCD, simplemente sumo los dos denominadores, ¿correcto?"

La secuencia de preguntas puede perseguir más de uno de estos propósitos a la vez. Por ejemplo, un maestro podría tratar tanto de exigir a los alumnos como de verificar la comprensión al mismo tiempo pidiendo a un alumno que respondió correctamente que explique el proceso de solución.

Hacer preguntas es una habilidad compleja y multifacética que afecta casi todas las partes de la enseñanza. Muchos de sus elementos más importantes se cubren en diferentes partes de este libro. Por ejemplo, hacer preguntas es parte de *Extiéndalo* (presionar a los alumnos cuando han respondido correctamente), *Proporción* (aumentar la cantidad de trabajo cognitivo que hacen los alumnos), *Desglose* (responder a los errores del alumno) y *Verifique que le entienden* (probar el dominio estratégicamente). Además de esos aspectos de la forma de preguntar, existen algunas reglas de oro generales para diseñar la secuencia de preguntas efectiva, sin importar su propósito.

UNA A LA VEZ

> *Disciplinarse para utilizar la técnica* Una a la vez, *sobre todo cuando el maestro está más comprometido y entusiasmado, ayuda a centrar a los alumnos en el desarrollo de una idea a la vez y lo enfoca en hacer una secuencia de preguntas con un objetivo o propósito específico en mente.*

Dado que las preguntas con frecuencia vienen en secuencias, es fácil pasar por alto una regla de oro sencilla pero de gran importancia: haga una pregunta a la vez. Irónicamente, los maestros son quienes están en mayor riesgo de hacer más de una pregunta a los alumnos cuando se emocionan acerca de lo que están enseñando y cuando el contenido los incita a seguir adelante demasiado rápido. Disciplinarse para utilizar la técnica **Una a la vez,** sobre todo cuando el maestro está más comprometido y entusiasmado, ayuda a centrar a los alumnos en el desarrollo de una idea a la vez y lo enfoca en hacer una secuencia de preguntas con un objetivo o propósito específico en mente, no solamente un deseo generalizado para desencadenar una discusión (cualquiera).

Piense en una maestra que lee *La Sra. Frisby y las ratas de NIMH* con sus alumnos de quinto grado. Podría preguntar algo como: "Juan, ¿en qué se diferencia la casa de las ratas de la casa de la Sra. Frisby, y en cuál crees que ella preferiría vivir?" Esta pregunta realmente son dos, cada una con un propósito diferente: una le pide a Juan que compare y contraste detalles específicos, y la otra le pide que deduzca un punto de vista del personaje acerca de un hecho. A menos que la maestra sea disciplinada para atender ambas preguntas y asegurarse de que cada una se responda, Juan probablemente elegirá (tal vez arbitrariamente) cuál de las dos preguntas responder, y la otra sería abandonada para nunca responderla, sugiriendo sutil pero persistentemente a los alumnos que las preguntas de la maestra no son especialmente importantes o planeadas. El mensaje no es: "Tengo algo específico y excepcionalmente importante de lo que quiero que hablen", sino: "Solamente quiero que hablen sobre el libro; cualquiera de una variedad de temas va a ser igual".

De hecho, si Juan es astuto, su elección de cuál pregunta responder no será arbitraria: elegirá ya sea la que es más fácil para él o la que más desea responder, no necesariamente la que para él sería mejor responder. Esta pregunta doble esencialmente deja a la casualidad una decisión de aprendizaje de importancia fundamental: cuál es la pregunta que estamos respondiendo. Comparar, contrastar y deducir la perspectiva de un personaje es de suma importancia, pero son diferentes habilidades de comprensión de lectura, y tiene sentido que el maestro tome una decisión intencional deliberada acerca de cuál es la pregunta más productiva para hacer a Juan en ese momento más que dejarle a él que tome una decisión espontánea para elegir.

Además, ya que la maestra no sabe cuál pregunta atraerá a Juan, inmediatamente se ve atorada en su planeación. No puede preparar (en su mente o, mejor, como parte de su plan de clase previo) una serie de preguntas de seguimiento para hacer evidente a los alumnos cómo se refleja el personaje de la Sra. Frisby en su preferencia por su propia y sencilla morada porque no tiene el control para saber si este tema será parte del debate. Y aun si es disciplinada acerca de pedirle a Juan que responda ambas preguntas, podrá planear un seguimiento solamente para una o para la otra. Así, al final, una de sus preguntas tiene una alta probabilidad de ser desechada sin merecerlo.

Una razón por la que muchos maestros podrían inclinarse a hacer más de una pregunta a la vez, es que es fácil modelar de manera inconsciente las técnicas de entrevista que se ven en los medios de comunicación populares. Aunque igualmente conducidas por preguntas, las entrevistas tienen el propósito de informar y entretener, no enseñar, que es muy diferente. El entrevistador espera generar una sucesión de declaraciones interesantes, reveladoras o escandalosas en un individuo. Intentar varias preguntas para ver cuál provoca la respuesta más interesante es una estrategia efectiva, por lo que los entrevistadores pueden hacer varias preguntas a la vez, esperando provocar una respuesta vibrante. En una secuencia de preguntas académicas, ofrecer un menú de preguntas es más probable que cause confusión o ineficiencia. No está claro cuál pregunta responder, es fácil saltarse las difíciles, y más difícil aún sostener una conversación acerca de un tema específico y enfocado. En breve, las ramificaciones de esta regla trivial son de largo alcance. Afortunadamente la solución es sencilla: haga una pregunta a la vez.

DE LO SIMPLE A LO COMPLEJO

Resulta efectivo hacer preguntas que van **De lo simple a lo complejo.** Como un buen plan de clase, las preguntas efectivas inicialmente atraen el pensamiento de los alumnos hacia un tema en formas concretas y bien delimitadas, y después los impulsan a pensar de manera más profunda y amplia. En el proceso de responder preguntas más limitadas y más enfocadas, los alumnos comienzan a activar su memoria de hechos y detalles relevantes para apoyar sus opiniones. Tienen tiempo para desarrollar y reflexionar acerca de las ideas, convirtiéndolas en puntos de vista antes de que se les pida que las compartan en público. Como resultado, probablemente responderán a preguntas más amplias y profundas de manera más objetiva, más perspicaz y tras observar su éxito en las preguntas iniciales, más confiadamente y con buena disposición para tomar mayores riesgos. En una secuencia típica acerca de una novela o un periodo histórico, por ejemplo, el maestro podría hacer algunas preguntas basadas en los hechos para asegurarse de que sus alumnos entendieron los hechos y los detalles de lo que sucedió. Esto podría estar organizado de lo más sencillo a lo más difícil. Después podría comenzar a hacer preguntas para pedir a los alumnos que evalúen y ordenen la información: ¿Cuál fue el suceso más importante en la historia? ¿Qué aprendimos que nos ayudó a comprender más al personaje principal? ¿Cuáles fueron los sucesos más importantes en el periodo histórico y qué nos dicen acerca de los valores de las personas en esa época? Después de eso puede continuar con algunas preguntas que hagan que los alumnos apliquen sus ideas más ampliamente. ¿Cómo compararías o contrastarías el comportamiento del personaje principal en este capítulo con su comportamiento en otro punto de la novela? ¿Cuáles son las lecciones más importantes de este periodo en la historia que aún son relevantes hoy en día?

Mientras que este último grupo de preguntas es discutiblemente más interesante, tendrán menos valor si el maestro salta directamente a ellas sin establecer y reafirmar tanto una base de hechos como los bloques de construcción lógicos desde los cuales los alumnos puedan dirigir su pensamiento más profundo.

PALABRA POR PALABRA (NO DAR GATO POR LIEBRE)

Algunos maestros sin querer dan gato por liebre a sus alumnos, cambiando la pregunta después de que un alumno ha levantado la mano y comenzó a formular una respuesta.

La mayoría de los maestros hacen una pregunta, esperan a que se levanten las manos y después le piden a un alumno que responda. Sin embargo, antes de que responda el alumno elegido, frecuentemente replantean la pregunta. Con frecuencia es útil hacer esto y ocasionalmente es de importancia fundamental, especialmente cuando se hace una pregunta difícil. Sin embargo, al repetir la pregunta, es importante recordar hacer la misma pregunta **Palabra por palabra.** Algunos maestros sin querer dan gato por liebre a sus alumnos, cambiando la pregunta después de que un alumno ha levantado la mano y comenzó a formular una respuesta. Esto parece inofensivo pero puede tener varias consecuencias negativas. Primero, al alumno con la mano levantada ahora se le pide que responda en voz alta a una pregunta que es diferente de lo que él ofreció tratar. No está preparado, y es probable que la calidad de la respuesta sea inferior. Hasta un cambio leve en la sintaxis puede forzar a un alumno a revisar la sintaxis de la respuesta que ha estado preparando, confundiéndolo o distrayéndolo exactamente en el momento en el que entra en escena. Si le pide a sus alumnos que tomen el riesgo de responder preguntas acerca de las cuales se sienten menos de 100 por ciento seguros (y debería pedirles que tomaran ese riesgo), merecen saber cuál será la pregunta, tener tiempo para considerar su respuesta y responder la pregunta que ellos creen que responderán. En muchos casos los alumnos se quedan perplejos, en silencio, por un cambio en la pregunta que podría parecer insignificante para el maestro; por ejemplo, un cambio de: "¿Por qué crees que el autor escribió este artículo?", a: "¿Cuál es el propósito de este artículo?"

Si sus preguntas importan, quiere que sus alumnos las escuchen, las consideren y participen basándose en la reflexión profunda. Facilíteles las cosas manteniendo la pregunta constante.

CLARO Y CONCISO

Con demasiada frecuencia el problema con una respuesta incorrecta no tiene que ver con la respuesta sino con la pregunta. Parece obvio señalar que los alumnos deberían saber qué les está preguntando el maestro si quiere que tengan la oportunidad de responder correctamente. A continuación se presentan cinco formas de utilizar la técnica **Claro y conciso** para mejorar la claridad de sus preguntas:

- *Comience con una palabra interrogativa.* Cuando comienza una oración con *quién*, *cuándo*, *qué*, *dónde*, *por qué* o *cómo*, sus alumnos instantáneamente saben que es una pregunta y pueden comenzar a pensar en la respuesta. También aumenta la probabilidad de que el tipo de respuesta que desea será clara. Preguntar: "¿Puedes añadir algo a eso?", proporciona poca guía; es poco probable que produzca el tipo de respuesta que quiere y que proporcione a los alumnos la oportunidad de preparar una respuesta de la que se sientan confiados. Las oraciones que comienzan con *Es/Está* también están bien, aunque con frecuencia producen respuestas de sí o no, respuestas cortas que son difíciles de seguir y que generalmente no generan grandes debates.

- *Limítelas a dos cláusulas.* Hacer preguntas con oraciones adornadas que suenan como si vinieran de un texto barroco puede funcionar para los profesores de universidad, pero con frecuencia confunde a los alumnos más jóvenes. Elabore sus preguntas precisas y demandantes, pero la mayor parte del tiempo limítelas a dos cláusulas de manera que los alumnos tengan claro lo que les está preguntando.

- *Escríbalas por adelantado cuando importen.* La mejor manera de plantear exactamente preguntas correctas es anotarlas por adelantado como parte del proceso de planeación de clase; escriba ambas, la pregunta inicial y su respuesta, si los alumnos no pueden responder como esperaba. Éste es tal vez el factor para una mejor enseñanza que la mayoría de los maestros ignoran categóricamente.

- *Haga una pregunta real.* Digamos: "¿Por qué Esteban no piensa así?", más que una afirmación como: "Pero Esteban no piensa así". Si hace esta última, los alumnos tienen derecho a estar confundidos. ¿Les está haciendo una pregunta?

- *Asuma la respuesta.* Pregunte: "¿Quién me puede decir…?", no: "¿Alguien me puede decir…?" La primera asume que alguien puede responder, y un alumno piensa: "¿Quién puede? ¡Yo puedo!" "Alguien puede" expresa duda de que alguien lo hará, y la duda hace que los alumnos tengan menos probabilidad de asumir que alguien como ellos pudiera levantar la mano.

REPERTORIO DE PREGUNTAS

Recientemente mostré un video de una de las mejores "preguntadoras" que conozco, Jaimie Brillante, a un grupo de maestros. En el video, las preguntas de Brillante llegan en ráfaga a los alumnos:

"¿Ésa es una frase mal construida?"
"Creo que sí."
"Bien, ¿cómo lo sabrías?"
"Habría dos sujetos y dos predicados."
"Si quisiera probarlo, ¿cuál de ésos comenzaría a buscar primero?"
"El predicado."
"¿Y puedes encontrar un predicado?"
"¿Es *propietario*?"
"¿Por qué *propietario* no puede ser un predicado?"
"No es un verbo."
"Bueno, eso *podría* explicarlo. ¿Qué parte de la oración es *propietario*?" [No hay respuesta.]
"Bueno, piensen en otras palabras con *–ario*: *actuario*, *notario*, *secretario*. ¿Qué son ésos?"
"Todos son gente. Todos son sustantivos."

"¿Y un *propietario* parece lo mismo?"
"Sí."
"¿Entonces el predicado debe tener qué?"
"Un verbo."

En la lección de Brillante, los alumnos trabajan mucho y rápido, reciben un entrenamiento intelectual serio demostrando conocimiento y corrigiendo los errores. Observar a Brillante en acción es intimidante para un maestro. ¿Cómo podemos esperar el resto de nosotros pensar así, plantear secuencias inteligentes de preguntas claras una y otra vez mientras damos una clase?

Después le pregunté a Brillante cuál era su secreto para las secuencias de preguntas. Contestó: "Algo importante es que no hago mis preguntas sobre la marcha. Hago diferentes versiones de las mismas pocas preguntas una y otra vez. Los he instruido para que sepan que es más fácil encontrar el predicado que encontrar el sujeto. Así que siempre les pregunto, cuando están evaluando una oración completa o una oración mal hecha: '¿deberíamos intentar encontrar primero el predicado o el sujeto?', y saben que necesitan encontrar primero el predicado porque los verbos son más fáciles de encontrar. Trato de tener un enfoque lógico a los problemas típicos y después seguir ese enfoque una y otra vez. Parece como si estuviera pensando en cinco preguntas rápidas para hacerlas una detrás de la otra, pero en realidad estoy tomando la decisión de hacer una *secuencia* de preguntas una detrás de la otra".

En resumen, la secuencia de preguntas de Brillante se basa en el tema y la variación: secuencias de preguntas parecidas aplicadas una y otra vez en diferentes contextos. Obviamente este **Repertorio de preguntas** no puede tener lugar en todos los casos ni con todo el contenido, pero está tomando mucho menos decisiones de lo que parece. No está decidiendo sobre cinco preguntas, sino sobre una secuencia de preguntas con cinco partes bastante predecibles. Esto reduce las exigencias intelectuales de la secuencia de preguntas en grandes proporciones y hace que su ejecución sea práctica.

TASA DE ACIERTOS

Un último aspecto de la secuencia de preguntas que se debe atender es la **Tasa de aciertos:** la tasa a la que los alumnos responden correctamente a las preguntas del maestro (o adecuada y meticulosamente, en el caso de las preguntas en donde no existe una respuesta correcta firme). Si su tasa de aciertos es de 100 por ciento, no necesariamente es algo bueno a menos que haya cubierto un resumen. O, dicho de otro modo, es bueno si su tasa de aciertos comienza en 100 por ciento, pero no debería permanecer así por mucho tiempo: cuando los chicos tienen todo correcto, es momento de hacer preguntas más difíciles. Elaborar preguntas más difíciles conforme su tasa de aciertos se acerca al 100 por ciento, le permite probar el conocimiento del alumno en toda su extensión y conservar el rigor adecuado. De igual modo, una tasa de aciertos más baja que dos de cada tres muestra que tiene un problema ya sea con la forma en la que presentó el contenido que enseñó o cómo se apegan sus preguntas a ese contenido. Sus chicos no están demostrando su dominio, un resultado que debería hacerlo pensar.

CÓMO REFORZAR UNA SECUENCIA DE PREGUNTAS EFECTIVA

Una variedad de técnicas discutidas en otras partes de este libro también son de suma importancia para una secuencia de preguntas efectiva. A continuación se presenta un breve análisis de algunas de ellas.

Desglose

La capacidad para desglosar las ideas o las preguntas que confunden a los alumnos en preguntas más pequeñas o sencillas, podría decirse que es la habilidad fundamental para hacer preguntas. Con demasiada frecuencia los maestros responden al proceso completamente normal y útil del alumno que responde de manera incorrecta en una de tres formas poco eficientes: repiten la misma pregunta, le dicen al alumno la respuesta o piden a otro alumno que responda, y no regresan al alumno inicial. Cuando un alumno fracasa en responder correctamente, la mejor estrategia es el *Desglose* (técnica 16). Ayuda al maestro a comprender qué parte de la pregunta planteó una dificultad y hace que los alumnos recurran a y desarrollen el conocimiento que sí tienen. En el capítulo 2 se discuten una variedad de las estrategias de *Desglose*.

Sin opción de salida

Una técnica relacionada, discutida en el capítulo 1, es *Sin opción de salida* (técnica 1). En algunas de sus variaciones, el maestro regresa a una alumna que no pudo responder a la pregunta inicial, pidiéndole que repita la respuesta correcta dada por otro alumno o que utilice la información adicional proporcionada por otro alumno para resolver el problema ella misma. Las preguntas para *Sin opción de salida* podrían incluir: "¿Quién le puede decir a Carla el primer paso que necesita hacer para resolver esto?" "¿Quién le puede decir a Carla en dónde puede encontrar la respuesta?", o: "¿Quién le puede decir a Carla qué queremos decir con [un concepto o término problemático]?"

Lo correcto es lo correcto y Extiéndalo

Si *Desglose* y *Sin opción de salida* son útiles para remediar las respuestas incorrectas de los alumnos, la técnica *Lo correcto es lo correcto* (técnica 2) le añade dos piezas a la imagen. La parte de la técnica "Correcto hasta el final" es útil para llevar a los alumnos que casi dan las respuestas correctas hasta el final: "Creo que has descrito exactamente cómo actúa en público el personaje principal, pero, ¿hay algo más que decir de cómo actúa en privado?" La parte de la técnica de "Responde mi pregunta", es útil cuando los alumnos responden otra pregunta que el maestro no hizo, un problema mucho más común de lo que la gente sospecha.

La técnica *Extiéndalo* (técnica 3), por el contrario, mejora sus preguntas recordándole que el proceso de aprendizaje no termina con una respuesta correcta. Presionar a los alumnos con una variedad de preguntas de seguimiento es una de las maneras más valiosas de aumentar el rigor en su salón de clases.

Proporción

Varios aspectos de *Proporción* (técnica 17) también son útiles para hacer preguntas. Segmentar es el proceso de tomar una pregunta larga con múltiples partes y dividirla en una serie de preguntas más pequeñas que son distribuidas rápidamente a los diferentes miembros de la clase, utilizando generalmente *Participación imprevista* (técnica 22). Por ejemplo, en lugar de preguntarle a un alumno cuáles son las tres dimensiones de volumen, el maestro podría dividir la pregunta diciendo: "¿Cuántas dimensiones de volumen existen, Tania? Bien, ¿cuál es una de esas dimensiones, Pablo? ¿Cuál es otra, Carlos? ¿Y la última, Jimena? Bien. ¿Y qué número utilizamos para pi, la última dimensión, Paula?" Esta técnica tiene el efecto de incrementar el ritmo de la lección y hacer participar a más alumnos. También obliga a los alumnos a escuchar con cuidado las respuestas de sus compañeros y a hacer los ajustes correspondientes. Carlos no puede ofrecer longitud como respuesta si Pablo la dice primero.

Un segundo aspecto de *Proporción* que es especialmente útil en la secuencia de preguntas es fingir ignorancia, es decir, pretender que no se sabe la respuesta o cometer un error y hacer así que los alumnos lo corrijan y expliquen el error.

Participación imprevista

Participación imprevista es especialmente útil en situaciones por encima y más allá de Segmentar. Es la manera más rápida y efectiva de hacer a los alumnos responsables de permanecer involucrados en su secuencia de preguntas, mantener el ritmo rápido y riguroso de sus preguntas, y asegurarse de su capacidad para usar las preguntas a fin de verificar que le entienden. Asegura su habilidad para dirigir cualquier pregunta al alumno que más quiere que la responda en cualquier momento.

REFLEXIÓN Y PRÁCTICA

1. Entreviste a alguien en un evento social y practique haciendo a esa persona una pregunta clara a la vez. ¿Qué hizo que la tarea fuera fácil o difícil? ¿Qué puede aprender que pueda aplicar a su enseñanza?

PARTE

Ayude a los alumnos a sacar el mayor provecho de la lectura: habilidades y técnicas fundamentales

CAPÍTULO 10

CÓMO TODOS LOS MAESTROS PUEDEN (Y DEBEN) SER MAESTROS DE LECTURA

Leer es *la* habilidad. Enseñar a los alumnos a descifrar el significado completo de los textos que leen es el resultado más poderoso que un profesor puede promover. Si sus alumnos pueden leer bien, básicamente pueden hacer todo. He incluido en el libro este capítulo sobre la lectura para ayudar a *todos* los maestros, no solamente en ciertas clases, sino en toda la escuela en todos los salones, a usar los métodos de los maestros de lectura campeones para estructurar la lectura en sus salones de clases y asegurar que los alumnos realicen mucha lectura, y en formas que maximicen la productividad. Si enseña, sin importar la materia, tiene la oportunidad y la obligación de asegurar que sus alumnos lean más (y mejor). Esta oportunidad tandrá como resultado que estén más informados, en lo que se refiere al tema de su enseñanza, y que asimilen y analicen la información de manera más efectiva en el futuro (mejores lectores). Es una inversión doble que brinda resultados tanto a corto como a largo plazo.

Tengo un amigo cuyo padre continuamente le hacía hincapié en el poder de la lectura cuando estaba creciendo. Para probarlo, sacó a mi amigo de la escuela durante varios meses, le compró una serie de libros sobre construcción, a pesar de que previamente había sido sólo moderadamente hábil, y procedió, junto con mi amigo, a construir una casa desde los cimientos hasta las tejas. Mi amigo recuerda que se sentaba sobre las vigas al ponerse el sol, él y su padre leían en voz alta con gran intensidad sobre plomería, entramado o cableado, trabajando algunas veces tres o cuatro veces en los complejos textos.

Sin embargo, las escuelas enseñan lectura cada vez más en un sentido más específico y limitado, como un simple sustantivo: una materia específica para el estudio intencional. Capacitamos a nuestros maestros de lengua y literatura para enseñar una materia llamada Lectura. Ciertamente hay un gran valor en pensar en la lectura esencialmente como una materia, particularmente a nivel primaria en donde la fonética ha revolucionado (o debería haberlo hecho) la eficacia de la enseñanza temprana de la lecto-escritura y donde la educación especializada es una palanca clave para crear un gusto duradero por la lectura entre los alumnos. Pero el valor de la lectura también está en su estatus como verbo, es decir, el hecho de que los alumnos estén leyendo frecuente y extensivamente como un objetivo clave en la educación. Los programas de lectura y las clases de lengua fracasan en muchas escuelas no solamente en incluir la lectura propiamente dicha (en el sentido de verbo), sino también desperdician las oportunidades para leer con más eficacia, en todos los rincones del edificio. Más aún, las escuelas tienen menos probabilidades de formar a los profesores para saber cómo sacar provecho de ellas. Sin embargo, el valor global de la lectura de alta calidad adicional que el maestro podría hacer en un día típico de escuela, podría igualar o posiblemente exceder el valor de lo que sucede en las clases sólo de lectura. Cuando se detiene a considerar cuánta lectura de alta calidad pueden hacer los alumnos fuera de la clase de lectura, el potencial sin explotar es enorme, pero por ahora la mayoría de los alumnos simplemente no leen mucho.

Imagine cuatro de los intelectos más perdurables que han trabajado y escrito en el idioma inglés: Abraham Lincoln, Fredrick Douglass, Jane Austen y Charles Dickens. Todos ellos fueron educados de manera parecida, pero tal vez no como usted lo pensaría. Cada uno recibió poca o ninguna educación formal. Esencialmente autodidactas en una época cuando la educación autodidacta significaba leer, se colocaron en la cima gracias a las habilidades y el conocimiento que su lectura privada les enseñó.

No estoy sugiriendo que su educación es un modelo de lo que debería ser la educación. Aun así, nos recuerdan la capacidad casi ilimitada de la lectura diligente para enseñar. Para estas cuatro personas excepcionales y para muchas otras, la "simple" lectura fue suficiente para fomentar y desarrollar genios únicos. Y en cuanto al resto de nosotros, todos somos autodidactas, en un grado u otro, gracias a la lectura que hemos hecho.

Repasando en mi mente las ideas extraídas de mi lectura privada, sé que ésta me ha formado tanto como lo ha hecho mi educación. Somos lo que hemos leído y cómo lo hemos leído, y ninguna otra actividad tiene la capacidad para producir tanto valor educativo. Sin embargo, en realidad los alumnos en muchas escuelas dedican muy poco tiempo a la lectura. Probablemente leen menos de una hora al día. Aún en sus clases de lectura o literatura, son tan propensos a hablar de la lectura o responder a lo que pueden (o no) haber leído, como lo son para leer en realidad. Para su tesis, una colega siguió a sus alumnos durante un día en las escuelas públicas de la ciudad de Nueva York y encontró que leen un promedio de diez minutos al día. Peor aún, 40 por ciento de ellos no leen nada.

Somos lo que hemos leído y cómo lo hemos leído, y ninguna otra actividad tiene la capacidad para producir tanto valor educativo. Sin embargo, en realidad los alumnos en muchas escuelas dedican muy poco tiempo a la lectura. Probablemente leen menos de una hora al día.

Hacer la "simple lectura" altamente productiva y efectiva en su salón de clases es una habilidad de suma importancia independientemente de la materia o el nivel que enseñe, y este capítulo explica cómo lo puede hacer, tanto de manera práctica (cómo puede asegurar que los niños de su clase estén leyendo junto con el alumno que está leyendo en voz alta) como pedagógica (cómo y cuándo debería hacer qué tipo de preguntas). También contiene una guía especialmente útil para los maestros de lengua y literatura cuya meta es utilizar las técnicas como "estrategias" para hacer a los alumnos "lectores" más allá de su dominio de cualquier texto específico.

Aunque he intentado proporcionar una guía para ambos, maestros en general y especialistas, subrayo dos suposiciones esenciales en este capítulo: todos en una escuela deben ser maestros de lectura y las técnicas de los generalistas pueden ser las más productivas para su estudio por los especialistas. En muchos casos, están altamente capacitados en las sutiles artes de la interpretación y el análisis textual, pero dejan el valor sobre la mesa debido a la falta de aptitud. En otras palabras, pueden caer en la trampa que enfrentan muchos otros especialistas (por ejemplo cardiocirujanos y analistas de datos): perder de vista lo básico. El punto en este capítulo es traer eso que es básico al centro de atención. Como me dijo un excelente maestro: "Soy un maestro certificado en inglés y bastante bueno para enseñar a los niños a interpretar lo que leemos, pero no sé lo que hay que hacer cuando un chico no puede leer una palabra".

Los capítulos en la Parte Dos ofrecen enfoques para ayudar a todos los alumnos a mejorar su lectura. Cubren un grupo de habilidades que son obvias para algunos profesionales pero donde el enfoque adoptado por los mejores maestros ofrece una guía que es de vital importancia para todos:

- Decodificación: el proceso de descifrar el texto escrito para identificar las palabras habladas que representa.
- Fluidez en la lectura: consta de automaticidad, la habilidad para leer a una velocidad rápida, y con expresión, la habilidad para agrupar las palabras en frases que reflejen un significado y tono.
- Vocabulario: la base del alumno del conocimiento de las palabras: cuántas palabras sabe y qué tan bien las sabe.
- Comprensión: cuánto comprende el alumno de lo que está escrito.

La comprensión se sitúa en una posición extraña dentro de esta lista ya que requiere tanto de un grupo de técnicas propias como también del dominio de las otras tres: enseñe fluidez en la lectura, decodificación y vocabulario con el propósito de asegurar una comprensión sólida. Sin embargo, cuando la comprensión no funciona, puede ser que los alumnos no puedan hacer ciertas deducciones o distinguir los detalles triviales de los importantes, pero es igual de probable que el problema sea que no pueden leer el texto con suficiente fluidez y automaticidad para poder utilizar su capacidad de procesamiento y comprender las sutilezas. Pueden estar utilizando tanto del ancho de banda de su capacidad mental simplemente procesando las palabras, que no pueden recordar el principio del párrafo (o de la oración), para cuando llegan al final. Y es importante recordar que todos los alumnos enfrentan este reto. En el primer año de mis estudios de posgrado en literatura inglesa, la mayoría estábamos tan ocupados intentando entender la jerga del campo y la impenetrable sintaxis de la escritura académica, que nuestra comprensión decaía de modo deplorable, no porque no pudiéramos aprovechar las ideas, sino porque la redacción planteaba obstáculos para la fluidez, la decodificación y el vocabulario. Y la redacción puede plantear dichas barreras a cualquier lector, sin importar quién, y a menudo de manera deliberada (las novelas de William Faulkner y Gabriel García Márquez son buenos ejemplos).

La información en la Parte Dos se enfoca ampliamente en hacer la lectura más efectiva y rigurosa en cualquier salón de clases y para cualquier propósito, ya sea que esté leyendo "Los tres ositos", Platón, el capítulo siete de *Célula: los bloques de construcción de la vida,* las instrucciones de un problema de matemáticas o una descripción del Discurso de Gettysburg. La guía aquí se aplica de igual manera a los maestros de lectura como de una materia específica. Sin embargo, ya que el arte de enseñar comprensión de lectura como una habilidad intercambiable que los alumnos aprenden a dominar y aplicar en cualquier situación futura es también el terreno desafiante y lleno de matices de los especialistas (los maestros de lectura), la Parte Dos también contiene una guía específica para esos maestros. El último capítulo sobre comprensión también contiene un debate de los aspectos de la lectura que son específicamente más (pero no exclusivamente) relevantes para lengua y literatura o los salones de lectura. En esta sección en particular discuto las estrategias de lectura que muchos maestros de lectura utilizan actualmente.

HAGA LA ENSEÑANZA DE LA LECTURA PRODUCTIVA Y RESPONSABLE: CONTROLE EL JUEGO

Entonces, ¿cómo integran los maestros ocupados la enseñanza de la lectura en sus salones de clases en una forma que sea productiva y mantenga la responsabilidad de los alumnos? Este desafío involucra una serie de habilidades que con frecuencia se pasan por alto pero son de suma importancia. Yo les llamo a estas habilidades: *Controle el juego.*

Imagine, por un momento, una escuela hipotética. Esta escuela valora la lectura por sobre todos los otros proyectos, a un grado exagerado. En sus clases de lectura, proporciona una enseñanza directa e intencional sobre lectura: fonética y comprensión en los primeros niveles, enfoque intencional en los términos y conceptos esenciales como caracterización y tema en los niveles intermedios, introducción a la literatura de preparación universitaria en los niveles superiores, y vocabulario en todos los niveles. Recientemente se decidió asegurar que todos sus alumnos pasen casi todo su tiempo leyendo en la escuela. En las clases de ciencias, leen capítulos de artículos y libros de texto. En las clases de historia, leen material de fuentes primarias y secundarias, con frecuencia durante todo el periodo de la clase. Sí escriben, pero generalmente son resúmenes y análisis de lo que han leído. En matemáticas, complementan sus conjuntos de problemas con lectura, y los conceptos nuevos con frecuencia se presentan en cortos textos descriptivos. Imagine también que los maestros en la escuela pueden asegurar de manera consistente que cuando les piden a los alumnos que lean, en realidad leen y leen de manera efectiva y con atención. Como resultado, los alumnos en la escuela leen durante seis o siete horas al día, más la tarea.

> *Si pudiera asegurar que la lectura fuera de una calidad razonable, ¿podría la lectura durante seis o siete horas diarias, 190 días al año, lograr mejores resultados de los que muchas escuelas promueven hoy?*

Ofrezco este prospecto como un modelo hipotético, no como una propuesta para los programas de educación real. Mi objetivo no es decir que podría ser un modelo de escuela viable, sino hacer que se reflexione en cuáles serían los resultados de una escuela así. Si pudiera asegurar que la lectura fuera de una calidad razonable, ¿podría la lectura durante seis o siete horas diarias, 190 días al año, lograr mejores resultados de los que muchas escuelas promueven hoy? Obviamente no hay una manera de responder esta pregunta. El hecho es que la respuesta podría ser un sí convincente y que la pregunta ("si pudiéramos asegurar que los alumnos leyeran bien, ¿sería mejor leer?) debería estar en nuestra mente como maestros. Si una maestra puede asegurar que se puede confiar en que sus alumnos leen bien, siempre podrá, en cualquier momento y durante mucho tiempo, asegurar que una actividad de alto valor, la habilidad más importante del ciudadano educado, tendrá lugar en su salón de clases. Si la maestra puede hacer eso, puede invertir su tiempo de manera consistente a una tasa de retorno fiable. Nunca más necesitará supervisar otra actividad de bajo valor. Tiene una tasa de rendimiento crítica: una tasa de retorno que debe superar la inversión de su tiempo para que valga la pena.

El término *tasa de rendimiento crítica* proviene de las finanzas. Por ejemplo, si sabe que predeciblemente puede ganar 10 por ciento de cada peso que se invierta en cierto bono, y sabe que el bono siempre está disponible, naturalmente evitaría cualquier inversión que le regrese menos de 10 por ciento ya que siempre puede obtener más con su bono. La pregunta que haría para evaluar cualquier inversión potencial no es: "¿me dará dinero?", sino: "¿superará mi tasa de rendimiento crítica?" Es decir, preguntaría si cualquier inversión produciría un retorno más grande que la mejor alternativa de inversión que sabe que podría tener. Los negocios hacen este tipo de preguntas todo el tiempo. Los propietarios de una firma de tecnología no preguntarían: "¿Construir una fábrica nueva para producir teléfonos celulares nos daría dinero?", si sus recursos son limitados. Si los propietarios invierten millones en construir la fábrica de teléfonos celulares, deben elegir no hacer algo más con ese dinero, digamos invertirlo en expandir su fábrica de computadoras existente. Enfrentados con la posibilidad de las ganancias en los teléfonos celulares, podrían preguntar si invertir en una planta de teléfonos celulares excedería su tasa de rendimiento crítica. En este caso: "¿construir una fábrica para elaborar teléfonos celulares nos da más ganancia que si invirtiéramos el dinero para expandir nuestra actual fábrica de computadoras?" La decisión es una elección entre el retorno que sabe que puede obtener (de las operaciones existentes con las computadoras) y el potencial de cualquier proyecto nuevo (los teléfonos celulares). Si pudiera lograr un rendimiento de 8 por ciento en la fábrica de teléfonos celulares, aun así no tendría sentido hacerlo si su tasa de rendimiento fuera de 10 por ciento por expandir las operaciones de las computadoras. El hecho de que pueda hacer dinero fabricando teléfonos celulares no quiere decir que tiene que invertir.

Aunque también manejamos recursos limitados como maestros (en este caso, el tiempo), rara vez pensamos de esta manera. Preguntamos si nuestras acciones darán como resultado el aprendizaje, pero ésta es la pregunta equivocada. La pregunta correcta es si nuestras acciones proporcionan un rendimiento que exceda nuestra tasa de rendimiento crítica, es decir, rinde más aprendizaje por minuto invertido que la mejor alternativa confiable del uso del tiempo de clase. Y rara vez le dedicamos tiempo a pensar cómo obener la tasa de rendimiento crítica más confiable. En los salones de clases de muchos maestros cuyo estilo de enseñanza alimentó este libro, la lectura significativa (término que definiré en un minuto) proporciona una tasa de rendimiento crítica excepcionalmente fuerte y confiable. Es una actividad de alta calidad (cuando se realiza eficientemente) que puede llevarse a cabo en cualquier salón de clases, en cualquier momento, y requiere de una preparación o gasto adicional limitado. Un maestro siempre puede invertir cualquier tiempo, corto o largo, en la lectura significativa y obtener un rendimiento fuerte y previsible. Por otra parte, si sabe que siempre se puede hacer la lectura significativa (en cualquier clase, en cualquier momento), puede examinar sus otras inversiones de tiempo de manera crítica. ¿Sobrepasan el valor de la lectura significativa? ¿Son un rendimiento potencialmente más alto, pero más riesgoso y por lo tanto, deberían equilibrarse con algo más confiable? Mientras se hace estas preguntas, bien puede encontrar que la lectura supera algunas de las otras maneras en las que invierte su tiempo. Seguramente no todas, pero probablemente algunas de ellas no exceden su tasa de rendimiento crítica (es decir, no son más productivas de forma fiable que la lectura significativa). En su lugar, podría ser más inteligente hacerlos leer de manera significativa.

Tiene sentido hacer una pausa en este punto y definir el término *lectura significativa* más específicamente porque es de suma importancia para esta discusión. Para los fines de este libro, defino *lectura significativa* como la lectura que es verificable, moderadamente expresiva y altamente apalancada. Por *verificable* me refiero a que los maestros sean capaces de evaluar de forma fiable que los alumnos en realidad estén leyendo (digamos, en lugar de sentarse a mirar los dibujos o hacia la ventana soñando despiertos cuando se supone que deberían estar leyendo), y que estén leyendo de manera efectiva (por ejemplo, descifrando y leyendo las palabras correcta y diligentemente, más que reafirmar errores como ignorar los acentos o saltarse las partes difíciles del texto). Gran parte de la lectura que hacen los alumnos en las escuelas no cumple con este criterio. En un programa comúnmente utilizado, *Dejen todo y lean* (DEAR, por sus siglas en inglés), por ejemplo, a los alumnos se les da tiempo en silencio en el cual se sientan con libros y se espera que lean. Es una idea encantadora, pero si observa a los alumnos durante este programa, invariablemente verá a algunos de ellos sentados con los libros abiertos pero con la vista a la deriva por el salón o por la ventana. Algunos dan vuelta a las páginas distraídamente, contemplando las fotografías, mientras otros leen con pereza o mal, practicando y reafirmando los hábitos débiles a medida que avanzan. Desafortunadamente, los alumnos que leen menos son los que con frecuencia necesitan leer más. Esto no pasa la prueba de verificabilidad. Como resultado, la tasa de retorno puede ser baja en esta actividad. Aprender a invertir en la lectura con una dosis fuerte de verificabilidad es la clave en la que se enfoca este capítulo.

Por *moderadamente expresiva* me refiero a que los alumnos demuestren la capacidad para integrar el significado en las palabras conforme leen, para mostrar en su entonación que están procesando las palabras a un nivel más allá del nivel más básico. No estamos hablando de un actor Shakesperiano, solamente de lo básico: una lectura no robótica con reconocimiento demostrado de la puntuación y reconocimiento periódico (por énfasis) de las palabras clave. Aunque la lectura expresiva es insuficiente para la tarea final de una comprensión total e intensa de un texto, es muy eficiente como indicador de la comprensión básica. Expresar el significado y registro de las palabras mediante el modo en el que las está leyendo, demuestra la comprensión, la meta final de la enseñanza de la lectura.

Muchos maestros menosprecian la idea de permitir que un solo alumno lea en voz alta durante el tiempo de clase. "¿Qué hacen mientras los otros chicos?" En la lectura significativa, la respuesta es que ellos también están leyendo, para ellos mismos, al compás del alumno que lee en voz alta. Le llamo *apalancamiento* al grado al cual están leyendo otros alumnos, y es el tercer elemento de más importancia en la lectura significativa. Si un alumno está leyendo en voz alta y sus compañeros escuchan pasivamente, hay un factor de apalancamiento de 1, lo que significa que es una actividad altamente ineficiente. Sin embargo, si una alumna está leyendo en voz alta y veinticinco alumnos están leyendo en silencio pero efectivamente junto con ella en sus escritorios, tiene un factor de apalancamiento de veintiséis. Veintiséis personas leyendo la convierten en una actividad altamente eficiente y que vale la pena. Si veintiséis personas están leyendo, la tasa de rendimiento crítica es mucho, mucho más alta: por lo que la pregunta surge rápidamente: ¿cómo se logra ese apalancamiento? Las habilidades de *Controle el juego* explican cómo obtener y mantener tasas de apalancamiento consistentemente altas. Cuando están leyendo, todos leen, y leen responsablemente, teniendo como resultado una tasa de rendimiento especialmente alta y, con el tiempo, actividades consistentemente de alto valor en el salón de clases porque la tasa de rendimiento eleva los criterios de inversión para su tiempo.

Los escépticos acerca de la eficacia de tener un solo alumno leyendo en voz alta, pueden preguntar cómo se podría graduar por niveles un texto adecuadamente para toda la clase o si es perjudicial para la autoestima de los alumnos porque pasan apuros públicamente. Sin engancharme en un debate filosófico extenso, diría que no hay nada inherentemente perjudicial para la autoestima en el hecho de equivocarse, especialmente si los alumnos aprenden a hacerlo bien con el tiempo. En ese caso, el resultado tiene posiblemente un efecto contrario. De todos modos, como Roy Baumeister ha demostrado en su excelente artículo sobre el tema: "Repensar la autoestima: ¿por qué las organizaciones sin fines de lucro deberían dejar de presionar sobre autoestima y empezar a respaldar el autocontrol"? (Reseña de *Stanford Social Innovation,* invierno 2005), no hay mucho para apoyar la idea de que mejorar la autoestima es un valioso objetivo en las escuelas. Lo mejor que se puede decir es que se correlaciona con el logro (más que con las causas). Es decir, cuando los alumnos tienen un logro, creen en ellos mismos, no a la inversa. En cuanto a los textos graduados por niveles, la mayoría de las escuelas urbanas subvencionadas de alto rendimiento de las cuales, estoy consciente, se resisten a la creencia de otro modo ortodoxa de la agrupación heterogénea en el salón de clases, resuelven este problema formando grupos homogéneos. Dicho esto, aun si puede o no formar grupos homogéneos, un poco de preselección le puede ayudar a identificar las secciones del texto para los lectores adecuados o aun a preparar a los lectores que se resisten presentándoles frases y palabras por adelantado.

Una vez que haya dominado la técnica de *Controle el juego* y que pueda lograr confiablemente una lectura apalancada y significativa, podrá utilizar también esa habilidad para establecer su tasa de rendimiento crítica y evaluar rigurosamente si las actividades en su salón de clases la exceden en valor. Confío en que encontrará muchas cosas como éstas. Hará mucho más que solamente leer, pero siempre debería buscar considerar su tasa de rendimiento crítica y someter a comparación unas actividades con otras. Además, reconozco que conforme los alumnos ganan madurez y competencia, la definición de lectura significativa puede cambiar: por ejemplo, la lectura individual silenciosa que no permite tan explícitamente la verificabilidad puede volverse más frecuente. Pero las habilidades descritas en este capítulo son de suma importancia porque llevan a los alumnos a un punto en su experiencia académica en donde es posible la lectura independiente de alto valor, y aumentan el valor de aquellas sesiones si se invierte en ellas sistemáticamente. También, la mayoría de las escuelas públicas urbanas probablemente fracasen en llevar a la mayoría de sus alumnos al punto en donde su lectura independiente es totalmente significativa y productiva. En esas escuelas, la lectura es víctima de los problemas de logística de la verificabilidad deficiente y el bajo apalancamiento. Espero fervientemente que su salón de clases alcance el punto en donde el *Control del juego* sea innecesario y menos productivo que la simple lectura en silencio. Será un día de júbilo cuando más salones de clases no necesiten dirigir la lectura de esta manera. Simplemente le advierto que, sin más evidencia y entrenamiento por parte de sus alumnos, posiblemente durante varios años, no es posible asumir que se tiene ese salón de clases.

CONTROLE LAS HABILIDADES DEL JUEGO

Mantenga la duración impredecible

Cuando el maestro le pide a un alumno que lea en voz alta durante la clase, ese alumno es el lector primario. Como lo sugiere el nombre, ese alumno no es el único lector. Mientras que la práctica que obtiene el lector primario es de suma importancia, las acciones y el enfoque de todos los otros alumnos también son muy importantes: deben convertirse en lectores secundarios. Por lo que cuando identifique a su lector primario, no especifique cuánto tiempo quiere que lea antes de que comience. "Comienza a leer por mí, Jaime", o: "reanuda por favor, Jaime", es mucho mejor que: "Lee el siguiente párrafo por mí, Jaime". Esto asegura que otros alumnos en el salón de clases no sepan cuándo se le pedirá a un nuevo lector que continúe y, por consiguiente, les proporciona un fuerte incentivo para seguir la lectura con cuidado. Esto hace más probable que sean lectores secundarios.

Además, mantener la duración impredecible le permite abordar a un lector primario en desventaja de una forma que no es invasiva. Un lector primario que lucha mucho con un párrafo largo, arriesga perder el interés y la concentración de sus compañeros, quienes pueden perder el hilo narrativo. Esto reduce el apalancamiento. Cuando el maestro se ha dedicado a un párrafo completo, pierde su habilidad para cortar la sesión de un lector primario y hacerle que intente otra vez con un texto mejor sin que se haga obvio. Si no especifica la longitud de la lectura, puede acortarla o alargarla conforme lo necesite en interés tanto del lector primario como del resto de la clase.

Mantenga impredecible la identidad del siguiente lector

Si pasa rápidamente de un lector primario a otro, los alumnos se concentran más para seguir la lectura. Esto es doblemente cierto si no saben quién será el próximo lector primario. Una maestra que anuncia que circulará por el salón de una manera predecible, traiciona esta parte de su apalancamiento. Los alumnos pueden desconectarse hasta que se acerque su turno. Mantener su habilidad para elegir al siguiente lector, también le permite combinar los textos con los alumnos de manera más efectiva. Conservar la incertidumbre nos conduce a un mejor apalancamiento y a una mejor lectura.

Mantenga las duraciones cortas

Leer segmentos cortos maximiza la concentración del lector primario. Permite a los alumnos invertir la energía expresiva en la lectura y enfocarse atentamente y sostener la lectura fluida y hasta dramática. Esto da mayor calidad a la lectura oral y hace que la lección sea más atractiva. Pasar rápidamente entre los lectores primarios mantiene también el ritmo rápido. Como resultado, la lección se siente rápida y llena de energía en lugar de tediosa y lenta. Saber que los segmentos tienden a ser cortos y pueden terminar en cualquier momento porque no son predecibles, refuerza también a los lectores secundarios que probablemente tendrán su oportunidad para leer muy pronto y esto evita que se distraigan. Mantener la duración corta le permite tomar una mejor ventaja de los datos de una forma crucial: cada vez que cambie lectores, reúna datos acerca de su apalancamiento. Cuando dice: “Continúa por favor, Carlos”, y Carlos salta con la siguiente oración sin perder el ritmo, sabe que Carlos estaba leyendo junto con el lector anterior. Idealmente, quiere este tipo de transición sin problemas cada vez que cambie lectores, y cambiar frecuentemente le permite recopilar y manejar esto de manera más frecuente y más amplia. Mientras más datos tenga, más información y herramientas tendrá para ayudarse a asegurar el apalancamiento.

Reduzca los costos de transacción

El costo de una transacción es la cantidad de recursos necesarios para realizar un intercambio; puede ser económico, verbal o algo más. Si le toma tres días conducir hasta diferentes tiendas para encontrar el mejor precio de una televisión, su costo de transacción es alto (tres días de su tiempo); posiblemente más alto en valor monetario que los ahorros potenciales que obtendría al comprar la televisión menos costosa. Cuando administra recursos finitos como el tiempo y la atención, como lo hacen los maestros, los costos de transacción son de suma importancia y fáciles de pasar por alto. Un comprador que pasa tres días buscando ahorros de doscientos pesos en una televisión, podría pensar que ha conseguido una ganga, pero si pasara uno de esos días trabajando y después comprara la televisión más costosa, tendría más de cien pesos y le sobrarían dos días.

El costo de una transacción está implícito en cada transición en el salón de clases, especialmente en las transiciones que el maestro hace frecuentemente, como moverse de un lector al siguiente. Sin embargo, muchos maestros fracasan en reconocer su trascendencia. Una transacción que toma más de unos cuantos segundos, roba tiempo de lectura y arriesga interrumpir la continuidad de lo que los alumnos están leyendo, afectando así lo bien que los alumnos siguen y comprenden el texto.

El costo de una transacción está implícito en cada transición en el salón de clases, especialmente en las transiciones que el maestro hace frecuentemente, como moverse de un lector al siguiente.

Que su objetivo sea hacer rápidamente una transición de un lector primario a otro y con el mínimo de palabras, e idealmente de una manera consistente. “Susana, continúa”, es una transición mucho más eficiente que: “Gracias, Samuel. Leíste bien. Susana, ¿puedes empezar a leer, por favor?” Ya que la primera transición es tres veces más rápida, reduce tres veces la cantidad de tiempo que los alumnos no están leyendo. También mantiene el hilo de la narrativa vibrante y vivo en la mente de los alumnos ya que está sujeta a menos interrupción. Debido a que es rápida, también le permite intervenir y utilizarla en cualquier pausa natural del texto, lo cual le da más control para elegir a un nuevo lector primario.

Utilice el enlace para mantener la continuidad

En el enlace, un maestro lee un segmento corto de un texto (un puente) entre los alumnos que son lectores primarios. En una secuencia típica de enlace, una maestra podría permitir a Samuel que lea tres oraciones y después leer una oración ella misma. Después podría permitir a María que leyera cuatro oraciones y leer ella dos oraciones antes de pedirle a Juan que lea seis oraciones y leer ella una oración y después pasar a Julia. El beneficio de este método es que la historia avanza rápidamente y mantiene vivo el hilo de la narrativa, mientras se intercala la lectura con la calidad expresiva de la maestra, lo cual maximiza la comprensión. Estoy en favor del enlace discrecional cuando es importante mantener vivo el hilo de la narrativa y crear más oportunidades para modelar. Generalmente, mientras más difícil es el texto, más se puede considerar el enlace, pero no necesariamente se debe enlazar siempre.

Complete la oración de forma oral

Aprendí la técnica de *Complete la oración de forma oral* observando a Roberto de León enseñar lectura a niños de tercero de primaria en la Excellence Charter School for Boys en Bedford Stuyvesant. En un ejemplo, De León inició su lectura de *El fantasma de la ópera* omitiendo una palabra al final de su primera oración: "Carlota tenía el...", leyó subrayando suavemente en la palabra *el* para alertar a sus alumnos que debían llenar el espacio. El día en cuestión, solamente un puñado de sus muchachos intervino ("papel principal") exactamente a tiempo. Así que Rob comenzó otra vez: "Oh, algunos chicos no estaban muy atentos. Intentemos otra vez. 'Carlota tenía el...' ", y todos sus alumnos intervinieron con "papel principal" demostrando que ahora lo estaban siguiendo. Este recurso rápido, que De León utiliza en todas sus lecciones, le permite evaluar el apalancamiento de manera rápida y simple.

Confíe en un marcador de posición

Los mejores maestros de lectura alternan entre la lectura y preguntan a sus alumnos acerca de lo que leen, utilizan recordatorios rápidos y confiables para asegurar que sus alumnos reconozcan la transición y reaccionen sin demora. Yo le llamo a este recordatorio un *marcador de posición,* porque se utiliza para asegurar que los alumnos conserven su lugar en el texto de manera que puedan hacer la transición de *regreso* a la lectura de manera rápida e inmediata después de la discusión. "Mantén tu lugar. Sígueme", anuncia Patrick Pastore, modelando para sus alumnos de sexto grado cómo señalar el punto en donde se quedó en la lectura *Esperanza Rising,* y le dirigen su mirada para mostrar que están listos para discutir. Después de una breve discusión de por qué Esperanza y Miguel reaccionan de manera diferente a un viaje en tren, él les instruye: "Continúa la lectura por favor, Mónica". En menos de dos segundos, ella y sus compañeros están de regreso en el libro casi a ningún costo de transacción.

"Dedo en el libro; cierra tu libro", entona De León mientras prepara a sus alumnos para discutir *El fantasma de la ópera* y también los prepara para finalizar esa discusión y regresar al libro de manera eficiente. Hannah Lofthus, de la Leadership Prep, utiliza una expresión parecida ("dedo congelado") con sus alumnos de tercer grado, modelando para ellos cómo mantener su lugar cuando se interrumpe la lectura.

MAESTROS EN ACCIÓN: VIDEO 22

CONTROLE EL JUEGO

En el video 22 del DVD, Hilary Lewis de la Leadership Prep Bedford Stuyvesant demuestra la técnica *Controle el juego.* Mientras salta rápida e impredeciblemente de lector en lector, a los seis alumnos a los que llama (utilizando solamente sus nombres para señalar el cambio, lo cual da como resultado una transacción a un costo ultrabajo) pueden proseguir con la lectura de inmediato. Los datos nos dicen que el apalancamiento de Lewis es alto: los alumnos están leyendo junto con el lector primario. Además de un modelo ejemplar de los elementos de *Controle el juego,* también vea a Hilary Lewis señalando el punto en errores ocasionales de decodificación (por ejemplo, "inténtalo otra vez, por favor").

¿Quiere leer más? Revise la entrevista con Hilary Lewis en el apéndice de este libro.

CAPÍTULO 11

LOS FUNDAMENTOS: ENSEÑE DECODIFICACIÓN, DESARROLLO DE VOCABULARIO Y FLUIDEZ EN LA LECTURA

Una vez que el maestro domina las habilidades del capítulo 10 y tiene a sus alumnos leyendo con más frecuencia y con un mayor apalancamiento, dominar los métodos de los maestros campeones a través de tres elementos básicos de la enseñanza de la lecto-escritura: decodificación, vocabulario y fluidez de la lectura puede aumentar la calidad y productividad de la lectura de sus alumnos, haciendo de ellos lectores más atentos, más expresivos y construirá un cimiento que aumentará su comprensión de la lectura, sin importar el tema que enseñe.

DECODIFICACIÓN

La *decodificación* es el proceso mediante el cual se descifra un texto escrito para identificar las palabras habladas que representa. Aunque la decodificación al principio podría parecer una habilidad trivial de menor orden, su dominio es un prerrequisito para toda la comprensión de lectura y por consiguiente para la mayoría del aprendizaje. Es el cimiento. El dominio incompleto de la decodificación puede persistir mucho más allá de los grados de primaria y afectar el éxito de los alumnos incluso aparentemente avanzados. Si un alumno de tercero de primaria se atora con dos o tres de las palabras en una oración, concentrando su energía en ensamblar la aportación de cada letra, probablemente le sobrará poca memoria para absorber el significado de la oración o aun para recordar el principio al momento de llegar al final. Si un alumno de secundaria en la clase de historia lee un texto sobre las causas de la Independencia pero elimina la *n* de la terminación del verbo en plural, la sintaxis de la oración se verá mermada. El alumno puede recordar partes del punto principal pero fracasará en desarrollar una comprensión coherente. Si una alumna de preparatoria asigna gran parte de su energía mental a grabarse términos nuevos en un texto sobre el gobierno representativo (*soberanía, Estado, federalismo*) puede fracasar en poner atención a mucho más o incluso para grabarse el significado de las palabras. Si se equivoca en los nombres o las palabras o pasa despreocupadamente por ellas únicamente con malas aproximaciones, puede fracasar en reconocerlas en una futura discusión, conversación o lectura.

Dada la importancia de la decodificación como cimiento en todo nivel, los maestros deberían esforzarse para corregir los errores de decodificación siempre que sea posible, sin importar la materia o el grado que enseñen. Ya que estos errores con frecuencia indican una carencia más amplia del conocimiento o de las habilidades, los antídotos son reforzar las reglas generales y asegurar que los alumnos practiquen la decodificación. Sin embargo, muchos maestros que corrigen los errores de decodificación fracasan en hacer cualquiera de estas dos cosas: optar por corregir el error o pedirle al alumno que realice una "corrección en eco", es decir, repetir la palabra correcta sin decodificarla. Hay ocasiones en que es necesaria una corrección en eco, pero solamente hace que el alumno comprenda la palabra en la situación inmediata. No aumenta la probabilidad de éxito la próxima vez que el alumno se tope con la palabra.

Así que, ¿qué tipo de acciones son mejores que la corrección en eco? Si una alumna no puede leer *pingüino*, la mejor manera de corregir dicho error de decodificación puede ser mejorar su conocimiento de las reglas. Después de todo, es probable que luche también con *paragüitas* y *agüita*. En lugar de decir: "Esa palabra es *pingüino*", la maestra podría decir: "-g-ü-i se pronuncia con el sonido de la 'u'. Ahora intenta decir la palabra otra vez". Esto tiene dos beneficios: requiere que la alumna incorpore la información nueva y que después decodifique exitosamente la palabra original, y refuerza una regla que puede utilizar en otras palabras de alta frecuencia. La próxima vez que la maestra corrija, podría decir: "'-g-ü-i', ¿se dice…?", y pedirle a la alumna que recuerde y después aplique la regla. En la mayoría de los casos, pedir a los alumnos que se autocorrijan aplicando una regla o una información nueva ("Ésa es una doble *r*. Ahora intenta decir de nuevo la palabra", es otro ejemplo típico) es poderoso porque trata el problema, no solamente el síntoma, y de esta manera contribuye a una solución a largo plazo.

Aun así, las excepciones pueden ser la regla como en el idioma inglés; podría decirse que una de las características más distintivas de ese idioma. Muchas palabras son simplemente imposibles o infructuosas de decodificar. De hecho, las palabras "visuales" (*sight words*) se reconocen más por la vista y se aprenden por lo general de memoria específicamente porque las reglas no se aplican en ellas. En donde no es posible el ideal de la autocorrección, la clave es reconocer rápidamente dichos casos para no perder tiempo y crear confusión.

Costos de transacción y decodificación

El costo de transacción es la cantidad de recursos que se requieren para realizar un intercambio, ya sea económico, verbal o algo más. Piense otra vez en el "ahorro" de cien pesos en la televisión que vimos en el capítulo 10. Los costos de transacción son más importantes en aquellas interacciones que suceden frecuentemente ya que la frecuencia multiplica la importancia de la eficiencia. Esto hace que la administración de los costos de transacción sea de especial importancia para controlar los errores de decodificación.

Los errores de decodificación son comunes y generalmente de corta duración (un alumno lee "espera" en lugar de "esperan" y toda la secuencia, ya sea que se corrija o no, dura solamente un segundo o dos. Corregir consistentemente los errores de decodificación es importante para ayudar a sus alumnos a construir hábitos de lectura fuertes, y reducir el costo de transacción de sus correcciones podría decirse que es el factor más importante en su éxito), no solamente para mejorar las habilidades de decodificación de sus alumnos, sino para asegurar una lección general exitosa. Excepto en los casos en los que el objetivo de la lección se enfoca en las habilidades de decodificación, debería esforzarse para tener el costo de transacción más bajo posible al hacer correcciones. Esto requiere de una economía del lenguaje rigurosa. Examine estas dos correcciones de un error de decodificación de un alumno:

Maestra 1: Dijiste ins-PES-ión. ¿Puedes regresar al principio de la oración y leer la palabra otra vez?
Maestra 2: ¿Ins-PES-ión?

La diferencia entre estas correcciones puede parecer insignificante, pero de hecho es enorme. Mida cuánto tiempo le toma decir estos enunciados en voz alta. El tiempo que toma decir la primera frase (el costo de transacción) es por lo menos cinco veces mayor que el costo de transacción de la segunda. Cada palabra extra que dice la primera maestra toma tiempo e interrumpe el flujo de concentración del alumno en la historia. Así, cada palabra extra interrumpe potencialmente la comprensión. Si utilizó la segunda frase para corregir, podría hacer tres o cuatro intervenciones en el tiempo que haría solamente una con la primera frase. Mientras que debe corregir constantemente para ayudar a los alumnos a mejorar de manera efectiva, realizarlo rápidamente y sin problemas es la única forma de que sea viable la corrección. Al igual que la segunda maestra, debe esforzarse para hacer un hábito de utilizar la intervención más sencilla y rápida. Si es constante en la manera en que lo hace, sus alumnos se formarán el hábito de la autocorrección de manera rápida y eficiente.

Dos de los métodos de corrección más eficientes en términos del costo de transacción son: "puntualice el error" (repitiéndole rápidamente al alumno la palabra que leyó mal mientras le da el tono a su voz para que sea una pregunta) y "marque el punto" (volviendo a leer las tres o cuatro palabras previas a la palabra en la que el alumno cometió el error, y dando el tono a su voz para mostrar que el alumno deberá continuar leyendo desde el punto en el que se detuvo el maestro).

Una corrección en eco tiene un costo de transacción muy bajo, pero como lo he señalado, no le pide al alumno que decodifique. Las correcciones en eco pueden valer la pena cuando el maestro está leyendo en una sección especialmente importante de un texto y no puede permitir la más mínima distracción. De lo contrario, estas correcciones son mejores para las palabras "visuales" que desafían las reglas y la lógica de la decodificación.

Aborde los errores de decodificación aun cuando los alumnos "conozcan" la regla

Cierta proporción de los errores de lectura se deben a los hábitos de falta de atención, prisa o descuido. Por ejemplo, algunos alumnos habitualmente se saltan la *s* u otros sonidos en la terminación de las palabras, a pesar de que saben que tienen que leerlos. No obstante, estos errores son importantes de corregir. Aun interfieren con la comprensión y, parafraseando a Mark Twain: el alumno que no lee las palabras correctamente, tiene poca ventaja sobre el alumno que no las puede leer correctamente. Éste es otro argumento para bajar el costo de transacción: en muchos casos, la parte esencial no es tanto la información que se agrega, sino el recordatorio de regresar y releer con más cuidado, un hábito importante de construir.

Técnicas para abordar los errores de decodificación

Observar en acción a los maestros campeones me ha permitido desarrollar lo que espero sea una lista clara y realizable de los métodos específicos que utilizan con más frecuencia para corregir los errores de decodificación. Estos métodos le permiten corregir errores constantemente, con un costo de transacción mínimo y de una manera que ocasiona que los alumnos se autocorrijan. Debido a que estos enfoques son relativamente claros y concisos, debería poder realizarlos de manera confiable y constante solamente con un poco de práctica.

En muchos casos, los ejemplos de varias técnicas de corrección proporcionadas en esta sección son más prolijos (tienen un costo de transacción más alto) de lo que serían en el uso real del salón de clases. Lo he hecho así para hacerlos más claros, pero los maestros siempre deben intentar simplificar para lograr la eficacia. En los dos ejemplos en *Puntualice el error*, que siguen, aliento a omitir las frases: "¿Puedes regresar a la última parte?" e "Inténtalo de nuevo", tan pronto como los alumnos comprenden que esas partes de las instrucciones están implícitas.

Puntualice el error

- Repita la palabra que un alumno leyó mal, repitiendo y poniendo énfasis en la parte en la que ocurrió el error. *Ejemplos*: "¿Esa palabra es ins-PES-ión?" "¿TRA-pete?"
- Después de que un alumno cometa un error de decodificación, repita o describa la parte de la palabra que leyó correctamente. *Ejemplos*: "Tienes los dos primeros sonidos". "*Expre* es correcto. ¿Puedes tener la última parte?"
- Algunas veces los alumnos tienen bien los sonidos en el orden incorrecto. Puntualice este error identificando el orden correcto de los sonidos. *Ejemplo*: "La *i* viene antes que la *r*. Inténtalo otra vez".

Marque el punto

- Vuelva a leer las tres o cuatro palabras inmediatamente antes de la palabra que el alumno no pudo decodificar, modulando su voz (generalmente extendiendo la última sílaba o dos de la última palabra) para mostrar que el alumno debe recomenzar desde allí. *Ejemplo*: cuando el alumno lee: "Él corrió hata la puerta", la maestra lo corrige con: "Él corrió…".

Acentuación y sonidos

- Pronuncie el sonido que debería hacer la letra, y pida a los alumnos que lo repitan y lo apliquen.
  - Identifique el sonido que está haciendo la vocal, especialmente si está acentuada, y pida a los alumnos que lo apliquen. *Ejemplos*: "[Ésa es] una *a* acentuada". "Las vocales acentuadas cambian en sonido". "Léelo otra vez: una *a* acentuada".
  - Identifique el sonido que está haciendo la consonante, especialmente si una *C*, *G* o *R* está haciendo un sonido fuerte o suave, y pida al alumno que lo aplique. *Ejemplos*: "[Ésa es una *c* suave". "Una *c* fuerte como en cama/suave como en ciudad". "Una *g* fuerte como en gimnasio/suave como en gato".

- Pronuncie el sonido que forman un grupo de letras y pida a los alumnos que lo repitan y lo apliquen. *Ejemplos*: "-GUE se dice 'gue'" [con la instrucción implícita de intentarlo otra vez]. "-GE se dice 'je' ".
- Si existe una regla clara e identificable, recuérdeselas a los alumnos, y pídales que la apliquen. *Ejemplo*: "La diéresis sobre la *u* hace que tenga su sonido".

- A continuación se presentan las reglas más comunes que todo maestro debería prepararse para reforzar:

    - *Vocales acentuadas*: las vocales que llevan acento tienen un sonido más fuerte, por ejemplo, *papá*. Debe ayudarles a ver la diferencia entre las palabras que tienen acento y las que no lo tienen. *Ejemplo*: *papá – papa*. Debe ser capaz de darles un ejemplo a los alumnos con las "vocales acentuadas" y hacer que se autocorrijan.
    - *Sonido fuerte de la C*: suena como *K* antes de *A*, *O*, *U* y consonantes. *Ejemplo*: cámara, colmena, cuna. Debe ser capaz de darles un ejemplo a los alumnos con: "el sonido fuerte de la *C*" y hacer que se autocorrijan.
    - *Sonido débil de la C*: suena como *S* antes de *E*, *I*. *Ejemplo*: cera, cima, delicia, peces. Debe ser capaz de darles un ejemplo a los alumnos con: "el sonido débil de la *C*" y hacer que se autocorrijan.
    - *Sonido fuerte de la G*: antes de *E* o *I*, la *G* tiene un sonido fuerte igual al de la *J*. *Ejemplo*: genio, gitano, geografía, giro. Debe ser capaz de darles un ejemplo a los alumnos con: "el sonido fuerte de la *G*" y hacer que se autocorrijan.
    - *Sonido suave de la G*: tiene sonido suave antes de *A*, *O*, *U* y consonante. *Ejemplo*: garabato, golpe, gusto. Antes de *E* o *I*, cuando la *U* es muda. *Ejemplo*: maguey, guitarra. Si la *U* tiene sonido independiente, se usa diéresis. *Ejemplo*: antigüedad, desagüe, vergüenza, güera, güiro. Debe ser capaz de darles un ejemplo a los alumnos con: "el sonido suave de la *G*" y hacer que se autocorrijan.
    - *La H muda*: la letra *H* no se pronuncia, pues no representa ningún fonema (es muda), *ejemplo:* higo, haba, hule. Con excepción de cuando está en el dígrafo "ch". *Ejemplo*: chamarra, choza, chícharo y en algunas palabras extranjeras, como es el caso de la palabra hámster. Debe ser capaz de darles un ejemplo a los alumnos con: "el sonido mudo de la *H*" y hacer que se autocorrijan.
    - *R fuerte*: al inicio de la palabra tiene sonido fuerte. *Ejemplos*: rata, rudo, Roma, rueda, ritmo, rosa, riego, risa, resto, etc. Al encontrarse después de una consonante. *Ejemplo*: enriquecer, enredar, atrevido. Cuando se encuentra entre vocales y son sonidos fuertes, se escribe doble. *Ejemplo*: carro, arrancar, carretera, ocurrir. Debe ser capaz de darles un ejemplo a los alumnos con: "*R* fuerte" y hacer que se autocorrijan.
    - *R suave*: cuando los sonidos son suaves, tenemos las siguientes situaciones: si las palabras tienen *R* en medio. *Ejemplos*: cariño, cierto, marino, parecer, tarántula. Al final de las palabras. *Ejemplos*: amor, suplir, abrir, ser, constituir, horror, herir, reír. Debe ser capaz de darles un ejemplo a los alumnos con: "*R* suave" y hacer que se autocorrijan.

- *La Y como vocal*: tiene el valor vocal equivalente a la *I* cuando se encuentra al final de una palabra. *Ejemplo*: hoy, rey, soy, ley. Debe ser capaz de darles un ejemplo a los alumnos con: "la *Y* como vocal" y hacer que se autocorrijan.
- *La Y como consonante*: su sonido es como la *LL* cuando se encuentra al principio o en medio de la palabra. *Ejemplo*: rayo, yugo, huye, construyo. Debe ser capaz de darles un ejemplo a los alumnos con: "la *Y* como consonante" y hacer que se autocorrijan.

- Dele al alumno un ejemplo más familiar de una secuencia acerca de una letra problemática que se pueda modelar. *Ejemplo*: para un alumno que lucha con la palabra *paragüitas*: "Ya conoces *pingüino*, ¿así que ésta debe ser...?"

Fragméntela

- Ayude a los alumnos a fragmentar las palabras reconociendo los patrones familiares y las palabras dentro de las palabras. *Ejemplos*: si un alumno lucha para leer la palabra *automovilista*: "¿Ves una parte en ella que ya sabes?" "Las primeras letras son una palabra que ya conoces". "Cubre '*–ista*' y lee lo que tienes".
- Afirme y reitere lo que el alumno tiene correcto, enfocándolo en el fragmento que es problema. *Ejemplo*: "Tienes *esperanza*, pero la segunda parte no es '–ando' ".
- Pida a los alumnos que lean una palabra confusa primero sin el sufijo o el prefijo. *Ejemplo*: "'Re' – es un prefijo. Intenta leer la palabra sin él. Cubre la *r* y la *e*. ¿Qué tienes ahora?"

Agilice las excepciones

- Cuando una palabra no se ajusta a las reglas estándar, identifique la pronunciación rápida y directamente. *Ejemplo*: "esa palabra se escribe con *h* muda pero se pronuncia como *j*: 'hámster'. Solamente tendremos que recordarla".
- Si el alumno debe conocer la pronunciación característica de una palabra (es una palabra estudiada o se ha discutido recientemente), identifíquela rápidamente como una excepción. *Ejemplo*: "Ésa es una de nuestras palabras estudiadas". "Esa palabra no sigue las reglas, pero la estudiamos ayer".
- Si existe una regla específica que la palabra rompe, si puede, identifique esa regla para que el razonamiento sea claro. *Ejemplo*: "Esperaríamos que la *h* fuera muda como en *hamburguesa*, pero esta palabra es la excepción y se pronuncia como *j*: *hámster*".

También es importante utilizar reforzamientos positivos que sean rápidos y sencillos cuando los alumnos leen correctamente una palabra, no solamente porque los alienta sino porque también les deja saber explícitamente que están en lo correcto. Ya que la corrección de una mala pronunciación o una mala lectura es inconsistente en su vida, en el mejor de los casos puede ser que no sepan cuándo tienen una palabra correcta. Conforme los alumnos continúan leyendo, diga "sí", "perfecto", "atinaste", "bien", y así sucesivamente. También puede aumentar la eficiencia reduciendo la cantidad de tiempo que los alumnos pasan haciendo una pausa y preguntándose si tuvieron correcta una palabra difícil. Obviamente quiere que este método acelere su lectura y no que la haga lenta. El maestro puede minimizar sus costos de transacción haciendo que las frases que utiliza para reforzar sean rápidas y constantes (mucha variación dirige demasiada atención a sus palabras).

Sistemas de señales

Con frecuencia, los buenos lectores comienzan a leer una palabra incorrectamente pero llegan a la pronunciación correcta utilizando el conocimiento de las letras y los sonidos, la gramática y la sintaxis, y el contexto para desarrollar opciones verosímiles. Los expertos les llaman *sistemas de señales* porque son tres formas individuales en que los alumnos infieren la información acerca de las palabras.

Los maestros experimentados y los especialistas en lectura deben alentar cuidadosamente a los alumnos para utilizar y desarrollar estos sistemas de señales para hacer frente a los errores de decodificación:

Señal de la letra y su sonido

El texto se lee: "El perro gruñe".
El alumno lee: "El perro ladra".
El maestro dice: "Si fuera ladra, habría una *ele* al principio. [Señalando la letra *g*] ¿Ésta es una *ele*?"

Señal de gramática y sintaxis

El texto se lee: "Los niños traían puestos sus abrigos".
El alumno lee: "Los niños traían puestos su abrigo".
El maestro dice: "¿Todos los niños compartían un abrigo? ¿Eso es correcto?"

Aunque puede ser útil usar el conocimiento de los alumnos sobre gramática y sintaxis, los maestros deberían evitar instruir a los alumnos a que utilicen lo que "suena bien" ya que lo que suena bien para los lectores que no han interiorizado las reglas estándar de gramática en el mejor de los casos, no es fiable.

Señal de significado y contexto

El texto se lee: "Los payasos usan maquillaje y narices falsas".
El alumno lee: "Los payasos usan maquillaje y narices salsas".
El maestro dice: "¿Tiene sentido que podrían usar narices salsas?"

Los malos lectores confían excesivamente en los sistemas de señales del significado y contexto. Tenga cuidado de no alentarlos a que confíen exclusivamente en las técnicas que no refuerzan la decodificación real de la letra y el sonido.

VOCABULARIO

Los alumnos necesitan un vocabulario amplio para comprender lo que leen, y la importancia del conocimiento de la palabra se intensifica por el hecho de que, como lo señala E.D. Hirsch, cuyos libros acerca de la competencia cultural llevaron a la fundación del programa Core Knowlede, su efecto se acrecienta con el tiempo. Que una alumna aprenda la palabra *taiga* mientras lee un texto sobre los climas subárticos, puede depender en parte de si sabe lo que significa *tundra*. En el libro *The Knowledge Deficit* (*El déficit de conocimiento*), Hirsch lo describe como el efecto Mateo. En palabras simples, el rico se hace más rico y el pobre se hace más pobre. El término fue inicialmente acuñado por el sociólogo Robert K. Merton en 1968 y toma su nombre de un renglón del evangelio bíblico de Mateo:

> *A todos aquellos que tienen, más les será dado, y tendrán en abundancia; pero a aquellos que no tienen nada, aun lo que tienen se les quitará.*

Los alumnos que saben más palabras aprenderán más palabras. De hecho, la investigación sugiere que existe una brecha de diez mil palabras en el vocabulario entre los alumnos de contexto privilegiado y los alumnos menos privilegiados para cuando llegan a tercero de secundaria. Esta disparidad en y por sí misma podría explicar una parte significativa de la brecha del aprendizaje.

Pero mientras la enseñanza de vocabulario es de suma importancia, no todos los tipos de enseñanza de vocabulario son iguales. La buena enseñanza de vocabulario comienza con una definición amigable para los alumnos que es sencilla y clara. Mientras que algunos maestros creen que llegar a esta definición es la meta del trabajo de vocabulario, los maestros campeones comienzan desde allí e invierten tiempo haciendo que los alumnos practiquen el uso de las palabras nuevas amplia y abundantemente *después* de que conocen el significado básico. Reconocen que saber una definición está a un largo camino de poder utilizar una palabra de manera efectiva en la escritura o en el pensamiento. Reconocen que es más poderoso preguntar a los alumnos: "¿Cómo la utilizarían?" "¿Cuándo la utilizarían?" o "En qué se diferencia de [una palabra parecida]?", que adivinar: "¿Qué creen que podría significar?" De hecho, una suposición correcta podría ser un falso resultado positivo, sugiriendo que una alumna conoce el significado de una palabra, cuando en realidad, solamente comprende el nivel más básico y, por consiguiente, es insuficiente.

Muchos maestros utilizan también un modelo de sinónimos en la enseñanza de vocabulario: definen una palabra encontrando un sinónimo viable. Sin embargo, esta técnica tiene defectos importantes (*Bringing Words to Life: Robust Vocabulary Instruction* de Isabel L. Beck, Margaret G. McKeown y Linda Kucan). Aun si dos palabras coinciden en su significado de manera significativa, no son lo mismo, y lo que importa es la diferencia entre las dos. Piense en *remedar* e *imitar*, dos palabras que podrían enseñarse como sinónimos. *Remedar* generalmente involucra la burla, frecuentemente con un efecto humorístico, mientras que la *imitación* puede ser neutral o negativa. Sin embargo, aun cuando es negativa, implica algo de mal gusto y no el sentido burlón que lleva el *remedo*. Esta diferencia explica una parte desproporcionadamente grande del significado con el que cualquier palabra contribuye a un texto escrito. Una escena en la que Memo hace un *remedo* de su maestra, es una situación muy diferente de cuando la *imita*. Un alumno que percibe estas palabras como intercambiables, pierde la diferencia crítica no solamente en las palabras, sino también en el fragmento leído. Enseñar el conocimiento profundo de la palabra significa ayudar a los alumnos a comprender cómo es que una palabra es parecida y diferente a palabras parecidas, y desbloquea los matices del significado en la elección de la palabra del autor. Es decir, enfocarse en la diferencia prepara a los alumnos para usar el vocabulario de manera funcional y aumenta su comprensión de la lectura.

Si bien la habilidad de deducir el vocabulario por el contexto aparece con frecuencia en las evaluaciones estatales en EUA, la enseñanza de vocabulario principalmente por claves en el contexto también es mucho menos eficaz a largo plazo. Los contextos pueden ser imprecisos, presentarse para una interpretación libre o confusos. Aun si los alumnos aprenden a deducir correctamente el significado de la palabra, todavía están haciendo básicamente deducciones, y con frecuencia son erróneas. De manera más significativa, el conocimiento profundo de una palabra rara vez puede lograrse con la enseñanza basada en el contexto. El vocabulario sólido se debe enseñar de manera sistemática y directa.

Finalmente, ya que una buena enseñanza de vocabulario requiere de una inversión de tiempo significativa, es importante la elección de las palabras en las que se invierte. Algunas palabras valen más la pena para invertir que otras. En general, los maestros deberían invertir tiempo en enseñar palabras de segundo nivel, que son relevantes para la vida del alumno, más probables de que aparezcan otra vez, y que respondan bien a la enseñanza. Las palabras de primer nivel como *formidable* y *cafetería*, son palabras básicas que los alumnos deberían conocer en un grado escolar determinado. Aparecen con más frecuencia en el lenguaje oral que en el lenguaje escrito y son demasiado comunes o fáciles para justificar la importante inversión de tiempo de un maestro. Las palabras de tercer nivel, como *microbio* y *flautín*, tienen una baja frecuencia de uso y tienden a ser utilizadas en campos específicos. Son menos merecedoras de inversión porque es menos probable que aparezcan otra vez en otras partes de la vida del alumno.

Si hay que enseñar demasiadas palabras de segundo nivel (con frecuencia las hay), invierta en palabras que se relacionen mejor con lo que está enseñando (ya sea el contenido de lo que está leyendo u otras palabras de vocabulario). Si está leyendo un texto sobre la Guerra, la palabra *hostilidad* puede ser especialmente útil (y fácil de recordar). Si está leyendo una novela sobre una clase social, la palabra *digno* podría ser una elección fuerte. Y enseñar *digno* podría ser un fuerte argumento para incluir palabras como *arrogante* y *aspirar*, ya que se pueden comparar, contrastar y utilizar como grupo, haciendo que el todo sea más grande que la suma de sus partes.

Ya que el enfoque que se describe aquí involucra la enseñanza intencional del vocabulario, es decir, enseñar palabras de manera regular, consistente y con frecuencia antes de que aparezcan en un texto auténtico (o incluso independientemente de si aparecerán o no), vale la pena tener una posible hoja de ruta para presentar nuevas palabras de vocabulario.

Seis técnicas para reforzar un vocabulario amplio

Observar a los maestros campeones en acción me ha permitido desarrollar lo que espero sea una lista clara y realizable de los métodos específicos que ellos utilizan para reforzar el vocabulario, especialmente el conocimiento profundo de la palabra. Estos métodos le permiten al maestro reforzar el conocimiento de la palabra en una variedad de contextos. Debido a que todos estos enfoques son relativamente sencillos, seguramente podrá emplearlos con confianza y de manera consistente con sólo un poco de práctica.

1. Varias repeticiones. Para meter una palabra en su memoria en funcionamiento, los alumnos necesitan escucharla (e idealmente su pronunciación) varias veces. Trate de darles rápidas exposiciones múltiples después de presentar una palabra.

- Haga que los alumnos practiquen el uso de una palabra en diferentes contextos y situaciones y proporcióneles un ejemplo del momento cuando podrían usarla.
  - "¿Qué animal te gustaría tener más como compañía?"
  - "¿Cuál es el alimento más nutritivo que has comido hoy?"
  - "¿Puedes pensar en un personaje de una película o televisión que use un disfraz?"
  - "¿Cuándo sería especialmente importante ser exacto?"
- Regrese a las palabras que enseñó previamente: ayer, la semana pasada o el mes pasado.
  - "¿Quién puede recordar una palabra de vocabulario que estudiamos el mes pasado que significa no tener suficiente de algo?"
- Deles a los alumnos el principio de una oración con una palabra de vocabulario y pídales que la terminen.
  - "Mi mamá se me quedó viendo con asombro; nunca imaginó que…"
- Haga que los alumnos practiquen diciendo las palabras correctamente.
  - "Esa palabra se pronuncia 'FLUido'. Todos repítanla".
  - "¿Qué palabra de vocabulario teníamos que se puede referir a un líquido?"

2. Compare, combine, contraste. Desconfíe del "modelo de sinónimos". Es la diferencia entre palabras parecidas que crea el significado en un texto.

- Pida a los alumnos que distingan o comparen dos palabras diferentes; enfóquese en los matices del significado.
  "¿Alguien puede describir cuál es la diferencia entre *indiferente* y *apático*?"
- Pida a los alumnos que describan cómo y si podrían combinar palabras del vocabulario.
  "¿Podría un tirano alguna vez ser humilde?"
  "¿Qué tipo de disfraz podría ser vibrante?"
- Pida a los alumnos que apliquen y discutan un cambio (idealmente a una palabra similar).
  "¿Cómo cambiaría el significado de lo que el Sr. Barrera dijo si utilizara la palabra *furioso*?"
  "¿Cómo podría ser diferente si Jaime remedara a Susana en lugar de imitarla?"
  "¿Qué tiene en común *remedar* con *malicioso*?"

3. Eleve el nivel. Encuentre oportunidades para usar palabras más relevadas y más específicas siempre que sea posible.

- Pida a los alumnos que utilicen las palabras que se presentaron recientemente en las discusiones en clase.

"Tenemos una palabra de vocabulario que es para el clima caluroso y húmedo. ¿Pueden usarla?"
"¿Quién puede resumir el primer capítulo usando la palabra *desolado*?"

- Pida explícitamente una palabra mejor.
  "¿Puedes usar una palabra mejor que *grande*?"
  "Jaime está disgustado cuando habla. Déjenme escucharlos describir cómo hablaba usando una palabra mejor que *dijo*".

4. Haga hincapié en la sintaxis. Con frecuencia los alumnos luchan para usar palabras nuevas en diferentes contextos. Conocen *inadvertido* pero no la pueden convertir en *inadvertidamente.* Dicen: "Susana entró inadvertida".

- Pida a los alumnos que identifiquen o cambien una palabra de la parte de la oración.
  "¿Qué parte de la oración es *dar zancadas*, Susana?"
  "¿Puedes usar *dar zancadas* como sustantivo en su lugar?"
  "¿Cómo podría hacer un adverbio con *inadvertido*?"
- Pida a los alumnos que identifiquen o cambien el tiempo de una palabra.
  "¿Pueden pensar en una oración que utilice *encogerse* en tiempo pasado?"
  "¿Pueden poner esa oración en tercera persona?"

5. De regreso a las raíces. Enfatice el conocimiento fundamental de las raíces para que los alumnos puedan aplicar sus conocimientos a las palabras nuevas.

- Pida a los alumnos que identifiquen las raíces o afijos y que describan cómo se relacionan con el significado.
  "¿Por qué encontramos la raíz *ped-* en la palabra *pediatra*?"
  "¿Qué tienen que ver *monolito* y *litografía* con una piedra?"
- Pida a los alumnos que identifiquen otras palabras que contengan una raíz.
  "*Telepatía* significa enviar o leer pensamientos y sentimientos desde lejos. ¿Qué otras palabras con *tele-* tienen 'lejos' en su significado?"

6. Imagíneselo. Cree una imagen multidimensional de cada palabra utilizando imágenes y acciones.

- Ayude a los alumnos a visualizar las palabras dándoles una imagen que ejemplifique una palabra que han aprendido. O haga que los alumnos dibujen su propia imagen de una palabra.
- Pida a los alumnos que actúen o representen una palabra.
  "Muéstrenme cómo se verían si estuvieran furiosos."
  "¿Quién puede pavonearse por el salón?"
- Haga que los alumnos desarrollen gestos para ayudarles a recordar las palabras. Deles la palabra y pida el gesto. Deles el gesto y haga que le proporcionen la palabra. *Ejemplo*: para la palabra *idílico*, los alumnos saltan una vez para representar saltar por el bosque, una manera exageradamente idílica de pasar una tarde.

Métodos de vocabulario para especialistas

Los maestros de lectura y lengua y literatura tienen el desafío adicional de presentar en sus clases la enseñanza del vocabulario de manera más sistemática. Los maestros en una escuela de enseñanza media de alto rendimiento utilizan la siguiente secuencia para presentar palabras de vocabulario. Aplican muchas de las técnicas anteriores y requieren de diez a quince minutos al principio de cada clase para enseñar una o dos palabras nuevas de la siguiente manera:

1. Proporcionan la definición y parte de la oración de una nueva palabra de vocabulario.
2. Proporcionan una palabra parecida, idealmente una con la que los alumnos estén familiarizados, y explican cómo es que la palabra de vocabulario es parecida pero diferente. Hacen que los alumnos sugieran momentos en los que podrían usar la palabra en cuestión y por qué.
3. Muestran a los alumnos una imagen que represente la palabra de vocabulario. Explican por qué la imagen es una representación de la palabra.
4. Crean una oración, escrita por el grupo con la guía del maestro, que refleje el significado de la palabra en un pensamiento completo.
5. Hacen una lista y discuten las variaciones de la palabra, identificando su parte en la oración: "Apático puede ser un sustantivo: *apatía*. O podría convertirlo en adverbio agregando un sufijo. ¿Qué sufijo puedo agregar para hacer que *apático* sea un adverbio?"
6. Realizan actividades y juegos que refuerzan el vocabulario utilizando múltiples repeticiones, y comparan, combinan y contrastan.
7. Escriben una frase de forma independiente (generalmente como tarea) utilizando la palabra correctamente y de acuerdo con los estándares para las oraciones de vocabulario de calidad.

FLUIDEZ EN LA LECTURA

En la definición estándar, la *fluidez* consta de automaticidad (la habilidad para leer a un ritmo rápido sin error) y expresión (la habilidad para agrupar palabras en frases para reflejar un significado, enfatizar las palabras importantes, y expresar tono y registro). Sin embargo, se podría argumentar que la fluidez en la lectura consta de automaticidad más expresión, más comprensión. Es decir, para leer un texto expresivamente, el lector tiene que comprenderlo. ¿Cómo son el registro, el tono y el estado de ánimo? ¿Cuáles palabras merecen un énfasis especial? ¿Cómo se conforma el significado con la puntuación? Para resumir, la fluidez no es más que la lectura rápida; es leer haciendo el significado audible.

La verdadera lectura expresiva y fluida muestra comprensión; en algunos casos, de manera más eficiente que hablar acerca de la comprensión o describirla. Intercala la comprensión en la acción de la lectura fluida, y mientras muchos maestros piensan que la fluidez es una habilidad que tiene más relevancia en los grados de primaria, tal vez sea al contrario. Para desarrollar la habilidad de los alumnos para comprender toda la información que se encuentra en el texto, se requiere un "oído expresivo" que pueda extraer el significado del subtexto, tono, registro, insinuación y analogía. Los libros más avanzados apoyan aún más fuertemente su significado en la porción del argumento que comunica estos elementos subtextuales. Para desbloquear esas formas de significado se requiere una práctica continua y hasta modelarlo, especialmente en los últimos años. La mejor manera de comprender realmente a Shakespeare, los expertos le dirán, es leerlo en voz alta, y por supuesto, la otra clave para comprender a Shakespeare (o cualquier otro texto), es poder leerlo rápida y eficientemente y que le sobren las neuronas suficientes para pensar acerca de otras cosas que no sean cuáles son las palabras que hay.

Cuatro técnicas para reforzar la fluidez en la lectura

Observar a los maestros campeones en acción me ha permitido desarrollar lo que espero sea una lista clara y realizable de los métodos específicos que ellos utilizan con mayor frecuencia para reforzar la lectura fluida y expresiva. Estos métodos le permiten al maestro reforzar tanto la automaticidad como la comprensión en una forma que la mayoría de los alumnos encontrarán disfrutable. Ya que todos estos enfoques son relativamente sencillos, debe poder hacerlos de manera confiada y consistente con sólo un poco de práctica.

- **Muestre espíritu.** Lea en voz alta a sus alumnos regularmente. Cuando lo haga, modele la lectura fuerte y con énfasis expresivo. Esto puede involucrar tomar algunos riesgos (si no está inclinado al drama) pero no solamente les mostrará cómo identificar las partes expresivas del lenguaje, les enseñara que vale la pena arriesgarse a leer con espíritu y vigor. Esto es igualmente importante ya sea que lea *Guerra y Paz*, *El búho en casa*, “un resumen del ciclo del oxígeno” o las instrucciones de un problema. De hecho, los alumnos pueden estar menos familiarizados con cómo extraer el significado de los últimos dos ejemplos y así pueden aprovechar el máximo al leerlos en voz alta.

Un momento especialmente importante para mostrar espíritu es al inicio de una sección más larga de lectura oral o cuando se inicia otra vez después de una pausa para el debate. Al leer usted mismo las primeras oraciones, modela la expresividad, normalizándolo, y ayuda a mantener y captar el interés en el texto arrancando con un inicio emocionante. El brío y la energía que le da a la lectura oral serán modelados en la lectura oral (y en silencio) de sus alumnos.

Sin embargo, hablar de modelar una lectura efectiva plantea preguntas acerca de qué modelar y cómo. Aquí hay dos ideas. La primera es agrupar las palabras. Leer es como hacer música. Las notas y los silencios tienen diferentes duraciones, tanto en cómo están escritos como en las sutilezas de cómo se tocan. En la oración: “leer es como hacer música”, por ejemplo, las palabras *hacer* y *música* van ligeramente más juntas que las otras palabras para la mayoría de los lectores. Los lectores tienden a agrupar esas palabras para el énfasis y el ritmo, y como resultado, el significado de la oración cambia sutilmente. Como con la música, algo del significado se hace visible por la puntuación; otros aspectos son menos obvios. Cuando lea, ayude a los alumnos a reconocer cómo se toca la música en la lectura agrupando conscientemente. Busque modelar cómo se encadenan las palabras en grupos fluidos; mientras más largos mejor. Por ejemplo, busque que se unan las palabras en las frases preposicionales, una caída en la voz, y una ligera aceleración para una oración parentética.

Otra técnica a seguir para modelar la lectura oral es identificar las palabras especialmente importantes en un texto y enfatizarlas. Un beneficio de esta técnica es que cuando los alumnos la implementan, se requiere que ocupen todas sus facultades intelectuales para decidir cuáles palabras son de hecho las más importantes. Sus elecciones presentan un tema fructífero para el debate y son una fuente valiosa de datos acerca de su lectura. Un experto Shakesperiano que conozco propuso que la mejor manera de leer al Bardo es encontrar y enfatizar las palabras de contraste y enfatizar el conflicto entre ellas conforme lee. El maestro puede iniciar a los alumnos de manera más sencilla haciendo que busquen palabras de transición (*después*, *en lugar de*, *de repente*) y comparativos y superlativos (*más oscuro*, *más rápido*, *el más triste*, *máximo*) para enfatizar.

- **Pida un poco de drama.** Así como su lectura expresiva es buena para los alumnos, también lo es pedirles que lean expresivamente. Los obliga a practicar la búsqueda de profundidad en el significado de las palabras. Para hacer la lectura oral sistemáticamente más expresiva, intente lo siguiente:

  - Identifique (diciéndoles a los alumnos o ayudándoles a deducirlo) el tipo de expresión que sus alumnos deberían transmitir al texto y pídales que lo apliquen. "Guillermo está enojado, Diana. ¿Puedes leer la oración de una forma que lo muestre?" También podría pedir a los alumnos que primero deduzcan el estado de ánimo de Guillermo y después que lo modelen: "¿Cómo se siente Guillermo ahora mismo? ¿Qué emoción está sintiendo? Bien. ¿Me lo pueden mostrar?"
  - Llame la atención de los alumnos a los indicadores de diálogo y su papel como "dirección de escena". "El texto dice: 'No quiero ninguno", dijo el Sr. Malone bruscamente'. Lee eso otra vez de manera que sus palabras sean bruscas". Puede hacer que esta técnica sea aún más efectiva modelando el tono correspondiente cuando lea el indicador de diálogo y pidiéndoles a los alumnos que la apliquen a la oración que están leyendo. En otras palabras, en el ejemplo, podría decir la palabra *bruscamente* en un tono de voz brusco que los alumnos puedan imitar y aplicar a la oración.
  - Pida a los alumnos que identifiquen las dos o tres palabras más importantes en una oración (o las dos o tres ideas más importantes en un texto) y ponga énfasis especial en ellas.
  - Pida a los alumnos que agreguen o quiten algo en particular del texto eligiendo una palabra descriptiva que sea esencial del texto, o una palabra de vocabulario, y pida a los alumnos que lean el texto de una forma que enfatice esa palabra. Por ejemplo, en una lección en la Excellence Charter School en Brooklyn, el maestro de tercer grado Roberto de León respondió a la lectura de un alumno de un fragmento de *El fantasma de la ópera* diciendo: "Alto. Repite ese renglón y léelo como si quisiera hacer que ella le obedeciera". *Obedecer* fue una de las palabras de vocabulario de la clase, y mientras daba esta instrucción, De León sostenía una tarjeta con la palabra *obedecer* escrita en ella. El alumno volvió a leer el fragmento del texto enfocándose en incorporar el énfasis que De León sugirió. En otro ejemplo, una maestra les pidió a sus alumnos que leyeran en voz alta una escena de *El Príncipe Caspian*, de C.S. Lewis. Después de la primera lectura, observó: "Regresen algunas oraciones. Dice que los niños se sentían tristes mientras se sentaban y esperaban el tren. ¿Pueden leerlo otra vez para mostrar que los niños estaban tristes?" Obviamente puede ser especialmente riguroso cuando la secuencia de preguntas obliga a los alumnos a deducir qué tono o humor deberían llevar las palabras a partir de pistas más sutiles. "¿Quién le puede decir a Daniela qué tipo de tono usar al leer estas líneas?" "¿Por qué

dicen eso?" Y hasta podría agregar: ¿Alguien lo leyó de esa forma?", antes de pedirle a Daniela que modele el tono en su lectura.

- Pida a los alumnos que proporcionen otras interpretaciones posibles de una línea que leyó un alumno. De León es un maestro en esto. "¡Oh, me encanta!", respondió a la lectura expresiva de un alumno. "¿Quién más quiere leer esa línea expresivamente? ¿Tal vez en una forma ligeramente diferente?"

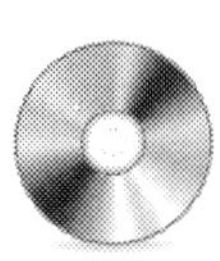

MAESTROS EN ACCIÓN: VIDEO 23

FLUIDEZ EN LA LECTURA

En el video 23 del DVD, Roberto de León de la Excellence Charter School de Bedford Stuyvesant demuestra una enseñanza ejemplar de *fluidez en la lectura.* Comienza este video inspirador usando la técnica oral de llenar espacios de *Controle el juego* para probar el *apalancamiento.* Rápidamente encuentra que necesita volver a comenzar para asegurar que sus alumnos no solamente estén escuchando sino que estén leyendo junto con él (o un alumno lector). Desde aquí todo es fluidez.

De León demuestra *Muestre espíritu* modelando para sus alumnos el tipo de lectura expresiva que imparte significado y muestra comprensión. Observe lo efectivo que es su pase al alumno que lee con la máscara. Roberto modela el tono de la carta que le pide al alumno que lea con las dos primeras palabras y después se la pasa a su alumno a la mitad de la oración. El alumno ahora puede practicar aplicando el tono que Roberto estableció a su propia lectura simplemente tratando de continuarlo, algo que el alumno hace con gran éxito. Probablemente el alumno no habría tomado el riesgo de leer tan expresivamente si De León no lo hubiera hecho primero. ¡*Muestre espíritu* y *Pida un poco de drama* están conectados permanente e inherentemente!

Finalmente, observe la manera como Roberto utiliza *Analice, Procese, Repita* de manera tan efectiva, llenándolo de una gran cantidad de retroalimentación positiva pero pidiéndole al alumno que vuelva a leer con un nuevo énfasis: enmarcando la aplicación de la palabra de vocabulario *obedecer.*

En este video, De León desarrolla el oído lector de los alumnos y también les enseña a usar su lectura para demostrar comprensión. Esto a su vez hará que su evaluación de la comprensión de los alumnos sea más eficiente. Podrá escucharla.

- **Revise la mecánica.** Los alumnos pueden ver la puntuación pero no captar lo que les está diciendo que hagan en términos de significado o inflexión. Haga una referencia explícita a la puntuación, y pida a los alumnos que demuestren su comprensión de ella en la lectura oral. "Hay un punto allí. ¿Te detuviste?" "Quiero que hagas una pausa y respires siempre que veas una coma". "Alguien está hablando aquí, ¿correcto?" Enfatice la importancia de la sintaxis (la relación de las piezas de una oración y su efecto en el significado, el cual se pierde con frecuencia en los lectores débiles) y la idea de que aunque define el resto de la oración en contraste con la frase inicial, es una parte fundamental de la lectura eficaz. Pida a los alumnos que identifiquen cuáles palabras les indicaron que una oración era una pregunta o qué palabras les indicaron que los dos hombres no eran parecidos.

- **Analice, procese, repita.** No solamente haga leer a los alumnos frecuentemente; haga que relean frecuentemente. Una vez que los alumnos han tomado un sentido elemental de las palabras en una oración, pídales que regresen y vuelvan a leer para verificar específicamente la fluidez. Aquí le presento tres razones especiales para releer:

  - *Para suavizar una lectura original que estaba acartonada o requería corrección mecánica.* "Bien, ahora que tienen las palabras, regresemos y leámosla con energía. ¡Ésta es una parte emocionante del libro!"
  - *Para enfatizar algún aspecto del significado o para incorporar la retroalimentación.* "Bien, correcto. Ahora lean esa oración [o fragmento] otra vez, e intenten mostrar lo asustados que estaban". "¿Pueden regresar y poner énfasis especial en las palabras que muestran que los niños estaban asustados?"
  - *Por diversión o porque la lectura original era especialmente buena.* "¡Oh, eso fue grandioso! ¿Pueden leerla otra vez para que todos podamos escuchar qué tan malhumorado lo hicieron sonar?"

MAESTROS EN ACCIÓN: VIDEO 24

FLUIDEZ EN LA LECTURA

En el video 24 del DVD, Hannah Lofthus de la Leadership Prep Bedford Stuyvesant demuestra una enseñanza ejemplar de la *fluidez*. En este video escuchará en sus alumnos lectores los claros resultados del uso constante de *Pida un poco de drama*, pero la revelación que tomo de este video es lo poderoso que puede ser *Analice, procese y repita* cuando se utiliza para dar una retroalimentación positiva además de constructiva. Lofthus le pide a su alumno que lea otra vez el texto porque mostró una "expresión fantástica", celebrando y analizando con el resto de la clase la grandiosa lectura del alumno. La expresividad que la última lectora le trae a su lectura mientras el video se cierra, no puede ser tan sólo una coincidencia.

Para los fanáticos de la técnica *Voz fuerte* (técnica 38 en el capítulo 6), también observarán a Lofthus usando el método de autointerrupción para asegurar que ella no hable por encima de los alumnos. Sería interesante compararlo y contrastarlo con la autointerrupción de Sultana Noormuhammad en el video 17.

CAPÍTULO 12

COMPRENSIÓN: ENSEÑE A LOS ALUMNOS A COMPRENDER LO QUE LEEN

La comprensión (entendimiento de todo el significado y relevancia de un texto) es el objetivo final de la lectura. Sin embargo, con frecuencia es difícil enseñar comprensión directamente porque engloba muchas cosas y depende de muchas habilidades diferentes. Con todo, un tema que se refleja en este capítulo es la importancia de probar la suposición de que cuando los alumnos no pueden responder preguntas que prueban el entendimiento de todo el significado y la relevancia de un texto, el problema es que no comprenden los conceptos más amplios que esas preguntas tratan directamente. De hecho, muchas veces los alumnos no pueden responder preguntas más profundas no porque no sepan cómo pensar de una manera más amplia o más abstracta, sino porque fracasan en comprender lo que leen totalmente y tratan de hacer saltos cognitivos desde un cimiento defectuoso del conocimiento subyacente.

Los maestros campeones, que yo he observado, hacen preguntas rigurosas y desafiantes para evaluar el conocimiento de sus alumnos sobre el significado y la relevancia de un texto completo, pero también se enfocan de manera intensiva en barreras a la comprensión con frecuencia no reconocidas. Un buen ejemplo son las preguntas a nivel de palabra y de frase. El fracaso para comprender las expresiones y frases coloquiales o la sintaxis de una oración compleja (por ejemplo, a quién se refiere cierto pronombre), es común entre los alumnos que llegan a clase con un subdesarrollo en las habilidades del lenguaje. Por consiguiente, hacer preguntas como: "¿Quién es 'él' en esa oración?" o "¿Qué quiere decir la autora cuando escribe que Harry 'mostró los dientes', y qué te dice esto acerca de él?", es efectivo no sólo para asegurar la sólida comprensión de los hechos básicos en un texto, sino porque son necesarias para la comprensión a un nivel más alto. Por ejemplo, en una escena clave en *El león, la bruja y el ropero,* de C.S. Lewis, Aslan, el heroico león, "provoca" a la bruja. Un lector que fracasa en comprender que "provocar" a alguien significa hacer más que molestarlo, pero hacerlo con la intención de atacar, perderá la creciente tensión en la escena y la comprensión fracasará. No estoy argumentando en favor de un enfoque exclusivo acerca de preguntas a nivel de palabra y frase, sino para reconocer que dichas preguntas son tan necesarias para comprender las lagunas en la comprensión del alumno como las preguntas más amplias y profundas que parecen evaluar mejor su conocimiento de todo el panorama.

En una palabra, la suposición que se invalida observando a los maestros campeones en acción es la idea de que la instrucción que enseña las habilidades de comprensión debería ser

En una palabra, la suposición que se invalida observando a los maestros campeones en acción es la idea de que la instrucción que enseña las habilidades de comprensión debería ser necesariamente como la instrucción que se apoya en esas habilidades ya establecidas.

necesariamente como la instrucción que se apoya en esas habilidades ya establecidas. Este desafío se agrava por el hecho de que muchos de nosotros nos acostumbramos a la enseñanza que se basa en las habilidades de comprensión establecidas en la universidad (y con frecuencia en la preparatoria). Su "apariencia y sensación" han sido normalizadas para nosotros y las clases de literatura han reemplazado a las clases de lectura en nuestra imaginación. Como resultado, muchos maestros se saltan pasos, como confirmar la comprensión de las frases y los acontecimientos esenciales en un examen, con el propósito de llegar a conversaciones "más profundas" acerca del lugar de un libro en el mundo en el supuesto de que las discusiones posteriores sean más rigurosas. Sin embargo, esto no necesariamente es verdad; por ejemplo, los salones de clases que construyen habilidades sólidas de comprensión, más que utilizarlas para involucrarse en la interpretación, mantienen estándares más altos en el uso de la evidencia para apoyar las opiniones.

TÉCNICAS PARA DESARROLLAR LA COMPRENSIÓN

He descrito algunos de los métodos clave que los maestros campeones utilizan y adaptan para enseñar el seguimiento de la comprensión. Los he agrupado en tres categorías de acuerdo a como tienen lugar en el proceso de la lectura: antes, durante o después de la lectura.

Técnicas de prelectura

Los mejores maestros de lectura con frecuencia inician el proceso de lectura enseñando previamente a los alumnos los hechos importantes y el contexto que necesitarán para comprender, con el propósito de que tenga sentido el texto que están a punto de leer. Si los alumnos no saben en realidad qué es un nazi cuando comienzan a leer, no van a comprender lo que necesitan de *¿Quién cuenta las estrellas?* o del *Diario de Ana Frank.* Enseñar previamente el material de apoyo generalmente es más eficaz que detenerse durante la lectura y proporcionar una explicación y detalle porque evita las malas interpretaciones antes de que se presenten en lugar de remediarlas posteriormente. Aunque el argumento sobre la enseñanza previa parece evidente por sí mismo, la manera como los mejores maestros lo enfocan es diferente de lo que frecuentemente es "común", caracterizado por un mayor énfasis en la eficiencia y la intencionalidad.

Por ejemplo, cuando comencé a enseñar, estábamos acostumbrados, como muchos maestros lo están actualmente, a sacar información contextual a los alumnos con tablas SQA. Podríamos enlistar en dos columnas: 1) cosas que los alumnos dijeron que ya sabían, y 2) cosas que dijeron que querían aprender. Me di cuenta de que la columna de "las cosas que conozco" le pedía a los alumnos que hicieran conjeturas sin fundamento acerca de las cosas que menos conocían, o que nos llevaban a desarrollar una amplia lista de "hechos" de diferentes grados de importancia y precisión. La columna de "quiero saber" se basaba igualmente en la falta de conocimiento, a menudo idiosincrásico o que distraía de las cosas que eran más importantes que los alumnos dominaran y muchas de las cuales nunca se abordarían, haciéndome jugar el juego de dónde quedó la bolita, pretendiendo ser abierto para hablar sobre lo que mis alumnos querían cuando esto era ilógico e imposible. Entonces encontré con un poco de alivio, que la observación de los mejores maestros sugería el poder de entregar la información preliminar necesaria de una manera directa, clara y organizada al principio y ahorrar la lista seria de lo que quiero comprender durante y después de la lectura. Diez minutos de antecedentes guiados por el maestro y después pasar inmediatamente a la lectura, por lo general vale más la pena que una hora de: "¿Quién me puede decir qué eran los nazis?" La eficiencia importa.

La parte difícil no radica tanto en el conocimiento previo que sabe que les faltará a sus alumnos, sino en que puede no darse cuenta del conocimiento que les falta. Probablemente todos hemos experimentado una versión de esto. Por ejemplo, recorremos un texto buscando las palabras de vocabulario que sean difíciles antes de leerlo con el grupo, sólo para encontrar, cuando lo enseñamos, que una palabra que nos saltamos (una, dos y hasta varias veces durante la planeación) es una barrera obvia para la comprensión. En retrospectiva preguntamos: ¿Cómo se me pudo haber pasado ver eso? Y por supuesto, lo mismo sucede con otras formas de conocimiento previo que es importante. No siempre reconocemos los lugares en donde existen los huecos de nuestros alumnos. Sabe que ellos no sabrán lo que era un nazi pero no se da cuenta de que casi no saben nada sobre la Segunda Guerra Mundial, o sobre la proximidad y el tamaño relativo de Dinamarca y Alemania, o que los daneses y los alemanes no hablan el mismo idioma.

Lo que sigue son algunas formas para asegurar que la prelectura establezca la base más poderosa para que el conocimiento sea posible.

Contextualizar El enfoque básico para ayudar a los alumnos a comprender un texto es darles un contexto: llevarlos metódicamente a través de información esencial que les ayudará a entrar en él como lectores informados; por ejemplo, lo que necesitan saber sobre historia o ciencias o beisbol o Japón para seguir la acción. Contextualizar puede realizarse antes de la presentación de un texto o antes de leer una sección específica, digamos un capítulo, como lo hizo recientemente Lisa Delfavero de la Rochester Prep al preparar a sus alumnos de quinto grado para leer una de sus escenas principales en la novela *El hacha,* de Gary Paulsen. Lisa guió a sus alumnos mostrándoles tres o cuatro diapositivas de un alce con sus astas completas. "No quiero revelar demasiado pero será importante que comprendan cuán feroz e intimidante puede ser un alce", dijo. Sabiamente reconoció que sus alumnos, muchos de los cuales nunca habían salido de Rochester, necesitarían ese contexto para comprender la escena principal (un duelo con un alce) y lograron la tarea en menos de treinta segundos.

Los maestros de excelencia se esfuerzan por alcanzar la eficiencia al contextualizar, proporcionar la información directamente y permitir que la experiencia del libro despierte un interés más profundo. Al mismo tiempo son muy hábiles para detectar y abordar las áreas en donde la contextualización podría funcionar. Como E.D. Hirsch lo ha señalado, la falta del conocimiento previo es una de las barreras clave para la comprensión para los alumnos en riesgo y afecta todos los aspectos de la lectura, hasta la fluidez y la decodificación, porque agotan sus energías tratando de superar sus deficiencias. "El conocimiento previo del tema acelera la comprensión básica y deja a la memoria activa libre para hacer conexiones entre el material nuevo y la información previamente aprendida, para sacar conclusiones y para reflexionar sobre las implicaciones. Una gran diferencia entre un lector experto y un lector novato (de hecho entre un experto y un novato en cualquier área) es la habilidad para asimilar muy rápido las características básicas, dejando de este modo la mente libre para concentrarse en las características importantes" ("La lectura de comprensión requiere del conocimiento de las palabras y del mundo", *American Educator,* primavera 2003, p. 13).

Puntos focales Leer un texto rico en complejidad es como visitar una feria estatal o tal vez un circo, con acción en todas direcciones y lleno de detalles sensoriales, voces, acontecimientos e imágenes; de hecho, tal vez demasiado para que un lector ponga atención a todo ello. En la universidad o aun en los últimos años de la preparatoria, muchos de nosotros encontramos que ésta es la parte emocionante de la interpretación, cada lector descubriendo una versión única de los sucesos o enfocándose en diferentes acontecimientos al llegar a un significado diferente.

Por lo tanto, muchos maestros modelan sus clases para abordar el significado de manera similar a los enfoques que disfrutaron tanto en la universidad. Sin embargo, este aspecto de la lectura con frecuencia plantea un desafío para lectores novatos. Se aprende a determinar lo que es digno de atención solamente con el tiempo y la práctica. Sin años de práctica, con frecuencia los lectores toman decisiones cuestionables o no estratégicas sobre qué atender. Observan algo de tangencial relevancia pero pierden el momento crucial. Los artistas del trapecio están en plena marcha y no se pueden detener para mirar al vendedor de algodón de azúcar. Ven tres detalles pero fracasan para conectar uno con el otro.

Para ayudar a los alumnos a manejar la complejidad de un texto, los maestros campeones los orientan con anticipación hacia las ideas esenciales, los conceptos y los temas a buscar. ¿Cuáles personajes resultarán ser más importantes? ¿Qué idea será más relevante para la discusión de la historia? Además, les recomiendan a los alumnos lo que es secundario, no tan importante o que pueden ignorar por el momento. "Hay mucha discusión acerca de su vestimenta. Eso nos podría haber dicho mucho sobre ellos en el siglo XVIII, pero no nos vamos a preocupar mucho por ello".

En una lección que observé, una maestra leyó el cuento corto "El sustituto", de David Lubar, con sus alumnos de quinto grado. El final de la historia es inesperado y requiere de una deducción significativa para comprenderlo. Mientras leía, y aun antes de hacerlo, la maestra comenzó a llamar la atención de los alumnos a los renglones clave y a los detalles que pudieran ayudarles a comprender el final cuando llegara: "La palabra *conductividad* va a ser muy importante para comprender lo que sucede en la historia, así que vamos a definirla ahora con cuidado". "Oh, ese renglón es muy importante. Subrayémoslo. El hecho de que fue acosado por sus alumnos resultará muy importante en el final". En el momento en el que sus alumnos llegaron al final, no sabían cuál sería la sorpresa, pero habían puesto especial atención a las piezas clave de evidencia y estaban completamente preparados para hacer la deducción que se requería para comprender la historia.

En una lección en su salón de clases de tercer grado en la Excellence Charter School de Bedford Stuyvesant, Rob de León preparó a sus alumnos para su estudio de *Akimbo y los elefantes* con una presentación elegante que utilizaba puntos focales en varios niveles. Primero, Rob les dijo a sus alumnos que se prepararan para ser sorprendidos por el libro. "Una de las cosas que encontrarán acerca de los grandes libros mientras los leen durante toda su vida, es que cambian su manera de pensar", les dijo. "Este libro va a cambiar su manera de pensar acerca de los elefantes, de los cazadores furtivos y acerca de la idea de la valentía". Después, para acentuar no solamente un tema como la valentía sino también su propio cambio de opiniones, les pidió que escribieran las respuestas de algunas preguntas rápidas previas a la lectura que los forzaran a exponer sus opiniones acerca de los temas indicados en el libro (por ejemplo, "Verdadero o falso: es aceptable tomar cualquier trabajo que pague para alimentar a tu familia, aun si éste lastima a los animales"), de manera que pudieran realizar un seguimiento de sus propias percepciones cambiantes a medida que leían.

Dar información previa Además de presentar por adelantado las ideas esenciales a los alumnos que las leen, los mejores maestros presentan las escenas clave antes de que sus alumnos las lean, muy parecido a lo que hacen los estudios de cine para cerciorarse de que sus multimillonarias apuestas reditúen por medio de presentaciones en la forma de adelantos, una serie de escenas de la película que son emocionantes, fascinantes, misteriosas o si no enigmáticas. Las escenas que muestran no siempre se encuentran en el orden narrativo. Con frecuencia son rápidas y desconectadas, diseñadas para provocar nuestro interés y despertar el suspenso más que ofrecer un resumen lógico de la historia por venir. Nos exponen a las escenas críticas con mucha información de manera que nos sintamos conectados a la historia antes de que comencemos y así ponemos atención especial a aquellas escenas cuando las encontramos. Nos han avisado que son especialmente dramáticas e importantes. Para un maestro de lectura, el dar información previa de las escenas también puede suscitar el interés y aumentar la comprensión haciendo que la narrativa parezca más familiar en los puntos principales. Cuando en medio de la película encuentra una escena que ha visto previamente y siente como si ya la hubiera visto antes o reconoce que es de importancia fundamental, se abre un significado más profundo en algunas de las mismas maneras que ver una película o leer un texto por segunda o tercera vez.

Al igual que con un adelanto de la película, no necesita dar la información necesariamente en el mismo orden en el que aparecerán las escenas en el libro ni tampoco una completa explicación; un poco de misterio también puede ayudar. El objetivo es que su alumno, quien lee *Macbeth* por primera vez, encuentre la escena en donde Macbeth trata de lavar la sangre que imagina en sus manos y dice: "¡Oh, aquí está! ¡Mi maestra me habló de esta escena!", y la lea con especial atención.

A continuación se presentan algunos ejemplos para dar información previa y puntos focales:

- "Se van a topar con el cocodrilo más astuto y repugnante que hayan visto. No solamente es mal educado y miserable, ¡sino que esperen a verlo intentar disfrazarse como palmera!"
- "Durante el resto de su vida, escucharán a la gente referirse a la idea de 'tener sangre en tus manos', y no querrán decir sangre literalmente sino en el inevitable peso de la culpa. Esa expresión, esa idea, fue acuñada por Shakespeare hace cuatrocientos años en esta obra. Así que cuando vean a Macbeth hablando acerca de la sangre en sus manos, sabrán que están leyendo una escena que la gente ha encontrado inolvidable durante siglos".
- "En este capítulo viene una gran tormenta, y los niños se van a sentir asustados. Pero observen y vean cómo reacciona Sara. Es uno de los momentos que muestran su carácter, así que es muy importante".

Prelectura del resumen Resumir antes, después y durante la lectura. Lo he incluido aquí porque es especialmente efectivo como un punto de partida para todos los días de lectura en que debemos resumir la del día anterior. Si usa su resumen demasiado rápido, prepare a los alumnos para leer una nueva sección del texto, e intente combinar la secuencia de preguntas y la narrativa en un resumen rápido. Comience resumiendo usted mismo la lectura para cubrir las secciones clave rápidamente. Deténgase en los puntos críticos y haga a los alumnos preguntas altamente enfocadas para llenar los espacios: "Así que los dos héroes pelearon una batalla sangrienta. ¿Y en dónde pelearon, Jimena? ¿Y quién gana la batalla, Pablo? ¿Y qué pasa con el perdedor, Sergio?" Obviamente estas preguntas no son tan rigurosas o tan profundas como las preguntas del resumen que pudiera hacer después de la lectura, pero su propósito es diferente: activar la memoria de la lectura previa.

Las partes de la narrativa de estos resúmenes con frecuencia son especialmente efectivas cuando son casi dramatizadas con lujo de detalles llenos de energía que capturan la emoción y la energía del texto original describiéndolo en un tono que refleje la atmósfera de los acontecimientos, es decir, modelando la emoción al resumir las secciones cuando los personajes estaban emocionados y modelando la ira cuando los personajes estaban enojados.

Prelectura en acción Cuando la maestra de lectura Dinah Shepherd de la Roxbury Prep en Boston preparó a sus alumnos para enfrentarse a *Rebelión en la granja* por medio de la lectura de un artículo acerca de la revolución rusa, condujo a los alumnos a una comprensión básica de la industrialización y el comunismo (*contextualizar*). Hablaron brevemente acerca de cómo el idealismo inicial de las revoluciones comunistas fue rápidamente cooptado. Shepherd dirigió a sus alumnos para poner especial atención a las características de Trotsky, Lenin y Stalin ya que ellos podrían estar representados, en alegoría, en *Rebelión en la granja* (*puntos focales*). Mientras hacía esto, les dio referencias interesantes de las escenas del libro: "Cuando ven que los cerdos caminan hablando... cuando ven a la yegua mover de un tirón su crin con listones azules..., sabrán que no es una granja normal. Así es como saben que esta historia es una alegoría" (*preselección*). Cuando sus alumnos comenzaron a leer la novela, lo hicieron con un agudo sentido de anticipación cuidadosamente afinado.

Técnicas durante la lectura

Aunque para tener éxito es importante un enfoque intencional de la enseñanza antes de la lectura, los tipos de preguntas que haga mientras los alumnos están leyendo son de suma importancia. Es fácil asumir que esta importancia siempre debería significar hacer preguntas amplias y abstractas. Aunque dichas preguntas son importantes, los maestros campeones se esmeran en mantener un enfoque equilibrado en sus preguntas.

No espere Entre los hechos más poderosos acerca de los mejores maestros es que verifican constantemente la comprensión haciendo preguntas frecuentemente a sus alumnos para ver si "captan" y a lo largo de los textos que leen. Leen algunas oraciones o tal vez algunos párrafos y se detienen para hacer una pregunta rápida o dos, evaluando si los alumnos están siguiendo la narrativa y evitando las barreras inesperadas para la comprensión. Con frecuencia sus preguntas son relativamente directas. ¿Los alumnos asimilaron un detalle esencial, hicieron una deducción clave, comprendieron una palabra? Al preguntar tienen cuidado de mantener la discusión en un límite. De hecho, el objetivo de sus preguntas no es discutir, sino confirmar la comprensión, de manera que a los alumnos con otras ideas se les pide con frecuencia que las guarden para un punto de discusión más claro.

Tal vez esto suena obvio, pero si observa suficientes maestros enseñando, frecuentemente los verá avanzar trabajosamente por un texto o varios textos manteniendo las preguntas para el final y sin detenerse nunca para confirmar que los alumnos todavía los siguen. Por cierto, un beneficio secundario de *No espere* es el hecho de que poder reconocer las lagunas en la comprensión tan pronto como surgen, le permite reunir mejores datos acerca de las causas fundamentales de las dificultades de comprensión de sus alumnos. Si espera hasta el final del texto, probablemente nunca sabrá la fuente del problema. Lo que es más, captar un malentendido es más efectivo tan pronto como sucede, en este caso tan pronto como la oración es mal interpretada, en lugar de varios minutos más tarde o incluso al final de un párrafo y después de que se han acumulado tres oraciones posteriores con mala interpretación. Hacer preguntas cada cierto número de oraciones en lugar de esperar hasta el final de una selección, logra esta tarea, con la salvedad de que es extremadamente importante reconocer que las interrupciones frecuentes para las preguntas pueden interrumpir el flujo de la narrativa, fragmentándola e interfiriendo con la comprensión si no son extremadamente breves. Es de suma importancia regresar a la lectura de manera rápida.

Para utilizar esta técnica de manera efectiva, combine la frecuencia de las preguntas con la brevedad. Pregunte rápidamente para asegurar la comprensión y la atención, y después regrese a la lectura. Mientras lee, muchas pausas cortas, enfocadas en la discusión, maximizan la comprensión en el momento. No es para decir que no hay lugar para las conversaciones más amplias y profundas, son simplemente diferentes de lo que pregunta para asegurar que los alumnos capten todo el detalle y la profundidad de lo que están leyendo conforme lo leen.

Aquí hay un ejemplo de cómo sería *No esperes* durante una lectura de una sección corta del primer capítulo de *Una arruga en el tiempo,* de Madeline L'Engle. El ejemplo está adaptado de la observación de las lecciones de varios de los maestros excelentes. He insertado las preguntas de la maestra en tipografía romana dentro el texto del libro, el cual supongo que los alumnos leerían en voz alta. Si no está familiarizado con *Una arruga en el tiempo,* el texto ocurre justo después de que la protagonista, Meg Murry, ha bajado de su recámara en un estado de ansiedad y temor en medio de la oscuridad en una noche de tormenta. Encuentra a su hermanito, Charles Wallace, esperando ahí.

> *En la cocina ya estaba encendida una luz, y Charles Wallace estaba sentado en la mesa bebiendo leche y comiendo pan y mermelada. Se veía muy pequeño y vulnerable sentado ahí solo en la gran cocina de estilo antiguo, un niñito rubio vestido de azul desteñido del Dr. Denton, sus pies se balanceaban a unos 18 centímetros por encima del suelo.*
>
> *"Hola", dijo alegremente. "Te he estado esperando".*
>
> Maestra: ¿El hermano de Meg es más grande o más joven que ella? ¿Qué te dice acerca de él cuando le dice que "la ha estado esperando"?
>
> *Por debajo de la mesa en donde estaba recostado a los pies de Charles Wallace, esperando por una migaja o dos, Fortinbras levantó su esbelta cabeza oscura saludando a Meg y su cola golpeando contra el piso. Fortinbras había llegado a su puerta, un cachorro a medio crecer, escuálido y abandonado, una noche de invierno. Era, el padre de Meg lo había decidido, parte setter de Llewellyn y parte galgo, y tenía una belleza delgada y oscura que le era muy propia.*

"¿Por qué no subiste al ático?" Meg le preguntó a su hermano, hablando como si fuera por lo menos de su misma edad. "He estado muerta de miedo".

"Hace mucho viento en tu ático", dijo el niñito. "Sabía que bajarías. Puse un poco de leche en la estufa para ti. Ahora ya tiene que estar caliente".

Maestra: ¿Quién está más tranquilo ahora, Meg o su hermanito?

¿Cómo sabía siempre Charles Wallace de ella? ¿Cómo podía adivinar siempre? Nunca sabía –o parecía importarle– lo que Dennys o Sandy estaban pensando. Era la mente de su madre, y la de Meg, la que él sondeaba con una precisión aterradora.

Maestra: ¿Quién es "él" en esa oración? [Después de la identificación correcta de Charles Wallace como "él":] ¿Qué significa que Charles Wallace haya sondeado sus mentes con precisión aterradora?

¿Era porque la gente le tenía un poco de miedo que murmuraban acerca del hijo más pequeño de Murry, quien se rumoraba no era muy brillante? "He escuchado que la gente inteligente con frecuencia tiene hijos anormales", una vez escuchó Meg. "Los dos chicos parecen ser niños normales, agradables, pero esa niña poco atractiva y el bebé desde luego no están en sus cinco".

Maestra: ¿Qué quiere decir la gente cuando dicen que Meg y Charles "no están en sus cinco"? ¿Son "retrasados"?

Una pregunta que podría hacer después de revisar la secuencia en el párrafo anterior es: ¿cómo equilibro *No espere* con otros métodos para desarrollar habilidades de lectura de los capítulos anteriores, como *Fluidez* en la lectura o *Controle el juego*? Aunque esta secuencia se podría integrar con dichos enfoques como está, también se podría coordinar por medio de dos lecturas separadas. Es decir, podría hacer que los alumnos leyeran una vez para la fluidez y después leer una segunda vez con las preguntas integradas.

Baje el nivel Las preguntas acerca de un texto se pueden referir a cualquiera de (por lo menos) cuatro niveles de significado:

- Nivel de significado de palabra o frase: "¿Qué quiere decir aquí la palabra *desamparado*? ¿Por qué habría elegido el autor esa palabra?" "El autor dice: 'Ésa era la peor cosa imaginable'. ¿Cuál es la 'ésa' a la que se refiere ahí?" "¿Qué significa que Aslan 'provocó' a la bruja? ¿Qué otra cosa más allá de solamente provocarla?"
- Nivel de significado de la oración: "¿Puedes tomar esa oración y ponerla en un lenguaje más sencillo?" "¿Cómo podríamos expresar una idea como ésa en la actualidad?"
- Nivel de significado del texto: "¿Qué parte de este párrafo te dice que Mohi es mezquino?"
- Nivel de significado de la historia: "¿Cuál es el propósito de este ensayo?"

Es fácil asumir que el objetivo es determinar el nivel de significado de la historia tan pronto como sea posible e inquirir una parte tan grande de las preguntas de nivel de significado de la historia como sea posible. Sin embargo, los niveles de significado más bajos (palabra y oración) son de suma importancia para asegurar la comprensión firme del nivel de la historia. Los malos entendidos acerca de las grandes cosas con frecuencia comienzan como malos entendidos acerca de las cosas más pequeñas: por ejemplo, quién es "ellos" en una oración. Los alumnos tendrán más éxito en las discusiones de nivel de la historia cuando tengan una comprensión de la oración y el significado del nivel de palabra sea firme. Recuerde preguntar constantemente acerca de los niveles más bajos y asegurar que el significado se construye con confianza desde las unidades más pequeñas hacia las más grandes.

Aquí están las preguntas de la transcripción de *Una arruga en el tiempo* que incluí en *No espere* identificadas de acuerdo con el nivel en el que se enfocan. Para ser claro, esperaría que el maestro hiciera más preguntas de nivel de historia y texto después de concluirlo pero sólo en el supuesto de que estén equilibradas por muchas preguntas de nivel palabra-frase y oración durante la lectura (y aun después de ella).

¿El hermano de Meg es más joven o más grande que ella? [Nivel de texto]
¿Qué te dice acerca de él cuando le dice que "la ha estado esperando"? [Nivel de frase]
¿Quién está más tranquilo ahora, Meg o su hermanito? [Nivel de texto]
¿Quién es "él" en esa oración? [Nivel de palabra]
¿Qué significa que Charles Wallace haya sondeado sus mentes con precisión aterradora? [Nivel de frase]
¿Qué quiere decir la gente cuando dicen que Meg y Charles "no están en sus cinco"? [Nivel de frase]
¿Meg y Charles Wallace son "retrasados"? [Nivel de texto]

Secuencia de preguntas basadas en la evidencia Los mejores maestros de lectura constantemente enfatizan la fundamentación en el texto, aun en las preguntas subjetivas y de opinión haciendo preguntas basadas en la evidencia, es decir, preguntas en donde los alumnos deben hacer referencia a un hecho o evento del texto. Una de las ventajas primordiales es que las preguntas basadas en la evidencia son "comprobables" en el sentido de que pueden decir mucho más claramente si los alumnos han comprendido (o hecho) la lectura. Es más fácil obtener una pista de lo bien que un alumno ha comprendido (o si ha leído) lo que acaba de leer si una pregunta lo ubica en algo concreto en el texto. Puede fingir su respuesta a una pregunta acerca del tema de la historia escuchando la discusión y ofreciendo un resumen impreciso como apoyo. Puede expresar un juicio, ("¿Cuál crees que fue la escena más emocionante, Sara?") con una mínima atención a lo que ha leído. Pero no se puede fingir tan fácilmente: "¿Qué pasó en la página 157?" "¿Qué palabras en las oraciones te dicen que se cocina en problema?" "Encuéntrame la oración que prueba quién tomó el reloj de Carlton".

Es importante observar que las preguntas basadas en la evidencia no necesitan ser limitadas o concretas. Fácilmente podría pedir a los alumnos que encontraran una oración o un fragmento que apoye el argumento de que cierta idea es el tema de una historia. Además, la evidencia se puede utilizar de dos maneras: para inducir y para deducir. Podría pedirles a los alumnos que encuentren tres piezas de evidencia de que los personajes en la mitología griega eran castigados por hacer cosas en exceso o podría citar tres ejemplos de personajes siendo castigados por sus excesos y pedirles a los alumnos que lleguen a una conclusión relevante.

Para proporcionar algunos ejemplos, he tomado algunas de las preguntas de la secuencia de *Una arruga en el tiempo* en las secciones anteriores y las revisé para mostrar cómo podrían hacerse más basadas en la evidencia.

Original: ¿El hermano de Meg es más joven o más grande que ella?
Revisada: ¿Quién me puede leer una oración del texto que muestre que el hermano de Meg es más joven que ella? ¿Quién puede encontrar más evidencia? Esta vez con un ejemplo que nos ayude a adivinar su edad.
Original: ¿Qué te dice acerca de él cuando le dice que "la ha estado esperando?"
Revisada: ¿Quién puede encontrar otros ejemplos de lugares en donde aparece Charles Wallace para saber lo que está pensando Meg?
Original: ¿Quién está más tranquilo ahora, Meg o su hermanito?
Revisada: ¿Qué detalles en esta escena nos ayudan a mostrar que Charles Wallace es más frío y tranquilo que su hermana? Voy a querer que encuentren las palabras exactas.
Original: ¿Qué significa que Charles Wallace haya sondeado sus mentes con precisión aterradora?
Revisada: En la siguiente página vamos a ver a la Sra. Whatsit leer la mente de Meg. ¿Qué pueden concluir acerca de su relación a partir de estos dos incidentes extraños?

Técnicas poslectura

Una buena experiencia con un texto no termina cuando finaliza la lectura. A continuación se presentan algunas observaciones acerca de los tipos de preguntas que hacen los maestros campeones mientras empujan la discusión a temas más amplios o más analíticos después de completar un texto (o un día de lectura).

Resumir Un resumen es especialmente importante como herramienta para procesar al final de una sesión de lectura y es más efectivo cuando obliga a los alumnos a dar prioridad a la información separando los puntos importantes de los secundarios, y reformulando y condensando las ideas esenciales para asegurar que se han "apropiado" del contenido. Cuando el resumen no tiene éxito, con frecuencia es porque el maestro fracasó en enfatizar la diferencia entre volver a contar (reescribir o volver a plantear los detalles) y resumir (volver a contar mientras se condensa y se da prioridad a las partes importantes). Cuando enseñe a los alumnos a resumir, haga preguntas como: "¿Quién puede describir el capítulo resumiendo los tres acontecimientos más importantes?" o "¿Puedes resumir los dos argumentos más importantes del autor para apoyar su tesis?" Estas preguntas son poderosas porque les piden a los alumnos que den prioridad a la información. Hasta que los alumnos comprendan completamente los matices del resumen efectivo, hacer preguntas que requieran de los elementos específicos del resumen, como dar prioridad, con frecuencia es más efectivo como herramienta de enseñanza.

Otra estrategia particularmente efectiva es proporcionar a los alumnos un límite de palabras cada vez más pequeño para sus resúmenes (por ejemplo: "Resuman este capítulo en cincuenta palabras. Ahora resuman el capítulo en una sola oración con menos de quince palabras"). Esto siempre resulta un desafío: abreviar con exactitud y efectividad es mucho más difícil que solamente abreviar porque requiere de la verdadera comprensión y perspicacia para dar prioridad a la información. Hasta donde puedo decir, existen dos maneras de abreviar un resumen: reducir el número de temas que uno está tratando de incluir y reducir el número de palabras que uno puede usar para describir los temas que incluye. Estos consejos pueden ayudar a los alumnos a estar más cerca de resúmenes más eficientes y efectivos:

- Pida a los alumnos que regresen a su resumen inicial y que eliminen cada palabra que no sea absolutamente necesaria. Conforme los alumnos se hacen más competentes en esta habilidad, sugiera que eliminen los adjetivos y los reemplacen con verbos más fuertes y poderosos, cambiando "corrió tan rápido como pudo" por "pegó la carrera". Puede llevar esto un paso más adelante sugiriéndoles las palabras a eliminar (y expandiendo su concepción de cómo eliminar la verborrea) o pidiéndoles que sugieran qué es verborrea innecesaria en los resúmenes de los demás.

- Pida a los alumnos que den prioridad a los acontecimientos en una sección resumida. Llegarán más lejos al hacer descripciones más y más breves de todos los eventos en una sección pero finalmente tendrán que elegir deshacerse de algo por completo. Clasificar-ordenar los acontecimientos o el material que se va a resumir, fuerza ese proceso. (Discutir ese orden también puede ser una conversación efectiva.) Jackie Robinson dijo una vez que una vida no es importante excepto por el impacto que tiene en otras vidas. Puede utilizar el mismo criterio para decidir cuáles acontecimientos corresponden al resumen: "Un acontecimiento es más importante por el impacto que tiene [o es probable que tenga] en otras escenas en la historia. Si sabes o piensas que afectará el resultado del libro, inclúyelo en el resumen; si no, deséchalo".

MEJORES CONEXIONES

Cuando se les pide a los alumnos que hagan conexiones más allá del texto, los maestros campeones reconocen que ciertos tipos de preguntas generalmente son más rigurosas (y más probables para reforzar la comprensión de la lectura) que otras. Los tipos de preguntas se listan a continuación en orden de prioridad de acuerdo con su rigor relativo, con los formatos de pregunta más rigurosa al principio (tenga en cuenta que este orden puede ser contrario a lo que muchos maestros esperan o asumen):

- **Texto-a-texto.** Éstas son preferibles a las de texto-a-mundo y texto-a-sí mismo porque refuerzan las ideas comprobables más que los juicios, opiniones e historias que los alumnos tal vez no comprenden ("¡Eso le pasó una vez a mi mamá!"). Pueden incluir preguntas dentro del texto ("¿En qué otro lugar en el libro hemos visto a alguien actuar de esta manera?") y preguntas a lo largo del texto ("¿Alguien puede pensar en un personaje de otro libro que hayamos leído que era parecido?" o "¿En qué es parecido o diferente el suspenso en este capítulo al suspenso al final de *El fantástico Sr. Fox*"?).
- **Texto-a-mundo.** Pedirles a los alumnos que relacionen una cuestión en una historia a algún acontecimiento o persona en su mundo es un ejercicio válido. Especialmente cuando les pide a los alumnos que asocien aspectos específicos de un texto con aspectos específicos del mundo más amplio en lugar de permitirles discutir cualquier conexión que vean con cualquier suceso en el mundo.

  Algunas de las conexiones más comunes de texto-a-mundo son conexiones de texto-a-medios de comunicación en las cuales los alumnos asocian algo en el texto con programas de televisión o películas que han visto. Las conexiones de texto-a-medios de comunicación con frecuencia pueden desviar la discusión sobre el texto. Sería mejor decirles a los alumnos que no está buscando conexiones de texto-a-medios de comunicación. Sin embargo, suponiendo que una conexión del alumno de texto-a-medios de comunicación sea válida, la mejor pregunta de seguimiento es algo como esto: "¿Cómo es que la conexión que estás haciendo entre nuestro héroe en el texto y *El Hombre Araña* te ayuda a comprender el texto?" o "¿Qué del Sr. Fox es específicamente parecido al Hombre Araña?"

- **Texto-a-sí mismo.** Estas preguntas son inevitables y válidas, pero también son más limitadas en su relevancia para otros alumnos y la comprensión de los textos. Aunque son atractivas, a menudo pueden dirigir las clases por un mal camino. Son mejores cuando se enfocan en los elementos específicos del texto que se está leyendo ("Cómo te sentirías si estuvieras en una posición como Donovan, Carlos?"), en lugar de abarcarlo todo ("¿Alguien más tiene un momento en que se sintió asustado?").

Tenga en mente que las conexiones no son un fin en y por sí mismas. Por ejemplo, mientras se lee una historia acerca de una fiesta de cumpleaños, un alumno puede decir: "Yo fui a la fiesta de cumpleaños de mi primo la semana pasada". Es importante no aceptar esta conexión sin más cuestionamiento: "¿Qué sucedió en la fiesta de cumpleaños de tu primo que te recuerda esta historia?" o "¿Qué tipo de cosas sucedieron en la fiesta de cumpleaños de tu primo que también podrían suceder aquí?" Se debe animar a los alumnos para que utilicen su conexión para desarrollar la comprensión del texto, y para hacerlo, se debe establecer la conexión con el texto: "Así que, ¿cómo nos ayuda eso para comprender lo que está sucediendo aquí?"

Enseñar estructuras y convenciones literarias es especialmente productivo para ayudar a los alumnos a hacer conexiones valiosas. La idea básica es que las convenciones describen las formas como generalmente o con frecuencia funcionan las historias: el grado al cual la historia se ajusta o diverge de las convenciones (lo que hacen muchas historias) es una línea profundamente productiva para conectar. Pero para hacerlo así, los alumnos requieren de mucho estudio de otros textos y de la idea de estructuras y convenciones. Observe que ellos pueden y deberían buscar las conexiones en el texto, en especial las conexiones de texto-a-texto y las conexiones basadas en las estructuras, convenciones y métodos. Asegurar una buena colección de libros compartidos que toda la clase o la escuela haya leído, es una buena manera de habilitar esto.

PREGUNTAS ALINEADAS-CON LOS APRENDIZAJES ESPERADOS

La mayoría de los aprendizajes esperados estatales proponen algo así como una docena de tipos básicos de preguntas que los alumnos deben saber responder. Si no lo hacen explícitamente, elabore implícitamente el portafolio de evaluación que su escuela utiliza (exámenes estatales, *exámenes de aptitud* y cualesquiera otras evaluaciones adicionales que agregue). Por ejemplo, Nueva York esencialmente hace cuatro tipos de preguntas acerca del estudio de un personaje: cambio del personaje ("¿Cómo cambió *x* durante la historia?"), perspectiva del personaje ("¿Con cuál de estos enunciados probablemente estaría de acuerdo *x*?"), motivación del personaje ("¿Por qué *x* decidió caminar de la escuela a casa?") y rasgos del personaje ("X podría describirse mejor como…").

Aunque para los maestros es fácil caer en el hábito de hacer los mismos tres o cuatro tipos de preguntas una y otra vez, sus alumnos necesitan practicar toda la gama de tipos de preguntas, tanto para asegurar su éxito en las evaluaciones que se interponen entre ellos y la universidad (y la preparación para la universidad), como para asegurarse de que se sienten cómodos al demostrar un amplio rango de habilidades. Disciplínese para hacer preguntas que reflejen los tipos de preguntas de comprensión que los alumnos necesitan dominar, proporcionando así práctica en todas las habilidades e insistiendo en la diversidad en el maestro y en los alumnos. Los maestros excelentes son deliberados en esto de varias maneras, con frecuencia haciendo una lista global e incluyéndola en sus planes de unidad de manera que constantemente se encuentren enfocados en un tipo de preguntas diferentes. También estudian los diferentes formatos de preguntas que se utilizan en las evaluaciones para comprender mejor cómo se hacen las preguntas y asegurar que sus propias preguntas sean por lo menos tan rigurosas como las preguntas que controlan el ingreso a la universidad.

MAESTROS EN ACCIÓN: VIDEO 25

VOCABULARIO Y COMPRENSIÓN

En el video 25 del DVD, Roberto de León de la Excellence Charter School de Bedford Stuyvesant demuestra de manera ejemplar la enseñanza del vocabulario y la comprensión. Está enseñando previamente las palabras de vocabulario que son de suma importancia para la historia. Observe que los alumnos tienen múltiples oportunidades para usar y escuchar la palabra *señuelo* en una variedad de contextos, incluyendo uno que obtiene la información previa de la historia que están a punto de leer, permitiéndoles así aplicar su vocabulario para explicar y reaccionar al libro. De León es cuidadoso al diferenciar entre las palabras que son las mismas y las palabras que son parecidas. Contrastar las diferencias sutiles entre las palabras es al menos tan importante como discutir sus similitudes.

ESTRATEGIAS DE LECTURA Y TÉCNICAS DE LOS MAESTROS CAMPEONES

En la introducción de este libro, discutí la diferencia entre técnicas y estrategias. Reconozco al provocar esta distinción que muchos maestros de lectura utilizan lo que llaman "estrategias de lectura" para guiar su enseñanza. Estas estrategias se extraen de la obra de varios autores, quienes proponen conceptualizaciones parecidas a las estrategias que los alumnos necesitan para lograr una plena comprensión. Generalmente incluyen un grupo de habilidades como las siguientes: notar, conectar, imaginar, preguntarse, predecir, deducir y resumir.

Dada la importancia de la enseñanza basada en estrategias en el discurso profesional de los maestros de lectura, describiré cómo pueden coincidir e interrelacionarse aquí los enfoques comunes a las "estrategias de lectura". Aunque una gran cantidad de autores escriben acerca de las estrategias de lectura, utilizaré el libro de Nancy Boyles, *Constructing Meaning Through Kid-Friendly Comprehension Strategy Instruction,* 2004 *(Construyendo el significado por medio de una estrategia de enseñanza de la comprensión amable para el niño,* 2004), para esta discusión porque se encuentra entre los más claros y más efectivos.

En el análisis aquí, soy francamente crítico con algunos de los aspectos de la enseñanza de estrategias y de la manera como se puede utilizar. Por consiguiente, quiero aclarar que creo que la enseñanza de la lectura basada en estrategias bien implementadas puede ser efectiva y que el trabajo de los autores como Boyles ha promovido la calidad de la enseñanza de la lectura. Al mismo tiempo, una serie de obstáculos significativos pueden minar su efectividad, y existe una gran disparidad en la efectividad entre las estrategias. Con esto en mente, hago algunas observaciones generales acerca de las estrategias y después considero cada una de las estrategias más comunes de manera particular.

Riesgos y desafíos de la enseñanza de estrategias

Confiar profundamente en las estrategias de lectura plantea riesgos y desafíos. Un desafío es que las "estrategias" involucradas, con frecuencia están definidas con demasiada amplitud. La estrategia "notar", la cual Boyles define como: "marcar claves verbales importantes: palabras, oraciones y párrafos que ofrecen evidencia del significado del texto" (pág. 10), es un ejemplo. Según esta definición, ¿qué comentario sobre un texto, aunque sea uno tangencialmente relacionado con él, no sería un ejemplo de *notar*? Y porque casi toda respuesta a un libro requiere de un acto de notar algo, los maestros arriesgan reforzar la idea de que cualquier observación merece la pena o que todas las observaciones son igualmente productivas. Sin embargo, no todos los comentarios pueden ser igualmente útiles, por lo que la pregunta necesaria y con frecuencia sin resolver se vuelve rápidamente: ¿cómo pueden los maestros identificar y ayudar a los alumnos para que comprendan las cosas que son más valiosas de notar, y cómo pueden ser identificadas y modeladas sistemáticamente?

Un segundo desafío en la enseñanza de la lectura basada en las estrategias es una confusión de correlación y causa. Esto se refleja en el argumento básico detrás de la enseñanza basada en estrategias: que si los buenos lectores hacen *x*, entonces los que hagan *x* se convertirán en buenos lectores. Los buenos lectores pueden imaginar en su mente lo que están leyendo conforme lo leen, pero esto más bien puede ser un efecto más que la causa de una buena lectura. ¿Éste es un tema realmente significativo? Seguramente un estudio sobre lectores competentes podría revelar que a todos los buenos lectores les gusta sentarse en sillas cómodas cuando leen. Si éste fuera el caso, habría una fuerte correlación entre la comodidad y la lectura. Pero si suponemos una relación causal (como lo aconseja algunas veces la teoría de las estrategias), probablemente enfocaríamos la lectura haciendo que los alumnos se sentaran en sillas más cómodas como una de las principales prioridades, lo cual claramente sería un error (¡y muy costoso!). De manera similar, es un salto lógico más grande de lo que pudiera parecer sugerir que practicar la imaginación te hará un mejor lector. De hecho, dos ejemplos que Boyles proporciona sugieren lo poco convincente que es esta suposición. En el primer ejemplo, Boyles escribe:

> *Para ayudar a los alumnos a comprender el valor de usar la estrategia de imaginar mientras leen, les pido que recuerden un momento cuando recibieron grandes noticias, ya sea buenas o malas. "¿En dónde estabas cuando recibiste las noticias?", pregunto. "¿Cómo estaba el clima en ese momento? ¿Quién estaba contigo?" Lo más probable es que puedas responder todas estas preguntas. El contenido de ese mensaje, las grandes noticias que recibiste, está pegado para siempre al contexto en cual recibiste las noticias; un contexto está hecho de muchas impresiones sensoriales diferentes. [pág. 8]*

Irónicamente, el ejemplo de Boyles sólo puede probar que los alumnos ya tienen la capacidad para imaginar. Ella supone que si les pide que evoquen un recuerdo muy intenso, tendrán un recuerdo visual fuerte del mismo. El problema, entonces, puede no ser que los alumnos no sepan cómo imaginar. Puede ser que si comprenden lo que leen y tienen exceso de la capacidad de procesamiento que queda después de imaginar las palabras y el hecho básico de la descripción, se lo imaginarán de manera natural. Eso, parece suponer Boyles, es lo que sus mentes hacen de manera natural. En ese caso, enseñarles a leer con fluidez y atender cuidadosamente a los detalles rutinarios pudiera ser más efectivo que invertir tiempo en "enseñarles" intencionalmente a imaginar, algo que parece que ya saben hacer. Solamente necesitan un sentido claro de qué imaginar.

En un ejemplo parecido, Boyles escribe:

> *"Los lectores se imaginan diferentes tipos de cosas mientras leen", les digo a mis alumnos, sosteniendo el mini cartel de "imaginar"... "Por ejemplo, el autor podría escribir que cierto personaje pone apodos a las personas y se burla de los niños que son más pequeños, y este personaje también busca pleitos. El autor quiere que nos imaginemos que este chico es un... ¿Cómo llenarías el espacio?", les pregunto a mis alumnos.*
>
> *"¡Bravucón!", todos contestan a coro. "Es un bravucón". [pág. 12]*

El hecho de que Boyles asuma que sus alumnos ya tienen la capacidad para comprender una historia antes de que ella les enseñe estrategias (mientras la narrativa básica se les presente como un enunciado sencillo y claro), sugiere que el problema puede no estar en su capacidad para comprender, sino en su capacidad para entender lo suficiente de los detalles de la historia para captar plenamente sus habilidades de comprensión. En breve, los buenos lectores pueden "comprender", pero el problema para los malos lectores puede no ser que ellos no sepan cómo comprender, sino más bien que no entienden suficientemente bien lo que han leído para usar esas habilidades.

Otro desafío para la enseñanza de estrategias, un desafío al que no son inmunes las técnicas en este libro, es que mientras más fácil de entender y de usar es una estrategia, más probable es que los maestros la utilicen. Sin embargo, algo más fácil de usar no necesariamente es más propicio para el logro del alumno. Conectar, imaginar y predecir son especialmente tangibles y específicos. Su claridad puede alentar tácitamente a los maestros para que las usen con más frecuencia. Sin embargo, esto puede no estar justificado porque tienen inconvenientes significativos, los cuales se discutirán más adelante en esta sección, especialmente en lo que respecta a "imaginar", una técnica de la que se abusa con facilidad y que por consecuencia es particularmente molesta.

Además, las estrategias de lectura se pueden usar para promover tanto el interés como el entendimiento, los cuales son objetivos diferentes, y algunas veces los maestros no reconocen la diferencia entre los dos. Boyles escribe: "si realmente intentamos pensar en las maneras como una historia se conecta con nosotros y con nuestra vida... somos más susceptibles de seguir con la historia. Ésa es una razón por la que es tan importante buscar conexiones. Hacer conexiones con el texto nos ayudará a continuar leyéndolo" (pág. 7). Aunque sin duda vale la pena interesar a los alumnos en los textos para que deseen continuar leyéndolos, también es importante observar que hacer que los alumnos quieran leer un libro y asegurarse de que lo entiendan, son temas diferentes. Imaginar lo que están leyendo puede despertar interés en los alumnos y ocasionar que persistan en la lectura, pero éste es un tema diferente a si entienden lo que están leyendo. Puede ocurrir que,

¡la imagen que han hecho en su mente sea errónea! La enseñanza basada en estrategias frecuentemente puede fracasar al hacer esta distinción.

Finalmente, existe una advertencia grande en lo que se refiere a la fluidez, que generalmente no se reconoce plenamente en los debates acerca de la enseñanza por estrategias. Boyles escribe: "Enseñar estrategias de comprensión de lectura puede beneficiar casi a cualquier alumno que funcione a un nivel razonable de fluidez en la lectura (segundo grado o mayor)" (pág. XIV). Vale la pena observar que muchos alumnos en escuelas de alta pobreza no se encuentran en ese nivel, y la afirmación de Boyles de que el nivel de fluidez de segundo grado de primaria es el límite para determinar la eficacia de la enseñanza de las estrategias, parece ser arbitraria. ¿Qué tal si es quinto de primaria? ¿Qué tal si es "suficiente para el nivel del libro que trata de leer" y el libro es difícil? Con cualquier técnica, la pregunta que deberíamos hacer no es si su uso puede ayudar a los alumnos a aprender a leer, sino si puede ayudar a los alumnos a aprender a leer mejor y con más eficiencia. Si acaso éste es el caso con la enseñanza por estrategias, es una pregunta sin respuesta. Es casi ciertamente la cuestión en algunos casos y seguramente no lo es en otros.

La consecuencia no planeada en cualquier enfoque de la enseñanza es la tendencia a hacer del enfoque el propósito (no la comprensión). Por ejemplo, un alumno hace un comentario útil, pero el maestro dice: "¡No estás visualizando! Pedí que visualizaras". Este riesgo es especialmente grave en la enseñanza basada en la estrategia debido a que las estrategias son acciones que se supone los alumnos representen, y este aspecto público significa que existe un incentivo para abusar del enfoque de manera más agresiva y amplia.

Esto es igualmente cierto con las técnicas en este libro. Ben Marcovitz, director de la Sci Academy Charter School en Nueva Orleans, describió cómo pensar acerca de esta paradoja en una mesa redonda: "Mis maestros son responsables de los resultados. Las técnicas pueden llevarlos a esos resultados. Así ha sido para otros. Pero el punto es tener éxito, no el uso de las técnicas a costa de lo que sea. Si pueden encontrar otra manera de obtener grandes resultados, no tengo problema con eso".

ESTRATEGIAS ESPECÍFICAS Y SU RELACIÓN CON LAS TÉCNICAS EN ESTE LIBRO

En esta sección, hablo de cada una de las diversas estrategias de lectura y analizo ambas áreas de interés y su conexión con las técnicas descritas en este libro.

Notar

Al describir más la estrategia de notar, Boyles escribe: "Cuando encontramos claves en el texto, deberíamos archivarlas cuidadosamente en nuestra memoria para que podamos extraerlas más tarde y ver cómo se ajustan entre sí: como ideas principales y temas" (pág. 11).

Mientras que notar cosas es de suma importancia para convertirse en un lector efectivo, se define demasiado amplia y vagamente para ser útil como herramienta para enseñar. ¿Qué comentario, observación o momento que atrae la atención no sería un ejemplo de notar algo acerca de un texto? Ya que cada respuesta a un libro requiere de un acto de notar algo, los maestros arriesgan reforzar que cualquier observación sea valiosa o que todas las observaciones sean igualmente productivas. O arriesgan decirles a los alumnos que noten sin darles una guía útil acerca de qué notar. La pregunta es: ¿Cuáles son las cosas que los alumnos deberían notar más, y cómo pueden ser identificadas y modeladas sistemáticamente?

Un punto en el que pueden ser especialmente útiles las técnicas que he descrito en esta sección, es ayudar a los alumnos a notar mejor. ¿Qué tipo de observaciones pueden hacer los alumnos para usar su observación de la manera más productiva?

- Observaciones que están relacionadas y que promuevan la comprensión de las ideas más importantes de lo que se está leyendo. Esto suena obvio pero puede mejorarse enormemente con un poco de disciplina y la planeación avanzada. Utilice puntos focales, por ejemplo, para llamar la atención de los alumnos en algunos temas o ideas importantes de lo que están leyendo y pídales que traten de notar, mientras leen, las cosas que hicieron que la ambición de Macbeth lo destruyera o que permitieron que la bondad de Charlotte cambiara y que Wilbur madurara. En breve, no solamente haga que los alumnos lean; haga que lean por algo. Alternativamente, y especialmente si prefiere un estilo que es menos prescriptivo acerca de cuáles podrían ser los temas más importantes, utilice dar información previa para llamar la atención de los alumnos hacia las escenas de especial importancia para que pueda discutir los momentos críticos decisivos a una profundidad especial.

- Observaciones que se relacionen y que promuevan la comprensión de las habilidades (es decir, los aprendizajes esperados) que está enseñando en el momento. Utilizar una secuencia de preguntas alineada a los aprendizajes esperados es especialmente efectivo para desarrollar las habilidades de los alumnos para notar una amplia variedad de cosas importantes acerca de un texto. Si, por ejemplo, está estudiando caracterización, pídales que noten cómo cambian los personajes, o cómo se describen, o cómo hablan. Muchos alumnos se inclinan más a notar en las formas que son más naturales e intuitivas para ellos. Pedirles que empleen habilidades específicas para notar, los obliga a salir de sus zonas de confort y construye su habilidad para notar en una amplia variedad de formas.

- Observaciones basadas en la evidencia. Notar que la evidencia que apoya la opinión es tan importante como la opinión misma, o aun más importante: "¿Qué te hace desconfiar de él?", generalmente es una pregunta mejor que: "¿Confías en el personaje principal?" Utilice la secuencia de preguntas basada en la evidencia para enfatizar este aspecto de la observación.

- Observaciones basadas en diferentes niveles de observación. La cuestión acerca de no notar es ignorancia secundaria. Por su definición, generalmente no se sabe que no se observó algo. Una técnica de nivel más bajo puede ocasionar que los alumnos noten de manera más sistemática enfatizando y ocasionando que practiquen diferentes tipos de cosas por observar en un texto. Observar lo que significa una frase complicada o cómo el autor elaboró inteligentemente una oración para hacer confuso el sujeto de la acción, con frecuencia es tan importante como notar que el personaje principal probablemente no es digno de confianza. Ciertamente los alumnos necesitan practicar la observación a todos estos niveles. Pregúnteles; después intente observar las cosas acerca de las frases coloquiales que utiliza un autor; su elección de palabra; o cómo le gusta iniciar o terminar sus capítulos; o, de manera ideal, cómo su elección de palabra y su uso de las frases muestra que está intentando hacer algo concreto con el inicio de los capítulos.

Conectar

Cuando se conecta (o se hacen conexiones), los alumnos están acostumbrados a pensar acerca de las formas del texto que están leyendo como parecidas a alguna experiencia previa o familiar. Los lectores pueden conectar con otro texto (una conexión de texto-a-texto), con el mundo (una conexión de texto-a-mundo) o con ellos mismos (una conexión de texto-a-sí mismo). Uno de los beneficios que Boyles describe de conectar es que interesa a los alumnos en el texto. "Si realmente intentamos pensar en las maneras como una historia se conecta con nosotros y nuestra vida... tenemos más probabilidad de continuar con la historia" (pág. 7). Esto es muy cierto y significativo, aunque también vale la pena observar que mientras interesar a los alumnos es un objetivo importante y valioso, es un objetivo diferente de la comprensión.

> *Las conexiones bien pensadas con frecuencia pueden ser el punto de partida para las deducciones acerca del texto. Pueden ayudar a los alumnos a comenzar a comprender el texto al aludir a lo que ya conocen acerca de un tema.*

Las conexiones bien pensadas con frecuencia pueden ser el punto de partida para las deducciones acerca del texto. Pueden ayudar a los alumnos a comenzar a comprender el texto al aludir a lo que ya conocen acerca de un tema. Las conexiones efectivas también pueden ayudar a los alumnos a ver la historia desde el punto de vista del personaje accediendo a su propia experiencia análoga. Pero no necesariamente hacen esto, y en muchos casos, las conexiones que es más probable que hagan los alumnos ("¡Oye, es justo como le pasó a mi familia!") son menos rigurosas y menos útiles para generar comprensión de lectura a largo plazo. ("¡Oye, es justo como la introducción del otro libro que leímos!", probablemente es una conexión más útil a largo plazo que la conexión texto-a-sí mismo.) Además, los alumnos (o los maestros) pueden deducir que el punto simplemente es hacer cualquier tipo de conexión con el texto. Ése no debería ser el fin. Las conexiones no son valiosas intrínsecamente; solamente lo son las buenas conexiones. Una buena conexión sirve para ayudar a los lectores a entender algo acerca del texto, no lo que está conectado a él (en la mayoría de los casos, al tener la disciplina de usar al mundo para comprender el texto más que el texto para comprender al mundo). Los alumnos también pueden potencialmente dejar su proyecto de conexión con el texto. Es decir, pueden reemplazar los detalles reales con detalles imaginados o detalles contradictorios o confusos como cuando un alumno que perdió un artículo acerca de la vestimenta y se sentía triste por ello deduce que el personaje que perdió su suéter también se sentía triste, aun cuando el texto tiene claves que muestran que el personaje se sentía feliz. Finalmente, las conexiones pueden distraer de la tarea y pueden ser una pérdida de tiempo, y los alumnos astutos pueden utilizarlas para llevar la discusión hacia temas más sencillos o más convenientes.

También puede ser que la gente haga conexiones de manera natural, por lo que la habilidad no tiene que ser enseñada sino más bien dirigida y guiada. La habilidad está en hacer conexiones efectivas y enfocadas. A la luz de esto, se debe tener clara la vinculación de las conexiones con el texto para comprender la luz que arroja la conexión en lo que se está leyendo.

Éstos y otros aspectos de hacer conexiones efectivas se discuten en la sección de *Mejores conexiones,* presentada anteriormente.

Imaginar

Acerca de imaginar, Boyles escribe que a los alumnos se les enseña a utilizar claves del texto para recrear una imagen de lo que está descrito. Esto les ayuda a recordar lo que han leído y atrae a los alumnos al texto. Boyles escribe: "Las imágenes que tenemos en nuestra mente nos ayudan a responder al texto a un nivel emocional" (pág. 8), y esto es casi innegable.

Sin embargo, imaginar generalmente se encuentra entre las estrategias que se usan en exceso o se usan pobremente, y esto es significativo porque puede encontrarse entre las más destructivas en su aplicación. El uso de la imaginación como una estrategia de comprensión puede ser confundida por algunos maestros como para validar en términos generales la competencia de la lectura icónica (*visual literacy*) y hacer que para ellos sea más común utilizar imágenes visuales para ayudar en la comprensión. Esto podría parecer benévolo, pero el resultado es una estrategia compensatoria para la lectura efectiva. Al enseñar a los alumnos a imaginar, algunos maestros se sienten animados a recurrir a imágenes reales para hacer deducciones acerca de la historia de una forma que desplaza la lectura. Cuando una maestra dice: "¿Qué creen que va a suceder? ¡Vean el dibujo si necesitan ayuda!", está permitiendo a los alumnos "leer" la historia mediante la elaboración de información suficiente de las imágenes para evitar que tengan que leer las palabras para tener éxito. Esto se traduce en que su aprendizaje elude sus escasas habilidades de lectura.

Los maestros también podrían usar en exceso la estrategia de imaginar porque es muy accesible. Como resultado, pueden pasar tiempo valioso visualizando más que leyendo o haciendo preguntas más productivas y rigurosas. Con frecuencia, se aseguran de tomar un fragmento sencillo de un libro y les piden a los alumnos que lo visualicen para que lo comprendan. "'Fue a su escritorio, abrió el cajón y sacó un plumón'. Chicos, vamos a tratar de visualizar cómo se veía. ¿Qué había en el cajón? ¿Cómo caminó por la habitación?" Esto puede ser útil, pero también vale la pena observar que también podría ser una escena en donde el autor no pensó que era importante crear una imagen sensorial. Más importante, la imaginación puede ser incorrecta. A los alumnos a quienes se les pide que imaginen una escena con frecuencia pueden, y lo hacen, presentar detalles erróneos. En este ejemplo, el alumno podría crear una falsa imagen de cuándo y por qué el personaje fue hacia el cajón y qué encontró allí.

Finalmente, también es posible que visualizar intencionalmente no ayude a los alumnos a aprender a entender en gran parte lo que leen. Como Boyles señala en su libro, la gente parece visualizar naturalmente cuando entiende algo, así que podríamos preguntar si imaginar es una estrategia que provoca comprensión o es el resultado de ella, con una mejor imaginación que resulta de una mejor comprensión.

He visto que las aplicaciones más productivas de la visualización que utilizan los maestros incluyen pedir a los alumnos que dibujen o imaginen una escena con el propósito de aclarar lo que es confuso al respecto. Por ejemplo, una maestra que observé enseñando *Macbeth* dibujó imágenes separadas de Birnam Wood y Dunsinane y después bosquejó cómo los soldados cortaron las ramas y marcharon a la ubicación posterior, probando así que la

La aplicación más productiva de la visualización es cuando un maestro pide a los alumnos que dibujen o imaginen una escena con el propósito de aclarar lo que es confuso al respecto.

profecía imposible del sueño de Macbeth era verdad. Esto es diferente a pedir a los alumnos que compartan lo que están visualizando. Otro uso efectivo de la visualización es pedirles a los alumnos que hagan un dibujo usando los detalles que han leído en el libro. Ésta es en realidad una versión de una pregunta basada en la evidencia, y cuando los maestros lo hacen bien, les piden a los alumnos que señalen aspectos específicos de la historia y/o en dónde encontraron ciertos detalles que les proporcionaron la imagen.

Preguntarse

Al preguntarse, los alumnos hacen preguntas acerca del texto conforme leen. Los ejemplos, escribe Boyles, podrían incluir preguntarse: "qué podría pasar después en la historia o cómo podría terminar la historia" (pág. 9). Esta técnica algunas veces también es llamada "hacer preguntas". Sin embargo, al igual que con notar, la técnica a veces es vaga. ¿Preguntarse acerca de qué? ¿Cualquier cosa? ¿Todas las cosas por igual? Hacer que los alumnos desarrollen preguntas sobre lo que están leyendo los anima a ser lectores activos y puede motivarlos para saber más acerca de un texto. Aún más, el asombro y la curiosidad generalmente son muy buenas cosas. El punto es que existe una infinidad de formas para preguntarse, y no todas son intrínsecamente de igual valor. La experiencia privada de los alumnos, en la que lo que quieren preguntarse lo determinan ellos mismos, y la experiencia pública, en la que un grupo de personas elige hacerse ciertas preguntas para discutirlas, son cosas muy diferentes. Hay contextos para ambos, y en el último, un grupo merece criterios acerca de con qué preguntas captarán más su atención. "Aquí están los tipos de cosas de las que vamos a hablar y a preguntarnos hoy para aumentar nuestra comprensión de la historia [o nuestras habilidades para entender las historias]". Me imagino que esto puede parecer impreciso o impositivo (algunos lectores podrían preguntar: ¿Nos está diciendo que reprimamos la imaginación de nuestros chicos?), pero animar a los alumnos a pensar sobre la premisa de que es inherentemente una de las cosas más valiosas que podrían estar haciendo a pesar de cómo y qué se pregunten, es una falsa premisa.

Preguntarse puede ser especialmente efectivo cuando es el maestro quien lo modela, especialmente en forma de un soliloquio. "Aquí me pregunto, qué podría hacer que Donald quisiera regalar a su perro. Estoy recordando los primeros capítulos, y yo sé que Donald ama a su perro. El autor nos dijo que 'nunca haría algo que lo lastimara'. Por lo que me pregunto: ¿Por qué un niño regalaría un perro que ama?" Mientras que esta estrategia de hacer visibles los pensamientos puede modelar cómo pensar acerca de los libros de manera efectiva, también puede dar como resultado que los maestros hagan la mayoría del trabajo. Más que involucrar a los alumnos y trabajar para transferirles las habilidades del pensamiento, simplemente están realizando un análisis literario ante el público.

Predecir

Boyles escribe que: "predecir prepara el escenario para que los alumnos supervisen su propia comprensión del texto" (pág. 10). En su forma más básica y común, implica que los maestros pregunten a los alumnos qué piensan que va a suceder después. Sus beneficios incluyen el compromiso. Hace que los alumnos se enfoquen en lo que van a leer después para ver si se confirma su predicción. Cuando se hace bien, también puede ayudarles a supervisar su comprensión del texto basado en si sus predicciones se vuelven realidad. Ése es el mejor resultado posible de predecir, pero para hacerlo efectivo, el maestro debería hacerse el hábito de regresar para discutir intencionalmente si las predicciones fueron ciertas y por qué. Este último paso hace que predecir sea una actividad relativamente productiva, pero desafortunadamente, el último paso con frecuencia no sucede, tal vez porque muchos maestros no reconocen el valor particular de este aspecto de predecir. Puede aumentar la fuerza de su predicción si utiliza la técnica de las preguntas basadas en la evidencia. Esto ocasionará que haga preguntas más productivas de manera consistente. En el seguimiento inmediato de cada predicción, puede preguntar: "¿Por qué crees que sucederá después?" y "¿En el texto qué hace que sea probable que suceda?" En el seguimiento posterior a la predicción puede preguntar: "¿Por qué lo crees?" "¿Qué te engañó?" y "¿Qué te hizo saber que esto pasaría?"

Otros dos desafíos plantean barreras para predecir y con frecuencia pueden convertirlo en un uso ineficaz del tiempo. Primero, los alumnos pueden hacer predicciones disparatadas no relacionadas con el texto o más relacionadas con su vida o experiencias que con el texto. O bien, pueden narrar lo obvio y hacer que la predicción sea superficial. La mejor defensa contra esto es otra vez enfocarse en las preguntas basadas en la evidencia. Esto obliga a los alumnos a basar sus predicciones en el texto.

Hacerse una idea y deducir

La última estrategia común en la mayoría de los maestros de lectura es llamada alternativamente hacerse una idea o deducir. Boyles se refiere a hacerse una idea como empujar a los alumnos a ir "más allá de la construcción del significado básico a un entendimiento más profundo del texto" (pág. 12). Esta estrategia trata de enfocarse en lo que es, con justa razón, el factor más importante en la comprensión: entender lo que está entre líneas, lo que no se dijo, lo que se insinuó. En resumen, ésta es la estrategia que pide a los alumnos que vayan más allá de lo básico, el entendimiento literal del texto, para aplicar un pensamiento de orden más elevado. Pero su importancia oculta la dificultad de aplicarlo. Obviamente, pedir simplemente a un alumno que haga una deducción no funcionará. No puede decirle a un alumno: "Lee esta página y hazte una idea de algo que puedas compartir con el grupo". Hacerse una idea sucede pero no se puede ordenar.

> *Deténgase y pida a un alumno que vuelva a leer un renglón, descubra una frase clave, defina una palabra, subraye una pieza crucial de evidencia.*

Para que la deducción tenga éxito se debe preparar el terreno, con frecuencia con trabajo meticuloso usando las técnicas de *Baje su nivel* y *No espere*. Cuando sus alumnos están aprendiendo a hacer deducciones, puede armar subrepticiamente las piezas clave que necesitan para avanzar deteniéndose frecuentemente con discusiones breves e indicaciones para atender las piezas clave en las páginas o renglones anteriores. Deténgase y pida a un alumno que vuelva a leer un renglón, descubra una frase clave, defina una palabra, subraye una pieza crucial de evidencia. Enfóquese en las palabras y en las frases; los elementos que llevan a la inferencia o la invalidan a menudo comienzan en el nivel mundano. Irónicamente, una educación sólida en el sentido literal del texto, incluyendo el vocabulario y enfocarse en detalles importantes, no distrae del pensamiento de orden superior, lo hace posible.

Resumir

Los defensores de la educación basada en estrategias, incluyen también *resumir* como una estrategia esencial. Para esta estrategia veo casi el 100 por ciento de coincidencia con las técnicas en este libro. Para una discusión adicional, vea *100 Por ciento* (técnica 36 en el capítulo 6).

CONCLUSIÓN

EL FIN
ES EL PRINCIPIO

En la introducción de este libro señalé las diferencias entre técnicas y estrategias. Como recordarán, una estrategia es una decisión y una técnica es algo que se practica, mejora y adapta durante toda su vida. Los artistas, los atletas, los músicos, los cirujanos y los profesionales de mil cosas más alcanzan la grandeza solamente por su atención a los detalles de su técnica. El constante refinamiento de ésta renueva permanentemente su pasión por el oficio y les permite buscar el grial del mejor rendimiento, expresión que reza, la habilidad para hacer la mayor diferencia posible. Este enfoque en la técnica y su constante refinamiento también es el sendero hacia la excelencia de los maestros.

Entender la enseñanza como un arte (queriendo decir con esta frase que es difícil y que requiere de refinamiento y discreción en la aplicación, conocimiento del oficio y desarrollo cuidadoso y atento de la técnica para dominarla) es el camino del éxito. Ese camino es diferente para cada maestro. Las técnicas desarrolladas por los maestros campeones y descritas en este libro no eran mías para empezar, pero pueden pertenecer a cualquier maestro que adopte el concepto del refinamiento atento y constante de las técnicas. Solamente ese enfoque, aunado a la sabiduría de los maestros en este libro, será suficiente para cambiar la ecuación de las oportunidades en nuestras escuelas y cerrar la brecha del rezago académico a gran escala. Adaptadas, refinadas, mejoradas y, tal vez en algunos casos, ignoradas porque no todo en este libro puede ser correcto para el maestro, estas técnicas pueden transformar su salón de clases.

Uno de mis colegas, Ben Markovitz, fundó recientemente una escuela en Nueva Orleans. La Sci Academy logró resultados ejemplares en el primer año con alumnos de preparatoria, quienes previamente no habían tenido éxito. Esta escuela ha hecho un uso extenso y enfocado de las técnicas en este libro, con docenas de juntas y sesiones de capacitación para el personal. Sin embargo, cuando se le preguntó a Ben recientemente cómo se asegura de que sus maestros utilicen este material, señaló que no lo hace. Dirige a sus maestros en función de los resultados y proporciona estas técnicas para hacer que los maestros lo logren. Tienen la libertad de usarlas o no. Todos ellos lo hacen, con una energía y vigor que me abruma, pero Ben insiste en que las herramientas que hay aquí son los medios para los resultados, no un fin en sí mismo, estoy totalmente de acuerdo con Ben. En realidad, me gustaría que este hecho diferenciara este libro de muchos otros: comienza con y se justifica por los resultados que ayuda a lograr a los maestros, no por su lealtad a un principio ideológico. El resultado al que se aspira no es la adaptación fiel de estas técnicas por sí mismas, sino su aplicación al servicio de un mayor logro por parte de los alumnos. Demasiadas ideas, aún las buenas, salen mal cuando se convierten en un fin y no en los medios.

Las técnicas acerca de las que he escrito, derivaron de la observación de los maestros destacados en el aula. Pero más fascinante que ese hecho, es la forma en la que este libro ha cambiado con el paso de los años mientras lo he estado escribiendo. Durante este tiempo, ha evolucionado de un documento informal en las Uncommon Schools a una guía más explícita para la enseñanza que he compartido con colegas y que he ofrecido como capacitación, hasta este libro que ahora tiene en sus manos. Ha cambiado y evolucionado y ha obtenido la profundidad que espero lo haya hecho merecedor de su tiempo. Lo que le da la profundidad y enfoque a este libro es la tenaz aplicación de las ideas de maestros admirables. Lo que escribí primero fue el esqueleto de lo que ahora aparece; las técnicas que aparecieron fueron descritas en términos insuficientes y en breves y ambiciosos párrafos. Solamente cuando otros maestros las intentaron, las aplicaron, las adaptaron y las mejoraron (y me permitieron videograbarlos realizándolas) surgieron las partes verdaderamente útiles de este libro. En resumen, lo que es bueno aquí lo es solamente gracias al proceso de refinar y adaptar las técnicas constantemente en la incesante e inquebrantable búsqueda de excelencia. Esa observación parece la apropiada para terminar.

APÉNDICE

ENTREVISTAS DETRÁS DE CÁMARAS

Muchos de los maestros y pedagogos con los que he trabajado para compartir el material en este libro, han pedido más información, específicamente en respuesta a los videos increíblemente poderosos que lo acompañan, los cuales muestran a los maestros campeones en acción. Pronto quedó claro que las respuestas a muchas de las excelentes preguntas que los maestros hicieron acerca de los videos, solamente podían ser proporcionadas por los mismos maestros. En respuesta, mi colega Max Tuefferd, quien analiza el video y desarrolla las actividades de capacitación para las Uncommon Schools, comenzó a entrevistar a muchos de los maestros de excelencia a quienes videograbamos, pidiéndoles que explicaran en sus propias palabras lo que estaban haciendo en sus videos, por qué lo estaban haciendo y cómo pensaron y se prepararon para hacer las cosas que hicieron.

La retroalimentación resultante fue abrumadora. A la gente le encantaron las entrevistas. Resultó ser, y no es de extrañar, que los maestros campeones fueron mucho más elocuentes de lo que podría haber sido yo para describir su trabajo. Con esto en mente, lo que sigue son las transcripciones de cuatro de las entrevistas de Max.

ENTREVISTA CON JASON ARMSTRONG, VIDEO 3 DEL DVD

ENTREVISTADOR: Habla de cómo funciona el concepto de *Lo correcto es lo correcto* en tu salón de clases.

ARMSTRONG: Los alumnos me ven utilizar mucho vocabulario específico en clase, y yo espero que ellos lo utilicen cuando es apropiado. Aprenden que existen diferencias entre los objetos matemáticamente relacionados y que esto se refleja en el vocabulario. Cuando los alumnos han respondido preguntas por escrito, hago que lean sus respuestas escritas palabra por palabra, y con frecuencia escribo esas respuestas para que todos las vean y podamos criticarlas y corregirlas antes de continuar. Generalmente les pido que expliquen sus respuestas o las respuestas de sus compañeros con las que están de acuerdo. Le doy tanto valor a la exactitud de las explicaciones como lo hago con la exactitud de las respuestas.

ENTREVISTADOR: Hay tres ejemplos de *Lo correcto es lo correcto* en este video: *Responde la pregunta*, *Resiste hasta el fin* y *Utiliza el vocabulario técnico*. Habla de cada uno de estos momentos por separado. ¿Cuál es tu punto de vista de cómo estás utilizando cada técnica?

ARMSTRONG: Para *Responde la pregunta*, la respuesta de Marcos fue bastante fácil de voltear; creo que a los alumnos se les puede alertar fácilmente para diferenciar entre un cálculo y una definición. Lo que me gusta de mi respuesta es que nunca dije no, sino más bien describí lo que hizo Marcos y después describí lo que yo quería.

Resiste hasta el fin: trataría de utilizar un poco de *Proporción* si la hiciera otra vez, haciendo que los alumnos participaran con otros ejemplos de unidades cúbicas en lugar de enumerarlos yo mismo. Ahora que estoy en mi quinto año y uso un Pizarrón INTELIGENTE [un pizarrón blanco interactivo asistido por computadora] para cada lección, puedo escribir más clara y rápidamente tecleando respuestas, así que en este caso, podría teclear las respuestas del alumno en el pizarrón para que otros alumnos pudieran tanto escuchar como ver lo que estoy a punto de corregir. Ahora, a veces pongo varias respuestas parecidas o contradictorias para que los alumnos puedan ver las diferencias.

Utiliza vocabulario técnico: aquí hay una situación en la que no tengo problema con "ocupa". De hecho, creo que los alumnos necesitan tener acceso a una frase común como ésa mientras se acostumbran a algo como "tridimensional", mientras "ocupa" sea lo suficientemente rigurosa. Aquí es en donde me gusta decir: "ocupa" la "otra palabra" en lugar de la "única palabra".

ENTREVISTADOR: ¿Qué estándares y expectativas tienes para tus alumnos que llevan a estos tres ejemplos de *Lo correcto es lo correcto*?

ARMSTRONG: Me encanta el hecho de que las matemáticas tienen términos como *minuendo*, *isósceles* y *vínculo*, porque los términos diferentes indican funciones diferentes; por ejemplo, un minuendo es diferente de un sustraendo porque tienen diferentes papeles en la resta, mientras que todos los términos en un problema de suma son llamados sumandos porque no difieren significativamente en su función. La mayoría de las palabras en matemáticas tienen una etimología que se relaciona con sus significados y esta etimología puede ayudar a los alumnos a memorizar el vocabulario; por ejemplo, isósceles significa "lados iguales", una forma útil para que los alumnos recuerden la palabra y busquen, más adelante, "iso" en otras disciplinas.

Ya que mucho del éxito en las matemáticas depende de la facilidad con los símbolos, tener nombres para los símbolos puede darles un punto de apoyo a los alumnos. Por ejemplo, una vez que los alumnos saben lo que es un vínculo, pueden señalar una fracción o un decimal periódico y hablar del vínculo en lugar de la "barra" o "línea" o "cosita".

Como tengo la expectativa personal de utilizar este conocimiento con exactitud, tener una expectativa menor para mis alumnos sería deshonesto.

ENTREVISTADOR: ¿Cuáles son las formas más comunes en las que tus alumnos se salen del tema o evaden la pregunta?

ARMSTRONG: Frecuentemente recurro al alumno que ha tenido la mano levantada y escucho "oh, tengo una pregunta". Mi respuesta típica es: "Primero necesito la respuesta a mi pregunta", y generalmente recuerdo regresar a la pregunta del alumno.

Ocasionalmente los alumnos con un conocimiento profundo de lo que estamos hablando superarán el ritmo que establezco para el tema (esto es "Respuesta correcta, momento correcto"). La dificultad más grande es que el alumno que se adelanta hasta el final de una explicación, cambiará la discusión de toda la clase a una entre él o ella y yo. Para contrarrestarlo, le diré al alumno que necesitamos asegurarnos de que todos nos siguen, o podría interrumpir al alumno para repetir, más lentamente, una parte de la explicación y después restablecer el diálogo con toda la clase.

ENTREVISTADOR: ¿Cuándo lo correcto es casi correcto, y cuándo lo incorrecto es simplemente incorrecto?

ARMSTRONG: Creo que en el caso de "simplemente incorrecto" (lo estoy interpretando como un momento cuando es apropiado decir no) es cuando es claro que estoy pidiendo un conocimiento específico que espero los alumnos recuerden sin dificultad, por ejemplo una operación de multiplicación. La respuesta de Marcos en el video también es incorrecta, pero es porque comprensiblemente confundió *algoritmo* con *definición*, y por consiguiente la respuesta adecuada es simplemente señalar esa confusión, Marcos no está equivocado, solamente está confundido acerca de qué pregunta responder. Creo que los casos "casi correcto" son aquellos que requieren de *Utiliza el vocabulario técnico* o *Resiste hasta el final*, cuando un alumno no utiliza el nivel de exigencia que deseo o se acerca lo suficiente a la respuesta correcta que yo no debería desechar.

ENTREVISTADOR: ¿Hay algún antecedente sobre los alumnos que vemos en estos videos que quisieras agregar?

ARMSTRONG: Creo que vale la pena mencionar que esos alumnos no se encontraban entre los mejores de su clase en términos de logro académico, y por eso pienso que era importante que se les tratara al mismo nivel de expectativa que sus compañeros más hábiles.

ENTREVISTADOR: ¿Hay algunos momentos en estos videos que quisieras señalar?

ARMSTRONG: Al ver este video, me concientizo acerca de lo rápido e ininteligible que puedo hablar. Ahora soy mejor en eso. Una manera de corregir ese hábito es decir menos y hacer que los alumnos digan más, un intercambio de eficiencia y velocidad por claridad y participación del alumno. Este ejemplo es una situación delicada en términos de ritmo. El objetivo de la lección no era definir volumen y no era la primera vez que lo hacíamos así. Por consiguiente, creo que un ritmo rápido y mi suposición de una gran carga intelectual fueron adecuados.

ENTREVISTA CON JAIMIE BRILLANTE, VIDEO 15 DEL DVD

ENTREVISTADOR: Describe cómo funciona el concepto de *100 Por ciento* en tu salón de clases y en este video.

BRILLANTE: *100 Por ciento* en mi salón de clases significa que todos están haciendo algo el 100 por ciento del tiempo. Les digo a mis alumnos que todo lo que hacemos está diseñado para convertirlos en grandes escritores. Espero que lo hagas porque sé que te convertirás en un gran escritor. Todos quieren ser más listos, así que todos trabajan muy duro.

ENTREVISTADOR: ¿Cómo equilibras el uso de *100 Por ciento* con la necesidad de mantener el ritmo en tu clase?

BRILLANTE: Lograr el 100 por ciento es un enfoque intencional al inicio del año. Utilizo una gran cantidad de trucos de enseñanza para hacer que todos los alumnos participen. La proximidad, los gestos no verbales, tiempo de espera o cuenta regresiva, encuadre positivo, y, si es necesario las deducciones para ayudar a los alumnos a ver la expectativa que yo tengo. Es más tardado las primeras semanas del año. Una vez que se establece el precedente, los alumnos saben qué esperar, y generalmente esto no afecta el ritmo para el resto del año. Si hay un momento en el que no tenga el 100 por ciento en una cantidad razonable de tiempo, tiendo a tomar el tiempo para ello porque es una señal para mí como maestra que algo más no está funcionando en la lección. Si lo dejo pasar, ese alumno va a pensar que, uno, no los veo o, dos, sus acciones no importan. Hay momentos debido a la personalidad del alumno o en mi intento por mantener la atención de todo el grupo, que podría no dirigirme a alguien en el momento. Generalmente si tomo esta decisión, es porque el resto de la clase no está consciente de que alguien no nos está siguiendo. No quiero que otros alumnos vean a alguien fuera de la actividad y piensen que está bien. Si no le hago frente en el momento, trato de abordarlo en algún momento dentro de la lección. Quiero que todos los alumnos piensen: "Ella me ve". Esto ayuda a mantener la expectativa de 100 por ciento sin tener un impacto negativo en el ritmo.

ENTREVISTADOR: Habla de tu radar y conciencia de la atención del alumno y de cómo puedes ver lo que está sucediendo en un momento determinado.

BRILLANTE: Para tener un radar fuerte, tengo que conocer mi lección. No puedo ver mi planeación de clase y ver a los alumnos al mismo tiempo. Tiendo a usar una combinación de participación imprevista y una secuencia de preguntas de alto ritmo cerca del inicio de cada lección para crear y medir la atención del alumno. Entonces, dentro de la parte Yo y Nosotros de la lección, intercalo momentos de trabajo independiente. Por ejemplo, podría decir: "Hagan el número 1 y después SEPAS". Mientras están trabajando en el número 1, observo en silencio. Si estoy inclinada hablando con una alumna en particular, generalmente estoy observando a todos mientras escucho a la alumna en particular. Durante esos momentos, intencionalmente camino por la orilla del salón observando su trabajo. El trabajo que están realizando es la pista de que alguien podría no estar en la actividad. Unos momentos más tarde, cuando la clase ha regresado al trabajo conjunto, mi radar se enfocará en su área.

ENTREVISTADOR: ¿Por qué elegiste hacer de este momento una corrección individual privada?

BRILLANTE: A pesar de que estaba fuera de la actividad dos veces por separado, el resto del grupo desconocía su comportamiento. Fue más efectivo hacer la corrección en privado porque yo solamente quería corregirla. El resto del grupo estaba trabajando independientemente, por lo que no tenían idea de lo que yo le susurraba a ella. Esto le permitió evitar una vergüenza innecesaria que pudiera guiar a una distracción aún mayor de su parte. También quería evitar distraer a toda la clase de su trabajo independiente hablando en voz alta. Tampoco quise anunciarle a todo el grupo que alguien estaba fuera de la actividad. No quería plantar esa semilla en la mente de alguien más.

ENTREVISTADOR: En este video le diste a tu alumna una retroalimentación muy específica ("hubo dos ocasiones en las que no seguiste al orador"). ¿Cómo juega esta especificidad en esta corrección individual en privado?

BRILLANTE: Fui muy específica porque en el momento, no detuve el flujo de la lección para obtener su atención, pero quería que ella supiera que la vi y que no era aceptable. Se le pidió una participación imprevista durante la lección y respondió incorrectamente. Quería que ella se diera cuenta de la conexión que hay entre no hacer el seguimiento y que ella no estaba aprendiendo lo que necesitaba para tener éxito.

ENTREVISTADOR: ¿Cómo mantienes el seguimiento de los momentos cuando no intervienes o intervienes de manera diferente?

BRILLANTE: No estoy exactamente segura si entiendo esta pregunta. Determino si se debo hacer una corrección en privado con base en la personalidad del alumno, el momento en particular en la lección, y el comportamiento que ha mostrado el alumno. Hay momentos en los que no intervengo públicamente porque esto afectaría el ritmo, ocasionaría una atención negativa para un alumno que la está buscando, o porque ello puede intensificar un problema en particular. Generalmente si no se puede hacer una corrección individual en pocos segundos o con algunos gestos, preferiría hacerla en privado.

ENTREVISTADOR: Explica en qué forma tu acercamiento no agresivo y tu alejamiento inmediato son una parte importante de esta interacción.

BRILLANTE: Mi acercamiento a esta alumna fue diseñado para imitar una conversación típica que yo pudiera tener con cualquier alumno durante un momento de trabajo independiente. No quería que pareciera o se sintiera como si la estuviera reprendiendo. Quería que se viera como un momento en el que le hice saber del problema porque yo estaba preocupada. Estoy aquí para ayudarte a aprender y te distrajiste en ese momento. Esto es lo que vi y así es como lo vas a arreglar. Trato de alejarme inmediatamente porque esto implica que espero que comprendas y accedas a mi petición. También elimina cualquier situación de lucha de poder. Cuando me alejo, es porque sé que lo vas a hacer y te daré el tiempo y el espacio para probarlo.

ENTREVISTA CON BOB ZIMMERLI, VIDEO 16 DEL DVD

ENTREVISTADOR: Describe cómo funciona el concepto de *100 Por ciento* en tu salón de clases en este video.

ZIMMERLI: *100 Por ciento* es decisivo para tener un logro dentro de tu salón de clases, especialmente cuando lo has pedido al usar palabras como “todos”, “cada uno”, “repitan después de mí”, o cualquier otra técnica no verbal de *Llamar y responder*. Debes detener lo que estás haciendo cuando los alumnos no demuestran el *100 Por ciento*, o les estás indicando a los alumnos que en realidad no quieres decir lo que dices, por lo menos no todo el tiempo. Casi incorpora una sensación de poder dentro de los alumnos el sentirse como si fueran parte de la lección y parte de una voz tan fuerte que se pone en marcha. También prepara a los alumnos para el éxito porque se espera que realicen las pequeñas cosas con toda su energía, enfoque y atención. En cierto modo se traslada al objetivo del día e incorpora el rigor que hay en torno al trabajo académico.

ENTREVISTADOR: ¿Cómo equilibras el *100 Por ciento* con una necesidad de mantener el ritmo en la clase?

ZIMMERLI: El ritmo es una de esas cosas que se encuentran completamente dentro del control del maestro. Solamente lo manipulas como lo harías con el acelerador en una motocicleta. Si sientes que el ritmo está disminuyendo, redoblas esfuerzos de diferentes maneras. Esperar el *100 Por ciento* no necesita tomar mucho tiempo en cualquier momento dado. Tal vez lo necesites treinta veces o más en una lección, pero cada caso puede requerir de tres a cinco segundos. Una instrucción rápida de: “Muéstrenme SEPAS”, hará maravillas. Si estás perdiendo a alguien, entonces: “José, menos dos. Por favor SEPAS”. Mientras más alumnos se acostumbren a tus expectativas, menor será la frecuencia de intervenciones conforme avanza el año.

ENTREVISTADOR: ¿De verdad vas por el *100 por ciento* en cualquier momento, o el 90 por ciento es lo suficientemente cerca en realidad?

ZIMMERLI: Soy un fanático del 100 por ciento. Si aceptas el 90 por ciento, entonces ya estás en el camino al 80 por ciento o al 70 por ciento. Los alumnos también ven las cosas que tú ves. Si sabes que estás aceptando menos, entonces ellos también lo saben.

ENTREVISTADOR: Parte de la técnica del *100 Por ciento* es acerca de la conciencia. Habla de tu propio radar o conciencia de la atención de los alumnos y de cómo ves todo lo que está sucediendo en cualquier momento.

ZIMMERLI: No te puedes preocupar por una sola cosa. Tus ojos tienen que ver lo que está sucediendo y más allá y en cualquier lado. Creo que ésta puede ser una de las cosas más difíciles para los maestros nuevos. Mientras más necesitas el plan de clase frente a ti, más te atrapan con la guardia baja con una pregunta inesperada; mientras más te pones nervioso por un comportamiento que no esperabas, más difícil es estar consciente de las señales de advertencia no académicas que están sucediendo al mismo tiempo a tu alrededor.

Represento mentalmente mi lección esa mañana en el momento en que me estoy bañando, mientras me traslado a la escuela y continuamente hasta que la estoy enseñando en realidad. En cierto modo te da un enfoque de "ya me lo sé, ya lo viví" aun si es la primera vez que enseñas con ese objetivo. Ya has pensado en los riesgos potenciales, en las áreas en las que el ritmo puede ser un poco más lento, las preguntas que los alumnos tendrán en cada segmento de la lección, cuándo harás que los alumnos pasen al pizarrón, qué estarán haciendo los otros alumnos en este punto, que estarás haciendo tú cuando un chico esté ahí, etc. Esto le permite a tu mente no estancarse durante la presentación de la lección. Por ejemplo, si un alumno tiene una pregunta, nueve de cada diez veces ya sé cuál va a ser la pregunta y cómo me voy a enfocar para responderla. De esa manera, mientras todavía se está haciendo la pregunta, mi mente es libre de permanecer atenta al resto de la clase. Mis ojos difícilmente están puestos en el alumno que hace la pregunta; en su lugar, están mirando alrededor del salón asegurándose de que todos los demás están haciendo SEPAS, siguiendo al que habla, no mirando por la ventana o tratando de picarle a alguien la espalda. La conclusión: mientras más inseguro te encuentres de tu contenido y de la lección, menos efectivo será siempre tu radar. Tu mente no puede hacer las dos cosas al mismo tiempo de manera efectiva, y generalmente el contenido gana y el radar pierde.

ENTREVISTADOR: En este video estás describiendo una especie de momento que está ocurriendo. En una parte señalas que no tienes a Marisa pero que sí tienes a Jazmín; en otro, observas que no tienes a tres personas y que "los quieres de regreso". ¿Cómo se desarrolla esto en el salón de clases y se presta a conseguir el 100 por ciento de compromiso por parte de tus alumnos?

ZIMMERLI: A veces simplemente les digo que soy muy celoso de su atención y que no quiero compartirla con nadie. Creo que esto también se presta a *Voz fuerte*. Desde el minuto en el que te paras en el salón de clases, quieres que los alumnos sientan un cambio en la atmósfera. Sé que suena cursi, pero de verdad lo digo en serio. Quieres que sepan que has llegado y hablas en serio. No quiero decirlo en una manera hostil o negativa, pero en mi mente, un maestro muy efectivo es un artista, no de un espectáculo de circo, sino alguien que utiliza el salón de clases como su escenario y tiene una agenda que será cumplida y un guión en mente ya establecido. Ya se ha ensayado muchas veces, cuando llega al momento en el que entras tienes ansias de llevarla a cabo. Necesitan sentir que no quieren perder un minuto de nada de lo que suceda, muy parecido a como se sentirían en el cine al esperar que comience la película.

ENTREVISTADOR: Parece que hay varios momentos significativos en el video, a saber, la manera como te colocas frente a Marisa, cuando tomas dos dólares del alumno que está al frente a la derecha y cuando bajas la voz a un susurro. Habla de cómo decides cuál es la respuesta adecuada a cada momento en particular.

ZIMMERLI: Necesitas poder enfrentar la atmósfera en la que estás y compararla constantemente con la atmósfera en la que quieres estar o con la que estás intentando crear. Algunas veces quieres que todo el grupo esté consciente de un problema en especial y actúas de acuerdo con ello. Si el ritmo es bajo y todavía tienes a uno o dos alumnos fuera de la actividad o no te siguen, es un enfoque muy diferente. Apelas a diferentes recursos docentes como la proximidad, una mirada profunda a un alumno mientras te diriges a todo el grupo (pero el alumno que no se comporta siente como si no hubiera nadie en la habitación excepto tú y él, ya que no le has despegado los ojos mientras continúas con lo que estabas diciendo), te pones serio, te inclinas en su escritorio, simplemente incluyes su nombre en la oración que estás usando, chasqueas los dedos o simplemente te detienes a mitad de la oración. Una buena forma de hacer la transición de uno de estos momentos y regresar a la lección es simplemente cambiar la inflexión de la voz, como para indicar el voltear una página. Si estuviera hablando más fuerte, me quedaría callado. Si estuviera callado, comenzaría a hablar en un tono de voz notoriamente más alto.

ENTREVISTADOR: En el video, hay por lo menos cuatro de las seis intervenciones descritas en la taxonomía de *100 Por ciento*. Veo corrección no verbal, una corrección en grupo positiva, una corrección pública muy rápida y después una corrección individual anónima. Describe por qué eliges presentar éstas en cualquier momento dado y qué tan efectivas son.

ZIMMERLI: La no verbal es siempre para una persona y siempre cuando necesito mantener el ritmo. La grupal positiva se usa para no perder el encanto y mantener las cosas en un nivel más positivo. La corrección pública rápida, (otra vez para mantener el ritmo, pero estoy comenzando a ver que algo se avecina que necesita ser atendido antes de que llegue a una escala mucho mayor. La corrección individual anónima), generalmente la utilizo cuando sé que no necesito dirigirme específicamente a los alumnos y ellos podrán autocorregirse dentro del tiempo en el que se les ha nombrado o, algunas veces en un momento volátil posible con un alumno específico en donde el uso público de su nombre en realidad podría ser contraproducente y obligarme a una consecuencia mucho más severa.

ENTREVISTA CON HILARY LEWIS, VIDEO 22 DEL DVD

ENTREVISTADOR: ¿Cómo se ajusta *Controle el juego* en tu estrategia general de lectura y en tu expectativa?

LEWIS: *Controle el juego* [CEJ] se presta al tiempo de la lectura guiada y la comprensión de lectura, ya que se enfoca directamente en los alumnos leyendo en voz alta y en los maestros evaluando los comportamientos de lectura de los alumnos. CEJ permite a los maestros evaluar la fluidez en la lectura y las estrategias de decodificación del alumno, y monitorear los errores que cometen mientras leen en voz alta. CEJ es un elemento de taxonomía que también requiere planeación, preparación e implementación de una fuerte cultura de la lectura en el salón de clases.

En los salones de clases de primer grado, leer es un momento divertido y especial que requiere de mucho trabajo y que puede ser muy divertido. Las expectativas de los maestros durante el tiempo de lectura son que los alumnos trabajen duro, utilicen estrategias y trabajen en el aprendizaje de nuevas habilidades para convertirse en mejores lectores. Ya que todos están trabajando duro para convertirse en mejores lectores, la cultura del grupo lector los hace a todos lectores, primarios o secundarios, se sienten cómodos al trabajar con las tareas desafiantes.

ENTREVISTADOR: Habla de cómo funciona CEJ en tu salón de clases y en este video.

LEWIS: En este video, comienzo la lección estableciendo mis expectativas para la lectura. Todos los alumnos saben que su dedo debe encontrarse en la primera palabra del texto con el propósito de alistarse para leer. Ya que los alumnos no tienen idea de a quién llamaré para leer primero, todos quieren estar listos para leer. Mantener imprevisible la identidad del lector verdaderamente maximiza el incentivo de los alumnos: todos los alumnos estaban listos para leer.

En este momento, los alumnos están leyendo un fragmento de texto muy corto en su libro *Comprensión de lectura*. Los alumnos están sentados en herradura de manera que puedo seguir con facilidad su lectura y comportamiento en la lectura.

Conforme leen, primero observo el movimiento de su dedo (también llamado seguimiento) para asegurar que todos van siguiendo el texto. Al mismo tiempo, estoy escuchando los comportamientos de cada alumno, preguntándome: "¿Con qué palabras se atoran?" "¿Qué estrategias están utilizando?" "¿Cuáles estrategias no dominan todavía?"

Durante este video mantengo al lector impredecible para los alumnos, pero mi secuencia está planeada. Cada vez que le pido a mi grupo que lea, siempre comienzo con un lector más fuerte para establecer el ritmo. Siempre elijo a un lector que lucha después de un lector más fuerte y preparo a un lector que lucha con un lector más fuerte para construir el apalancamiento. Al darle al lector que lucha la oportunidad de escuchar el texto que se lee sin complicaciones, le permite a ese lector entrar al texto con más conocimiento acerca de lo que trata el mismo y podría darles un poco de vocabulario clave que se presentará en su sección del texto.

ENTREVISTADOR: Hay muchos momentos matizados en este video. Explica un poco más acerca de trabajar con tus alumnos y tu uso de dedo sigue/dedo congelado.

LEWIS: Dedo congelado es una señal verbal rápida para recordarles a los alumnos que dejen de mover su dedo en el texto cuando han dejado de leer. Este comportamiento se tiene que enseñar explícitamente ya que los alumnos con frecuencia pierden su lugar mientras leen. Cuando los alumnos pierden su lugar mientras leen, suben los costos de transacción, y hay más tiempo de espera. Cuando hay más tiempo de espera, los alumnos pierden la atención. Cuando todos los alumnos tienen su dedo congelado en la última palabra que se leyó, pueden regresar sin problemas al texto.

ENTREVISTADOR: ¿Bajos costos de transacción?

LEWIS: Le repito, los bajos costos de transacción mantienen atentos a los alumnos. Ya que los alumnos no tienen idea de quién será el siguiente a quien llame, están listos y preparados para leer. También estoy verificando quién está listo para leer observando su seguimiento del texto. Si los alumnos no se encuentran en el lugar correcto, los guiaré en silencio a la palabra correcta y me aseguraré de que su seguimiento concuerde con lo que se está leyendo.

ENTREVISTADOR: ¿La verificación sorpresa de *Llamar y responder*?

LEWIS: La verificación sorpresa de *Llamar y responder* permite que sucedan dos cosas. Primero, les permite a los alumnos mantenerse atentos al texto mientras yo verifico quién lo está siguiendo, y segundo, la verificación de *Llamar y responder* ayuda a mis lectores que luchan con las palabras difíciles de vocabulario o con los conceptos en el texto.

ENTREVISTADOR: ¿Cómo preparas a tus alumnos para las transiciones rápidas de lector a lector?

LEWIS: Al inicio del año, les enseño a los alumnos a observar el final de la oración observando la puntuación. Una vez que los alumnos se sienten cómodos con eso, les pido que lean una oración a la vez, y después puedo llamar a un alumno nuevo. Explico que como lectores, necesitamos mantener nuestros ojos en el texto y estar listos para leer en cualquier momento. Los alumnos saben que cuando escuchan su nombre, es el momento de continuar en donde se quedó el último lector. Al principio estas transiciones no fueron rápidas; tomó semanas de práctica antes de que los alumnos pudieran hacer malabares al hacer el seguimiento con su dedo, escuchar al lector, y comprender lo que sucedía en la historia. Pero con el tiempo, pude ver que los alumnos estaban verdaderamente comprometidos en el texto, dominando el seguimiento y escuchando cuando podían continuar con la siguiente oración inmediatamente, ansiosos de saber lo que sucedería en la historia.

ENTREVISTADOR: ¿Cuántos de tus lectores eliges por adelantado, y con base en qué los eliges y cuál es la longitud de su lectura en voz alta?

LEWIS: Siempre tengo en mente quién necesita de más modelado y apoyo y a los lectores que pueden ser grandes modelos para mis lectores que luchan. Planeo por adelantado quién me gustaría que iniciara la historia (un lector fuerte por lo general) y quién debería continuar (generalmente un lector débil). Escalonar los niveles de los lectores permite sostener el ritmo mientras se mantiene la responsabilidad para todos los lectores.

Cada lector tiene una oportunidad para leer. Mis lectores más fuertes leerán textos más largos, mientras que mis lectores que luchan, leerán oraciones más cortas, con más frecuencia, a lo largo de un texto más largo.

ENTREVISTADOR: ¿Cuáles son tus herramientas más efectivas para obtener el apalancamiento entre tus lectores?

LEWIS: Siempre comenzar con alegría. Si me siento emocionada por leer, entonces los alumnos están emocionados por leer. Si modelo que está bien cometer un error, los alumnos se sentirán bien al cometer errores mientras leen. Modelar lo que hacen los grandes lectores, incluyendo lo que hacen los lectores adultos, les da a los alumnos el apalancamiento en su propia lectura.

En mi grupo de lectura, también construí el apalancamiento construyendo el apoyo cuando un alumno tenía un momento difícil con la lectura. Por ejemplo, en el video, un lector cometió un error en el nombre del personaje. Sin reconocer que era un error, todo el grupo se hizo responsable de decir el nombre correctamente en voz alta: "Jeanne". Cuando el grupo no dijo el nombre correcto al principio, rápidamente pregunté otra vez, y los alumnos sabían que debían verificar su respuesta. Su respuesta ("Jeanne") fue correcta y podíamos continuar. Cuando un alumno comete un error, todos los lectores saben que pueden apoyar al alumno y aprender algo también.

Para los lectores que son especialmente tímidos o tienen serias deficiencias de decodificación, suelo proporcionarles una copia del texto de la lectura el día anterior para que puedan practicarlo y estar expuestos a las palabras difíciles en el texto. Al siguiente día, los alumnos se sienten más cómodos leyendo frente al grupo y obtienen la práctica que necesitan.

ENTREVISTADOR: Al final del video, anuncias que estás regresando al texto para leer tanto para la expresión como para la comprensión. ¿Cómo te ayuda CEJ con tus alumnos para obtener el apalancamiento y el significado?

LEWIS: En *Compresión de lectura*, siempre leemos la historia por lo menos dos veces. La primera vez permite a los alumnos trabajar la decodificación, usar sus estrategias y tener una idea del texto. La segunda vez que leemos, después de que hemos abordado la decodificación, permite a los alumnos captar el sentido del texto utilizando la expresividad. La expresividad es una habilidad de lectura que utiliza las palabras clave en el texto para deducir el tono de la historia. Puedo escuchar y ver cuáles alumnos están leyendo con expresión porque saben lo que está sucediendo en el texto. Leer con expresión añade alegría al texto y mantiene interesados a los alumnos. El apalancamiento se incrementa cuando los alumnos pueden interactuar con el texto con sentimiento y emoción. Los otros alumnos están más interesados y escuchan con más atención el texto cuando se lee con expresión. Los alumnos pueden entender el sentido cuando las palabras se leen con sentimiento. CEJ permite que todos los alumnos sean parte de entender ese sentido del texto y los mantiene responsables para escuchar su propia lectura y la lectura de otros.

ENTREVISTADOR: ¿Qué papel juega el encuadre positivo en el uso de CEJ y el desarrollo de lectores fuertes?

LEWIS: Primero, siempre narro lo positivo en los grupos de lectura, especialmente cuando los alumnos están modelando grandes comportamientos de lectura como: "Me encanta cómo X tiene su dedo en la primera palabra", lo cual me muestra que los alumnos están listos para leer.

Utilizo el encuadre positivo dándoles un desafío a los alumnos: leer con expresión significa que no solamente tienes que descifrar las palabras correctamente y leer con fluidez, un lector debe escuchar cuidadosamente lo que está sucediendo y utilizar las palabras clave para ayudarse a captar el sentido del texto. Mis lectores saben que tienen mucho que lograr, saben que tienen un desafío, pero lo hago positivo y emocionante, y los aliento haciéndolo divertido.

Siempre que un alumno comete un error, utilizo el anonimato plausible. Simplemente digo: "Inténtalo otra vez", o le pido al grupo en un tono sin prejuicios que ayuden a comprender la palabra. También les pido a los alumnos que vuelvan a leer, aun cuando han leído el texto correctamente, para enfatizar una parte de un texto. Los alumnos se sienten cómodos cuando vuelven a leer, y en mi propio modelado, vuelvo a leer también para mostrar a los alumnos que verificar los errores y volver a leer es una estrategia de lectura.

ENTREVISTADOR: ¿Qué desafíos enfrentas cuando se trata de CEJ, particularmente con los lectores jóvenes?

LEWIS: Los grandes desafíos para los lectores jóvenes y los maestros principiantes pueden incluir mantener el ritmo, mantener la paciencia y preservar la comprensión. Cuando los alumnos están trabajando duro en la decodificación, el ritmo, la paciencia y la comprensión tienden a agotarse. Cuando esto sucede, es importante recordar que para mantener el ritmo, podemos proporcionar a los alumnos textos más cortos y prepararlos para leer desde el día anterior o justo antes de la sesión de lectura con una sección de la historia subrayada. Cuando la paciencia se está acabando, debemos modelar para los alumnos lo que tienen que hacer cuando cometemos un error o tomar un momento para comprender una palabra. Prepare palabras clave para la estrategia de decodificación (por ejemplo, leer hasta el final de la palabra, fragmentarla, cuál es el primer sonido, etc.) para mantener el ritmo y dar apoyo conforme se necesite. Finalmente, si un alumno está atorado, utilice la ayuda del equipo de lectura para decir la palabra difícil para mantenerlos atentos y también para proporcionar apoyo para el lector.

Finalmente, haga preguntas de comprensión a lo largo de toda la lectura para asegurar que los alumnos estén escuchando y monitoreando su lectura. Conforme leen los alumnos, deles tiempo de regresar al texto para responder las preguntas si es necesario y anímelos a volver a leer como una forma de desarrollar la comprensión.

ENTREVISTADOR: ¿Qué momentos deseas destacar en este video? ¿Hay alguna retroalimentación que desees agregar?

LEWIS: El grupo de lectura fue el de más bajo desempeño en las evaluaciones de lectura. Planear las preguntas de comprensión es la clave; también es esencial planear a quién llamar. Este tipo de planeación me permitió ver cuáles alumnos estaban comprendiendo el texto, qué habilidades de comprensión estaban utilizando y con qué tipos de preguntas tenían dificultad durante y después de la lectura.

ÍNDICE

D

F

G

H

I

J

K

L

Q

R